R Koeber

Die Philosophie Arthur Schopenhauers

R Koeber
Die Philosophie Arthur Schopenhauers
ISBN/EAN: 9783743421882
Hergestellt in Europa, USA, Kanada, Australien, Japan
Cover: Foto ©ninafisch / pixelio.de

Manufactured and distributed by brebook publishing software (www.brebook.com)

R Koeber

Die Philosophie Arthur Schopenhauers

Vorwort.

Ich widme dieses Buch dem Andenken Arthur Schopenhauers, dessen hundertsten Geburtstag die gebildete Welt in diesem Jahre feiert. Ich habe nichts Neues über den grossen Denker zu sagen. Ich will nur mir selbst und meinen Lesern seine Lehre im Zusammenhang nochmals vergegenwärtigen und mich an ihr erfreuen.

Meine Arbeit ist nichts als ein Compendium der Schopenhauer'schen Philosophie. Bei der Abfassung desselben war ich bemüht, die Forderungen zu erfüllen, die Schopenhauer an die Darstellungen fremder philosophischer Lehren stellt, und die sich zurückführen lassen auf die Eine: rede nie dazwischen, wenn ein Anderer spricht.

Es wäre ein Leichtes gewesen, Schopenhauers Weltanschauung als ein abgerundetes, widerspruchsloses Ganzes, und dennoch durchaus im Geiste ihres Urhebers darzustellen. Ich habe dies nicht gewollt. Da mir die Irrthümer eines bedeutenden Menschen werthvoller erscheinen, als die Wahrheiten eines gewöhnlichen Kopfes, und da ich mit Goethe meine, ein ärmliches Wahre habe uns oft um etwas Grosses gebracht, das uns gewesen wäre, so führe ich Schopenhauer mit allen seinen Mängeln und Sonderlichkeiten dem Leser vor. Nur unterstreiche ich sie nicht. Mögen dies Andere thun, wenn sie an dem leichten Geschäft Gefallen finden und glauben, Jemandem sei damit gedient.

München, im December 1887.

Inhalts-Verzeichniss.

	Seite
Schopenhauers Leben	1
Schopenhauers Lehre	4

Erster Theil.

Propädeutik. — Erkenntnisstheorie . . . . 4—163
  I. Ueber Philosophie im Allgemeinen und ihr Verhältniss
    zur Religion, zu den empirischen Wissenschaften, zur
    Geschichte, Kunst und Mathematik . . . . 4—31
    1) Das metaphysische Bedürfniss des Menschen. — Die „Verwunderung". — Ursprung der Metaphysik und ihre beiden Grundformen: Religion und Philosophie — Unterschied zwischen Philosophie und Religion 4
    2) Nähere Bestimmung des Wesens der Philosophie 9
    3) Philosophie und Naturwissenschaft 13
    4) Philosophie und Kunst 20
    5) Philosophie und Geschichte 23
    6) Philosophie und Mathematik 28
  II. Geschichte der Philosophie. — Historische Ableitung
    der Schopenhauer'schen Lehre. — Schopenhauers
    Stellung in der Geschichte . . . . 31—126
    1) Allgemeiner Charakter der Geschichte der Philosophie . . 31
    2) Ueber das Studium der Geschichte der Philosophie (Gelehrsamkeit. Selbstdenken. Lesen) 37
    3) Griechische Philosophie . . . . 45—55
      A) Die vorsokratische Zeit 45
      B) Sokrates. Plato. Aristoteles 48
      C) Stoiker. Neuplatoniker 53
    4) Das Mittelalter (Scotus Erigena) 55
    5) Die neuere Philosophie vor Kant (Cartesius, Malebranche, Spinoza, Leibniz, Berkeley, Locke, Hume) 58
    6) Kant . . . . 65—101
      A) Allgemeine Charakteristik der Kantischen Lehre. Kants Bedeutung in der Geschichte der Philosophie . . . 65

	Seite
B) Kritik der reinen Vernunft	73 - 91
a) Transscendentale Analytik	73
b) Transscendentale Dialektik	81
C) Moralphilosophie	91
7) Nachkantische Zeit (Fichte, Schelling, Hegel. Zustand der modernen Wissenschaft und Litteratur. „Universitätsphilosophie")	101
8) Schopenhauer	118
III. Erkenntnisstheorie	126—163
1) Die Welt als Vorstellung. — Leben und Traum	126
2) Der Satz vom zureichenden Grunde als die allgemeine Form aller Erkenntniss. — Die vier Gestalten oder Classen des Satzes vom zureichenden Grunde	132
3) Erste Classe der Objekte. — Das Gesetz der Causalität. — Der Verstand	134
4) Zweite Classe der Objekte. — Der Satz vom zureichenden Grunde des Erkennens. — Die Vernunft. — Sprache. — Theorie des Lächerlichen — Gefühl	144
5) Dritte Classe der Objekte. — Der Satz vom Grunde des Seins	159
6) Vierte Classe der Objekte. — Der Satz vom Grunde des Handelns oder Motivation	160

Zweiter Theil.

Metaphysik	164
I. Metaphysik der Natur oder Naturphilosophie	164—236
1) Der „Wille" als das Ding an sich. — Objektivationen des Willens. — „Ideen"	164
2) Materie. — Die niedrigsten Stufen der Willens-Objektivation. — Identität der Ursächlichkeit. — „Panthelismus"	173
3) Einheit der Natur. — „Kampf ums Dasein" in der Ideenwelt. — Höhere Objektivationen des Willens. — Organische Natur. — Zweckmässigkeit	182
4) Die „transscendente" Zweckmässigkeit	199
5) „Experimentalmetaphysik". (Animalischer Magnetismus. — Magie. — Geistersehen)	208
II. Aesthetik	237—274
1) Charakteristik des Willens zum Leben. — Möglichkeit der Emancipation des Intellekts vom Willen. — Fernere Aussichten	237
2) Das willenlose Subjekt der Erkenntniss. — Das Wesen der Kunst. — Genie. — Wahnsinn	242
3) Das ästhetische Wohlgefallen. — Das Schöne, Erhabene und Reizende	254

	Seite
4) Die einzelnen Künste	259—274
A) Darstellung der niederen Ideen	259—262
a) Baukunst	259
b) Landschafts- und Thiermalerei	261
B) Darstellung der Idee des Menschen	262—270
a) Skulptur	262
b) Historienmalerei	264
c) Poesie	268
C) Musik	270
5) Uebergang zur Ethik	274
III. Ethik	275—319
1) Das Problem der menschlichen Freiheit	275
2) Tod und Unsterblichkeit	286
3) Der egoistische Wille und seine Phänomene	293—307
A) Das Loos des Willens in der Welt. — Die beiden Grundphänomene der Bejahung des Willens: Geschlechtstrieb und Egoismus	296
B) Die zeitliche Gerechtigkeit	298
C) Die ewige Gerechtigkeit	305
4) Die Erkenntniss der ewigen Gerechtigkeit und ihre Folgen. — Das Mitleid. — Die Tugend der Gerechtigkeit und der Menschenliebe	307
5) Die Erlösung	312

Schopenhauers Leben.

Arthur Schopenhauer, geboren zu Danzig am 22. Februar 1788, war der Sohn eines angesehenen Kaufmanns und der bekannten Schriftstellerin Johanna Schopenhauer. Seine Knabenzeit verbrachte er theils auf Reisen mit seinen Eltern, theils in Frankreich und England. 1805 trat er, wider seinen Willen, in Hamburg in die kaufmännische Lehre. Wenige Monate darauf starb der Vater, und Schopenhauer durfte nun seiner früh erwachten Neigung zur Wissenschaft nachgehen. Er zog im Jahre 1807 nach Gotha aufs Gymnasium, wo er, unter Jacobs und Döring, mit grossem Fleiss und Erfolg die versäumten humanistischen Studien betrieb. Wegen eines Spottgedichts auf einen Gymnasialprofessor musste Schopenhauer, nach einem halbjährigen Aufenthalt, Gotha verlassen. Er ging nach Weimar, wohin seine Mutter schon früher übergesiedelt war, und bereitete sich bei Passow zur Universität vor. Von 1809 bis 1811 studirt er in Göttingen. Die ersten zwei Semester besucht er naturwissenschaftliche und historische Vorlesungen, setzt daneben die Lektüre der griechischen und lateinischen Autoren fort, nimmt lateinische Privatstunden, übt sich im Fechten, im Flöten- und Guitarrenspiel. Im dritten Halbjahr belegt er zum erstenmal ein Philosophicum: Psychologie und Metaphysik bei Gottlob Ernst Schulze, dem Verfasser des in der Geschichte der kantischen Philosophie wichtigen Buches „Aenesidemus"[1]). Das Andenken dieses Mannes hat Schopenhauer zeitlebens in Ehren gehalten, denn ihm verdankte er seine erste philosophische Anregung; durch ihn wurde

---

[1]) Über die Bedeutung Schulzes s. K. Fischer, Gesch. d. neuer. Phil. V, 105—117.

er auch bestimmt, sich ganz der Philosophie zuzuwenden. Auf Schulzes Rath beginnt Schopenhauer das Studium Platons und Kants, jener beiden Philosophen, die er, als die Grundpfeiler seiner eigenen Weltanschauung, stets am höchsten schätzte. — Nach einem kurzen Ferienaufenthalt in Weimar ging Schopenhauer im Herbst 1811 nach Berlin. Fichtes und Schleiermachers Vorlesungen befriedigten ihn wenig, und so blieben auch hier Naturwissenschaften und Literatur sein Hauptstudium. Der Krieg 1813 vertrieb ihn aus Berlin. Er zog nach Rudolstadt und schrieb hier im Sommer 1813 seine Erstlingsarbeit „Ueber die vierfache Wurzel des Satzes vom zureichenden Grunde", mit der er in Jena den Doktorgrad erwarb. Den Winter dieses Jahres brachte er in Weimar zu, im Verkehr mit Goethe, an dessen optischen Studien er den lebhaftesten Antheil nahm, und Fr. Mayer, der ihn mit der indischen Philosophie bekannt machte. Zerwürfnisse mit seiner Mutter verleideten Schopenhauer den Aufenthalt in Weimar. Er siedelte nach Dresden über. Dort entstand (1815) die Schrift „Ueber das Sehen und die Farben" und (1818) sein Hauptwerk „Die Welt als Wille und Vorstellung", nach dessen Vollendung Schopenhauer nach Italien reiste. Der Sturz des Danziger Handelshauses, dem seine Mutter ihr und ihrer Tochter ganzes Vermögen und er einen Theil des seinigen anvertraut hatte, rief ihn im Sommer 1819 nach Deutschland zurück. 1820 habilitirte er sich in Berlin, docirte jedoch nur während eines Semesters und ging 1822 wieder nach Italien. 1825 kehrte er nach Berlin zurück, wo er einige Jahre zubrachte, ohne seine Thätigkeit als Docent fortzusetzen.

Während dieses Aufenthalts in Berlin übersetzte er aus dem Spanischen Balthazar Gracians „Hand-Orakel und Kunst der Weltklugheit" (herausgegeben von J. Frauenstädt 1861, 3. Aufl. 1877), und gab die lateinische Bearbeitung seiner Schrift über das Sehen und die Farben heraus. 1831 verlässt Schopenhauer Berlin aus Furcht vor der Cholera, hält sich ein Jahr in Mannheim auf und siedelt dann für immer nach Frankfurt über, wo er am 21. Sept. 1860 stirbt.

Aus der Frankfurter Zeit stammen folgende Schriften: „Ueber den Willen in der Natur" (1836), die Preisschriften: „Ueber die Freiheit des menschlichen Willens" (1839) und „Ueber das Fundament der Moral" (1840), die 1841 unter dem Gesammttitel „Die beiden Grundprobleme der Ethik" erschienen. 1844 erschien die 2. durch einen zweiten Band vermehrte Auflage der „Welt a. W. u. V."; 1851 „Parerga und Paralipomena", eine Sammlung kleinerer Schriften in 2 Bden.

Schopenhauers sämmtliche Werke (in 6 Bden. 1873—74. 2. Aufl. 1877) sowie mehrere Nachlassstücke hat Julius Frauenstädt herausgegeben. — Die ausführlichste Biographie Schopenhauers hat W. Gwinner geschrieben (2. Aufl. 1878).

Schopenhauers Lehre.

Erster Theil.

Propädeutik. Erkenntnisstheorie.

I. Über Philosophie im Allgemeinen und ihr Verhältniss zur Religion, zu den empirischen Wissenschaften, zur Geschichte, Kunst und Mathematik.

1. Das metaphysische Bedürfniss des Menschen — Die „Verwunderung". — Ursprung der Metaphysik und ihre beiden Grundformen: Religion und Philosophie. — Unterschied zwischen Philosophie und Religion.

Dass der Zusammenhang der Dinge oder die Welt einerseits ganz begreiflich, völlig fasslich ist, andererseits aber durchweg geheimnissvoll, räthselhaft, ja schlechthin unbegreiflich, ist eine wie das Menschengeschlecht selbst alte Einsicht. Alle im unendlichen Stufenreich der Natur unter dem Menschen stehenden Wesen hängen noch fest am Stamme, dem sie entsprossen, sind „der unbewussten Allwissenheit der grossen Mutter" Natur theilhaft und vermögen demnach die Welt und ihr eigenes Dasein nicht anders zu fassen, als etwas, was sich von selbst versteht. Nicht so der Mensch. Er ist das erste und einzige mit Vernunft begabte, zur Reflexion, zur Bildung der Begriffe fähige Wesen, und weil er dies alles ist, ist er nur lose mit seinem Stamm verbunden und hat jene unbewusste Allwissenheit verloren. Darin liegt seine Ohnmacht, aber auch seine Grösse; dies erhebt ihn über die Natur, insofern es, wie wir später sehen werden. seine gänzliche Lostrennung von ihr und Freiheit ermöglicht. Die Vernunft und der Intellekt überhaupt ist gleichsam das Licht der Welt, und eben deshalb muss ihm das Dunkel selbst ewig unbekannt bleiben. Wohin der Intellekt dringt, bringt er Klarheit mit sich. Er kann also unmöglich das tiefste, innerste, unbewusste, in der Urnacht waltende Wesen der Welt so schauen, wie es seiner wahren Beschaffenheit nach, oder an sich ist. Was er schaut oder erkennt, sind immer nur durch ihn beleuchtete, also veränderte Dinge. Nur die ihm zugekehrte Seite der Welt, die Lichtseite, ist für ihn auch erkennbar. Die Welt verschwindet, sobald das Licht des Intellekts erlischt. Die Welt ist ein Geschöpf des Menschen, und dennoch ist sie ihm, wie sie in Wahrheit unabhängig von seinem Lichte ist, verborgen. Und so steht der Schöpfer staunend vor seiner Schöpfung da; er begreift sie und sich selbst nicht; beides kommt ihm wie ein Räthsel, wie ein Wunder vor, das ihm keine Ruhe lässt und zur Ergründung anspornt, mit anderen Worten, sein metaphysisches Bedürfniss weckt. In dieser Verwunderung über die Welt und das eigene Dasein erblickt Schopenhauer, mit Plato und Aristoteles, den ersten Anstoss zur Philosophie. Der Mensch verwundert sich, weil er ein geborenes animal metaphysicum ist; und dieses im zweifachen Sinne: einmal in Rücksicht seines eigenen, menschlichen, subjektiven Erkenntnissdranges, oder der Beschaffenheit seines eigenen Geistes, die ihn nöthigt, sein Denken auf die Lösung des metaphysischen Problems, des Welträthsels zu richten; sodann, weil ein metaphysischer Process im wahren Sinne des Wortes, d. h. ein Process von objektiver Geltung der menschlichen Verwunderung zu Grunde liegt und in ihr zum Ausdruck gelangt: denn es ist, in letzter Linie, doch nicht der Mensch das Subjekt der Verwunderung, sondern das Weltwesen selbst, das im Menschen sein Werk, die Welt, und in dieser sich selbst als ein Fremdes anstaunt. „Erst nachdem das innere Wesen der Natur sich durch die beiden Reiche der bewusstlosen Wesen und dann durch die lange und breite Reihe der Thiere, rüstig und wohlgemuth, gesteigert hat, gelangt es endlich, beim Eintritt der Vernunft, also im Menschen, zum ersten Male zur Besinnung: dann wundert es sich über seine eigenen Werke und fragt sich, was es selbst sei."[1] „Wenn ich mich besinne, so ist es der Weltgeist, der zur Besinnung kommen will, die Natur, die sich selbst erkennen und ergründen will."[2] Das Ewige sieht sich (in der Welt) als ein Zeitliches, das Unvergängliche als ein Sterbliches, das absolut Eine mit sich Identische als eine Vielheit, deren Glieder sich einander anfeinden und bekämpfen: überall unlösbare Widersprüche, überall Schwierigkeiten, Räthsel, Geheimnisse, überall Anlass zur Verwunderung, weil die metaphysische Unendlichkeit für den sonnenklaren, aber endlichen Intellekt schlechterdings unfassbar ist, weil, mit anderen Worten, das Weltwesen sich in der Welt nicht erkennt und nicht begreifen kann, woher denn ein Anderes ausser ihm, dem All-Einen, überhaupt da sei.

Wir kommen auf diesen Punkt der Schopenhauer'schen Lehre natürlich noch zurück; es ist der schwierigste, aber auch der wichtigste. Vollkommen klar wird er erst, nachdem wir die teleologische Bedeutung des Intellekts erkannt haben. Wir werden dann sehen, dass durch diese Komödie, oder vielmehr Tragödie der Irrungen, die das Weltwesen mit sich selbst aufführt, die ganze Beschaffenheit des Natur- und Menschenlebens bis ins Einzelne bedingt ist; ferner, dass es sich in der Welt um nichts anderes handelt, als um die allmälige Befreiung des Weltwesens von jenem Wahn, und endlich, dass diese Befreiung auch erfolgt, indem das All-Eine sich in den „tausend Formen", in denen es in der Welt vervielfältigt ist, erkennt, sich das uralte, tiefsinnige Wort: „Das bist Du" zuruft und so mit Einem Schlage der ganzen Illusion ein Ende macht. Jetzt wollten wir nur darauf aufmerksam machen, dass die Verwunderung und das metaphysische Bedürfniss nicht lediglich subjektive Vorgänge sind, sondern eine objektive Bedeutung haben.

Diese beiden Momente im geistigen Leben des Menschen, welche „die nie ablaufende Uhr der Metaphysik" in Bewegung erhalten, können nicht getrennt von einander auftreten. Der Mensch verwundert sich, weil er fähig ist, das metaphysische

---

[1] Welt a. W. u. V. 11, 175 f.   [2] Aus Schopenhauers handschriftlichem Nachlass (1864), S. 298.

Bedürfniss zu empfinden, und er empfindet dieses, weil er sich verwundert. Dem Menschen ist und bleibt die Welt ein Problem, „dessen sogar der Roheste und Beschränkteste, in einzelnen helleren Augenblicken, lebhaft inne wird, das aber Jedem um so deutlicher und anhaltender ins Bewusstsein tritt, je heller und besonnener dieses ist und je mehr Stoff zum Denken er durch Bildung sich angeeignet hat".[1]) Die Versuche, das Weltproblem zu lösen, die Dunkelheit, die unser Dasein umhüllt, zu zerstreuen, den Grund der Natur zu ermitteln, sind nun, was man Metaphysik im weitesten Sinne nennt. „Unter Metaphysik, sagt Schopenhauer,[2]) verstehe ich jede angebliche Erkenntniss, welche über die Möglichkeit der Erfahrung, also über die Natur, oder die gegebene Erscheinung der Dinge, hinausgeht, um Aufschluss zu ertheilen über das, wodurch jene, in einem oder dem anderen Sinne, bedingt wäre; oder, populär zu reden, über das, was hinter der Natur steckt und sie möglich macht;" mit anderen Worten: über das in der Erscheinung, d. h. der sichtbaren, erfahrbaren Welt, Erscheinende.[3])

Seitdem die Menschheit existirt, hat sie Metaphysik getrieben, und wird diese Arbeit fortsetzen in Ewigkeit, „denn, wenn irgend etwas auf der Welt wünschenswerth ist, so wünschenswerth, dass selbst der rohe und dumpfe Haufen, in seinen besonnenen Augenblicken, es höher schätzen würde, als Silber und Gold; so ist es, dass ein Lichtstrahl fiele auf das Dunkel unseres Daseins und irgend ein Aufschluss uns würde über diese räthselhafte Existenz, an der nichts klar ist, als ihr Elend und ihre Nichtigkeit".[4])

Die Metaphysik, wie wir sie hier verstehen, ist nicht mit Philosophie zu identificiren; denn obschon jede Philosophie als solche nothwendig Metaphysik ist, so äussert sich doch das metaphysische Bedürfniss auf den ersten und niedersten Stufen der Kultur noch nicht als Philosophie, sondern als Mythologie oder Religion, die man demnach als „Volksmetaphysik" bezeichnen kann, „nach Analogie der Volkspoesie, auch der Volksweisheit, worunter man die Sprichwörter versteht".[5]) Diese Volksmeta-

---

[1]) Welt a. W. II, 189.   [2]) Ebd S. 180.   [3]) Parerga II, §. 21, S. 19.
[4]) Welt a. W. II, 180.   Ebd. S. 181.

physik, die wir bei allen civilisirten Völkern, neben der eigentlichen Philosophie, wie eine Art zweite Philosophie antreffen,¹) ist offenbar älteren Ursprungs und unterscheidet sich von der Philosophie nicht durch ihr Objekt oder ihr Thema, welches in beiden dasselbe ist;²) sondern zunächst durch ihren Anfang, dann durch ihre Form und Tendenz. Der Anfang der Religion oder Theologie ist die **Furcht**, was schon Petron in seinem berühmten Satz: ‚primus in orbe deos fecit timor' ausdrückt; daher käme es nie zur Theologie, wenn die Menschen glücklich wären³). Und namentlich ist es die Furcht vor dem Tode, der Wunsch, unsterblich zu sein und das Unvermögen, sich diese Fortdauer anders denn als eine Gunst höherer, übermenschlicher Wesen zu denken, die unsere Vorstellung von Göttern und das Interesse an ihrem Dasein hervorruft.

Die Form der Religion kann keine andere sein, als **Dogmatismus**: sie hat ihre Beglaubigung **ausser sich**, die sie Offenbarung nennt, „welche dokumentirt wird durch Zeichen und Wunder". Als Glaubenslehre muss sie auch blinden Glauben **fordern** und ihre Forderung durch Androhung ewiger und zeitlicher Uebel zu unterstützen suchen. Drohungen sind die einzigen Argumente der Religion; Tortur und Scheiterhaufen — ihre ultima ratio.⁴)

Anders verhält es sich mit der Philosophie. Ihr Anfang ist „reines zweckloses Besinnen, und sogar in einer Welt, die nichts Furchtbares für den Menschen enthielte, in einer Welt ohne Leiden und Tod würde es in einem genialen Kopf dazu kommen".⁵) Obgleich die Philosophie zuerst ebenfalls in einer dogmatischen Form auftritt, so ist doch der philosophische Dogmatismus kein bleibender, und weicht sehr bald anderen, höheren Formen. Aber auch als Dogmatismus hat die **Philosophie** stets ihre Beglaubigung **in sich**, ist nicht Glaubens-, sondern **Ueberzeugungslehre**; sie sucht nur durch Vernunftgründe zu wirken und appellirt nur an die Vernunft.⁶)

---

¹) Welt a. W. II, 180. ²) Ebd. S. 181. Nachlass S. 296. ³) Ebd. S. 177. Nachlass S. 297. ⁴) Ebd. S. 181. Nachlass S. 296. ⁵) Ebd. S. 177 Nachlass S. 297. ⁶) Ebd. S. 180 f. Nachlass S. 296 f.

2. Nähere Bestimmung des Wesens der Philosophie.

Die Ergründung des in der Erscheinung Erscheinenden ist, haben wir gesehen, die Aufgabe der Metaphysik als solcher, somit das gemeinsame Thema ihrer beiden Hauptformen, der Religion und Philosophie. Als Volksmetaphysik muss die Religion sich auch einer dem Verständniss der Masse angepassten Sprache bedienen; und so trägt sie ihre Wahrheit nicht sensu proprio vor, was das Volk nicht verstehen würde, sondern bildlich, in Gleichnissen, Symbolen, Allegorien, die sich mit dem reinen Begriff der Sache nie decken. Es bleibt immer etwas Verhülltes, Unausgesprochenes in allen Religionen, das sich dem klaren Denken entzieht, ja ihm oft widerspricht. Dies sind die Mythen, die einen Bestandtheil jeder Religion bilden.[1]) Die Philosophie dagegen hat den Muth, „keine Frage auf dem Herzen zu behalten, und alles das, was sich von selbst versteht, sich zum deutlichen Bewusstsein zu bringen, um es als Problem aufzufassen." Sie spricht eine abstrakte Sprache; sie gibt uns keine Bilder, wie es die Religion, auch nicht das Leben selbst, wie es die Kunst thut, sondern fertige, aus dem Leben, aus der Anschauung abstrahirte Begriffe.[2]) Darum redet sie — aber auch nur sie allein — stets sensu proprio. Die grösstmöglichste Verständlichkeit, Bestimmtheit und Klarheit des Ausdrucks betrachtet die Philosophie als ihre Pflicht. Der ächte Philosoph wird „überall Helle und Deutlichkeit suchen, und stets bestrebt sein, nicht einem trüben, reissenden Regenbach zu gleichen, sondern vielmehr einem Schweizer See, der, durch seine Ruhe, bei grosser Tiefe grosse Klarheit hat, welche eben erst die Tiefe sichtbar macht".[3]) Einen Begriff abstrahiren oder bilden, heisst im Besonderen das Allgemeine herausfinden, in der Vielheit einzelner Dinge das untheilbare Eine, allen Gemeinsame, kurz das, was Plato Idee genannt hat, erkennen. Philosophie geht auf die Erkenntniss der Ideen aus, ist Ideenlehre im platonischen Verstande.[4])

---

[1]) Welt a. W. 11, 183 f.   [2]) Par. 11, 4 f.   [3]) Ueber die vierfache Wurzel etc. § 3, S. 3.   [4]) Par. 11, 3 f.   Nachlass S. 302. 303.

Die Idee ist der Inhalt, der wahre Sinn einer Erscheinung, welche letztere das Objekt unserer Erfahrung ist. Indem die Philosophie den Ideen nachgeht und sie zum Ausdruck bringt, durch Begriffe fixirt, ist sie nichts anderes als die „Entzifferung der Welt", „das richtige universelle Verständniss der Erfahrung selbst, die wahre Auslegung ihres Sinnes und Gehaltes", der in Formen der Erscheinung verhüllt ist und sich zu ihnen verhält, „wie der Gedanke zu den Worten".[1]) Die Idee lässt sich nur **anschauen**, nicht diskursiv erkennen; sie ist **für uns** da nur insofern das Objekt da ist, durch welches sie gleichsam durchschimmert; darum ist ohne anschauliche Erkenntniss keine Erkenntniss der Ideen, also auch keine Philosophie möglich. Die Anschauung ist „die wirkliche und unerschöpfliche Quelle aller Einsicht". So gut wie bildende Kunst und Poesie, muss auch die Philosophie ihren Inhalt aus der Anschauung schöpfen, muss auf Beobachtung und Erfahrung gestützt sein. Die Begriffe, in welche die Philosophie ihre Erkenntniss übersetzt, sind Eigenthum der Anschauung, ihr abgeborgt und abgebettelt. Aus Begriffen, denen eine erfahrungsmässige, anschauliche Grundlage fehlt, lässt sich keine wahre Philosophie herausspinnen: „Philosophie ist kein Algebra-Exempel." Es ist daher eine falsche und „unwürdige Definition der Philosophie, die aber sogar noch Kant gibt, dass sie eine **Wissenschaft aus blossen Begriffen** wäre". Ja, selbst die Anschauung genügt noch nicht, um wirklich Grosses in der Philosophie hervorzubringen: mit Recht hat Plato die Philosophie **Pathos** genannt; sie ist in der That ein Leiden, ein Affect, und erschüttert den ganzen Menschen durch und durch. Beim Philosophiren ist das Herz nicht weniger betheiligt als der Kopf, so sehr auch dieser „oben zu bleiben hat"; und Vauvenargue hat Recht, indem er sagt: les grandes pensées viennent du coeur.[2])

Da das Problem der Philosophie die Welt ist im Grossen und Ganzen, wie im Einzelnen, so ist ihr Gebiet unbegrenzt wie die Welt selbst. Es gibt kein Objekt, das zu gering für die philosophische Betrachtung wäre, da jedes, in grösserer oder ge-

---

[1]) Welt a. W. II, 204. [2]) Par. II, § 9. Welt a. W. II, 199.

ringerer Vollkommenheit, eine Idee, also das, um dessen Erkenntniss es sich handelt, zum Ausdruck bringt. Dieses universelle Interesse, das die Philosophie vor allen anderen Wissenschaften voraus hat, macht sie zur **Weltweisheit**, — ein Name, der ihr auch schon deshalb zukommt, da sie sich ausschliesslich um die **diesseitige Welt** kümmert und das Jenseits und die Götter in Ruhe lässt, dafür aber erwartet, auch von ihnen in Ruhe gelassen zu werden.[1])

Dem gewöhnlichen Verstande, dem Durchschnitts- oder Alltagskopf, ist der Begriff der platonischen Idee kaum beizubringen. Denn fast alle Menschen sehen in der Welt nur einzelne Dinge, ohne das Allgemeine, das sich in ihnen offenbart und, als das Reale, ihnen, den Erscheinungen, zu Grunde liegt, sie bedingt, also ihr Prius ist, zu durchschauen. Sie sehen eben die Bäume und nicht den Wald. Sie „bedenken unablässig, dass sie der und der Mensch ($\tau\iota\varsigma\ \check{\alpha}\nu\vartheta\rho\omega\pi o\varsigma$) sind, nebst den Korollarien, die sich daraus ergeben: hingegen, dass sie überhaupt ein Mensch, ($\acute{o}\ \check{\alpha}\nu$-$\vartheta\rho\omega\pi o\varsigma$) sind und welche Korollarien hieraus folgen, das fällt ihnen kaum ein und ist doch die Hauptsache. Die Wenigen, welche mehr dem letzteren, als dem ersteren Satze nachhängen sind Philosophen".[2]) Der Intellekt als solcher ist zwar, wie wir bereits wissen, die erste Bedingung der Philosophie; es ist jedoch, um wirklich Philosoph zu sein, noch lange nicht genug, das Quantum Intellekt zu besitzen, dessen sich die Masse erfreut, diese „Fabrikwaare der Natur", wie sie Schopenhauer gerne nennt. Ein excessives, abnormes, ja monstroses Uebermass des Intellekts ist dazu erforderlich. Die seltenen Individuen, die eine solche im praktischen Leben nicht anwendbare, sogar störende Ueberfülle von Intellekt besitzen, sind jene Wunder der Natur, jene „monstra per excessum", die man Genies nennt.[3]) Nur dem Genie ist die Ideenwelt nicht verschlossen; darum kann auch nur ein Genie in Wahrheit Philosoph sein.

Der Philosoph lebt also, so zu sagen, in zwei Welten: in der der Erscheinungen und der Dinge an sich (Ideen), und muss natürlich den Kontrast, der zwischen beiden herrscht, und dem

---

[1]) Welt a. W. 11, 209.   [2]) Par. 11, § 2, S. 3.   [3]) Nachlass S. 297. Ueber d. Genie vgl. Welt a. W. 1, § 36. 11, Kap. 31.

normalen Bewusstsein entgeht, empfinden. Das macht, dass ihm „zu Zeiten die Menschen und alle Dinge wie blosse Phantome oder Schattenbilder vorkommen". Wer diese Erfahrung nicht gemacht, „der hat keine Anlage zur Philosophie".[1]) Da der Unterschied zwischen Genie und Normalkopf so unermesslich ist, dass es einen wundern, ja betrüben könnte, wie er nicht hingereicht hat, zwei Species der Gattung Mensch zu konstituiren;[2]) so ist es klar, dass die Leistung eines Genies auch nur von einem Genie vollkommen verstanden werden kann, und für den grossen Haufen keinen Sinn hat. Demnach kann es „keine für alle Menschen vorhandene und allgemeingültige Philosophie geben", ebenso wenig, wie es eine allgemeingültige Kunst geben kann. Neben der wahren, d. h. absolut wahren Philosophie, die nur für die wenigen Köpfe ersten Ranges gültig ist, wird es immer noch andere Philosophien niederer Gattung geben, von denen die tiefste, für das vulgus bestimmte, im Gewande absoluter Autorität, d. h. als Religion erscheint.[3]) Diese niederen Philosophien, soweit sie nur aus einer objektiven, anschauenden Auffassung der Dinge entsprungen, sind nicht durchaus falsch zu nennen, können es auch nicht sein, da das Anschauliche die Natur ist und diese nie lügt, noch sich widerspricht; vielmehr sind sie alle wahr, „aber sie sind es zugleich: folglich ist ihre Wahrheit eine nur relative", d. h. einseitige. Auf einem höheren Standpunkt erkennt die Philosophie diese Einseitigkeit, und vereint die relativen Wahrheiten zu Einer einzigen, die dann eben die absolute Wahrheit ist.[4]) Schopenhauer gebraucht zwar selbst den Ausdruck „absolute" Wahrheit, versteht ihn jedoch nicht buchstäblich, da eine absolute Wahrheit im eigentlichsten Sinne dieses Wortes, d. h. eine Lösung ohne Rest des Welträthsels, eine Erkenntniss des tiefsten innersten Wesens oder Realgrundes der Dinge in seiner völligen Reinheit von allen Zuthaten des erkennenden Subjekts, schlechterdings unmöglich ist. Die Natur des Intellekts, des Organs unserer Erkenntniss, bringt, wie wir gesehen haben und noch sehen werden,

---

[1]) Nachl. S. 295. [2]) Ebd. S. 352. [3]) Ebd. S. 303 f. [4]) Par. 11, § 13. Nachl. S. 299.

diese Unmöglichkeit mit sich. „Welche Fackel wir auch anzünden und welchen Raum sie auch erleuchten mag; stets wird unser Horizont von tiefer Nacht umgrenzt bleiben"; und käme ein Wesen höherer Art, um uns die Lösung des Welträthsels beizubringen, wir würden von seinen Eröffnungen durchaus nichts verstehen. So kann also auch die höchste philosophische Erkenntniss, oder die sogenannte **absolute Wahrheit** nichts anderes sein, als bloss **das Höchste innerhalb des der Metaphysik überhaupt Erreichbaren** — nie mehr.[1])

Aus dem hier über das Wesen der Philosophie Gesagten ersieht man nicht nur den Unterschied zwischen ihr und den empirischen Wissenschaften (Naturwissenschaften) und der Kunst, sondern auch die Berührungspunkte, die sie mit beiden hat.

Wir wollen beides noch näher betrachten.

3. Philosophie und Naturwissenschaft.

Unter Wissenschaft überhaupt versteht man nicht ein Aggregat einzelner, zusammenhangsloser Erkenntnisse, sondern eine Verknüpfung von Erkenntnissen zu einem Ganzen, oder einem System von Erkenntnissen. Die Glieder eines Systems verhalten sich zu einander wie Grund und Folge, Bedingung und Bedingtes. Jede Erscheinung fassen wir nothwendig als eine Folge auf und fragen nach dem Grunde, warum sie sei. Da nun aber auch der Grund wiederum Folge eines früheren Grundes ist, und so ins Endlose, so ist dem Warum kein Ende. Dieses Warum, diese instinktive, unwillkürliche Frage nach dem Grunde einer Erscheinung, und das angeborene Wissen, die Erkenntniss a priori, dass schlechthin alles Geschehen und Sein einen Grund habe, ist das, was man **den Satz vom zureichenden Grunde** nennt. Wir werden später über ihn ausführlich sprechen; für jetzt genügt diese seine allgemeine Bestimmung.

Was also die Glieder eines Systems von Erkenntnissen zusammenhält, oder was das System selbst ausmacht, ist der Satz vom zureichenden Grunde: er ist die allererste, selbstverständliche Voraussetzung, der Leitfaden der Wissenschaft als solcher. Erst

---

[1]) Welt a. W. 11. 202. 206. Schopenh. Von ihm. Ueber ihn, S. 155.

mit dem Warum beginnt die Wissenschaft; sie ist die Untersuchung der Dinge auf das Warum hin, oder die Betrachtung der Dinge nach ihren Beziehungen, gemäss dem Satze vom Grunde.[1]) Was folgt daraus für die Wissenschaft?

Das Warum hat offenbar nur so lange Geltung, als ein unbekannter, zu erklärender Rest in der Erscheinung noch übrig bleibt. Ist einmal dieser Rest erkannt, so ist auch das Was der Erscheinung erkannt und das Warum verliert seinen Sinn und fällt weg. Nun ist dieses Was das Erscheinende, das Wesen der Dinge, das Ding an sich oder die (platonische) Idee. Wir treffen dieselbe in der Erscheinungswelt nicht an. Also kann auch die Wissenschaft, die sich nur mit der Erscheinungswelt abgiebt, nie das Was ergründen und wird ewig nach dem Warum fragen müssen. Mit anderen Worten: die Wissenschaft bewegt sich auf der Oberfläche der Welt, und ist, insofern sie alles nach dem Satze vom Grunde betrachtet und betrachten muss, dazu verurtheilt, nie an's Ziel alles Wissens zu gelangen, endlos und ewig ungenügend zu sein. Der Weg der Wissenschaft ist nicht die senkrechte, sondern die horizontale Linie, und zwar eine unendliche, da der Satz vom Grunde „einem Sturme gleicht ohne Anfang und Ende". „Alle Wissenschaft ist nicht zufällig (d. h. ihrem dermaligen Stande nach), sondern wesentlich (d. h. immer und ewig) ungenügend. Denn wenn die Physik auch zur Vollendung gediehen wäre, d. h. wenn ich auch jedes Phänomen aus einem andern zu erklären wüsste; so bliebe damit doch die ganze Reihe der Phänomene unerklärt, d. h. das Phänomen überhaupt bliebe ein Räthsel."[2]) Unter allen Wissenschaften ist es namentlich die Physik, — das Wort im weitesten Sinne verstanden, wie ihn die Alten gebrauchten, — die ihre wesentliche Dürftigkeit nicht einsehen will. Sie begreift schwer, dass aller unserer Erkenntniss und Wissenschaft ein Unerklärliches, nicht ihr, der Physik, sondern der Metaphysik anheim Fallendes zu Grunde liegt, auf das jede Erklärung schliesslich zurückführt, „wie auf dem Meere das Senkblei den Grund bald in grösserer, bald in

---

[1]) Vierf. Wurzel §. 4. §. 51. Nachl. S 302. [2]) Nachl. S. 299. Schop. Von ihm. Ueber ihn, S. 718.

geringerer Tiefe findet, ihn jedoch überall zuletzt erreichen muss".[1]) Die Physik will die Natur auf eigene Hand erklären und thut vornehm gegen die Metaphysik. Aber in der Natur der physikalischen Erklärung selbst liegt schon, dass sie nicht genügen kann, weil sie mit zwei Mängeln, mit zwei wesentlichen Unvollkommenheiten, von Hause aus behaftet ist, „wie Achill mit der verwundbaren Ferse, oder der Teufel mit dem Pferdefuss". Erstlich muss die Physik, als Wissenschaft, die Naturvorgänge nach dem Satze vom Grunde betrachten, kann demnach wie wir wissen, den Anfang der Kette von Ursachen und Wirkungen, d. h. die erste Ursache, schlechterdings nie erreichen. Zweitens, beruhen die wirkenden Ursachen, aus denen die Physik alles erklärt, auf Naturgesetzen, denen wiederum Naturkräfte zu Grunde liegen, wie z. B. Schwere, Härte, Wärme, Elektricität etc., die sämmtlich qualitates occultae der Natur sind, Eigenschaften, die jeder weiteren kausalen Erklärung spotten „und stehen bleiben, wie eine gar nicht wegzubringende unbekannte Grösse in einer sonst vollkommen aufgelösten algebraischen Gleichung; wonach es dann keine noch so gering geschätzte Thonscherbe giebt, die nicht aus lauter unerklärlichen Qualitäten zusammengesetzt wäre." Ohne Zweifel ist der gegenwärtige Zustand der Welt, d. h. ihre empirische, uns vorliegende Beschaffenheit, aus rein physischen Ursachen erklärbar, und hätte die Physik diese ihre Aufgabe gelöst, so hätte sie das Höchste erreicht, was in den Grenzen ihres Könnens liegt. Aber eine vollkommen befriedigende Lösung des Welträthsels, eine Antwort auf die Frage: was ist die Welt und unser Dasein? würde, in Folge jener beiden der Wissenschaft überhaupt inhärenten Unvollkommenheiten, auch diese höchste Leistung der Physik nicht sein.[2]) Darum ist physisch „freilich Alles, aber auch nichts erklärbar. Wie für die Bewegung der gestossenen Kugel, muss auch zuletzt für das Denken des Gehirns eine physische Erklärung an sich möglich sein, die dieses ebenso begreiflich machte, als jene es ist. Aber eben jene, die wir so vollkommen zu verstehen wähnen, ist uns im Grunde so dunkel wie Letzteres: denn

---

[1]) Par. 11, § 1. [2]) Welt a. W. 11, 191.

was das innere Wesen der Expansion im Raum, der Undurchdringlichkeit, Beweglichkeit, der Härte, Elasticität und Schwere sei, bleibt, nach allen physikalischen Erklärungen, ein Mysterium, so gut wie das Denken".[1]) Da dieses Mysterium das Wort des Räthsels enthält, nach dem gesucht wird, und nur von der Philosophie ergründet werden kann, so ist klar, dass die Philosophie die nothwendige Ergänzung der Physik ist. Da aber die Philosophie ihren Inhalt aus der Anschauung, Erfahrung, also aus der Natur schöpft und daraus ihre Begriffe abstrahirt, so ist die Physik ihrerseits die Ergänzung der Philosophie: die eine ist das Korrelat der anderen, wie das Ding an sich das Korrelat der Erscheinung ist. Physik ohne Philosophie ist blind; Philosophie ohne Physik ist leer. — Die echte Philosophie verkennt die Bedeutung der Physik und der übrigen empirischen Wissenschaften keineswegs, vielmehr benutzt sie deren speciellere Wahrheiten, um durch sie ihre eigene allgemeine Wahrheit zu belegen. Um dies zu können, muss der Philosoph in den empirischen Fächern wohl orientirt sein. Ganz besonders nöthig ist dies in unserem Jahrhundert geworden, wo der Glanz und die Verbreitung der Naturwissenschaften so mächtig sind, „dass kein philosophisches System zu einer dauernden Herrschaft gelangen kann, wenn es sich nicht an die Naturwissenschaften anschliesst und in stetigem Zusammenhange mit ihnen steht."[2]) Aber obschon das Object der philosophischen und rein empirischen Betrachtung durchaus dasselbe ist, nämlich die uns gegebene Welt, so ist doch die Art und Weise, wie sich Philosophie und Wissenschaft zu derselben verhalten, eine sehr verschiedene. Das Geschehen nach dem Satz vom Grunde interessirt die Philosophie gar nicht, oder doch nur in einem sehr geringen Grade. Es ist vielmehr dieser Satz selbst, das Fundament unseres Bewusstseins, den sie zunächst zum Gegenstand hat, insofern ist sie als der „Grundbass aller Wissenschaften" anzusehen. Sodann koncentrirt die Philosophie alle ihre Kräfte nicht auf die Erforschung Eines empirischen Gebiets, sondern sucht das ganze Feld des menschlichen Wirkens, in das die einzelnen Wissenschaften sich theilen, zu überschauen und die Ergebnisse

---

[1]) Welt a. W. 11, 193. [2]) Nachl. S. 296.

der letzteren zu einem Ganzen zu verwerthen, oder aus ihnen gleichsam die Quintessenz herauszuziehen. Bei dieser Universalität muss selbstverständlich die Kenntniss des Details, wodurch die empirischen Wissenschaften ihre Vollkommenheit erlangen, ausgeschlossen bleiben. Der Philosoph braucht die speciellen Wissenschaften ungefähr soweit zu kennen wie der Kapellmeister oder Komponist die Instrumente seines Orchesters: nur die Kenntniss der Natur und der Behandlungsweise aller, nicht Meisterschaft auf jedem einzelnen, wird von ihm verlangt. Auch vergleicht Schopenhauer den Philosophen mit dem Uhrmacher, der erst aus den Leistungen seiner Arbeiter (der Wissenschaften) das Werk, um das es sich handelt, zu Stande bringt. —

Man kann sich das ganze menschliche Wissen als einen vielverzweigten Baum denken, von dessen unmittelbar vom Stamme ausgehenden Hauptästen sich unzählige kleine verbreiten. Während die Forscher auf dem Gebiete der speciellen Wissenschaften sich bemühen, die letzten und kleinsten Zweige zusammenzubringen, trachtet der Philosoph nach Verbindung der Hauptäste; daher wird er nicht Experimente machen mit Laugensalzen und Säuren, oder mühsame Nachforschungen anstellen, um auszumachen, ob es wirklich nur sieben Könige in Rom gegeben, oder die Gleichung des Diameters gegen die Peripherie noch um einige Decimalstellen weiter rechnen: sondern er wird das Leben im Ganzen und Grossen betrachten, dessen Haupt- und Grundzüge, die sich eben auch in der alltäglichen Erfahrung hervorthun, richtig und vollständig aufzufassen suchen." Mit Einzelheiten und „Mikrologien" wird er sich ebenso wenig befassen können, als der, welcher, vom hohen Berggipfel aus, das Land überschauend, „nicht zugleich die da unten im Thale wachsenden Pflanzen untersuchen und bestimmen kann, sondern dies dem dort Botanisirenden überlässt." — Die ausschliessliche Beschäftigung mit einer speciellen Wissenschaft ist allerdings ein Beweis von Liebe zu ihr, aber auch ein Beweis von Gleichgültigkeit gegen alle übrigen: „weil man jenes nur kann unter der Bedingung, in diesen allen unwissend zu sein; wie wer Eine heirathet, allen anderen entsagt. Geister ersten Ranges werden daher nie sich einer Specialwissenschaft widmen; denn ihnen liegt die Einsicht in das Ganze zu sehr am Herzen." ¹)

Das Aufgehen in einer Specialwissenschaft bringt es mit sich, dass man dieselbe verabsolutirt, mithin das Nebensächliche für das Wesentliche, das Abgeleitete für das Primäre, die Erscheinung für das Ding an sich ansieht. Auf dem Gebiete der sogen. Geisteswissenschaften ist eine solche Betrachtung Beschränktheit, auf dem Gebiete der Physik aber eine gefährliche Beschränktheit. Denn eine absolute Physik, eine Physik ohne Metaphysik, die Behauptung, das Wesen der Welt sei auf rein physikalischem Wege ausreichend und erschöpfend zu erklären, wäre der eigentliche Naturalismus, die Erhebung der natura naturata zur natura naturans, die Aufhebung jener übernatürlichen Weltordnung, die man moralische nennt, demnach die Zerstörung des Fundaments der Ethik, und deren unvermeidliche Consequenz: das Versinken der Menschheit in den moralischen Materialismus, der noch gefährlicher ist, als der wissenschaftliche. Es ist demnach von der allergrössten (nicht nur theoretischen, sondern) praktischen Wichtigkeit, dass der Naturalismus, diese sich von selbst dem Menschen aufdringende und nur durch tiefe Spekulation zu beseitigende Weltansicht, nicht aufkomme und die Naturwissenschaft einsehe, dass ihrer unanfechtbaren Wahrheit: alle Phänomene, auch die geistigen, sind physisch, eine andere, ebenfalls unanfechtbare Wahrheit zur Seite steht: alles Physische ist zugleich ein Metaphysisches. — In unseren Tagen ist der Physik der Sinn für Metaphysik gänzlich abhanden gekommen. Die Naturforscher sind zu „Topfguckern der Natur" herabgesunken; ihr Treiben ist in seiner Art genau so verkehrt, wie das „ihrer Antipoden, der Scholastiker", war. Wie diese sich mit ihren abstrakten Begriffen herumschlugen und nichts ausser ihnen kannten, noch untersuchten, „so sind jene ganz in ihre Empirie verstrickt, lassen nichts gelten, als was ihre Augen sehen. und vermeinen damit bis auf den letzten Grund der Dinge zu reichen." Sie untersuchen haarklein „die Intestina der Intestinalwürmer und das Ungeziefer des Ungeziefers", vergessen aber dabei ganz, dass

---

¹) Par. II, 51 f. Welt a. W. II, 140 f. Nachl. S. 300 f

die Natur ausser ihrer Schaale noch einen Kern hat. Diesen „mikroskopischen und mikrologischen" Naturforschern, den Leuten vom Tiegel und der Retorte, den Vertretern des Mode-Materialismus, d. h. der „Barbiergesellen- und Apotheker-Lehrlings-Philosophie", muss nun Folgendes eingeschärft werden. Der letzte Grund der Dinge, den sie auf rein physikalischem Wege wähnen entdecken zu können, liegt ausserhalb der Erscheinungswelt und kann somit nach dem Satze vom Grunde, dem die Physik durchweg unterworfen ist, nie erkannt werden. Möge die Physik noch grössere Fortschritte machen, als sie in unserer Zeit gemacht, — und das sagt viel — „so wird damit noch nicht der kleinste Schritt zur Metaphysik geschehen sein; so wenig, wie eine Fläche, durch noch so weit fortgesetzte Ausdehnung, je Kubikinhalt gewinnt. Denn solche Fortschritte werden immer nur die Erkenntniss der Erscheinung vervollständigen; während die Metaphysik über die Erscheinung selbst hinausstrebt, zum Erscheinenden. Und wenn sogar die gänzlich vollendete Erfahrung hinzukäme, so würde dadurch in der Hauptsache nichts gebessert sein. Ja, wenn selbst Einer alle Planeten sämmtlicher Fixsterne durchwanderte, so hätte er damit noch keinen Schritt in der Metaphysik gethan. Vielmehr werden die grössten Fortschritte der Physik das Bedürfniss einer Metaphysik immer fühlbarer machen; weil eben die berichtigte, erweiterte und gründlichere Kenntniss der Natur einerseits die bis dahin geltenden metaphysischen Annahmen immer untergräbt und endlich umstösst, andrerseits aber das Problem der Metaphysik selbst deutlicher, richtiger und vollständiger verlangt, dasselbe von allem bloss Physischen reiner absondert, und eben auch das vollständiger und genauer erkannte Wesen der einzelnen Dinge dringender die Erklärung des Ganzen und Allgemeinen fordert, welches, je richtiger, gründlicher und vollständiger empirisch erkannt, nur desto räthselhafter sich darstellt." [1]

Die Metaphysik leugnen, eine absolute Physik aufstellen, heisst dem Unglauben in die Hände arbeiten. Und dies thut die moderne Wissenschaft. Der Unglaube nimmt immer mehr über-

---

[1] Welt a. W. II, 197 f.

hand, „allen hypokritischen Verhüllungen und allem kirchlichen Scheinleben zum Trotz", und „droht, mit der Form des Christenthums auch den Geist und Sinn desselben (der sich viel weiter als er selbst erstreckt) zu verwerfen und die Menschheit dem moralischen Materialismus zu überliefern". [1]) Wenn man vom Abgeschmackten und meist Boshaften absieht, was der Vorwurf des Atheismus enthält, so wird man ihm sein Recht zugestehen müssen, insofern er aus der dunkeln Furcht vor einer die wahre Ethik und Religiosität untergrabenden absoluten Physik entspringt. Nur ist es nicht, wie fälschlich geglaubt wird, der Theismus, der sich zum Retter und unzertrennlichen Begleiter der Moral eignet, sondern eben die Metaphysik überhaupt, d. h. die „Erkenntniss, dass die Ordnung der Natur nicht die einzige und absolute Ordnung der Dinge sei. Daher kann man als das nothwendige Credo aller Gerechten und Guten dieses aufstellen: ‚ich glaube an eine Metaphysik'." [2])

4. Philosophie und Kunst.

Der Unterschied zwischen Philosophie und Wissenschaft ist, wie wir gesehen, grösser als die Aehnlichkeit beider. Umgekehrt ist es, wenn wir Philosophie und Kunst mit einander vergleichen: hier liegt die Aehnlichkeit im Wesen, der Unterschied in der blossen Form. Die Kunst ist Erkenntniss der Ideen und deren Darstellung als Ideen; die Philosophie ist Erkenntnis der Ideen und deren Darstellung in Begriffen. Also: die Kunst ist und bleibt intuitiv, d. h. anschaulich, konkret; die Philosophie beginnt mit der Intuition, muss aber, als begriffliche Auslegung ihrer intuitiven Erkenntniss, nothwendig zur Abstraktion übergehen oder discursiv werden. Als Intuition ist die Philosophie Kunst, als Abstraktion Wissenschaft: sie ist „ein Mittleres von Kunst und Wissenschaft, oder vielmehr etwas, das beide vereinigt." [3]) „Ein Philosoph kann nur der sein, der frei von aller Reflexion" (also unabhängig vom Satze vom Grunde) „die Welt anschauen und die Ideen erfassen kann, wie der bildende Künstler und der

---

[1]) Ueber d. Willen in d. Natur, S. VII. [2]) Welt a. W. II, 193 f. [3]) Nachlass S. 303.

Dichter; zugleich aber die Begriffe so in seiner Gewalt hat, dass er die Welt darin ausdrücken und wiederholen kann. Dem Philosophen muss bei aller Lebhaftigkeit der Anschauung die Reflexion immer ganz nahe liegen, ja, er muss einen gleichsam instinktartigen Trieb haben, alles, was er anschaulich erkannt, sogleich in Begriffen auszudrücken, wie geborene Maler bei allem, was sie sehen und bewundern, sogleich zum Griffel greifen."[1]) Der echte Künstler wird, wie der echte Philosoph, nur geboren.[2]) Jede begriffliche Auseinandersetzung kann wieder auseinandergesetzt, also einem Anderen beigebracht werden; das Schauen der Ideen jedoch lässt sich weder lernen noch lehren. Soweit die Philosophie Wissenschaft ist, kann sie demnach auch erlernt werden; nicht aber soweit sie Kunst ist. Die wissenschaftliche Seite einer Philosophie ist ihr System selbst, ihr Netz von Urtheilen und Schlüssen, ihr ganzer anschaulicher und logischer Inhalt, kurz alles das, was sie eben zu einer Philosophie macht. Dies vermag jeder mit mehr oder weniger Mühe, je nach seiner Begabung, zu begreifen. Wie aber der Denker zu seiner Philosophie gekommen, wie er in der uns allen gegebenen Welt seine Principien erkannt, auf welchem Wege und durch welche Mittel er die Wahrheit, die Idee erfasst, mit anderen Worten: Warum sein Philosophiren gerade diesen und nicht einen anderen Ausgangspunkt genommen hat, — dies Alles ist sogar dem Denker selbst unbekannt, kann also noch weniger von einem Anderen verstanden oder diesem erklärt werden. Darum ist die Behauptung: „die Philosophie lässt sich nicht lernen, sondern nur das Philosophiren" grundfalsch; sie ist das „Gegentheil der Wahrheit" und gehört zu jenen beliebten und fest accreditirten Irrthümern, die „täglich von Unzählbaren mit Selbstgenügen" und ganz gedankenlos nachgesprochen werden, und von denen Schopenhauer ein kleines Verzeichniss zur Probe giebt, Anderen überlassend dasselbe fortzuführen.[3])

---

[1]) Schop. Von ihm. Ueber ihn etc. S. 719. [2]) Par. II, §. 8.
[3]) Par. II, §. 44. Zu dem genannten Irrthum werden noch folgende sieben hinzugerechnet:
1. Selbstmord ist eine feige Handlung;
2. Wer Anderen misstraut ist selbst unredlich;

Seit 3000 Jahren, d. h. seit ihren Anfängen in Griechenland, bemüht sich die Philosophie, das Welträthsel zu lösen und kommt immer noch zu keinem durchaus befriedigenden Resultat. Dies ist nur daraus zu erklären, dass sie immer den falschen ziel- und endlosen Weg der Wissenschaft verfolgt, statt den sichern und kurzen der Kunst einzuschlagen, auf dem allein sie zur Allgenugsamkeit der letzteren gelangen kann. Denn die Kunst ist allgenugsam und nicht, wie die Wissenschaft, ewig von Skrupel und Zweifel geplagt, weil sie mit Einem Sprung am Ziel ist, das die Wissenschaft auf keine Art zu erreichen vermag. „So soll also auch die Philosophie allgenugsam werden, herausgehoben aus dem rastlosen Strom, der die Wissenschaften trägt, zur feststehenden ruhigen Kunst. Aussprechen soll sie, was die Welt ist, nicht mehr nur das Material betrachten, auf dem sie abgebildet ist."[1]) Eine solche Philosophie wird, wie die Kunst, „dem dumpfen, besinnungslosen, taumelnden Pöbel" nie einleuchten. „Denn für die Meisten sind weder Mozart, noch Raphael, noch Shakespeare je dagewesen: eine unübersteigbare Kluft trennt diese auf immer von der Menge, wie die Nähe der Fürsten dem Pöbel unzugänglich ist. Anders kann es auch mit der echten Philosophie nicht sein."[2])

Die wesentliche Aehnlichkeit oder vielmehr Gleichheit der Philosophie und Kunst macht, dass beide in vollkommenem Frieden neben einander bestehen; ihre lediglich formale Verschiedenheit aber erlaubt, dass sie sich gegenseitig auslegen und kommentiren; ja, jede ist schon von Hause aus der Kommentar der anderen: die Philosophie ist der abstrakte Ausdruck des Inhalts aller Künste, d. h. des Wesens der Welt; die Kunst ist der anschauliche, konkrete Ausdruck des Inhalts der Philo-

3. Verdienst und Genie sind aufrichtig bescheiden;
4. Die Wahnsinnigen sind überaus unglücklich;
5. Es ist leichter eine gute Tragödie, als eine gute Komödie zu schreiben;
6. Das dem Baco Nachgesprochene: Ein wenig Philosophie führt von Gott ab, ein Vieles zu ihm zurück;
7. Knowledge is power: Wissen ist Macht.

[1]) Nachlass S. 300. 301. Schop. Von ihm. Ueber ihn, S. 718—718
[2]) Schop. Von ihm. Ueber ihn, S. 724.

sophie, d. h. wiederum des Wesens der Welt. In der Philosophie sind die ewigen, in starrer Ruhe und absoluter Vollendung beharrenden Ideen, durch ihre Uebersetzung in Begriffe, gleichsam flüssig gemacht, in Bewegung gesetzt; in der Kunst sind die nimmer ruhenden, flüssigen, beweglichen, einer den anderen verdrängenden Begriffe zu Gestalten verdichtet, in Bildern fixirt und in eine über die Zeit, die Vergänglichkeit und jede Veränderung erhabene Sphäre, in die Ewigkeit versetzt. Was die Philosophie docirt, das demonstrirt die Kunst ad oculos: man könnte sie das philosophische Practicum nennen. Die Philosophie schreibt den Text des grossen Dramas: die Welt; die Kunst liefert die Illustrationen dazu. Plato hatte das innige Verhältniss zwischen Philosophie und Kunst nicht verstanden, darum wollte er die letztere, vor allem die Poesie, aus seinem Staat verbannt wissen. Aber Poesie und Philosophie „vertragen sich ganz vortrefflich. Sogar ist die Poesie eine Stütze und Hülfe der Philosophie, eine Fundquelle von Beispielen, ein Erregungsmittel der Meditation und ein Probirstein moralischer und psychologischer Lehrsätze. Die Poesie verhält sich eigentlich zur Philosophie so. wie die Erfahrung sich zur Wissenschaft verhält. Dasselbe wahre und innere Wesen der Welt, das uns die Poesie beispielsweise an der Darstellung einzelner Fälle zeigt, lehrt uns die Philosophie im Ganzen und Allgemeinen kennen. Folglich ist zwischen Poesie und Philosophie die schönste Eintracht, so wie zwischen Erfahrung und Wissenschaft." [1])

5. Philosophie und Geschichte.

Ganz anders denkt Schopenhauer über den Werth der Geschichte.

Die Hegel'sche Auffassung derselben, als eines Offenbarungs- und Entwicklungsprocesses der absoluten Vernunft im Leben des Menschengeschlechts, und somit als eines planmässigen, organischen Ganzen, das als solches auch rein logisch und dennoch der Wirklichkeit entsprechend konstruirt werden könne, erscheint ihm

---

[1]) Nachl. S. 305.

als ein „roher und platter Realismus, der die Erscheinung für das Wesen an sich der Welt hält und vermeint, auf sie, auf ihre Gestalten und Vorgänge käme es an, wobei er noch im Stillen von gewissen mythologischen Grundansichten unterstützt wird, die er stillschweigend voraussetzt: sonst liesse sich fragen, für welchen Zuschauer denn eine dergleichen Komödie eigentlich aufgeführt würde?"[1] Das Menschengeschlecht, dieses angebliche Objekt der Geschichte, ist die Summe einzelner, vergänglicher Individuen. Nur diesen kommt Einheit des Bewusstseins und empirische Realität zu, nicht aber dem Menschengeschlecht, noch den einzelnen Gruppen oder Generibus desselben, die man Völker nennt und die blosse Fiktionen und Abstraktionen sind, demnach auch keine Geschichte haben können. Indem die Geschichte meint, vom Allgemeinen und Beständigen zu reden, redet sie nur vom Einzelnen und Bestandlosen, von Individuen, die wie Schattenbilder die Weltbühne durchziehen, „wie Wolken im Winde beweglich", ewig entstehend und vergehend, und deren Verschiedenheit genau so gross wie ihre Zahl ist, also unerschöpflich, unendlich. Die Aufgabe der Geschichte ist unerfüllbar, nämlich das zu Ende Zählen des Unzählbaren. Die nothwendige Folge davon ist, dass die Geschichte immer unvollkommen bleibt, dass „durch Alles, was man davon erlernt hat, die Summe des noch zu Erlernenden durchaus nicht vermindert" wird.[2] Das macht die Geschichte zum „geraden Gegentheil und Widerspiel der Philosophie, als welche die Dinge vom allgemeinsten Gesichtspunkt aus betrachtet und ausdrücklich das Allgemeine zum Gegenstande hat, welches in allem Einzelnen identisch bleibt; daher sie in diesem stets nur Jenes sieht und den Wechsel an der Erscheinung desselben als unwesentlich erkennt".[3] Die Anhänger der Hegel'schen Geschichtsphilosophie sind auf Plato zu verweisen, der eben nur darnach trachtete, zu verstehen, „was da ist, wirklich ist, heute und immerdar," und nicht heute so und morgen anders.[4] Was kann demnach der Philosoph von dem Historiker lernen, als was er nicht schon längst auch ohne ihn gewusst hat: dass nämlich das Wesen des Menschen überall und

---

[1] Welt a. W. II, 505. [2] Par. II, 480. [3] Ebd. S. 504. [4] Ebd. S. 506.

immer dasselbe war, ist und bleibt? Eadem, sed aliter, — so müsste die Devise der Geschichte überhaupt lauten. Wie man am Durchschnitt den ganzen Marmor erkennt und nicht erst braucht alle seine Adern zu verfolgen, so reicht Ein klarer Blick, gleichviel wo, in das Leben und Treiben der Menschen hin, um die ganze Geschichte, die Vergangenheit sowohl als die Gegenwart und Zukunft in ihrem innersten Wesen zu begreifen; und wem Eine der zahllosen Formen, in denen die Geschichte uns stets vom Einen und selben erzählt, nicht genügt, um dieses Wesentliche, Allgemeine zu erkennen, der „wird auch durch das Durchlaufen aller Formen schwerlich zur Erkenntniss davon gelangen". In philosophischer Absicht hätte Einer genug Geschichte studirt, wenn er z. B. blos den Herodot gelesen hätte. Einem Historiker, „der sein Studium für das Mittel zur Erlangung der Weisheit oder der Kenntniss des wahren Wesens der Dinge ausgeben wollte, könnte man fragen: ‚und wenn ich nun gelebt hätte, ehe alle diese Dinge sich zutrugen, hätte ich dann nothwendig weniger weise werden müssen?'" [1])

Aber nicht nur unphilosophisch, sondern auch unwissenschaftlich ist die Geschichte. Die Wissenschaft „sondert das unzählbar Viele aus, sammelt es unter Artbegriffe, und diese wieder unter Gattungsbegriffe, wodurch sie den Weg zu einer Erkenntniss des Allgemeinen und des Besonderen eröffnet, welche auch das unzählbare Einzelne befasst, indem sie von Allem gilt, ohne dass man Jegliches für sich zu betrachten habe. Dadurch verspricht sie dem forschenden Geiste Beruhigung", welche diesem freilich erst durch die Philosophie zu theil wird. Dieser „Grundcharakter der Wissenschaft, die Subordination des Gewussten," die Systematisirung der Thatsachen oder des blossen Wissens, fehlt nun der Geschichte gänzlich, als welche nur von Individuen, also von koordinirten Dingen handelt, mithin auch nur Koordinationen aufzuweisen hat und „zwar ein Wissen, jedoch keine Wissenschaft" genannt werden kann, da ‚Wissenschaft von Individuen' einen Widerspruch besagt. Da die Geschichte nichts allgemeines kennt, kann sie auch das Einzelne nur un-

---

[1]) Nachl. S. 306. Welt a. W. II, 505. 508. Schop. Von ihm etc. S. 301.

mittelbar fassen, ist also genöthigt, gleichsam „auf dem Boden der Erfahrung fortzukriechen, während die wirklichen Wissenschaften darüber schweben, indem sie umfassende Begriffe gewonnen haben, mittelst deren sie das Einzelne beherrschen". Was in der Geschichte als das Allgemeine bezeichnet werden könnte, wie die Zeitperioden, Regierungen etc., kurz „Alles was auf den Geschichtstabellen Platz findet" und dem die einzelnen Begebenheiten als das Specielle sich unterordnen, ist kein objektives, sondern nur **subjektives Allgemeines**. Es ist nicht das **Allgemeine eines Begriffs**, „in welchem die Dinge wirklich schon mitgedacht wären", wie z. B. der Begriff des Säugethieres oder einer bestimmten geometrischen Figur die Merkmale enthält, die allen Säugethieren und allen geometrischen Figuren dieser Gattung **ohne Ausnahme** zukommen; sondern das **Allgemeine meiner Kenntniss**, „welche nur insofern als sie oberflächlich ist, allgemein genannt werden kann". Ist mir einmal der **Begriff**, d. h. das **objektiv Allgemeine** eines Dinges bekannt, so sind mir durchaus alle unter diesen Begriff fallenden Dinge bekannt; kenne ich aber nur das subjektive Allgemeine, z. B. von dem 30jährigen Krieg nichts, als dass er ein Religionskrieg im 17. Jahrhundert war, so kenne ich so gut wie gar nichts, nicht mehr, als wenn ich von einem Buch nur den Titel kennte [1]).

Aus den angeführten Unvollkommenheiten der Geschichte folgt, dass sie die eigentliche, innere Wahrheit der Begebenheiten nie aufzudecken vermag, demnach, selbst in ihren besten Mustern, stets mit Falschem und Unwesentlichem vermischt ist. Der Stoff des Historikers, oder, will man diesen mit einem Maler vergleichen, sein Original, ist die **vollständige** Summe der einzelnen Thatsachen, also ein Original, das ihm immer nur sehr lückenhaft vorliegt oder ihn jeden Augenblick verlässt. Unter solchen Umständen ist das Zustandekommen einer vollkommen getreuen **Kopie** nicht möglich, wohl aber — wenn der Darsteller ein Künstler ist und aus der Anschauung der **Idee** das Fehlende ergänzt — das eines **Idealbildes**. Trifft demnach einmal der

---

[1]) Welt a. W. II, 502 f.

Historiker das wahre Wesen einer Begebenheit oder eines Individuums, so trifft er es eben nur als Künstler, wie es bei den grossen Historikern des Alterthums oft der Fall ist, die „im Einzelnen, wo die Data sie verlassen, z. B. in den Reden ihrer Helden", Dichter sind und uns die poetische, d. h. ideale, ewige, wesentliche Wahrheit statt der gemeinen Wirklichkeit vorführen.¹) — Zu dieser Unwahrheit, für welche die Geschichte freilich nichts kann, weil sie aus der Beschaffenheit ihres Gegenstandes hervorgeht, kommt noch eine andere Unwahrheit, die absichtliche Fälschung, hinzu, die namentlich von den „Sekundenzeigern der Geschichte", den Zeitungen, professionsmässig betrieben wird. Wohin man also auch blickt, ist Lüge in der Geschichte: die Muse Klio ist „mit der Lüge so durch und durch inficirt, wie eine Gassenhure mit der Syphilis. Die neue, kritische Geschichtsforschung müht sich zwar ab, sie zu kuriren, bewältigt aber mit ihren lokalen Mitteln bloss einzelne, hie und da ausbrechende Symptome, wobei noch dazu manche Quacksalberei mit unterläuft, die das Uebel verschlimmert".²)

Aber trotz aller ihrer sehr bedenklichen Mängel bleibt doch der Geschichte ein „ganz eigenthümliches Gebiet, auf welchem sie höchst ehrenvoll dasteht". Wie nämlich der Mensch als Individuum, vermöge der Vernunft, über die reflexionslose Anschauung hinaus, zur bewussten, zusammenhängenden, vollständigen Erkenntniss der Welt und seiner selbst gelangt, und, ausser der unmittelbar gegebenen Gegenwart, auch die Vergangenheit zu begreifen und sogar auf die Zukunft zu schliessen im Stande ist; so erlangt die Menschheit erst durch die Kenntniss der Geschichte das Selbstbewusstsein, das Verständniss ihrer Gegenwart und Vergangenheit, und die Fähigkeit, die Zukunft zu anticipiren. Was demnach „die Vernunft dem Individuum, das ist die Geschichte dem menschlichen Geschlechte"; sie ist „das vernünftige Selbstbewusstsein" desselben, oder vielmehr sie „vertritt die Stelle eines dem ganzen Geschlechte unmittelbar gemeinsamen Selbstbewusstseins, so dass erst vermöge ihrer dasselbe wirklich zu einem Ganzen, zu einer Menschheit wird". „Daher ist jede

¹) Welt a W. I, 289 f. ²) Par. II, 480 f.

Lücke in der Geschichte wie eine Lücke im erinnernden Selbstbewusstsein eines Menschen; und vor einem Denkmal des Uralterthums, welches seine eigene Kunde überlebt hat, wie z. B. die Pyramiden, Tempel und Paläste in Yukatan, stehen wir so besinnungslos und einfältig, wie das Thier vor der menschlichen Handlung, in die es dienend verflochten ist, oder wie ein Mensch vor seiner eigenen alten Zifferschrift, deren Schlüssel er vergessen hat, ja, wie ein Nachtwandler, der, was er im Schlafe gemacht hat, am Morgen vorfindet".[1])

6. Philosophie und Mathematik.

Die Quelle aller philosophischen Erkenntniss ist, haben wir gesehen, die Anschauung, nicht der blosse Begriff. Zur falschen und noch immer nicht aufgegebenen Annahme, dass die Philosophie eine Wissenschaft aus blossen Begriffen sei, hatte wahrscheinlich die Mathematik verleitet. Diese operirt allerdings mit lauter Abstraktionen und gelangt doch zu absolut sicheren Resultaten, die auf dem Boden der Anschauung unerreichbar wären. Die Philosophie hat stets die Unfehlbarkeit der Mathematik bewundert, ja diese darum beneidet, wusste aber, vor Kant, nicht, worauf ihre Unfehlbarkeit beruhe, und hielt dieselbe für die Folge der deduktiven Methode der Mathematik. Das Bestreben, auch der Philosophie zur unfehlbaren Erkenntniss zu verhelfen, erklärt und rechtfertigt alle Versuche, die mathematische Methode in die Philosophie einzuführen: aus wenigen Definitionen, Axiomen und Lehrsätzen ein System abzuleiten und so, nach Spinozas klassischem Beispiel, eine Philosophie more geometrico zu demonstriren. Nachdem aber Kant gezeigt hat, dass Zeit und Raum, also das Element der Mathematik, keine Abstraktionen, sondern dem menschlichen Intellekt von Hause aus eigenthümliche, von vornherein bekannte, von der Erfahrung unabhängige und aller Erfahrung voraus-, jedoch nicht über diese hinausgehende Anschauungen, oder vielmehr blosse Anschauungsformen a priori sind, verlor die Mathematik mit einem Schlage ihr Prestige

---
[1]) Welt a W. II, 508 f. Par. II, 479.

und wurde es klar, dass die mathematische Methode nicht auch da anzuwenden sei, wo man (nicht mehr mit a priori Bekanntem, sondern) mit Begriffen zu thun hat, die, wie die meisten philosophischen, z. B. Wesen, Sein, Substanz, Vollkommenheit, Realität etc., aus empirischen Anschauungen abgezogen sind. Die Mathematik hat nicht den geringsten Grund, stolz auf ihre Sicherheit zu sein, da ihre sämmtlichen Begriffe aus den allersichersten, bestimmtesten und Allen gleich gut bekannten, stets gegenwärtigen und klaren Anschauungen abstrahirt sind; demnach es für sie ein Leichtes ist, diese Begriffe und die mit ihnen vorgenommenen Operationen jeden Augenblick zu realisiren und kontrolliren. Als eine auf eine apriorische Erkenntniss sich stützende Wissenschaft besitzt die Mathematik freilich apodiktische Gewissheit, aber diese bezieht sich lediglich auf das rein Formelle, Räumliche und Zeitliche der Erfahrung oder Vorstellung, Erscheinung, und nicht auf deren Inhalt, kann also von keinem, oder nur sehr geringem Nutzen für die Philosophie sein, in der es sich hauptsächlich um den wahren Inhalt der Erfahrung, um das in der Erscheinung Erscheinende, handelt. „Sie hören nicht auf, die Zuverlässigkeit und Gewissheit der Mathematik zu rühmen. Aber was hilft es mir, noch so gewiss und zuverlässig zu wissen, daran mir gar nichts gelegen ist — das ποσον." In der Mathematik ist Alles verständlich, weil wir in ihr „ganz allein mit den Formen unseres eigenen Intellekts zu thun haben", und, unabhängig vom Beweis, eigentlich Alles schon von selbst wissen; wir schlagen uns mit unseren eigenen Erkenntnissformen, der Zeit und dem Raume, herum, gleichen daher „der Katze, die mit ihrem eigenen Schwanze spielt".[1]) Darum ist die mathematische (Euklidische) Demonstrirmethode für die Philosophie, als welche nicht die Formen, sondern den Inhalt, das Wesen der Welt zu erkennen sucht, schlechterdings unbrauchbar. — Aber auch auf dem Gebiete der Mathematik selbst ist diese Methode zum mindesten entbehrlich. Euklides beweist nur das Dass der Verhältnisse; aber erklärt wird nicht, dass etwas so sei, das Warum der Sache, dessen Erkenntniss

---

[1]) Nachl. S. 329. Welt a W. I, 91 f., II, 199 f. Ueber d Wissen in d. Ntr. S. 86.

doch erst die wissenschaftliche ist. Das Warum aber ist in der Mathematik anschaulich weit fasslicher zu demonstriren, als durch die bisher gebrauchte und beliebte synthetische Methode. Da die Mathematik die Wissenschaft von den reinen Anschauungen ist, so liegt doch auf der Hand, dass sie auch bei der Anschauung bleiben und nicht auf das ihr fremde Gebiet der Logik überspringen sollte. Der anschauliche Beweis ist ungleich befriedigender und gründlicher als der logische, und unter allen Wissenschaften ist die Mathematik allein im Stande, ihre Lehrsätze durch blosse Anschauung zu erhärten. Wenn sie sich also dieses ihres grossen Vorzugs beraubt und das Surrogat des Beweises dem echten, schlagenden Beweise vorzieht, so gleicht sie Einem, der sich die Beine abschneidet, um auf Krücken zu gehen, oder dem Prinzen in Goethes „Triumph der Empfindsamkeit", der aus der wirklichen Natur flieht, um sich an Theaterdecorationen, die sie nachahmen, zu erfreuen.[1])

Der philosophische Werth der Mathematik ist sehr gering und nur ein mittelbarer, da er nur in der Anwendung dieser Wissenschaft zu Zwecken liegt, die allein durch sie erreichbar sind. An sich aber „lässt die Mathematik den Geist da, wo sie ihn gefunden hat, und ist der allgemeinen Ausbildung und Entwickelung desselben keineswegs förderlich, ja sogar entschieden hinderlich". Der einzige unmittelbare Nutzen der Mathematik ist, dass sie „unstäte und flatterhafte Köpfe gewöhnen kann, ihre Aufmerksamkeit zu fixiren". Wenn Plato die Geometrie den Philosophen empfahl, so that er dies nicht, weil er sie als solche hoch schätzte, wie es die Mathematiker meinen, welche die angebliche Ueberschrift des Platonischen Lehrsaals: Ἀγεωμέτρητος μηδεὶς εἰσίτω (kein der Mathematik Unkundiger darf eintreten) zu Gunsten ihrer Wissenschaft auslegen; sondern weil er die geometrischen Figuren als Mittelwesen zwischen den ewigen Ideen und den Erscheinungen, oder einzelnen Dingen, ansah, demnach in der Beschäftigung mit der Geometrie eine Vorübung oder Vorbereitung zur Philosophie oder Ideenlehre erblickte.[2]) —

---

[1]) Welt a W. 183, f. vgl. S. 509. Vierf. Wurzel §. 39. [2]) Welt a. W. II, 143 f.

Nachdem wir das Wesen und die Aufgabe der Philosophie, sowie ihr Verhältniss zur Wissenschaft und Kunst kennen gelernt, gehen wir, immer im strengsten Anschluss an Schopenhauers eigene Ansichten, zur Betrachtung der **Geschichte der Philosophie** oder des Entwicklungsganges, den die Philosophie bis auf Schopenhauer zurückgelegt hat. Aus dieser Betrachtung wird unter anderem erhellen, sowohl Schopenhauers philosophische Methode, als auch wie er selbst seine Stellung in der Geschichte auffasste und den genetischen Zusammenhang seiner Lehre mit der seiner Vorgänger erklärte. Denn so wenig Schopenhauer auch vom historischen Pragmatismus überhaupt hielt,[1]) so hat er ihm doch bis zu einem gewissen Grade gehuldigt;[2]) und so sehr er auch auf die Originalität seiner Philosophie pochte, so verleugnete er doch nie die Quellen, aus denen er ihre Grundzüge und Hauptgedanken geschöpft hat.

II. Geschichte der Philosophie. — Historische Ableitung der Schopenhauerschen Lehre. — Schopenhauers Stellung in der Geschichte.

1. **Allgemeiner Charakter der Geschichte der Philosophie.**

Wenn man von Philosophie spricht, so meint man immer unsere abendländische Philosophie, nicht die orientalische, die unter anderen Gesichtspunkten zu betrachten ist. Diese hat keine natürliche Entwicklung durchgemacht, sondern nahm (namentlich in Indien) gleich anfangs einen viel kühneren Flug und gelangte schon in uralten Zeiten zur Erkenntniss von Wahrheiten, deren Verständniss und Anerkennung im Occident erst im 17. Jahrhundert durch die von Cartesius ausgegangene idealistische Philosophie, und später namentlich durch Kants epochemachende

---

[1]) Welt a W. II, 504. [2]) In den „Fragmenten zur Geschichte der Phil." (Par. I, 35—150), der „Skizze einer Geschichte vom Idealen und Realen" (Ebd. S. 3—32) und in seinen akademischen Vorlesungen, deren Bruchstücke uns J. Frauenstädt mitgetheilt hat (Schop. Von ihm, über ihn. Memorabilien etc. S. 739 ff. Nachlass, S. 307 ff.).

Untersuchungen angebahnt und zur Hauptbedingung und Grundlage jeder wahrhaft philosophischen Weltanschauung gemacht wurde. Die abendländische Philosophie dagegen fing mit schüchternen und naiven Versuchen an, die metaphysischen Probleme zu lösen, und hat, trotz zahlreicher und bedeutender, ja, grosser Leistungen, ihre Aufgabe, die Erkenntniss der Welt, noch lange nicht erfüllt, und wird sie nicht eher erfüllen können, als bis sie aufgehört haben wird, nach Art der Wissenschaft, am Satze vom Grunde fortzuschreiten, d. h. am Leitfaden des Zusammenhanges der Erscheinungen zu suchen, was nicht Erscheinung ist, und als Kunst auftritt, d. h. von der anschaulichen Betrachtung der Erscheinung selbst ausgeht, um erst nachträglich ihre Anschauung im Material der Vernunft, den Begriffen, niederzulegen und zu fixiren.

Im Grossen und Ganzen lässt sich demnach die Geschichte der Philosophie in zwei Perioden eintheilen: die erste, noch nicht abgelaufene, ist die der wissenschaftlichen, die zweite, in der Zukunft liegende, die der künstlerischen Behandlung der Philosophie.[1] — Näher besehen, erscheint die Philosophie wie ein Pendel, das sich zwischen Rationalismus und Illuminismus, d. h. zwischen dem Gebrauch der objectiven und dem der subjectiven Erkenntnissquelle, hin und her schwingt. Das Organ des Rationalismus ist der nach aussen gerichtete, diskursiv verfahrende, begrifflich erkennende Intellekt; seine Antithese ist die innere Erleuchtung, intellektuelle Anschauung, das höhere Bewusstsein, Gottesbewusstsein oder die unmittelbar erkennende Vernunft etc. — lauter Erkenntnissvermögen, durch die allein der nach innen gerichtete Illuminismus die Wahrheit erfassen zu können vorgiebt und mit Geringschätzung auf den dem äusseren Intellekt, diesem „Licht der Natur", folgenden, mühsam, Schritt für Schritt fortschreitenden Rationalismus blickt. Der Illuminismus, den man, wenn ihm eine Religion zu Grunde liegt, als Mysticismus bezeichnet, „tritt allemal auf, wann der Rationalismus ein Stadium, ohne das Ziel zu erreichen, durchlaufen hat". Wir finden ihn in Indien in Vedanta und Mimansa; unter den

---

[1] Nachl. S. 317. S. von ihm etc. 752.

Mohammedanern als Lehre des Sufi; innerhalb des Christenthums zuerst als Gnosis, später, am Ausgang der Scholastik, im Tauler, Meister Eckardt, dem unbekannten Verfasser der deutschen Theologie, und später in den Schriften Jacob Böhmes; auf dem Gebiete der eigentlichen Philosophie stellenweise schon bei Plato und noch ausgesprochener bei den Neuplatonikern. In der Gegenwart kam der Illuminismus wieder auf in Jacobi, Schelling und Fichtes letzter Periode.[1])

Darüber, ob die durch innere Erleuchtung oder auf dem Wege des Illuminismus gewonnene Erkenntniss wahr sei oder nicht, lässt sich weder vom Standpunkt des Illuminismus selbst noch von dem des Rationalismus aus, auf dem die Philosophie sich für gewöhnlich befindet, etwas mit Sicherheit entscheiden. Denn die Wahrheit ist etwas Objektives, d. h. für verschiedene Subjekte Identisches. Ein Kriterium einer solchen Identität fehlt aber der inneren Wahrheit gänzlich. Mit diesem wesentlichen Gebrechen hängt ein anderes nothwendig zusammen. Das für Alle Identische ist eine Abstraktion, die nur aus verschiedenem Individuellen gewonnen werden kann. Wo, wie im Illuminismus, das Individuum lediglich auf sich selbst beschränkt ist, nichts anderes kennt als sein Subjektivstes, Innerstes, da giebt es keine Verschiedenheit, also auch keine Identität, also auch keine Abstraktion, also auch keinen begrifflichen Ausdruck für das Erkannte, also auch keine Sprache, keine Möglichkeit, seine Erkenntniss mitzutheilen und dem nach aussen zugekehrten Intellekt des nicht Erleuchteten beizubringen und zu erweisen. Mit anderen Worten: der Illuminismus mag schon die richtige Erkenntnissquelle sein, aber die Wahrheiten, die aus ihr gewonnen werden, können schlechterdings nur für den Illuminirten selbst eine Geltung haben; der Menschheit sind und bleiben sie ewig verschlossen. Es mag ja oft genug „dem Rationalismus ein versteckter Illuminismus zum Grunde liegen, auf welchen dann der Philosoph, wie auf einen versteckten Compass, hinsieht, während er eingeständlich seinen Weg nur nach den Sternen, d. h. den äusserlich und klar vorliegenden Objekten, richtet und nur diese

---
[1]) Par. II, 9 ff.

in Rechnung bringt. Dies ist zulässig, weil er nicht unternimmt, die unmittheilbare Erkenntniss mitzutheilen, sondern seine Mittheilungen rein objektiv und rationell bleiben. Dies mag der Fall gewesen sein mit Platon, Spinoza, Malebranche und manchen Anderen: es geht niemanden etwas an, denn es sind die Geheimnisse ihrer Brust. Hingegen das laute Berufen auf intellektuelle Anschauung und die dreiste Erzählung ihres Inhalts, mit dem Anspruch auf objektive Gültigkeit desselben, wie bei Fichte und Schelling, ist unverschämt und verwerflich." Aber auch in methodologischer Rücksicht ist der Illuminismus berechtigt, insofern er den Versuch macht, der Wahrheit, dem Wesen der Erscheinung, auf einem anderen Wege als dem des objektiv erkennenden Intellekts beizukommen, nämlich vom Inneren des Subjekts aus. Dieser Versuch entspringt aus einer ganz richtigen Reflexion oder vielmehr Ahnung. Da nämlich das wahre Wesen der Welt, oder das Ding an sich, uns nicht unmittelbar gegeben ist, so vermögen wir es nicht anders zu ergründen, als durch Vermittlung des uns unmittelbar gegebenen, in dem das Wesen der Welt sich offenbart. Dieses unmittelbar Gegebene ist die Welt als Erscheinung, als unsere Vorstellung, in letzter Linie also der vorstellende, nach aussen gerichtete Intellekt. Misslingt nun diesem, den Grund der Dinge zu erfassen, so bleibt dem Erkenntnisssubjekt natürlich nichts anderes übrig, als nunmehr sein ganzes übriges Wesen zu Hülfe zu rufen, „welches doch auch Ding an sich, d. h. dem wahren Wesen der Welt angehören und folglich irgendwie die Lösung aller Räthsel in sich tragen muss." Der Mensch hat Alles aufs Spiel gesetzt, um die Wahrheit zu gewinnen, und hat Alles verloren ausser seinem eigenen tiefsten Innern; auf dieses baut er seine letzte Hoffnung, und setzt, „wie die alten Deutschen, wenn sie Alles verspielt hatten", seine eigene Person ein.

Aber so richtig der Illuminismus in alledem auch urtheilt, so wenig ist es ihm doch möglich, auf seinem Wege sein Vorhaben auszuführen. Von den erkannten Thatsachen in unserem Innern wird man offenbar so lange nicht auf das Wesen der objektiven Welt schliessen können, als bis man sie zur Erklärung der letzteren gebraucht oder auf diese angewendet hat; und dies vermag der ausser aller Beziehung zur äusseren Welt stehende Illuminismus doch nicht.[1]) Darum wird eine besonnene Philosophie den Illuminismus als solchen nie angreifen oder verhöhnen, aber ebenso wenig ihn zu ihrem Ausgangspunkt nehmen. Denn „die Philosophie soll mittheilbare Erkenntniss, muss daher Rationalismus sein." „Der philosophische Schriftsteller ist der Führer und sein Leser der Wanderer. Sollen sie zusammen ankommen, so müssen sie, vor allen Dingen, zusammen ausgehen: d. h. der Autor muss seinen Leser aufnehmen auf einem Standpunkt, den sie sicherlich gemein haben: dies aber kann kein anderer sein als der des uns allen gemeinsamen empirischen Bewusstseins. Hier also fasse er ihn fest an der Hand und sehe nun, wie hoch über die Wolken hinaus er auf dem Bergespfade, Schritt vor Schritt, mit ihm gelangen könne. Wie verkehrt ist es hingegen, den Ausgang nehmen zu wollen vom Standpunkte einer angeblichen intellektuellen Anschauung hyperphysischer Verhältnisse, oder gar Vorgänge, oder auch einer das Uebersinnliche vernehmenden Vernunft, oder einer absoluten, sich selbst denkenden Vernunft: denn das alles heisst vom Standpunkte nicht unmittelbar mittheilbarer Erkenntniss ausgehen, wo daher, schon beim Ausgange selbst, der Leser nie weiss, ob er bei seinem Autor stehe, oder meilenweit von ihm."[2]) Schopenhauer selbst hat „auf das Gebiet des Illuminismus, als ein Vorhandenes, hingedeutet", sich aber gehütet, „es auch nur mit einem Schritte zu betreten, dagegen denn auch nicht unternommen, die letzten Aufschlüsse über das Dasein der Welt zu geben", sondern ist „nur soweit gegangen, als es auf dem objektiven, rationalistischen Wege möglich ist."[3])

Mit dem Rationalismus als dem Ausdruck des noch unerschütterten Glaubens an die Leistungsfähigkeit des nach aussen gerichteten Intellekts, beginnt auch die Geschichte der Philosophie. Die Erkenntniss des ganzen Menschengeschlechts geht denselben Gang, den auch der Geist eines einzelnen Individuums in seiner Entwicklung nimmt. „Dieser Gang fängt an mit dem Nachdenken über die Aussenwelt, aber er endigt mit dem Nach-

---

[1]) Par. II, 11f. [2]) Ebd. II, § 5. [3]) Ebd. S. 11.

denken über sich selbst." Das erste, lediglich auf das Objekt gerichtete Interesse der Philosophie, der Glaube, dass die Dinge an sich auch wirklich so seien, wie sie uns erscheinen, und dass wir also vermögen, durch Beobachtung und Nachdenken die Welt zu erkennen und etwas Bestimmtes und Gewisses über sie zu äussern, nennt man Dogmatismus, welcher überall die erste Form ist, in der die Philosophie auftritt. Schon der Umstand, dass verschiedene, zum Theil sich widersprechende Philosophien gleichzeitig erscheinen, und jede von ihnen behauptet, die Erklärung der Welt gefunden zu haben, ruft Zweifel hervor, — Zweifel zunächst an der Wahrheit aller bisher gegebenen Erklärungen, endlich aber an der Möglichkeit überhaupt, dass der Mensch zum wahren Wissen je gelangen könne. Die philosophische Richtung, die dem Dogmatismus auf dem Fusse folgt und den Zweifel zu ihrem Princip macht, ist der Skepticismus. Ueber diesen geht die alte Philosophie nicht hinaus. Die neuere edoch (von Cartesius an) beginn t gleich mit dem Skepticismus, bildet ihn aber zum Kriticismus oder zur Transscendentalphilosophie aus, worunter jede Philosophie zu verstehen ist, „welche davon ausgeht, dass ihr nächster und unmittelbarer Gegenstand nicht die Dinge seien, sondern allein das menschliche Bewusstsein von den Dingen, welches daher nirgends ausser Acht und Rechnung gelassen werden dürfe. Auf diesem Punkte nun angelangt kommt der Rationalismus zu der Erkenntniss, dass sein Organon (nämlich der Intellekt) nur die Erscheinung erfasst, nicht aber das letzte, innere und selbsteigene Wesen der Dinge erreicht." Die Transscendentalphilosophie untersucht vor allem die Tragweite unseres Erkenntnissvermögens, ist somit der Richter sowohl des Dogmatismus als des Skepticismus, welcher letztere, mit seinem voreiligen Leugnen und Absprechen, in ihren Augen nicht weniger dogmatisch erscheinen muss als der eigentliche Dogmatismus.[1])

Der Kriticismus ist der letzte philosophische Standpunkt, auf dem die Philosophie ihrer Vollendung, d. h. ihrer Entfaltung als Kunst, entgegensieht. Die Transscendentalphilosophie ist keiner

---

[1]) Par. II, 9 f.; Sch. Von ihm. S. 751 f.

Erweiterung, sondern nur einer **Vertiefung** fähig: ihr Weg ist nicht der horizontale aller Wissenschaft, sondern der **senkrechte**, den auch die Kunst einschlägt. Demnach ist, streng genommen, der Kriticismus kein Rationalismus mehr: er ist die Synthese von Rationalismus und Intuition, von Erkenntniss nach dem Satze vom Grunde und der unmittelbaren Anschauung der ewigen Formen oder Ideen der Welt.

2. Ueber das Studium der Geschichte der Philosophie.
(Gelehrsamkeit. Selbstdenken. Lesen).

Wir wissen, das Schopenhauer die Philosophie mit dem Grundbass in der Musik vergleicht. Daraus erhellt, was für einen Werth er der Geschichte der Philosophie beilegt. Der Grundbass unterstützt nicht nur die oberen Stimmen, sondern bestimmt auch allemal die Tonart, den Charakter und den Gang des Musikstücks. Auf die Philosophie übertragen heisst diess: nicht nur haben alle Wissenschaften und Künste und alle menschlichen Handlungen als solche nothwendig einen metaphysischen Hintergrund, finden also in einem metaphysischen Princip überhaupt ihre letzte Erklärung; sondern auch die jeweilige Beschaffenheit der Wissenschaften, Künste und des Lebens steht allemal im engsten Zusammenhang mit der herrschenden Philosophie, oder der Philosophie des Zeitalters. „Wie in der Musik jede einzelne musikalische Periode oder Lauf dem Ton entsprechen und mit ihm harmoniren muss, zu welchem der Bass eben fortgeschritten ist; so trägt in jeder Zeitperiode das menschliche Wissen jeder Art durchweg das Gepräge der Philosophie, die zu solcher Zeit herrscht, und jeder Schriftsteller, worüber er auch schreibe, trägt allemal die Spuren der Philosophie seines Zeitalters. Jede grosse Veränderung in der Philosophie wirkt auf alle Wissenschaften, giebt ihnen einen anderen Anstrich. Den Beleg hierzu giebt die Litteraturgeschichte durchweg. Daher ist jedem Gelehrten das Studium der Philosophie so nothwendig, wie dem Musiker das Studium des Generalbasses." Demnach ist klar, dass zum Verständniss der äusseren Geschichte, oder der äusseren Entwicklung der Menschheit die Kenntniss der Geschichte der Philosophie unentbehrlich ist. Die Feinde der

Philosophie, die ihr jeden Fortschritt absprechen und mit Voltaire ausrufen: ‚o métaphysique! nous sommes aussi avancés que du temps des premiers druides‘, sehen nur die einzelnen, sich gegenseitig bekämpfenden Erscheinungen auf dem Gebiete der Philosophie, und nicht das zusammenhängende Ganze, das trotz aller Rückschritte, deren es in der Philosophie ebenso viele giebt wie in der Weltgeschichte, immer vorwärts schreitet. Sie stützen ihr Urtheil auf die Thatsache, „dass jeder neu auftretende Philosoph es macht, wie jeder neue Sultan, dessen erster Akt die Hinrichtung seiner Brüder ist", dass er nämlich damit anfängt, die Arbeiten seiner Vorgänger „für null und nichtig zu erklären und ganz von neuem anhebt, als ob nichts geschehen sei; so dass es ist wie in einer Auktion, wo jedes Gebot das frühere annullirt." Diese Feinde sind nicht aus der Philosophie selbst, die sie nicht gelten lassen, zu widerlegen, sondern nur aus deren Geschichte. Wenn nämlich „in der Philosophie noch nie etwas geleistet worden, noch kein Fortschritt gemacht worden und eine Philosophie gerade so viel werth wäre, als die andere, so wären nicht nur Plato, Aristoteles und Kant Narren, sondern diese unnützen Träumereien hätten auch nie die übrigen Wissenschaften weiter fördern können; nun aber sehen wir durchgängig, dass zu jeder Zeit der Stand aller übrigen Wissenschaften, ja auch der Geist der Zeit und dadurch die Geschichte der Zeit ein ganz genaues Verhältniss zur jedesmaligen Philosophie hat." Und zwar ist es immer die Philosophie, die den Geist der Zeit und die Begebenheiten bestimmt, nicht aber sind, umgekehrt, die letzteren das Bestimmende. „Wäre im Mittelalter die Philosophie eine andere gewesen, so hätte kein Gregor VII. und keine Kreuzzüge bestehen können. Aber der Zeitlauf wirkt negativ auf die Philosophie, indem er die zu ihr fähigen Geister nicht zur Ausbildung und nicht zur Sprache gelangen lässt. Positiv wirken auf die Philosophie nur die vorzüglichen Geister, welche die Kraft haben, die Menschheit weiter zu bringen, und die nur als seltene Ausnahmen aus den Händen der Natur hervorgehen: auf diese nun aber wirken allerdings ihre Vorgänger, am meisten die nächsten, dann auch die ferneren, von denen diese abhängen; also wirkt auf den Philosophen eigentlich nur die Geschichte der Philosophie, nicht die Weltgeschichte, ausser sofern diese auf den Menschen wirkt, es ihm möglich macht, seine Individualität auszubilden, zu entfalten, zu benutzen, nicht nur für sich, sondern auch für andere." Aus dieser Nothwendigkeit in der Entwicklung der Philosophie ergiebt sich, dass die Irrthümer und Fehler, denen wir im Laufe ihrer Geschichte begegnen, als Jugendverirrungen eines vorzüglichen Menschen anzusehen sind, „die nicht verhindert werden durften, sondern in denen man ihn gewähren lassen musste, damit er eben vom Leben selbst diejenige Art der Belehrung und Selbstkenntniss erhielte, die ihm auf anderem Wege nicht beigebracht werden konnte."

Diese nothwendig durchzumachenden Verirrungen lassen sich auch mit Blattern und ähnlichen Krankheiten vergleichen, „die man überstehen muss, damit das Gift aus dem Leibe komme, das seiner Natur anhing. Demnach können wir uns nicht wohl denken, dass die Geschichte der Philosophie so gut mit Kant, als mit Thales anfangen konnte. Ist aber eine solche mehr oder minder genau bestimmte Nothwendigkeit in der Geschichte der Philosophie, so wird man, um den Kant vollständig zu verstehen, auch seine Vorgänger gekannt haben müssen, zuerst die nächsten, dann aufwärts bis auf den Thales."

So sehr aber auch das Studium der Geschichte der Philosophie zu empfehlen ist, so sehr ist doch vor dem Aufgehen in demselben zu warnen, so sehr muss man sich davor hüten, dass die Geschichte der Philosophie nicht an die Stelle der Philosophie selbst trete, denn dies hiesse, „statt denken und forschen zu wollen, nur wissen wollen, was andere gedacht haben, und diese todte Notiz neben anderen todten Notizen aufspeichern. Wer zum Denken von Natur die Richtung hat, muss erstaunen und es als ein eigenes Problem betrachten, wenn er sieht, wie die allermeisten Menschen ihr Studium und ihre Lektüre betreiben. Nämlich es fällt ihnen dabei gar nicht ein, wissen zu wollen, was wahr sei, sondern sie wollen bloss wissen, was gesagt worden ist. Sie übernehmen die Mühe des Lesens und des Hörens, ohne im Mindesten den Zweck zu haben, wegen dessen allein solche Mühe lohnen kann, den Zweck der Erkenntniss, der Einsicht: sie suchen nicht die Wahrheit, haben gar kein Interesse an ihr. Sie wollen bloss wissen, was alles in der Welt gesagt ist, eben nur um davon mitreden zu können, um zu bestehen in der Konversation, oder im Examen, oder sich ein Ansehen geben zu können; für andere Zwecke sind sie nicht empfänglich. Daher ist beim Lesen oder Hören ihre Urtheilskraft ganz unthätig und bloss das Gedächtniss thätig. Sie wägen die Argumente nicht, sie lernen sie bloss. So sind leider die meisten." „Das Räthselhafte des Daseins ergreift Wenige mit seinem ganzen Ernst: hingegen zum blossen Wissen sind manche geneigt, zum Kunde erhalten von dem Ueberlieferten, theils aus Langeweile, theils aus Eitelkeit, theils um zum Broderwerb das Gelernte wieder zu lehren und so das Ueberlieferte weiter zu überliefern von Geschlecht zu Geschlecht, ohne dass die, durch deren Hände es geht, selbst Gebrauch davon machten. Sie sind dabei den Post-Sekretären gleich, die den Brief empfangen und weiter befördern, ohne ihn zu eröffnen. Es sind die bloss Gebildeten und bloss Gelehrten, die bei aller Bildung und Gelehrsamkeit im Grunde ihres Herzens oft vom Ganzen und dem Wesen des Lebens dieselbe nüchterne und einfältige Ansicht behalten haben, die sie in ihrem 15. Jahre hatten, oder die das Volk hat, wie man leicht sehen kann, wenn man sie einmal ernstlich ausfrägt und von den Worten zu den Sachen kommt."

Das beständige Lesen und die Meinung, dasselbe könne den Geist bereichern oder gar das selbsteigene produktive Denken ersetzen, ist die Folge theils einer ganz falschen Ansicht vom Werth des Lesens und der Gelehrsamkeit als solcher, theils aber auch die Folge eines bei aller Gelehrsamkeit oft vorkommenden Mangels an geistiger Selbständigkeit und Regsamkeit, und gehört zu den Verkehrtheiten sowohl der gelehrten als der sogenannten gebildeten Welt. „Lesen heisst mit einem fremden Kopfe, statt des eigenen, denken." „Daher die fühlbare Erleichterung, wenn wir von der Beschäftigung mit unseren eigenen Gedanken zum Lesen übergehen." Nun wird man aber seinen Kopf nur dann zum „Tummelplatz fremder Gedanken" hergeben, d. h. nur dann

---

[1]) Schopenhauer. Von ihm. Ueber ihn. S. 741—46 (aus S. akademischen Vorlesungen über d. Studium der Philosophie). Par. II, 598 Schluss.

lesen, wenn man keine eigenen Gedanken hat, oder wenn die Quelle derselben ins Stocken geräth, was freilich auch beim besten Kopf oft der Fall ist. Hingegen ein Buch in die Hand nehmen, da diese Quelle noch sprudelt, ist „Sünde wider den heiligen Geist. Man gleicht alsdann dem, der aus der freien Natur flieht, um ein Herbarium zu besehen, oder um schöne Gegenden im Kupferstiche zu betrachten." — „Wie eine Sprungfeder durch den anhaltenden Druck eines fremden Körpers ihre Elasticität endlich einbüsst, so der Geist die seine durch fortwährendes Aufdringen fremder Gedanken." Daher kommt es, dass Leute, die sehr viel lesen, dazwischen aber gedankenlos ihre Zeit zubringen, die Fähigkeit, selbst zu denken, allmälig verlieren, — sie lesen sich eben dumm, wie so viele Gelehrte. Um Nutzen zu bringen, muss das Gelesene und Gelernte ruminirt und verdaut werden; dazu kann es beim beständigen Aufnehmen fremder Gedanken gar nicht kommen. Wie der Leib, so wird auch der Geist durch zu viele Nahrung verdorben. Daher gleichen die Köpfe der Vielwisser „einem Magen und Gedärmen, daraus die Speisen unverdaut wieder abgehen". „Die bloss erlernte Wahrheit klebt uns an, wie ein angesetztes Glied, ein falscher Zahn, eine wächserne Nase; die durch eigenes Denken erworbene aber gleicht dem natürlichen Gliede: sie allein gehört uns wirklich an. Darauf beruht der Unterschied zwischen dem Denker und dem blossen Gelehrten." Bei jenem alles unmittelbar, alles, wie bei einem Monarchen, aus eigener Machtvollkommenheit entsprungen; bei diesem alles entlehnt, alles unfrei und auf Autoritäten basirt. Den Zwang von aussen, den der Geist beim Lesen erleidet, lässt der Selbstdenker sich sehr selten gefallen. Es ist vor allem das Buch der Welt, woraus er seine Kenntnisse schöpft. Er weiss, dass die niedergeschriebenen Gedanken überhaupt nichts weiter sind, „als die Spur eines Fussgängers im Sande: man sieht wohl den Weg, welchen er genommen hat, aber um zu wissen, was er auf dem Wege gesehen, muss man seine eigenen Augen gebrauchen". Und der Selbstdenker gebraucht sie auch und verhält sich somit zum Bücherphilosophen wie ein Augenzeuge zum Geschichtsforscher, wie ein Gereister zu einem, der die Kunde von den Ländern, die jener aus eigener

Anschauung kennt, nur aus Reisebeschreibungen erworben hat. „Daher stimmen alle Selbstdenker im Grunde doch überein, und ihre Verschiedenheit entspringt nur aus der des Standpunkts: wo aber dieser nichts ändert, sagen sie alle dasselbe. Denn sie sagen bloss aus, was sie objektiv aufgefasst haben." — Greift aber der Selbstdenker dennoch zur Lektüre, so wird er dabei die Kunst, nicht zu lesen, wohl in Anwendung bringen. Diese besteht darin, dass man das, was gerade Lärm macht und soeben das grosse Publikum beschäftigt, nicht deshalb auch in die Hand nehme. Man verderbe nicht den Geist, und verliere nicht die dem Lesen bestimmte, stets knapp gemessene Zeit durch die Lektüre von Büchern, die für das grosse Publikum der Narren geschrieben sind; sondern lese ausschliesslich die wenigen, allein bleibenden und belehrenden Werke „der grossen, die übrige Menschheit überragenden Geister aller Zeiten und Völker". Nur diese gehören zur wirklichen, bleibenden Litteratur. Die andere, scheinbare Litteratur, aus Werken solcher Leute bestehend, die nicht für die Wissenschaft oder Poesie, sondern von der Wissenschaft oder Poesie leben, ist, wie sie vom vulgus ausgeht, auch für das vulgus bestimmt, für den „inkorrigibeln Pöbel der Menschheit, welcher überall legionenweise vorhanden ist, alles erfüllt und alles beschmutzt, wie die Fliegen im Sommer. Daher die Unzahl schlechter Bücher, dieses wuchernde Unkraut der Litteratur, welches dem Weizen die Nahrung entzieht und ihn erstickt". Die modernen Sprachverhunzer, die selbst sich Sprachverbesserer nennen, haben durch einen unabsichtlichen Witz das Vorhandensein und den Charakter dieser Pöbelliteratur treffend bezeichnet, indem sie die fehlerhafte Schreibart Literatur statt Litteratur einführten und sie durch die Ableitung des Wortes vom Particip des Verbums linere (litum) rechtfertigten. Allerdings stammt die Literatur, die sie meinen und zu der ihre eigenen Produkte gehören, von linere ab, zu deutsch schmieren, sudeln, und hat nicht die geringste Gemeinschaft mit der sehr kleinen, nur für die Aristokratie des Geistes bestimmten und von littera abzuleitenden Litteratur.

Zu den schlimmsten Folgen der in der sogenannten gebildeten Welt endemischen Sucht, immer nur das Neueste zu lesen, weil es das Neueste ist, gehören folgende drei: Erstlich, bleiben die Schriftsteller, die von der Gunst des Publikums leben und sich verpflichtet fühlen, seinem Geschmack Koncessionen zu machen, „im engen Kreise der cirkulirenden Ideen, und das Zeitalter verschlammt immer tiefer in seinem eigenen Dreck". Zweitens, wird das Studium der edelsten, seltensten Werke, vor allem der alten Klassiker und ihrer Sprachen vernachlässigt, nicht bloss, weil der Geist und der Geschmack des Publikums durch das Schlechte und Mittelmässige verdorben sind, sondern weil man bei der Jagd nach dem täglich erscheinenden Neuen auch keine Zeit dazu findet. Wenn aber, „wie es jetzt droht, die Erlernung der alten Sprachen einmal aufhören sollte, dann wird eine neue Litteratur kommen, bestehend aus so barbarischem, plattem und nichtswürdigem Geschreibe, wie es noch gar nicht dagewesen; zumal da die deutsche Sprache, welche doch einige der Vollkommenheiten der alten besitzt, von den nichtswürdigen Skriblern heutiger „Jetztzeit" eifrig und methodisch dilapidirt und verhunzt wird, so dass sie allmälig, verarmt und verkrüppelt, in einen elenden Jargon übergeht." Die dritte Folge endlich ist, dass man die Originale überhaupt nicht mehr liest, sondern sich mit dem begnügt, was über dieselben geschrieben wird. „Bücher werden geschrieben, bald über diesen, bald über jenen grossen Geist der Vorzeit, und das Publikum liest sie, nicht aber jenen selbst; weil es nur frisch Gedrucktes lesen will, und weil similis simili gaudet, und ihm das seichte, fade Geträtsche eines heutigen Flachkopfs homogener und gemüthlicher ist, als die Gedanken der grossen Geister."

Die lächerliche, ja unglaubliche Thorheit, die Kenntniss aus dritter Hand der aus der Quelle selbst geschöpften vorzuziehen, hat auch in der Philosophie um sich gegriffen, als wo sie ganz verderblich und durch gar nichts zu entschuldigen ist. Denn wenn wir zur Weltgeschichte greifen, so ist es erklärlich, da wir die Begebenheiten der Vorzeit, die uns interessiren, nicht mit eigenen Augen schauen können; aber in der Philosophie ist die Autopsie, die authentische und unverfälschte Kenntniss aus selbsteigener Erfahrung möglich, da die Schriften der Philosophen uns vorliegen, und Geschichte der Philosophie oder allerlei Darstellungen philosophischer Lehren zu lesen, statt der eigenen Werke der Philosophen, ist so abgeschmackt, widerlich und ungesund, „wie wenn man sich sein Essen von einem anderen kauen lassen wollte". Ausserdem versteht es sich von selbst, „dass die Gedanken eines grossen Geistes bedeutend einschrumpfen müssen, um im Drei-Pfund-Gehirn so eines Parasiten der Philosophie, nämlich des darstellenden Philosophieprofessors, „Platz zu finden, aus welchem sie nun wieder, in den jedesmaligen Jargon des Tages gekleidet, hervorkommen sollen, begleitet von seiner altklugen Beurtheilung." Und was können auch diese „Leutchen", die „geldverdienenden Geschichtsschreiber der Philosophie", Gründliches erforscht haben, da sie „meistens schon in den früheren Jahren mit Geschichten der Philosophie auftreten" und obendrein noch abgehalten werden „durch beständige Vorlesungen, Amtsgeschäfte, Ferienreisen und Zerstreuungen"? Kaum den zehnten Theil von dem, worüber sie berichten, können sie auch nur gelesen, geschweige denn verdaut haben. „Wie kann es anders kommen, als dass sie die älteren, und einer den anderen, ausschreiben, dann aber, um dies zu verbergen, die Sachen mehr und mehr verderben, indem sie ihnen die moderne Tournure des laufenden Quinquenniums zu geben bestrebt sind, wie sie denn auch nach dem Geiste desselben die ernsten ächten Philosophen der Vorzeit beurtheilen, zurechtweisen und meistern." „Und das nichtswürdige Geträtsche solcher Wichte," die „alle in Einer Form gegossen" sind, „liest ein stupides Publikum, wenn es nur heute gedruckt ist, und lässt die grossen Geister auf den Bücherbrettern ruhen".

Der studirenden Jugend können nach alledem die Geschichten der Philosophie und die Darstellungen einzelner philosophischer Lehren weit eher schaden als nützen. Sehr zweckmässig für den Unterricht würde dagegen eine „von redlichen und einsichtigen Gelehrten gemeinschaftlich" verfertigte grosse und allgemeine philosophische Chrestomathie sein, in der Art der Sammlung von Ritter und Preller („Historia philosophiae graeco-romanae ex fontium locis contexta"), jedoch viel ausführlicher.[1] —

---

[1] Par. II, 525—33. 587—98. I, 35f. Welt a. W. II, 139.

Wir gehen jetzt zur Geschichte der Philosophie selbst über. Aus Schopenhauers kurzen Aeusserungen über die hervorragendsten Denker aller Zeiten,[1]) aus seinen Sympathien und Antipathien, und namentlich aus seiner ausführlichen Kritik der kantischen Philosophie[2]) werden wir einen grossen Theil seiner eigenen Ansichten und die Elemente, die seiner Weltanschauung zu Grunde liegen, deutlich erkennen.

3. Griechische Philosophie.

A) Die vorsokratische Zeit.

Aus dieser ältesten Epoche der Philosophie hebt Schopenhauer drei Erscheinungen als die besonders wichtigen hervor: die Eleaten, den Empedokles und die Pythagoreer.

Die Bedeutung der Eleaten liegt darin, dass sie die ersten im Abendlande waren, „welche des Gegensatzes inne geworden sind zwischen dem Angeschauten und dem Gedachten". „Sie unterschieden also eigentlich schon zwischen Erscheinung, $\varphi\alpha\iota\nu\acute{o}\mu\varepsilon\nu o\nu$, und Ding an sich, $\H{o}\nu\tau\omega\varsigma\ \H{o}\nu$", welches, da es nicht sinnlich, sondern nur denkend erfasst werden kann, ein $\nu oo\acute{u}\mu\varepsilon\nu o\nu$ ist. Dieses ist das wahre Sein, im Gegensatz zur Erscheinung, die nur eine vermeintliche, scheinbare Realität hat. — Heraklit, wahrscheinlich durch die Eleaten hervorgerufen, bildet deren Gegensatz: er lehrt die unaufhörliche Bewegung aller Dinge, bleibt demnach bei der Erscheinung stehen. „Dadurch nun wieder rief er seinen Gegensatz, die Ideenlehre Platon's hervor."[3])

Eine besondere Sympathie zeigt Schopenhauer für Empedokles. Dieser nimmt (nicht, wie Anaxagoras, zahllose, sondern nur) vier Elemente an, aus welchen die Dinge hervorgehen. Die vereinende und scheidende, also ordnende Rolle des Anaxagoreischen $\nu o\tilde{u}\varsigma$ spielen bei ihm Liebe und Hass, $\varphi\iota\lambda\acute{\iota}\alpha\ \varkappa\alpha\grave{\iota}$ $\nu\varepsilon\tilde{\iota}\varkappa o\varsigma$. „Das ist beides gar sehr viel gescheuter. Nicht dem

---

[1]) Par. I, 36—81. 4—32. 151—212. Nachlass S. 105—292. [2]) Welt a. W. I, 491—633. Par. I, 84—140. Grundprobl. d. Ethik, S. 117—79. Nachl. S. 106—160. [3]) Par. I, 36 f.

Intellekt (νοῦς) nämlich, sondern dem „Willen", als dessen Ausdruck Liebe und Hass sind, „überträgt er die Anordnung der Dinge, und die verschiedenartigen Substanzen sind nicht, wie beim Anaxagoras, blosse Edukte, sondern wirkliche Produkte. Liess Anaxagoras sie durch einen sondernden Verstand, so lässt sie hingegen Empedokles durch blinden Trieb, d. i. erkenntnisslosen Willen, zu stande gebracht werden." „Ueberhaupt ist Empedokles ein ganzer Mann, und seiner φιλία καὶ νεῖκος liegt ein tiefes und wahres Aperçu zum Grunde. Schon in der unorganischen Natur sehen wir die Stoffe, nach den Gesetzen der Wahlverwandtschaft, einander suchen oder fliehen, sich verbinden und trennen. Die aber, welche sich chemisch zu verbinden die stärkste Neigung zeigen, welche jedoch nur im Zustande der Flüssigkeit befriedigt werden kann, treten in den entschiedensten elektrischen Gegensatz, wenn sie im festen Zustande in Berührung mit einander kommen: sie gehen jetzt in entgegengesetzte Polaritäten feindlich auseinander, um sich sodann wieder zu suchen und zu umarmen. Und was ist denn überhaupt der in der ganzen Natur unter den verschiedensten Formen durchgängig auftretende polare Gegensatz anderes, als eine stets erneuerte Entzweiung, auf welche die inbrünstig begehrte Versöhnung folgt? So ist denn wirklich φιλία καὶ νεῖκος überall vorhanden und nur nach Maassgabe der Umstände wird jedesmal das eine oder das andere hervortreten. Demgemäss können auch wir selbst mit jedem Menschen, der uns nahe kommt, augenblicklich befreundet oder verfeindet sein: die Anlage zu beiden ist da und wartet auf die Umstände. Bloss die Klugheit heisst uns, auf dem Indifferenzpunkt der Gleichgültigkeit verharren; wiewohl er zugleich der Gefrierpunkt ist." „Was diesem durchgängigen Phänomen der φιλία καὶ νεῖκος zum Grunde liegt, ist allerdings zuletzt der grosse Urgegensatz zwischen der Einheit aller Wesen, nach ihrem Sein an sich (ausser Zeit und Raum), und ihrer gänzlichen Verschiedenheit in der Erscheinung, als welche das Principium individuationis (Zeit und Raum) zur Form hat."

Das Beachtenswertheste unter den Lehren des Empedokles ist aber sein entschiedener Pessimismus und sein Glaube an die Seelenwanderung. „Er hat das Elend unseres Daseins vollkommen erkannt und die Welt ist ihm, so gut wie dem wahren Christen, ein Jammerthal." „In unserem irdischen Dasein sieht er einen Zustand der Verbannung und des Elends, und der Leib ist der Kerker der Seele." Aus dem vorweltlichen Zustande der absoluten Glückseligkeit, in welchem die Seelen sich befunden hatten, sind sie durch eigene Schuld in die Zeitlichkeit, das Verderben und den Kreislauf der Metempsychose gerathen, woraus sie nur durch Tugend, Sittenreinheit und Abwendung von den irdischen Genüssen und Wünschen erlöst werden können, um dann, geläutert, in ihren ehemaligen Zustand einzugehen. Also dieselbe Urweisheit, welche der Brahmanismus und Buddhismus, die Aegypter und Pythagoreer, ja, mit Ausnahme der Seelenwanderung, auch das wahre Christenthum (unter welchem nicht „der optimistische, jüdisch-protestantische Rationalismus" zu verstehen ist) lehrten, „hat auch dieser uralte Grieche sich zum Bewusstsein gebracht; wodurch der consensus gentium darüber sich vervollständigt."[1])

Die Seelenwanderung hält Schopenhauer für den gehaltreichsten, bedeutendsten, der philosophischen Wahrheit am nächsten stehenden von allen Mythen, die je ersonnen worden, für das non plus ultra mythischer Darstellung. „Daher auch haben ihn Pythagoras und Platon verehrt und angewandt, und das Volk, bei welchem er als Volksglaube allgemein herrscht und auf das Leben entschiedenen Einfluss hat, ist eben deshalb als das mündigste anzusehen, wie es auch das älteste ist," — nämlich die Inder.[2])

Ausser dem Glauben an die Metempsychose und der durch ihn bestimmten Moral, ist es die Metaphysik der Zahlen, welche die Pythagoreer in Schopenhauers Augen erhebt. Die Zahl ist das Princip, das Wesen der Welt. Demnach liegen die Zahlenverhältnisse der gesammten Wirklichkeit oder der empirischen Welt zu Grunde. Fasst man nun das Wort λόγος im arithmetischen Sinne, als ratio numerica, so wird der Eingang des Johanneischen Evangeliums: ἐν ἀρχῇ ἦν ὁ λόγος, im Anfang war das Zahlenverhältniss, die Zahl, zu einem pythagoreischen Satz, zu einer die ganze pythagoreische Metaphysik ausdrücken-

---

[1]) Par. I, 38 ff. [2]) Schop. Von ihm, über ihn, S. 731.

den Formel. — Von allen Künsten war die Musik die von den Pythagoreern am meisten gepflegte. Sie ist die einzige Kunst, die, sowohl in ihrem rhythmischen, als auch in ihrem harmonischen Element, auf Zahlenverhältnissen beruht und diese Verhältnisse, mithin das Wesen der Welt ausdrückt. **Die Musik ist eine zweite Wirklichkeit, welche der ersten (d. h. der empirischen Welt) parallel geht**", und aus der man ebensogut als aus der ersten das Wesen, das Reale oder das Ding an sich der Welt herauslesen kann. Gelingt es also einer späteren Philosophie, auf Grund eines anderen Princips als des pythagoreischen der Zahl, eine Aesthetik oder Metaphysik der Tonkunst aufzustellen, die denselben Gedanken durchführt, so wird eine solche Aesthetik „als eine Auslegung der pythagoreischen Zahlenphilosophie" angesehen werden können.[1])

B) Sokrates. — Plato. — Aristoteles.

Wenn man von der Weisheit des Sokrates und des Pythagoras und der Hoheit ihrer Persönlichkeit so viel Rühmliches erzählen hört, so muss man freilich nur bedauern, dass solche Männer ihre Lehren nicht schriftlich hinterlassen haben. Andrerseits aber erregt gerade dieser letzte Umstand unseren Zweifel an der wirklichen Grösse ihres Geistes, und man ist geneigt, beide „für hauptsächlich praktische Helden zu halten, die mehr durch ihren Charakter, als durch ihren Kopf wirkten." Denn ein grosser Geist muss doch allmälig zu dem Bewusstsein gelangen, dass er „nicht zur Heerde, sondern zu den Hirten", d. h. den Erziehern des Menschengeschlechts gehöre, welche verpflichtet sind, ihre Einwirkung auch auf die ganze Menschheit auszudehnen. Dies ist nur möglich, nicht durch Tradition, sondern durch die **Schrift, das einzige Organ, womit man zur Menschheit redet.** Demnach ist es schwer, an die geistige Grösse derer zu glauben, die „die wichtigste Erfindung des Menschengeschlechts", die Schrift, unbenutzt gelassen haben.[2])

Man hat oft und mit Recht die Aehnlichkeiten hervorgehoben, die zwischen Sokrates und Kant stattfinden. Zu diesen Aehnlich-

---

[1]) Par. I, 42 f. [2]) Par. I, 44 ff. Nachl. S. 308.

keiten gehört auch, dass ihre Schüler von ihnen abwichen, und, „die Metaphysik bearbeitend, völlig dogmatische Systeme aufstellten; dass ferner diese Systeme höchst verschieden ausfielen, jedoch alle darin übereinstimmten, dass sie von der Lehre des Sokrates resp. Kants ausgegangen zu sein behaupteten." — Auf dem theoretischen Wege treten nach Sokrates „zwei gewaltige Geister einander gegenüber, die man als Repräsentanten zweier grosser und durchgreifender entgegengesetzter Geistesrichtungen im Spekulativen ansehen muss, Platon und Aristoteles."[1]) Man könnte behaupten, „dass gewissermassen ein polares Auseinandertreten der menschlichen Denkweise" in beiden sich zum erstenmal in der Geschichte der Philosophie kund gäbe, ein Auseinandertreten, das sich dann wiederholt in Erscheinungen wie: Augustin und Pelagius, die Realisten und Nominalisten, Cartesius und Baco.[2]) „Von Platon" — den Schopenhauer oft den göttlichen nennt — „gilt, was man nach Kants Vorgang fälschlich auf alle Philosophen überträgt, dass man von ihm nicht sowohl die Philosophie, als das Philosophiren lernen kann. Er ist die wahre Schule der Philosophen, an ihm entwickeln sich philosophische Kräfte, wo sie vorhanden sind, am allerbesten. Daher hat jeder gewesene und wird jeder künftige Philosoph dem Platon unendlich viel zu danken haben: seine Schriften sind die wahre Denkschule, jede philosophische Seite des Gemüths wird angeregt und doch nicht durch aufgedrungene Dogmen wieder in Ruhestand versetzt, sondern ihr Thätigkeit und Freiheit gegeben und gelassen. Wer daher philosophische Neigung in sich spürt, der lese anhaltend den Platon: er wird nicht etwa gleich aus ihm fertige Weisheit zum Aufschreiben nach Hause tragen, aber er wird denken lernen und zugleich disputiren lernen (Dialektik), er wird die Nachwirkung eines aufmerksamen Studiums des Platon in seinem ganzen Geiste spüren." Der Grundcharakter der Denkungsart Platos, der sich auch in der Darstellung dieses Philosophen offenbart, ist Tiefsinn, der dem herumflankirenden, irrlichterlirenden, von seinem Gegenstand immer abspringenden Aristoteles gänzlich abgeht. Platon „hält seinen Hauptgedanken fest,

---

[1]) Par. I, 46. Nachl. S. 309. [2]) Ebda. S. 71. Nachl. S. 309 f.

wie mit eiserner Hand, verfolgt den Faden desselben, werde er auch noch so dünn, in alle Verzweigungen, durch die Irrgänge der längsten Gespräche, und findet ihn wieder nach allen Episoden. Man sieht daran, dass er seine Sache, ehe er an's Schreiben ging, reiflich und ganz durchdacht, und zu ihrer Darstellung eine künstliche Anordnung entworfen hat. Daher ist jeder Dialog ein planvolles Kunstwerk, dessen sämmtliche Theile wohlberechneten, oft absichtlich auf eine Weile sich verbergenden Zusammenhang haben und dessen häufige Episoden von selbst und oft unerwartet zurückleiten auf den durch sie nunmehr aufgehaltenen Hauptgedanken." „Schillers Gedicht ‚Breite und Tiefe' kann auch auf den Gegensatz zwischen Aristoteles und Platon angewendet werden." [1])

Der Haupt- und Glanzpunkt der platonischen Philosophie ist die Ideenlehre, die „zu allen Zeiten, bis auf den heutigen Tag, ein Gegenstand des Nachdenkens, des Forschens, Zweifelns, der Verehrung, des Spottes so vieler und so verschieden gesinnter Köpfe im Laufe der Jahrhunderte" blieb. Diese Lehre, die Aristoteles „mit trivialen Gründen angreift und eben zeigt, dass er den Sinn davon nicht fassen konnte", stimmt ganz überein mit der Hauptlehre Kants von der Idealität des Raumes und der Zeit, was zuerst eingesehen zu haben, Schopenhauer sich hoch anrechnet. Die Erkenntniss, dass, bei aller Verschiedenheit der Methode, des Gedankengangs, des Vortrags, der individuellen Sinnesart, der innere Sinn der Lehren dieser „zwei grössten Philosophen, die es wahrscheinlich je gegeben hat," dennoch identisch ist, „ist von der grössten Wichtigkeit, weil eben, da beide Philosophen auf so ganz verschiedenen Wegen zum selben Ziel gelangten, auf so grundverschiedene Weise dieselbe Wahrheit einsehen und mittheilen, die Philosophie des einen der beste Kommentar zur Philosophie des anderen ist." [2])

Platons Irrthum dagegen liegt in seiner Erkenntniss- oder Verstandeslehre. Bei ihm finden wir „den Ursprung einer gewissen falschen Dianoiologie, welche in heimlich metaphysischer

---

[1]) Nachl. S. 311 (aus S. akad. Vorles.) Par. I, 53. [2]) Nachl. S. 310. Vgl. Welt a. W. I, § 31.

Absicht, nämlich zum Zweck einer rationalen Psychologie und daran hängender Unsterblichkeitslehre, aufgestellt wird", sich nachmals „als eine Truglehre vom zähesten Leben" erwiesen hat, und „durch die ganze alte, mittlere und neue Philosophie hindurch, ihr Dasein fristete, bis Kant, der Alleszermalmer, ihr endlich auf den Kopf schlug." Dieser platonische „Rationalismus der Erkenntnisstheorie mit metaphysischem Endzweck" lässt sich folgendermassen resumiren. Das Erkennen ist eine Funktion der Seele, die eine vom Leibe grundverschiedene immaterielle Substanz ist. Der Leib ist ein Hinderniss der Erkenntniss; daher ist die allein wahre Erkenntniss nicht die sinnliche, d. h. durch den Leib vermittelte, sondern die von aller Sinnlichkeit, aller Anschauung freie: das reine Denken, oder das Operiren mit abstrakten Begriffen ganz allein. Da dieses die Seele ganz aus eigenen Mitteln verrichtet, so muss es am besten von statten gehen nach der Trennung der Seele vom Leibe, d. h. nach unserem Tode. „Dergestalt also spielt hier die Dianoiologie der rationalen Psychologie, zum Behuf ihrer Unsterblichkeitslehre, in die Hände." Im schroffsten Gegensatz zu dieser Anschauung steht die französische Philosophie des 18. Jahrhunderts mit ihrer, schlechthin genommen, falschen erkenntnisstheoretischen Formel: penser est sentir, welche sie jedoch ebenfalls nicht in rein dianoiologischer, sondern metaphysischer, und zwar materialistischer Absicht aufstellt. Aus beiden Irrthümern führt erst die Kantische Philosophie (die ‚Kritik der reinen Vernunft') zur Wahrheit, indem sie beide vermittelt: sie zeigt, dass es allerdings reine, aller Erfahrung vorhergehende, mithin auch nicht durch die Sinne vermittelte Vernunfterkenntniss, oder Erkenntniss a priori gebe; aber diese, „obwohl nicht aus der Erfahrung geschöpft, hat doch nur zum Behuf der Erfahrung Werth und Gültigkeit: denn sie ist nichts anderes als das Innewerden unseres eigenen Erkenntnissapparats und seiner Einrichtung (Gehirnfunktion)"; sie ist „die Form des erkennenden Bewusstseins selbst, die ihren Stoff allererst durch die mittelst der Sinnesempfindung hinzukommende empirische Erkenntniss erhält, ohne diese aber leer und unnütz ist. Hierdurch nun fällt alle jene metaphysische Psychologie und fällt mit ihr alle reine Seelenthätigkeit des Platon. Denn wir sehen, dass die Erkenntniss ohne die Anschauung, welche der Leib vermittelt, keinen Stoff hat, dass mithin das Erkennende, als solches, ohne Voraussetzung des Leibes, nichts ist, als eine leere Form; noch zu geschweigen, dass jedes Denken eine physiologische Funktion des Gehirnes ist, eben wie das Verdauen eine des Magens." — Trotz aller Irrthümer ist jedoch der platonischen Lehre vom reinen Denken ein richtiger und tiefer Sinn abzugewinnen. Es giebt nämlich in der That ein Erkennen, welches rein genannt werden muss, nicht weil es frei von allen leiblichen Funktionen als solchen und der Anschauung, sondern weil es frei von allem Begehren ist: ein reines, begierde- oder willenloses und dennoch intuitives (anschauliches) Erkennen; ja, ein Erkennen, das auch nur insofern rein ist, als es nur intuitiv ist. Dieses reine Denken, auf das wir später zurückkommen, muss somit als das berichtigte Analogon des platonischen angesehen werden.[1])

Des Aristoteles oben hervorgehobener Mangel an Tiefe macht sich besonders in seiner Metaphysik fühlbar, die grösstentheils „ein Hin- und Herreden über die Philosopheme seiner Vorgänger ist, die er von seinem Standpunkt aus, meistens nach vereinzelten Aussprüchen derselben, kritisirt und widerlegt, ohne eigentlich in ihren Sinn einzugehen, vielmehr wie einer, der von aussen die Fenster einschlägt". Aristoteles „denkt mit der Feder in der Hand", daher das „Planlose und Ungenügende seiner Darstellung". Nur ausnahmsweise hat er es anders gehalten, und z. B. in seiner Rhetorik „ein Muster wissenschaftlicher Methode" geliefert. Sein grosser Scharfsinn, verbunden mit Beobachtungsgabe, machte ihn zu einem vorwiegend empirischen Forscher, als welcher er auch eine grosse Bedeutung hat. Wenn man jedoch in Betracht zieht, dass seine falschen Ansichten von der Natur die viel besseren und wahreren der vorsokratischen Denker verdrängt haben und zum Dogma wurden, „mit welchem die Menschheit sich bis zum Anfang des 16. Jahrhunderts hat schleppen müssen", so wird man sich sagen, dass dieser „grosse, ja stupende Kopf, wie bei dem allen Aristoteles doch ist", der Welt eher geschadet denn genützt

---

[1]) Par. I, 47, 49 ff.

hat. Erst wenn wir seine Irrthümer und deren praktische Konsequenzen uns recht deutlich vergegenwärtigen, wird uns klar, „wie sehr viel die Menschheit dem Kopernikus, Kepler, Galilei, Baco, Robert Hook und Newton verdankt". Unter allen Irrthümern war der verhängnissvollste der sogen. geocentrische, diese Stütze des Theismus, der jüdisch-christlichen Religionslehre, die mit dem Kopernikanischem Weltsystem unverträglich ist. „Denn wie soll ein Gott im Himmel sein, wenn kein Himmel da ist? Der ernstlich gemeinte Theismus setzt nothwendig voraus, dass man die Welt eintheile in Himmel und Erde: auf dieser laufen die Menschen herum, in jenem sitzt Gott, der sie regiert. Nimmt nun die Astronomie den Himmel weg, so hat sie den Gott mit weggenommen: sie hat nämlich die Welt so ausgedehnt, dass für den Gott kein Raum übrig bleibt. Aber ein persönliches Wesen, wie jeder Gott unumgänglich ist, das keinen Ort hätte, sondern überall und nirgends wäre, lässt sich bloss sagen, nicht imaginiren, und darum nicht glauben. Demnach muss, in dem Maasse als die physische Astronomie popularisirt wird, der Theismus schwinden, so fest er auch durch unablässiges und feierliches Vorsagen den Menschen eingeprägt worden."[1])

C) Stoiker. — Neuplatoniker.

Das Werthvollste in der stoischen Philosophie ist der „schöne und tiefsinnige" Begriff des λόγος σπερματικός. Er besagt das „Unzerstörbare im Individuo, das, wodurch es mit der Species Eins ist, sie vertritt und erhält. Es ist das, welches macht, dass der Tod, der das Individuum vernichtet, die Gattung nicht anficht, vermöge welcher das Individuum stets wieder da ist; dem Tode zum Trotz".[2])

In der (der Moral der Cyniker durch „Verwandlung des Praktischen in ein Theoretisches" entsprungenen) stoischen Ethik hat man oft eine Aehnlichkeit mit der christlichen erblickt. Jedoch liegt diese Aehnlichkeit „nur in den Wirkungen, nicht der Ursache" da die Grundsätze, worauf beide beruhen, durchaus verschieden sind. Das Ideal des stoischen Weisen ist „die vollkommenste

---

[1]) Par. I, 51 f. 54 ff. [2]) Ebd. S. 56.

Entwicklung der **praktischen Vernunft**, im wahren und echten Sinne des Wortes, der höchste Gipfel, zu dem der Mensch durch den blossen Gebrauch seiner Vernunft gelangen kann, und auf welchem sein Unterschied vom Thiere sich am deutlichsten zeigt. Denn die stoische Ethik ist ursprünglich und wesentlich gar nicht Tugendlehre, sondern bloss Anweisung zum vernünftigen Leben, dessen Ziel und Zweck Glück durch Geistesruhe ist. Der tugendhafte Wandel findet sich dabei gleichsam nur per accidens, als Mittel, nicht als Zweck ein. Daher ist die stoische Ethik, ihrem ganzen Wesen und Gesichtspunkt nach, grundverschieden von den unmittelbar auf Tugend dringenden ethischen Systemen, als da sind die Lehren der Veden, des Platon, des Christenthums und Kants."[1] —

Die bedeutende Lehre der Neuplatoniker von der unwiderruflichen, durchgängigen Bestimmung unseres empirischen irdischen Lebens durch einen **vorweltlichen** individuellen Willensakt hat ihre Wurzel im Platon, „kommt aber auch nahe an Kants Lehre vom intelligibeln Charakter und steht gar hoch über den platten und bornirten Lehren von der Freiheit des individuellen Willens, der jedesmal so und auch anders kann, mit welchen unsere Philosophieprofessoren, stets den Katechismus vor Augen habend, sich bis auf den heutigen Tag schleppen".[2] — Was die Neuplatoniker vortragen, ist „indo-ägyptische Weisheit," die sie durch Vermittlung des ins Mystische hinüberspielenden Theiles der platonischen Lehre der griechischen Philosophie haben einverleiben wollen. Ein Zeugniss von diesem orientalischen Ursprung ist die ganze All-Eins-Lehre des Plotin: der („Sünden"-) Fall der Einen Seele, d. h. ihr Streben, in den Zustand der Vielheit zu gerathen; ihr Herabkommen in diese Welt; ihr Verstricktsein in der Zeitlichkeit, und ihre Wanderung nach dem Tode: durch jenes büsst die Seele für ihr vorweltliches sündhaftes Verlangen, durch diese für ihr sündhaftes Leben in der Welt. Aus der Einheit der Weltseele erklärt Plotin auch „die Wunder des animalischen Magnetismus, namentlich die auch jetzt vorkommende Erscheinung, dass die Somnambule ein leise gesprochenes Wort in grösster Entfernung

---

[1] Welt a. W. I, 103. II, 170 f. Par. I, 59.   [2] Par. I, 61 f.

vernimmt." Ferner tritt bei Plotin, und wahrscheinlich zum erstenmal in der abendländischen Philosophie, auch der im Orient längst geläufige Idealismus auf, nämlich in der Lehre, dass die Seele die Welt gemacht habe, indem sie aus der Ewigkeit in die Zeit trat. Und indem Plotin die Zeit als etwas nicht ausserhalb der Seele Seiendes auffasst, spricht er sogar die Idealität der Zeit aus.[1]

4. Das Mittelalter.
(Scotus Erigena.)

An die Lehre dieses „bewunderungswürdigen" Mannes aus dem 9. Jahrhundert, mit dem die Philosophie des eigentlichen Mittelalters, die Scholastik, beginnt, knüpft Schopenhauer Betrachtungen an, die ein helles Licht auf seine eigene Philosophie werfen. Bekanntlich war die Aufgabe der Scholastik, die von den Kirchenvätern aufgestellten Dogmen der christlichen Religion vernunftgemäss zu erklären und somit zu rechtfertigen. Dies unternimmt Scotus Erigena in seinem Werke „Ueber die Eintheilung der Natur" (De divisione naturae), in welchem er zuletzt auch auf den Ursprung des Uebels und der Sünde und die Nothwendigkeit der Höllenstrafen zu sprechen kommt. Nun ist aber die Philosophie des Erigena ein indisch angehauchter Pantheismus, der die metaphysische Einheit der ganzen Menschheit und der ganzen Natur, und die endliche Rückkehr aller Dinge in Gott lehrt; andererseits steht sie, wie es auch bei einem christlichen Denker des Mittelalters nicht anders sein konnte, unter dem Einflusse des jüdischen Monotheismus, welcher optimistisch ist. An diesem inneren Widerspruch, mit dem die Gottesvorstellung des Erigena behaftet ist, scheitert die Erklärung jener Dogmen. Wo bleibt die Sünde, wenn Gott Alles, also auch den menschlichen Willen, geschaffen hat, und doch offenbar nicht als der Urheber der Sünde gedacht werden darf? Wo bleibt die Hölle mit ihren endlosen Qualen, oder vielmehr wer soll hinein, da Alles in Gott zurückkehrt? Aber das Uebel und die Sünde,

[1] Par. I, 63 f. 4.

also auch die Strafe, mithin die Hölle, gleichviel wie gefasst, sind „in ihrer furchtbaren Grösse nicht wegzuleugnen". „Woher nun alles dieses, in einer Welt, die entweder selbst ein Gott, oder das wohlgemeinte Werk eines Gottes ist?" Denn der Pantheismus — oder sagen wir lieber der occidentalische Pantheismus — vermag ebensowenig als der Theismus, eine vernünftige Antwort auf diese Frage zu geben. Beide haben das gleiche Recht, sich gegenseitig Inkonsequenzen vorzuwerfen. „Wenn die theistischen Gegner des Pantheismus diesem entgegenschreien: was? alle die bösen, schrecklichen, scheusslichen Wesen sollen Gott sein? — so können die Pantheisten erwidern: wie? alle jene bösen, schrecklichen, scheusslichen Wesen soll ein Gott, de gaieté de coeur, hervorgebracht haben?" Während aber für den Theismus als solchen es schlechterdings keinen Ausweg aus der Klemme giebt, so braucht der Pantheismus nur sein occidentalisches Gewand abzuwerfen, um allen unbequemen Fragen und Schikanen seiner Gegner zu entgehen. Mit anderen Worten: da der Pantheismus indischen Ursprungs und, wie die indische Mythologie überhaupt, in seiner echten Gestalt durchsichtig und widerspruchslos ist; so muss er, wenn er eine Erklärung indischer Lehren, zu denen die von der Sünde und der Erlösung der Menschheit und der Welt gehören, geben will, auch die indische Lehre voraussetzen, „nach welcher der Ursprung der Welt (dieses Sansara der Buddhisten) selbst schon vom Uebel, nämlich eine sündhafte That des Brahma ist, welcher Brahma nun wieder wir eigentlich selbst sind. Hingegen im Christenthum hat jene Lehre von der Erlösung der Welt gepfropft werden müssen auf den jüdischen Theismus, wo der Herr die Welt nicht nur gemacht, sondern auch sie nachher vortrefflich gefunden hat: πάντα καλὰ λίαν. Hinc illae lacrimae: hieraus erwachsen jene Schwierigkeiten, die Erigena vollkommen erkannte, wiewohl er, in seinem Zeitalter, nicht wagen durfte, das Uebel an der Wurzel anzugreifen".

In seiner zweiten Schrift, ‚Ueber die Vorherbestimmung' (De praedestinatione), quält sich Erigena mit dem Dogma von der Freiheit des Willens. Auch dieses Problem enthält unlösbare Schwierigkeiten, wenn man es vom Standpunkt des Theismus aus betrachtet; gar keine jedoch, wenn man den des indischen

Pantheismus einnimmt. Gott, heisst es, habe den Menschen **frei geschaffen**: diesem stand es frei, so und auch anders zu handeln, das Gute oder das Böse zu wählen. Er wählte das letztere, und so hat also des **Menschen freier Wille** das Uebel in der Welt verschuldet. „Bravo! — die Wahrheit aber ist, dass Freisein und Geschaffensein zwei einander aufhebende, also sich widersprechende Eigenschaften sind; daher die Behauptung, Gott habe Wesen geschaffen und ihnen zugleich Freiheit des Willens ertheilt, eigentlich besagt, er habe sie geschaffen und zugleich nicht geschaffen. Denn operari sequitur esse, d. h. die Wirkungen oder Aktionen jedes irgend möglichen Dinges können nie etwas anderes als die Folge seiner Beschaffenheit sein, welche selbst sogar nur an ihnen erkannt wird. Daher müsste ein Wesen, um in dem hier geforderten Sinne frei zu sein, gar keine Beschaffenheit haben, d. h. aber gar nichts sein, also sein und nicht sein zugleich. Denn was ist, muss auch etwas sein: eine Existenz ohne Essenz lässt sich nicht einmal denken. Ist nun ein Wesen **geschaffen**, so ist es so geschaffen, wie es **beschaffen** ist: mithin ist es **schlecht geschaffen**, wenn es **schlecht beschaffen** ist, und **schlecht beschaffen**, wenn es schlecht handelt, d. h. wirkt. Demzufolge wälzt die **Schuld** der Welt, eben ihr **Uebel**, welches sowenig wie jene abzuleugnen ist, sich immer auf ihren Urheber zurück, von welchem es abzuwälzen, wie früher Augustinus, so hier Scotus Erigena sich jämmerlich abmüht."

Ein **moralisch freies Wesen** darf nicht geschaffen sein, sondern „muss Aseität haben, d. h. ein ursprüngliches, aus eigener Urkraft und Machtvollkommenheit existirendes sein, und nicht auf ein anderes zurückweisen. Dann ist sein Dasein sein eigener Schöpfungsakt, der sich in der Zeit entfaltet und ausbreitet, zwar eine ein für allemal entschiedene Beschaffenheit dieses Wesens an den Tag legt, welche jedoch sein eigenes Werk ist, für deren sämmtliche Aeusserungen die Verantwortlichkeit also auf ihm selbst haftet." Ferner kann nur ein **freies Wesen** ein für seine **Thaten verantwortliches**, also **zurechnungsfähiges** sein. Aus der Verantwortlichkeit folgt Freiheit, aus dieser die Aseität des Willens. Und da jeder Mensch für sein Handeln sich verantwortlich fühlt, so folgt daraus, dass sein Wille frei, mithin a se ist.[1]) Nun aber kann Aseität offenbar nur Einem einzigen Wesen zukommen, nämlich nur dem alleinen Weltwesen selbst. Ist also der Wille a se, so ist er auch das Weltwesen, das Absolute, das letzte Princip der Dinge, dessen Manifestationen, Offenbarungen, die Dinge sind; er ist jener allmächtige Brahma, der aus sich die Welt schafft, und in dieser seiner eigenen Schöpfung, wie in einem Kerker, die Schuld des Schöpfungsaktes abbüsst.

5. Die neuere Philosophie vor Kant.
(Cartesius, Malebranche, Spinoza, Leibniz, Berkeley, Locke, Hume.)

Das Problem, um welches es sich, seit dem 17. Jahrhundert, in der Philosophie hauptsächlich handelt, ist dies: das Ideale, d. h. unserer Erkenntniss allein Angehörende, vom Realen, also dem von unserer Erkenntniss unabhängig Vorhandenen, zu sondern, „durch einen in der rechten Linie wohlgeführten Schnitt." Dieses Problem zuerst zum Bewusstsein gebracht zu haben, ist das Verdienst des Cartesius. In diesem Sinne, wie auch in dem, dass er „die Vernunft angeleitet hat, auf eigenen Beinen zu stehen, indem er die Menschen lehrte, ihren eigenen Kopf zu gebrauchen, für welchen bis dahin die Bibel einerseits und der Aristoteles andererseits funktionirten", ist Cartesius allerdings der Vater der neuen Philosophie.[2])

Die durch die ganze vorkantische Philosophie sich hindurchziehenden „Ur-Irrthümer" sind: die Spaltung alles Daseienden in Gott und Welt, und des Menschen in Geist und Materie, und die falsche Ansicht von der Natur der Erkenntniss, nämlich dass diese das an sich Primäre, unser Grundwesen Ausmachende sei. Der wirkliche Sachverhalt, Natur und Erfahrung, legten bei jedem Schritt Protest gegen diese Irrthümer ein; und so war man, um sie dennoch aufrecht zu erhalten, gezwungen, zu allerlei Fiktionen zu greifen, die sie unterstützen, rechtfertigen und somit der Verlegenheit ein Ende machen sollten: „gerade so wie im praktischen Leben eine Lüge viele andere nöthig macht." Auf diese Weise entstanden die Lehren von den Lebensgeistern (spiritus animales)

---

[1]) Par. I, 65 ff. 62.   [2]) Ebd. I, 3.

und der Materialität der Thiere des Cartesius, von den gelegentlichen Ursachen und dem Alles-in-Gott-Sehn der Occasionalisten und des Malebranche, von der prästabilirten Harmonie, den Monaden und der bestmöglichen Welt des Leibniz.[1]) Im Grunde lassen sich alle diese Irrthümer auf Einen einzigen zurückführen: auf das Ausgehen von dem Begriffe der Substanz überhaupt. Ganz abgesehen davon, dass, wie wir später sehen werden, dieser Begriff nichts anderes ist, „als ein höheres, aber unberechtigtes Abstraktum des Begriffs der Materie," das aus einer Weltanschauung, der es zu Grunde liegt, einen unbewussten Materialismus macht, taugt er schon als ein objektiver, also abstrakter, mittelbarer Begriff nicht zum Ausgangspunkt der Philosophie, die nur vom Unmittelbaren, als welches allein das Subjektive ist, ausgehen darf. Dies hat zwar Cartesius eingesehen und auch gethan: „allein er thut es bloss präliminarisch, beim allerersten Anlauf, nach welchem er sogleich die objektive, absolute Realität der Welt, auf den Kredit der Wahrhaftigkeit Gottes, annimmt und von nun an ganz objektiv weiter philosophirt." Demnach hat jener Franzose recht, der von ihm sagt: il commence par douter de tout, et finit par tout croire.[2])

Die beiden Arten der Substanz, die Cartesius annimmt, die denkende und die ausgedehnte, wirken bei ihm auf einander durch influxus physicus. Die Undenkbarkeit eines solchen bei zwei wesentlich verschiedenen Substanzen hat Malebranche zu der Annahme der causes occasionelles und der Lehre, dass wir alles in Gott schauen, veranlasst. Dies war aber nur eine scheinbare Beseitigung des influxus physicus, da dieser „bei der Schöpfung und Leitung der Körperwelt durch einen Gott, der ein Geist ist", doch immer nothwendig vorausgesetzt werden musste. —

Spinoza geht einen Schritt weiter und macht die beiden Arten der cartesianischen Substanz zu Attributen Einer einzigen absoluten, die er Gott nennt. Dadurch hebt er freilich den wesentlichen Unterschied zwischen Denken und Ausdehnung auf, macht also den influxus physicus denkbar; jenes Hauptproblem der neueren Philosophie vom Idealen und Realen aber bringt er

---

[1]) Par. I, 81. [2]) Ebd. 81 f. 75. Vgl. Welt a. W. I, 501.

nicht um ein Haar seiner Lösung näher. Denn der physische Einfluss setzt die Kausalität voraus, die „erwiesenermassen subjektiven Ursprungs" ist. Aber selbst, wenn sie aus der äusseren Erfahrung stammte, wäre sie bloss das „Band, welches die Erscheinungen unter einander", nicht jedoch das absolut Objektive mit dem Subjektiven verknüpft.[1]) Ueberhaupt bleibt Spinoza, ohne es zu ahnen, bei der vorgestellten Welt stehen, da er die Linie, welche das Ideale vom Realen trennen sollte, „vom unrechten Punkte aus gezogen hat", nämlich mitten durch die ideale, subjektive, erscheinende Welt, also durch die Welt als Vorstellung." Denn das Reale des Spinoza, die Ausdehnung, ist keineswegs der Gegensatz seines Idealen, der Vorstellung, „sondern liegt ganz innerhalb dieser", ist also ganz ideal wie diese. Dass beide Welten, die vorgestellte und die ausgedehnte, identisch (una eademque res) sind, ist demnach selbstverständlich, nur nicht in dem von Spinoza gemeinten Sinne, der die Identität des Realen und Idealen behauptet. Wie Spinoza im rein Idealen (der Ausdehnung) das Reale erblickt; so erklärt er andrerseits das „alleinige wahrhaft Reale, den Willen," für ein Ideales, indem er ihn mit dem Intellekt identificirt.[2]) — Es ist ein grosser Fehler Spinozas, „dass er absichtlich die Worte missbraucht zur Bezeichnung von Begriffen, welche in der ganzen Welt andere Namen führen, und dagegen ihnen die Bedeutung nimmt, die sie überall haben: so nennt er ‚Gott', was überall die ‚Welt' heisst; ‚das Recht', was überall ‚die Gewalt' heisst; ‚den Willen', was überall ‚das Urtheil' heisst." „So durchzieht eine gewisse Doppelsinnigkeit seinen ganzen Vortrag, den man deshalb einen gewissermassen allegorischen nennen könnte."[3]) Spinoza meint oft etwas anderes, als was er — gleichsam aus Höflichkeit — sagt. „Indem er für seine Substanz das Wort Deus braucht, und in der Art, wie er meistens davon redet", erkennt man deutlich die Absicht, „ein durchgängiges mésentendu in seinem Werk zu unterhalten." Seine alleinige Substanz ist die Welt, er nennt sie aber Gott, gerade wie Rousseau in seinem Contrat social das Volk le prince nennt. „Beide gebrauchen den Namen,

---

[1]) Par. I, 10.   [2]) Ebd. S. 12 f. 77 f. Nachl. S 317.   [3]) Par. I, 13. 77.

indem sie ihn dem beilegen, welches bei ihnen an die Stelle dessen tritt, was sie aufgehoben haben." Durch den spinozistischen Gebrauch des Wortes Gott, wird Gott auf eine höfliche Art aus der Welt hinaus expedirt; Spinozas Pantheismus ist nur ein „höflicher Atheismus"[1]), und zwar kein europäischer, sondern (wenigstens dem Geiste nach) ein orientalischer. Spinozas und seines Vorgängers und Geistesgenossen, Giordano Brunos, Erscheinung und Denkungsart hatten etwas Exotisches. Beide standen eigentlich ganz unabhängig von den philosophischen Strömungen ihrer Zeit. „Sie gehören nicht ihrem Jahrhundert, noch ihrem Welttheil an. Ihre Geistesheimath war Hindostan; dort waren und sind ähnliche Ansichten zu Hause. Man könnte im Scherz sagen, sie wären Brahminenseelen, zur Strafe ihrer Vergehungen in europäische Leiber inkarnirt gewesen." Ausserdem tritt bei Spinoza noch das jüdische Element hinzu, das im schroffsten Widerspruch mit seinem inneren Brahminenwesen steht und auf dessen Rechnung alles Falsche und Schlechte, ja mitunter Empörende seiner Philosophie zu setzen ist. Der Hindu Spinoza war „erfüllt und durchdrungen von dem Gedanken, dass, so mannigfaltig auch die Erscheinungen der Welt seien, es doch ein Wesen sei, welches in ihnen allen erscheine, welches durch sich allein da wäre, sich ungehindert äusserte und ausser welchem es nichts gäbe; daher in seiner Philosophie Gott der Schöpfer keinen Raum findet, sondern die Welt selbst, weil sie durch sich selbst ist, von ihm Gott genannt wird."[2]) Nun kommt aber der Jude Spinoza und verdirbt diese schöne Weltanschauung, indem er sie auf den jüdischen Monotheismus impft. Und da er es auch ist, von dem die Moralphilosophie zum grossen Theil herrührt, so erklärt es sich, warum dieselbe so Manches enthält, wobei „uns andere, die wir an reinere und würdigere Lehren gewöhnt sind, der foetor judaicus übermannt." So namentlich bei seinen Aeusserungen über die Thiere. Empörend sind Sätze wie: „jenes Gesetz, die unvernünftigen Thiere nicht zu tödten, ist mehr in einem eitlen Aberglauben und einem weibischen Mitleid, als in gesunder Vernunft begründet. Denn

---

[1]) Nachl. S. 320. Vgl. Welt a. W. II, 399. [2]) Nachl. S. 315f. Welt a. W. I, 500, Anmerkg.

die Vernunft lehrt uns wohl, in Verfolgung unseres Nutzens freundschaftliche Bande mit den Menschen zu knüpfen, aber nicht mit den unvernünftigen Thieren." Oder: „Ich bestreite, dass es nicht erlaubt sein soll, sich der Thiere nach Belieben zu bedienen und sie so zu behandeln, wie es uns am besten passt, indem sie ja in der Natur nicht mit uns übereinstimmen und ihre Affekte von den menschlichen von Natur verschieden sind."[1]) Oder: „Ausser den Menschen kenne ich kein Einzelwesen in der Natur, an dessen Seele man sich erfreuen und es durch Freundschaft oder eine Art des Umgangs (aut aliquo consuetudinis genere) sich verbinden könnte."[2]) So konnte eben nur ein Jude reden, und zwar einer, der Hunde ganz und gar nicht gekannt hat. Auf den letzten Satz „ertheilt die beste Antwort ein spanischer Belletrist unserer Tage: ‚Wer nie einen Hund gehalten hat, weiss nicht was lieben und geliebt sein ist.'"[3]) —

Auch Leibniz ging von dem Begriff der Substanz aus, legte aber Gewicht hauptsächlich auf deren **Unzerstörbarkeit**. Als unzerstörbar, musste die Substanz **einfach**, **untheilbar**, folglich nicht ausgedehnt, also **immateriell** sein. Einer solchen Substanz können nur **geistige** Prädikate zukommen: Perception, Denken, Begehren. Leibniz' zahllose Substanzen oder **Monaden** sind demnach keine Atome, sondern **lebendige Kräfte**: seine Physik ist keine mechanische, sondern eine **dynamische**. Da lebendige, thätige, geistige Kräfte der Welt zu Grunde liegen, so folgt daraus, dass die Welt, mithin auch die Materie, **blosse Erscheinung**, ohne eigentliche und unmittelbare Realität, also kein Ding an sich sei. In dieser Lehre liegt Leibnizens Bedeutung. Darin arbeitet er Kanten vor; und in dem Bestreben, den Geist und die Materie aus Einem und demselben Prinzip zu erklären, könnte man sogar „eine Vorahnung sowohl der Kantischen, als auch der Schopenhauer'schen Lehre finden, aber quas velut trans nebulam vidit."[4])

Alle hier besprochenen Philosophen gehen von Cartesius aus, gehören somit dem **französisch-deutschen** philosophischen

---

[1]) Ethica IV, Prop. 37. Schol. 1. [2]) Ibid. Appendix, Cap 26. [3]) Par. I, 78.
[4]) Ebd. I, 79 f.

Stamme an. Diesem ist auch der Engländer Berkeley geistverwandt; ja, er war der erste, der mit dem subjektiven Ausgangspunkt „wahren Ernst gemacht und das unumgänglich Nothwendige desselben unumstösslich dargethan hat". Wie Cartesius der Vater der neueren Philosophie überhaupt, so ist Berkeley der Vater des Idealismus: dieser aber ist die Grundlage aller wahren Philosophie, ist auch seitdem, wenigstens als Ausgangspunkt, festgehalten worden." Berkeley erkannte, „dass das im Raum Ausgedehnte und ihn Erfüllende, also die anschauliche Welt überhaupt, sein Dasein als ein solches schlechterdings nur in unserer Vorstellung haben kann, und dass es absurd, ja widersprechend ist, ihm als einem solchen noch ein Dasein ausserhalb aller Vorstellung und unabhängig vom erkennenden Subjekt beizulegen und demnach eine an sich existirende Materie anzunehmen". In dieser „sehr richtigen und tiefen" Einsicht besteht aber auch die ganze Philosophie von Berkeley. „Das Ideale hat er getroffen und rein gesondert; aber das Reale wusste er nicht zu finden." Wirkliche Existenz kommt bei ihm nur dem allmächtigen Gott und den erkennenden und wollenden Wesen, oder wie er sich ausdrückt, den Geistern, d. h. uns selbst zu. Mit seinen Vorgängern theilt er den Irrthum, dass Wollen und Erkennen unzertrennlich, und dass Gott bekannter als die vorliegende Welt, daher eine Zurückführung auf Gott auch eine Erklärung sei. Berkeleys geistlicher Stand legte ihm „zu schwere Fesseln an und beschränkte ihn auf einen beengenden Gedankenkreis, gegen den er nirgends anstossen durfte; daher er denn nicht weiter konnte, sondern in seinem Kopfe Wahres und Falsches lernen musste, sich zu vertragen, so gut es gehen wollte".[1] —

Lockes Verdienst besteht darin, zum erstenmal an den Philosophen die Forderung gestellt zu haben, dass wenn er „irgend etwas aus Begriffen ableiten oder beweisen will, zuvörderst den Ursprung jedes solchen Begriffs zu untersuchen habe, da der Inhalt desselben, und was aus diesem folgen mag, gänzlich durch seinen Ursprung, als die Quelle aller mittelst desselben erreichbaren Erkenntniss, bestimmt wird."[2] Im übrigen ist Lockes Lehre

[1] Par. I, 82. 14f. [2] Ebd. I, 75.

ein „recht massiver Realismus". Das Reale ist bei ihm die Materie, die durch Impuls oder Stoss im Erkennenden die Vorstellung oder das Ideale erzeugt. Es wird also geradezu ein influxus physicus zwischen der Materie und dem erkennenden Subjekt angenommen, wobei Locke, „mit seltener Besonnenheit und Redlichkeit, so weit geht, zu bekennen, dass möglicherweise das Erkennende und Denkende selbst auch Materie sein könne". Von besonderer Wichtigkeit für die spätere Entwicklung der Philosophie ist seine Lehre von den **primären und sekundären Eigenschaften der Dinge**: sie ist „der wahre genetische Anknüpfungspunkt der Kantischen Lehre an die frühere Philosophie". Befördert und näher veranlasst wurde jene bekanntlich noch durch Humes skeptischen Einwurf gegen die Realität des (von Locke für einen empirischen Begriff angesehenen) Kausalitätsverhältnisses. Lockes primäre Eigenschaften sind die den Dingen an sich inhärirenden, von diesen nicht wegzudenkenden und ihnen unabhängig von unserer Vorstellung zukommenden, sämmtlich aus reinen Bestimmungen der Zeit, des Raumes und der Kausalität zusammengesetzten: Ausdehnung, Undurchdringlichkeit, Gestalt, Bewegung oder Ruhe, und Zahl; die sekundären dagegen gehören nur unserer Erkenntniss an und sind Erzeugnisse der Einwirkung der primären Eigenschaften auf unsere Sinnesorgane, also bloss unsere Empfindungen (Farbe, Ton, Geschmack, Geruch, Härte etc.). Diese Unterscheidung ist der Ursprung der späteren, von Kant gemachten, zwischen Ding an sich und Erscheinung. Während Locke von unserer Vorstellung nur die Aktion unserer Sinnesorgane in Abrechnung bringt, um die Dinge, wie sie an sich sind, zu gewinnen; thut Kant den „unermesslich grösseren Schritt", indem er, zu demselben Zwecke, von der Vorstellung auch das abrechnet, was Aktion unseres Gehirns überhaupt ist, „wodurch alsdann jene angeblich primären Eigenschaften zu sekundären, und die vermeintlichen Dinge an sich zu blossen Erscheinungen herabsinken, das wirkliche Ding an sich aber, jetzt auch von jenen Eigenschaften entblösst", mithin auch ausser Zeit, Raum und Kausalität gesetzt, „als eine ganz unbekannte Grösse, ein blosses X, übrig bleibt".[1]

[1]) Par. I, 15—18. 19f. 92f. Vgl. Welt a. W. I, 494f. Nachl. S. 321.

6. Kant.

A) Allgemeine Charakteristik der kantischen Lehre. — Kants Bedeutung in der Geschichte der Philosophie.

Kant verhält sich zur Philosophie seiner Vorgänger einerseits erweiternd und berichtigend, andererseits entschieden polemisch und zerstörend. Die Berichtigungen und Erweiterungen, also die theilweisen Bestätigungen, gelten, wie wir eben gesehen, der Erkenntnisstheorie Lockes und Humes; die Polemik richtet sich gegen die ganze frühere Metaphysik, speciell gegen die (damals herrschende) leibniz-wolfische, und ist die nothwendige Konsequenz der kantischen Erkenntnisstheorie, ja, diese letztere ist schon als eine indirekte Verneinung der alten Metaphysik anzusehen. — Die Hauptresultate der kantischen Philosophie lassen sich in Kürze folgendermassen resumiren. In unserer Erfahrung finden wir zwei Bestandtheile vor: einmal die auf den wesentlichen, gesetzmässigen und allgemeinen Funktionen des Intellekts beruhenden und somit uns a priori (d. h. vor aller Erfahrung) bekannten Formen alles Anschauens und Denkens (Zeit, Raum und die Kategorien); sodann den besonderen, materiellen und zufälligen, uns durch die Sinne vermittelten, als Sinnesempfindung gegebenen Inhalt der Erfahrung. Da diese beiden Bestandtheile subjektiven Ursprungs sind, so folgt, dass die gesammte Erfahrung, nebst der in ihr sich darstellenden Welt, eine blosse Erscheinung, d. h. „ein zunächst und unmittelbar nur für das erkennende Subjekt Vorhandenes ist: jedoch weist diese Erscheinung auf irgend ein ihr zum Grunde liegendes Ding an sich selbst hin, welches jedoch, als solches, schlechthin unerkennbar ist".[1]) Diese Unterscheidung der Erscheinung vom Ding an sich, „auf Grund der Nachweisung, dass zwischen den Dingen und uns immer noch der Intellekt steht, weshalb sie nicht nach dem, was sie an sich selbst sein mögen, erkannt werden können" — diese Unterscheidung ist „Kants grösstes Verdienst", eine Lehre, die in dem Kopfe, der sie gefasst, eine Veränderung hervorbringt, „die so gross ist, dass sie für eine geistige Wiedergeburt gelten

---

[1]) Par. I, 86. Welt a W. I, 495.

kann". „Wer der kantischen Philosophie sich nicht bemeistert hat, ist, was sonst er auch getrieben haben mag, gleichsam im Stande der Unschuld, nämlich in demjenigen natürlichen und kindlichen Realismus befangen geblieben, in welchem wir alle geboren sind, und der zu allem Möglichen, nur nicht zur Philosophie befähigt."¹) — Was die indische Philosophie ausdrückt in ihrer Lehre von der Maja, deren Schleier unser Bewusstsein umfängt und jene bestand- und wesenlose Welt wie einen Zauber unseren Sinnen vorführt; was Plato lehrt und in Mythen und Gleichnissen ausspricht, dass nämlich die Sinnenwelt ein ewiges Werden, ein blosser Schein, demnach ihre Auffassung keine wahre Erkenntniss, sondern ein Wahn sei; — dasselbe, aber streng wissenschaftlich, nüchtern, besonnen, mit vollkommen klarem Bewusstsein von der Unumstösslichkeit dieser Wahrheit, führt auch die kantische Philosophie aus, die sich somit zu Plato und den Indern so verhält, wie z. B. Kopernikus zu jenen Pythagoreern, welche schon die Bewegung der Erde um die Sonne behaupteten, jedoch noch nicht beweisen konnten. Dass die Welt und das sinnliche Leben gleichsam ein Traum ist — diesen alten, in der Dichtung längst geläufigen und beliebten, in der occidentalischen Philosophie jedoch nicht einheimischen Gedanken hat Kant bewiesen, indem er „die ganze Maschinerie unseres Erkenntnissvermögens, mittelst welcher die Phantasmagorie der objektiven Welt zu stande kommt, auseinanderlegte und stückweise vorzeigte". Dieses Verfahren machte seine Philosophie zu einer kritischen, die erst den Menschen von der Welt befreite, indem sie ihn, durch den Nachweis, dass die Welt durch das Subjekt bedingt sei, über die Schranken und Gesetze derselben erhob und zu ihrem Herrn machte.

Die Philosophie vor Kant, die dogmatische, geberdete sich wie das Eichhörnchen im Rade, oder wie einer, der noch nicht weiss, dass die Welt rund ist. Sie glaubte, wenn sie, nach dem Satze vom Grunde, immer grade aus, in horizontaler Linie fortginge, sie auch das Ende der Welt erreichen könnte. Kant deckte aber die Unmöglichkeit dieses Vorhabens auf und zeigte, dass

---

¹) Welt a. W. I, XXIV. 494.

nicht wir im Raum, in der Zeit und Kausalität, sondern dass diese in uns sind, dass demnach auch „der Welt Ende und Anfang nicht ausser, sondern in uns zu suchen", also auch nicht in horizontaler, sondern vielleicht in perpendikulärer Richtung zu finden sei.[1]) Mit der Realität der Anschauungs- und Denkformen ist offenbar auch die aller jener sogenannten „ewigen Wahrheiten" zerstört, welche dem vorkantischen dogmatischen Realismus zur Unterlage dienten. Die kritische Philosophie hat gefunden, dass der „Steinbruch, welcher das Material zu jenem stolzen dogmatischen Bau liefert", in unserem Gehirn liegt, und hat dadurch die alte Ontologie (Wesenlehre) in Dianoiologie (Erkenntnisslehre) verwandelt. Sie machte die „ewigen Wahrheiten", diesen Stolz des Dogmatismus, selbst zu ihrem Problem, zum Gegenstand ihrer Untersuchung, ist also über sie hinausgegangen und hat — jedoch immer innerhalb der Grenzen der Erfahrung — ihren subjektiven Ursprung, die subjektiven Bedingungen ihres Zustandekommens erkannt. Insofern die kritische Philosophie „über die ganze gegebene Phantasmagorie hinausgeht auf ihren Ursprung", und sich zum Bewusstsein bringt, „dass die ersten und wesentlichen Gesetze dieser sich uns darstellenden Welt in unserem Gehirn wurzeln und dieserhalb a priori erkannt werden", nennt sie sich transscendental. Insofern sie aber, gemäss ihrer Einsicht in die Natur des Apriori, die Möglichkeit einer Anwendung des Formalen unserer Erkenntniss auf die Dinge an sich leugnet und das Gebiet der Erfahrung nicht verlässt, ist sie nicht transscendent, sondern immanent.

Die kantische Lehre ist also zunächst und im allgemeinen Idealismus; enger: kritischer Idealismus; noch enger: transscendentaler Idealismus. Dieser bestreitet nicht, wie man vielleicht glauben könnte, die empirische, sondern nur die unbedingte Realität der Welt, und vindicirt ihr nur die Realität einer Erscheinung, als welche sie auch ist. Demnach kommt nichts von alledem, was in der Welt vor sich geht, dem in dieser sich darstellenden Wesen an sich selbst zu; ja, dass überhaupt etwas vor sich geht, ist eine Wahrnehmung, die nur dadurch zu

---

[1]) Welt a. W. I, 496—98.

erklären ist, dass wir die Welt nicht anders als in den Formen des Raumes, der Zeit und der Kausalität, d. h. der Principien der Vielheit, des Entstehens und Vergehens, anschauen. Diese Erkenntnissformen sind mit dem Glas im Kaleidoskop zu vergleichen: wäre es möglich, sie wegzuziehen, so würden wir, zu unserer Verwunderung, das Weltwesen nicht mehr als eine bunte und wandelbare Vielheit erblicken, sondern als ein Unvergängliches, Unveränderliches und, „unter allem scheinbaren Wechsel, vielleicht sogar bis auf die ganz einzelnen Bestimmungen herab" Identisches.

Zeit, Raum und Kausalität sind von unserer Natur als solcher d. h. als einer animalischen, nicht zu trennen; sie sind die Grundformen unseres Bewusstseins, die auf die Eine Urform desselben zurückzuführen sind: auf das Zerfallen jedes animalischen Wesens in Subjekt und Objekt. Die Welt als Vielheit, als Bewegung, als ein Werden und Vergehen, kurz die Welt als Erscheinung, ist also, in letzter Linie, die Folge unserer individuellen und animalischen Existenz, mit deren Aufhören das Weltphänomen wegfällt. Nun sind aber alle jene sogenannten transscendenten Probleme, mit denen sich die alte Metaphysik abgequält hatte, wie: Anfang, Ende, Grenzen und Entstehung der Welt, unsere Fortdauer nach dem Tode etc., lauter Fragen nach räumlichen, zeitlichen und kausalen Verhältnissen; sie sind demnach ebenfalls Folgen unserer animalischen Existenz, und insofern allerdings in ihrem subjektiven Ursprung vollkommen erklärlich und auch berechtigt. Nur ist die Voraussetzung, dass sie irgendwie die Dinge an sich berührten, und die Erwartung oder Hoffnung, sie durch die Kraft unseres Intellekts zu lösen, ganz und gar unberechtigt. Es sind Probleme, die sowohl subjective, d. h. für uns, als objective, d. h. an und für sich, unlösbar sind. Denn sie sind ja nur, weil wir da sind, und fallen weg, wenn wir zu sein aufhören, d. h. mit Aufhebung unseres cerebralen Bewusstseins. „Wer z. B. fragt, ob er nach seinem Tode fortdauere, hebt, in hypothesi, sein animalisches Gehirnbewusstsein auf; fragt jedoch nach etwas, das nur unter Voraussetzung desselben besteht, indem es auf der Form desselben, nämlich Subjekt, Objekt, Raum und Zeit, beruht; nämlich nach seinem individuellen Dasein. Eine

Philosophie nun, welche alle diese Bedingungen und Beschränkungen als solche zum deutlichen Bewusstsein bringt, ist transscendental und, sofern sie die allgemeinen Grundbestimmungen der objektiven Welt dem Subjekt vindicirt, ist sie transscendentaler Idealismus." [1])

Wie folgenreich, beruhigend und erhebend, ja, wie poetisch ist diese von Kant mit „glänzender Trockenheit" vorgetragene Lehre von der Idealität des Raumes und der Zeit! Ist die Zeit mit ihren drei Abschnitten, der Vergangenheit, Gegenwart und Zukunft, in uns, nicht ausser uns; so ist es ja „nur ein täuschender Schein, der mir eine Zeit zeigt, die fortliefe, ohne mich nach meinem Tode." Die Frage hinsichtlich der Zukunft nach dem Tode fällt weg, und der Tod verliert für uns alles Furchtbare, da die Unzerstörbarkeit unseres Wesens uns gesichert ist. „Denn, bin ich nicht, so ist auch keine Zeit mehr", und wo keine Zeit ist, da ist auch kein Aufhören, sondern ein ewiges (zeitloses), unveränderliches Beharren. Einmal ausser der Zeit, habe ich den Schleier der Göttin gehoben und mich selbst dahinter erblickt: „Ich bin, was jederzeit ist, jederzeit war und jederzeit sein wird. Und nur ich selbst kann meinen Schleier heben." Der Tod versetzt uns in den Zustand des Dinges an sich, in welchem wir vor unserem zeitlichen Dasein waren, in den Zustand des wahrhaft realen Seins. Betrachtet man den Tod unter diesem Gesichtspunkt, so wird man sagen müssen, er sei das Erwachen und das Leben ein Traum. „Wir haben gewacht und werden wieder wachen; das Leben ist eine Nacht, die ein langer Traum füllt, der oft zum drückenden Alp wird." Aber, heisst es, die blosse Unzerstörbarkeit unseres Wesens genügt uns nicht; wir wollen mehr, wir wollen individuelle Fortdauer, Fortdauer der Persönlichkeit, des Bewusstseins. Die Unmöglichkeit, dass das Individuum nach Aufhebung des Princips oder der Bedingung aller Individualität, des Raumes und der Zeit, noch fortdauerte, ist offenbar; was aber das Bewusstsein belangt, — ist es denn nothwendig, dass dieses sich mit dem Erkennen decke? Sind Bewusstsein und Erkennen identisch? Und ist kein anderes

---

[1]) Welt a. W. I, 499. Par. I, 87—90.

Bewusstsein als das bloss individuelle denkbar? Das letztere, wie auch die Erkenntniss, muss freilich schwinden mit der Zerstörung des Individuums, da seine Grundform das Zerfallen in Subjekt und Objekt ist, demnach das Dasein des Subjekts oder des Individuums voraussetzt. Die ganze Form des Erkennens und Erkanntwerdens gehört der Erscheinung an, ist sekundärer, abgeleiteter Natur, und keineswegs der Urzustand aller Wesenheit und alles Daseins. Warum braucht also dieser Urzustand gleich ein absolut Bewusstloser zu sein, weil er ein individuell bewusstloser und erkenntnissloser ist? Vielmehr ist er als ein über die Form des Erkennens erhabener zu denken, wo der Gegensatz von Subjekt und Objekt wegfällt, ein Zustand, in welchem das Bedürfniss der Erkenntniss überhaupt nicht entstehen kann, weil in ihm jedes Objekt der Erkenntniss fehlt. Denn Ein einziges Wesen, nämlich wir selbst als Ding an sich, bedarf keiner Erkenntniss, weil nichts von ihm Verschiedenes, ihm Fremdes, da ist, weil es selbst schon Alles in allem ist.[1]

Der transscendentale Idealismus kann die berühmte Hamletfrage gar nicht aufwerfen. Wie so: Sein oder Nichtsein? Für das, was ist, wahrhaft ist, giebt es kein Nichtsein, also auch keine Wahl zwischen diesem und dem Sein. Für das aber, was einst zu nichte werden muss, giebt es, nach dem Eingang in das Nichts, keine Erinnerung mehr an sein früheres, scheinbares, ephemeres Sein. Und man kann ja das Nichtsein vorziehen oder fürchten offenbar nur solange, als man an die Möglichkeit glaubt, im Nichtsein selbst das Nichtsein mit dem Sein vergleichen zu können. Vielleicht träumen wir auch im Tode; nur kann in keinem Fall der Todestraum die Fortsetzung des Lebenstraumes sein. Wir haben also die Todesträume nicht zu fürchten. „Wie in unseren Träumen Verstorbene als Lebende auftreten, ohne dass ihres Todes auch nur gedacht werde; so wird, nachdem unser jetziger Lebenstraum durch einen Tod geendigt, alsbald ein neuer anheben, der nichts weiss von jenem Leben und jenem Tode." Der Tod löst allerdings das Urräthsel des Daseins, aber

---

[1] Par. I, 90 f II, 289, 291. Welt a. W. II. Schop. 1,30 Von ihm etc. S. 732.

von dieser Lösung erfahren wir, die da sterben, nichts, weil wir dann das Räthsel selbst vergessen. Er enthüllt uns das Geheimniss der Welt, und auch wieder nicht: denn sobald wir uns dessen nicht mehr bewusst sind, dass das nunmehr enthüllte Geheimniss je für uns ein Geheimniss war, giebt es für uns auch keine Enthüllung, also auch keine Ueberraschung. Der Tod reicht uns das, was wir zeitlebens gesucht; bläst aber dabei die Laterne aus, mit der wir es gesucht. Die Laterne ist eben das individuelle Bewusstsein, mit dessen Erlöschen auch die Erinnerung an das Suchen und Streben nach dem Weltproblem und dieses letztere selbst erlischt.[1]) — Die Zeit ist ein „Theaterwasserfall, der herabzuströmen scheint, während er, als ein blosses Rad, nicht von der Stelle kommt"; der Raum ist ein „in Facetten geschliffenes Glas, welches uns das einfach Vorhandene in zahlloser Vervielfältigung erblicken lässt." Alles, was in der Welt ist, ist Eins; und alles, was in der Welt jemals wirklich und wahrhaft gewesen, ist noch unberührt von der ohnmächtigen Zeit. „Wenn wir auf die Gefahr hin, an Schwärmerei zu streifen, uns noch mehr in die Sache vertiefen, so kann es uns vorkommen, als ob wir, bei sehr lebhafter Vergegenwärtigung unserer eigenen, weit zurückliegenden Vergangenheit, eine unmittelbare Ueberzeugung davon erhielten, dass die Zeit das eigentliche Wesen der Dinge nicht antastet, sondern nur zwischen dieses und uns eingeschoben ist, als ein blosses Medium der Wahrnehmung, nach dessen Wegnahme alles wieder da sein würde; wie auch andererseits unser so treues und lebendiges Erinnerungsvermögen selbst, in welchem jenes Längstvergangene ein unverwelkliches Dasein behält, Zeugniss davon ablegt, dass ebenfalls in uns etwas ist, das nicht mit altert, folglich nicht im Bereich der Zeit liegt." Dies macht, dass bisweilen in uns das lebhafteste Bewusstsein entsteht, wir seien von jeher dagewesen, was erhebend und stärkend wirkt.[2]) —

Der ungeheueren Umwälzung, die der transcendentale Idealismus auf dem Gebiete der reinen Metaphysik, oder der Ontologie, hervorbringen musste, haben wir schon gedacht. Berührt

---

[1]) Par. II, 289. Schop. Von ihm etc. S. 731.   [2]) Par. I, 91. Schop. Von ihm etc. S. 730.

von ihr werden aber auch mehr oder weniger alle übrigen Disciplinen der Philosophie, insofern jeder von ihnen eine jener ‚ewigen Wahrheiten' zu Grunde lag, deren Inhaltlosigkeit Kants Kritik aufdeckte. „Die spekulative Theologie und die mit ihr zusammenhängende rationale Psychologie empfingen von ihm den Todesstreich. Seitdem sind sie aus der deutschen Philosophie verschwunden, und man darf sich nicht dadurch irre machen lassen, dass hie und da das Wort beibehalten wird, nachdem man die Sache aufgegeben, oder dass irgend ein armsäliger[1]) Philosophieprofessor die Furcht seines Herrn vor Augen hat und Wahrheit Wahrheit sein lässt. Die Grösse dieses Verdienstes Kants kann nur der ermessen, welcher den nachtheiligen Einfluss jener Begriffe auf Naturwissenschaft, wie auf Philosophie, in allen, selbst den besten Schriftstellern des 17. und 18. Jahrhunderts beachtet hat. In den deutschen naturwissenschaftlichen Schriften ist die seit Kant eingetretene Veränderung des Tones und des metaphysischen Hintergrundes auffallend: vor ihm stand es damit wie noch jetzt in England." -- Auch in der Moralphilosophie trat Kant als Reformator auf, einmal indem er nachwies, dass ihre bisherige Stütze, der Begriff der ‚Vollkommenheit' und des ‚allervollkommensten Wesens' ein leeres, nichtssagendes Wort sei; sodann „indem er die unleugbare moralische Bedeutung des menschlichen Handelns als ganz verschieden und nicht abhängig von den Gesetzen der Erscheinung, noch diesen gemäss je erklärbar, sondern als etwas, welches das Ding an sich unmittelbar berühre, darstellte", somit also auch zeigte, dass das Fundament der Moral und das Ziel des tugendhaften Handelns nicht in der Welt der Erscheinungen liege, demnach in keinem Falle die Glückseligkeit sein könne und dürfe.[2]) Mit anderen Worten: die echte Moral sei nicht Eudämonismus.

Aus dieser allgemeinen Charakteristik der kantischen Philosophie ersehen wir, dass letztere hauptsächlich negativer Natur

---

[1]) Schopenhauer erklärt die Orthographie sälig durch die Abstammung des Wortes vom schwedischen Sal, das Fülle, Herrlichkeit bedeutet und im Deutschen bloss in seinen derivativis, wie Trübsal, Schicksal etc. übrig ist. Demnach schreibt S. auch Glücksäligkeit. Nachl. S. 99. [2]) Welt a. W. I, 499 f. 501 ff.

ist, „gerichtet gegen die Fundamental-Irrlehren europäischer Völker, welche weggeräumt werden mussten, damit für die Wahrheit nur vorerst Raum da sei. Daher z. B., in der Kritik der Urtheilskraft, zeigt er nicht, wie er gekonnt hätte, dass die Zweckmässigkeit der Dinge noch viel andere und bessere Erklärungen gestatte, als die, dass ein Deus creator sie nach vorhergegangenen Begriffen hervorgebracht habe; sondern er begnügt sich, zu beweisen, dass jene Zweckmässigkeit nicht berechtigt zu schliessen, dass die Dinge auf jene Weise hervorgebracht sein müssen. Ueberhaupt wäre daher der echte Titel für die Kritik der reinen Vernunft und die der Urtheilskraft zusammen ‚Kritik des occidentalischen Theismus'. — Die Lehren dieses sah selbst Kant für Irrthümer an, auf welche die Vernunft nothwendig geräth; während sie bloss jedem Europäer vor der Zeit des Denkens eingeimpfte fixe Vorurtheile sind. In Indien wäre Kant nie auf den Einfall gekommen, eine solche Vernunftkritik zu schreiben. Er hätte die positiven Lehren derselben in ganz anderer Gestalt vorgebracht. Die Kritiken der Vernunft und der Urtheilskraft in ihrer jetzigen Gestalt haben also eine lokale Beziehung und einen bedingten Zweck."[1]

Wir gehen jetzt zu Schopenhauers Kritik der Hauptpunkte der kantischen Lehre über.

B) Kritik der reinen Vernunft.
a) Transscendentale Analytik.

Die transscendentale Aesthetik ist der „Diamant in Kants Krone."[2] Sie ist „ein so überaus verdienstvolles Werk, dass es allein hinreichen könnte, Kants Namen zu verewigen." Ihre Beweise gehören zu den „unumstösslichen" und „folgenreichsten" Wahrheiten, sind mithin als das „Seltenste auf der Welt, nämlich eine wirkliche, grosse Entdeckung in der Metaphysik, zu betrachten." Von ihren Lehren ist nichts hinwegzunehmen, nur einiges hinzuzusetzen", so z. B. die definitive Verwerfung der Euklidischen Demonstrirmethode, nachdem doch gesagt worden

---

[1] Nachl. S. 323. Vgl. Welt a. W. I, 605. [2] Ueber d. Willen i. d. Ntr. S. XVI.

ist, dass alle geometrische Erkenntniss aus der Anschauung unmittelbare Evidenz habe.¹) — Auch die transscendentale Dialektik gehört im Ganzen unstreitig zu den „glänzendsten und verdienstlichsten Seiten der kantischen Philosophie."²) Nur die transscendentale Analytik ist mit grossen Mängeln behaftet, gegen die Schopenhauer seine Polemik richtet.

Schopenhauer wirft Kanten vor zunächst, dass er die abstrakte Erkenntniss von der anschaulichen nicht genügend gesondert; dann, dass er das ‚Ding an sich' auf eine Art und Weise in seine Lehre eingeführt habe, die den Principien der tr. Aesthetik widerspricht; drittens verwirft Schopenhauer die ganze Lehre von den Kategorien als eine „grundlose Annahme, mit der Kant die Theorie des Erkennens belastet."

Wir heben das Wesentliche dieser (ungefähr den vierten Theil des 1. Bandes der „Welt als Wille und Vorstellung" einnehmenden) Kritik hervor.

Nachdem Kant in der tr. Aesthetik die reinen Grundformen der Anschauung (Zeit und Raum) erörtert und die intuitive oder anschauliche Erkenntniss in der Mathematik in Betrachtung genommen hat, kümmert er sich um die übrige anschauliche Welt gar nicht. Er fertigt sie mit dem Nichtssagenden ‚sie ist gegeben' ab, und gelangt ganz unvermittelt, durch einen Sprung zum Denken, zur tr. Logik, und macht nun die logische Tafel der Urtheile zum Material seiner Philosophie. Aber diese Formen der Urtheile sind blosse Worte und Wortverbindungen; was sie unmittelbar bezeichnen, darnach frägt Kant nicht, und doch wäre es das Erste, wonach er hätte fragen sollen. Denn es hätte sich ergeben, dass dies Begriffe sind, deren Wesen zu bestimmen ist. Diese Bestimmung würde gezeigt haben, in welchem Verhältniss die Begriffe zu den anschaulichen Vorstellungen stehen, in denen die Welt sich darstellt; dabei wären also Anschauung und Reflexion auseinandergetreten. Ferner hätte untersucht werden müssen, wie auch die empirische Anschauung, d. h. der Inhalt der reinen Anschauungsformen, ins Bewusstsein kommt, wonach sich gezeigt hätte, welchen Antheil hieran der

---

¹) Welt a. W. I, 51 f. Vgl oben S. 29 f. ²) Par. I, 105.

Verstand hat, also auch was der Verstand überhaupt sei und wodurch er sich von der Vernunft unterscheide. — Nichts von alledem hat Kant ordentlich und genügend bestimmt. Ebenso hat er andere, nicht minder wichtige Fragen unbeantwortet gelassen: was ist Gegenstand, und wodurch unterscheidet er sich von der Vorstellung? Was ist Dasein? Was Objekt, Subjekt, Wahrheit, Schein, Irrthum? „Aber er verfolgt, ohne sich zu besinnen oder umzusehen, sein logisches Schema und seine Symmetrie. Die Tafel der Urtheile soll und muss der Schlüssel zu aller Weisheit sein."¹)

Gleich im Anfang der tr. Logik, wo Kant nicht umhin kann, den Inhalt der empirischen Anschauung zu berühren, begeht er das πρῶτον ψεῦδος, indem er als die beiden Quellen unserer Erkenntniss die Receptivität der Eindrücke und die Spontaneität der Begriffe bezeichnet: durch die erste werde uns ein Gegenstand gegeben, durch sie empfangen wir die Vorstellungen; durch die zweite erkennen wir die Vorstellungen, denken den gegebenen Gegenstand. Dies ist falsch. Durch die Receptivität erhalten wir bloss Eindrücke, die, als von aussen kommend, allein eigentlich gegeben und weder Vorstellungen noch Gegenstände, sondern blosse Sinnesempfindungen sind. Erst nachdem der Intellekt seine Anschauungs- und Verstandesformen auf diese Empfindungen angewendet hat, werden sie in Vorstellung und Gegenstand umgewandelt. Das begriffliche Denken hat bei diesem ganzen Process, der lediglich im Bereich der anschaulichen Erkenntniss, demnach ebensogut im Gehirn der Thiere vor sich geht, gar nichts zu thun. Mit dem Hinzutreten der Begriffe, des Denkens aber, das allerdings als spontan bezeichnet werden kann, „wird die anschauende Erkenntniss gänzlich verlassen und eine völlig andere Klasse von Vorstellungen, nämlich nichtanschauliche, abstrakte Begriffe, tritt ins Bewusstsein: dies ist die Thätigkeit der Vernunft, welche jedoch den ganzen Gehalt ihres Denkens allein aus der diesem vorhergegangenen Anschauung und Vergleichung desselben mit anderen Anschauungen und Begriffen hat." Kant stellt aber die Sache so dar, als wenn

---

¹) Welt a. W. I, 510 f. 514. 519.

die Anschauung erst durch das Hinzukommen des Denkens die Fähigkeit erlange, einen Gegenstand aufzufassen, an sich also verstandlos, rein sinnlich und passiv wäre. Kant „bringt somit das Denken in die Anschauung", wie er andrerseits wieder „das Anschauen in das Denken bringt". Denn wenn das Denken einen Gegenstand denkt, so hat es zum Objekt nicht allgemeine Begriffe, sondern ein einzelnes, konkretes, reales Ding, wodurch es „seinen wesentlichen Charakter der Allgemeinheit und Abstraktion einbüsst" und Anschauung wird.[1] — Durch die ganze tr. Analytik zieht sich diese „gänzliche Vermischung der anschaulichen Vorstellung mit der abstrakten zu einem Mittelding von beiden", welches Kant den Gegenstand der Erfahrung, d. h. der Erkenntniss durch den Verstand und dessen Kategorien nennt. Was hat er sich bei diesem Gegenstand des Verstandes gedacht? Wie muss überhaupt ein Gegenstand des Verstandes beschaffen sein? Fragen wir zunächst: wie erklärt Kant den Verstand? Sämmtliche Erklärungen, die Kant giebt, lassen sich auf zwei sich völlig widersprechende zurückführen. Die eine lautet: der Verstand ist kein Vermögen der Anschauung, seine Erkenntniss ist nicht intuitiv, sondern diskursiv; mithin sind die Funktionen des Verstandes, oder die Kategorien, keineswegs die Bedingungen, unter denen die Gegenstände der Anschauung zu stande kommen; mit anderen Worten: die Anschauung bedarf des Verstandes nicht. Die andere Erklärung: der Verstand bringt, mittelst der Kategorien, Einheit in die Anschauung; erst der Verstand macht die Natur, also Anschauung par excellence, möglich, da erst die Kategorien die Erfahrung, als welche die Natur ist, möglich machen, indem sie die Wahrnehmungen, also Anschauungen, verknüpfen. Der ersten Erklärung zufolge, wäre die anschauliche Welt für uns da, auch wenn wir keinen Verstand hätten; gemäss der zweiten ist die anschauliche Welt für uns da, nur sofern wir verständige Wesen sind. Der Gegenstand eines Verstandes, der zugleich Anschauung ist und nicht ist, Denken ist und nicht ist, also weder Anschauung noch Denken, oder sowohl das eine als das andere ist, muss ein Objekt sein, das kein Objekt, ein

---

[1] Welt a W. I, 519.

Begriff, der kein Begriff, ein Etwas, das weder Objekt noch Begriff, oder sowohl Objekt als Begriff ist. Ein absolutes Objekt, d. h. ein Objekt ohne Subjekt, könnte ein solcher Gegenstand des Verstandes sein: als Objekt wäre es anschaulich und kein Begriff; als Objekt ohne Subjekt aber wäre es kein Objekt, keine Anschauung, sondern ein blosser Begriff. Wenn nun Kant von der empirischen Anschauung sagt: sie werde uns, d. h. unserem Verstand gegeben und zwar, wie er noch hinzufügt, durch das Objekt gegeben, so kann er, jener Doppelnatur des Verstandes gemäss, unter diesem Gegenstand nichts anderes verstehen, als eben jene unvorgestellte, und unvorstellbare Vorstellung, jenes Objekt, das keins ist, das absolute Objekt, das von der Anschauung verschieden und doch wieder kein Begriff ist, und durch dessen Hinzudenken die Anschauung allererst zur Erfahrung wird. Dieses Hinzudenken wäre dann die eigentliche Funktion der Kategorien. So sagt auch Kant: „nur durch Anschauung wird der Gegenstand gegeben, der hernach der Kategorie gemäss gedacht wird" (Krit. d. r. V. 1. Aufl. S. 399. Edit. Kehrbach, S. 335. Kirchmann, S. 717.). An einer anderen Stelle (Ebd. 2. Aufl. S. 125. Kehrbach, S. 109 f. Kirchmann, S. 134) heisst es: „nun frägt es sich, ob nicht auch Begriffe a priori vorausgehen, als Bedingungen, unter denen allein etwas, wenn gleich nicht angeschaut, dennoch als Gegenstand überhaupt gedacht wird" — welche Frage Kant bejaht. „Hier zeigt sich deutlich die Quelle des Irrthums und der ihn umhüllenden Konfusion." Denn der Gegenstand als solcher ist nur für die Anschauung und in ihr da; was hingegen gedacht wird, ist allemal ein nichtanschaulicher, allgemeiner Begriff, der nicht dazu dient, den Anschauungen Realität zu verschaffen, welch' letztere (als empirische Realität) den Anschauungen als solchen schon zukommt. „Kant aber schreibt die Gegenstände selbst dem Denken zu, um dadurch die Erfahrung und die objektive Welt vom Verstande abhängig zu machen, ohne jedoch diesen ein Vermögen der Anschauung sein zu lassen. In dieser Beziehung unterscheidet er allerdings das Anschauen vom Denken, macht aber die einzelnen Dinge zum Gegenstand theils der Anschauung, theils des Denkens. Wirklich aber sind sie nur ersteres: unsere empirische Anschauung ist sofort objektiv; eben weil sie vom Kausalnexus ausgeht. Sobald wir hingegen zum Denken übergehen, verlassen wir die einzelnen Dinge und haben es mit allgemeinen Begriffen ohne Anschaulichkeit zu thun." Da also die Anschauung schon durch sich selbst, ohne Hinzukommen des Denkens, die Realität hat, deren sie überhaupt fähig ist, nämlich die empirische, und da die Anschauung nur zu stande kommt „mittelst Anwendung der Erkenntniss vom Kausalnexus, welche die einzige Funktion des Verstandes ist, auf die Sinnesempfindung"; so folgt daraus, dass es falsch ist, erstlich, neben der Kausalität, auch die übrigen elf Kategorien für Bedingungen der Erfahrung anzusehen, und zweitens, die Anschauung für nicht intellektual, d. h. von der Thätigkeit des Verstandes unabhängig, für rein sensual zu erklären.[1] —

Durch die Annahme jenes absoluten Objekts, oder Objekts an sich, wird zwischen die Vorstellung und das Ding an sich ein Drittes eingeschoben, das aus theils der Vorstellung, theils dem Dinge an sich Abgeborgtem zusammengesetzt ist. Allein solch ein drittes, das weder Vorstellung noch Ding an sich wäre, kann es, schon nach Kants eigener völlig idealistischer, ausser Erscheinung und Ding an sich nichts anderes kennender Grundansicht nicht geben. Dieser Zwitter, der Gegenstand der Vorstellung, muss also eliminirt, oder was auf eins hinauskommt, mit der Vorstellung identificirt werden. Dann fällt aber, als völlig überflüssig, auch die Lehre von den Kategorien als Begriffen a priori dahin; denn zur Realität der Anschauung tragen die Kategorien nichts bei, und auf die Dinge an sich lassen sie sich nicht anwenden. Wären die Kategorien wirklich die Bedingungen, unter denen allein die Erfahrung zu stande käme; so müssten sie, gleich der Zeit und dem Raume, sich vom Dasein der Dinge schlechterdings nicht wegdenken, jedoch auch nicht aus den Eigenschaften des Raumes und der Zeit ableiten lassen. Dies alles trifft einzig und allein bei der Kategorie der Kausalität zu. Diese ist allerdings nicht wegzudenken, da das Wesen der Materie, die im Wirken besteht und offenbar von den Dingen nicht wegzudenken ist, auf ihr beruht. Und da die Materialität allein das

---

[1] Welt a. W. I, 521—25.

reale Ding vom Phantasiebilde unterscheidet, oder den Dingen Realität verleiht; so folgt, dass die Bedingung der Materialität, die Kausalität, auch die Bedingung der Erfahrung, oder der empirisch realen Welt ist; dass, mit anderen Worten, die Kausalität allein auch wirklich das erfüllt, was die übrigen elf Kategorien alle zusammen nicht haben erfüllen können.

Das Resultat dieser Kritik der Kategorienlehre ist: „Objekte sind zunächst nur für die Anschauung da, und Begriffe sind allemal Abstraktionen aus dieser Anschauung, daher muss der abstrakte Denker sich genau nach der in der Anschauung vorhandenen Welt richten, da bloss die Beziehung auf diese den Begriffen Inhalt giebt, und wir dürfen für die Begriffe keine andere a priori bestimmte Form annehmen, als die Fähigkeit der Reflexion überhaupt, deren Wesen die Bildung der Begriffe, d. i. abstrakter, nichtanschaulicher Vorstellungen ist, welche die einzige Funktion der Vernunft ausmacht. Demnach muss man von den Kategorien elf zum Fenster hinauswerfen und allein die der Kausalität behalten, jedoch einsehen, dass ihre Thätigkeit schon die Bedingung der empirischen Anschauung ist, welche sonach nicht bloss sensual, sondern intellektual ist, und dass der so angeschaute Gegenstand, das Objekt der Erfahrung, Eins sei mit der Vorstellung, von welcher nur noch das Ding an sich zu unterscheiden ist."[2] —

So richtig die Annahme als solche des Dinges an sich zur gegebenen Erscheinung ist, so fehlerhaft und dem Grundgedanken der ‚Kritik der r. V.‘ widersprechend ist die Art, wie Kant dasselbe ableitet, oder in seine Philosophie einführt. Die kantische Lehre ist in ihrer ursprünglichen Fassung, d. h. in der ersten Ausgabe der ‚Kritik der r. V.‘ (vom Jahre 1781), entschiedener Idealismus, der aber in allen späteren Auflagen dieses Werkes bedeutend abgeschwächt dargestellt ist. „Keiner bilde sich ein, die Kritik der r. V. zu kennen und einen deutlichen Begriff von Kants Lehre zu haben, wenn er jene nur in der zweiten oder einer der folgenden Auflagen gelesen hat; das ist schlechterdings unmöglich: denn er hat nur einen verstümmelten, verdorbenen,

---

[1] Welt a. W. I, 531. 526—28.

gewissermassen unechten Text gelesen."[1] Dem ursprünglichen Idealismus Kants widerstreitet, wie gesagt, seine Ableitung des Dinges an sich, und dies ist ohne Zweifel der Hauptgrund, warum Kant in der zweiten Auflage die idealistische Hauptstelle (S. 348 bis 392 der 1. Aufl. ed. Kehrbach S. 297 — 339; Kirchmann S. 682—720) gestrichen und sich gegen den von ihm früher acceptirten Berkeley'schen Idealismus erklärt hat (Kehrbach, S. 208 ff). Dadurch brachte er jedoch nur Inkonsequenzen in sein Werk, ohne jenen Fehler verbessern zu können. Dieser besteht nämlich darin, dass Kant die Voraussetzung des Dinges an sich auf einen Schluss gründet, der selbst das Gesetz der Kausalität zur Voraussetzung hat: die Empfindung in unseren Sinnesorganen und die von ihr ausgehende empirische Anschauung müsse eine äussere Ursache haben. Nun ist aber sowohl das Kausalitätsgesetz als die Sinnesempfindung und der Raum, in welchen wir die Ursache der Empfindung als Objekt projiciren, lediglich **subjektiven** Ursprungs; mithin ist und bleibt die ganze empirische Anschauung durchweg auf **subjektivem** Boden; sie ist nichts als ein Process in uns, unsere Vorstellung, die „**Welt als Vorstellung**", und „nichts von ihr

---

[1] Auf den Unterschied zwischen der 1. und der 2. Aufl. der „Kritik der r. V." wies zuerst im Jahre 1787 der Philosoph Friedr. Heinrich Jacobi hin. Fünfzig Jahre später entscheidet Schopenhauer sich ganz entschieden für die 1. Aufl. und giebt die Gründe für seine Ansicht in einem Brief (vom 24. Aug. 1837) an den Herausgeber der kantischen Werke, Karl Rosenkranz in Königsberg, an. Menschenfurcht, schreibt er, habe Kanten bewogen, sein Werk zu verstümmeln, und die 2. Aufl. gleiche einem Menschen, dem man ein Bein amputirt und durch ein hölzernes ersetzt hat. Daraufhin legte Rosenkranz seiner Ausgabe den ursprünglichen Text der „Kritik d. r. V." zu Grunde, was Schopenhauer ihm hoch anrechnet: dadurch habe Rosenkranz sich um die Philosophie „ein unschätzbares Verdienst erworben, ja das wichtigste Werk der deutschen Litteratur vielleicht vom Untergange gerettet" (Welt a. W. I, 515). — Die beiden Hauptpunkte, in denen die 2. Aufl. von der 1. zum Nachtheil der ganzen kantischen Philosophie differirt, sind: die **Deduktion der reinen Verstandesbegriffe** (ed. Kehrbach S. 112—37; Kirchmann S. 658 —682;) und namentlich die Lehre von den **Paralogismen der reinen Vernunft** (S. 297—339; Kirchmann S. 682—720). — Alle folgenden sechs Auflagen der „Kritik d r. V." sind Abdrücke der 1. — Schopenhauers Brief an Rosenkranz ist abgedruckt in der Rosenkranz'schen Ausgabe der Werke Kants Bd. II und in der Vorrede von Kehrbach zu seiner Ausg. der „Krit. d. r. V." S. IV ff.

gänzlich Verschiedenes, von ihr Unabhängiges, lässt sich als ein Ding an sich hineinbringen, oder als nothwendige Voraussetzung darthun." Zum Wesen an sich dieser Welt als Vorstellung gelangen wir nie auf diesem Wege und überhaupt nicht auf dem der objektiven Erkenntniss, sondern nur (wie es sich später zeigen wird) „mittelst Hinzuziehung des Selbstbewusstseins." Wir müssen den Standpunkt einmal verlegen, „nämlich statt wie bisher immer nur von dem ausgehen, was vorstellt (d. i. der Intellekt, das Subjekt), einmal ausgehen von dem, was vorgestellt wird," d. h. vom Objekt. Da ich aber offenbar von einem ausser mir seienden Objekt nicht ausgehen kann, so muss ich mich selbst als Objekt zum Ausgangspunkt machen, nämlich meinen Leib. Dieser ist mir auf zweifache Weise zugänglich, also gegeben: einmal, wie er in der objektiven Welt, im Raume dasteht, sodann, wie er sich dem eigenen Selbstbewusstsein kund giebt. Das Selbstbewusstsein enthüllt uns das innere Wesen unseres Leibes, d. h. wir finden im Selbstbewusstsein die Aussage über uns selbst als Ding an sich, und machen dann den ganz korrekten Analogieschluss zuerst auf das Ding an sich aller lebendigen Wesen, und dann alles Daseins überhaupt: vom Subjekt (als Objekt genommen) ausgehend, gelangen wir zur Erkenntniss des Wesens der Welt. — Dies ist der Weg, den Schopenhauer einschlug. Die anderen nachkantischen Philosophen aber verwechselten die fehlerhafte Darstellung des Dinges an sich, die Kant gegeben, mit dem Wesen der Sache, und glaubten mit jener auch die Annahme überhaupt des Dinges an sich verwerfen zu dürfen, hielten demnach die Argumente ad hominem für Argumente ad rem und erklärten die kantische Lehre für unhaltbar. „Dadurch ward nunmehr das Feld für die Sophisten und Windbeutel frei."[1])

b) Transscendentale Dialektik.

Unter dieser Bezeichnung giebt Kant seine Kritik der rationalen Psychologie, Kosmologie und Theologie. Das in einer begrifflichen, synthetischen Erkenntniss a priori bestehende Ver-

---

[1]) Welt a. W. I, 514f. 516f. Par. I, 99ff. vgl. S. 95—96.

nunftprinzip, sagt er, fordere, dass, wenn das Bedingte gegeben ist, auch die Totalität seiner Bedingungen und das diese Totalität vollzählig machende Unbedingte gegeben sei. So entstehen drei Produktionen der reinen theoretischen Vernunft, oder drei „Ideen" der Vernunft, von denen jede ein Unbedingtes ausdrückt. Das subjektive Unbedingte ist die Seele; das objektive Unbedingte — die Welt als geschlossene Totalität; das Dasein als solches bedingende Unbedingte endlich Gott. Kant spricht zwar jede objektive Gültigkeit diesem Vernunftprinzip ab, erklärt es jedoch ein unserem Denken inhärentes, von ihm untrennbares, so dass jene drei „Ideen der Vernunft", ungeachtet ihrer gänzlichen Unbeweisbarkeit, dennoch durchaus nothwendig in jedem vernunftbegabten Wesen entstehen müssen. „Es sind, sagt Kant (Krit. d. r. V. Kehrb. S. 292; Kirchmann S. 322), Sophistikationen nicht der Menschen, sondern der reinen Vernunft selbst, von denen selbst der Weiseste unter allen Menschen sich nicht losmachen, und vielleicht zwar nach vieler Bemühung den Irrthum verhüten, den Schein aber, der ihn unaufhörlich zwackt und äfft, niemals völlig loswerden kann."

Schopenhauer bestreitet nicht, dass die Vernunftideen bloss subjektive Gültigkeit haben, sondern nur, dass ihre Entstehung durch die Natur unserer Vernunft necessitirt, dass demnach das Vernunftprinzip, das diese Ideen fordert, a priori sei. — Wenn, wie Kant sagt, die Prinzipien der Vernunft sich von blossen Regeln dadurch unterscheiden, dass sie aus blossen Begriffen, und nicht, wie die Regeln, aus Anschauungen und Formen der Erkenntniss hervorgehen, so ist schon die Annahme von Vernunftprinzipien a priori, die zugleich eine synthetische Erkenntniss wäre, unstatthaft, denn aus blossen Begriffen können nur analytische Sätze hervorgehen; und wenn Begriffe synthetisch und doch a priori verbunden werden, so ist ihre Verbindung immer durch eine reine Anschauung der formellen Möglichkeit der Erfahrung vermittelt. Demnach kann aus blossen Begriffen ohne dieses anschauliche Moment als Vermittlung ein synthetischer Satz a priori nie hervorgehen. Ueberhaupt ist uns nur der Satz vom Grunde (nichts ist ohne Grnnd, warum es sei) a priori bewusst, daher sind keine anderen synthetischen Urtheile

a priori möglich, als die, welche aus dem Inhalt des Satzes vom Grunde folgen. Nun fordert aber der Satz vom Grunde keineswegs, dass die Totalität der Bedingungen zu einem Bedingten als eine Reihe, noch weniger, dass sie als eine durch ein Unbedingtes vollendete Reihe von Gründen gedacht werde; vielmehr erlischt seine Forderung vollkommen in jedem nächsten Grunde einer Erscheinung, oder ihrem zureichenden Grunde; freilich um alsbald von Neuem anzuheben, d. h. nach dem Grunde des eben aufgedeckten Grundes zu forschen, um aber wieder auf dieselbe einfache Weise wie das erste Mal befriedigt zu werden. Der Satz vom Grunde fordert mithin nur eine Kette von abwechselnden Ursachen und Wirkungen, Gründen und Folgen — nichts mehr. Bloss durch eine willkürliche Abstraktion wird diese Kette für eine Reihe von lauter Ursachen angesehen und deren Totalität, nebst dem sie abschliessenden Unbedingten für den zureichenden Grund der letzten Wirkung erklärt. Die Unmöglichkeit, sich ein Unbedingtes zu denken, also auch die Unmöglichkeit anzunehmen, dass das Wesen der Vernunft im Fordern eines Unbedingten bestehe, erhellt schon aus der einfachen Betrachtung, dass man, der Gültigkeit a priori des Satzes vom Grunde zufolge, sich schlechterdings nichts objektiv vorstellen kann, „davon kein Warum weiter zu fordern wäre, also kein absolutes Absolutum, wie ein Brett vor dem Kopf." „Es ist also grundfalsch, dass unser Aufsuchen höherer Erkenntnissgründe, allgemeiner Wahrheiten, entspringe aus der Voraussetzung eines seinem Dasein nach unbedingten Objekts, oder nur irgend etwas hiermit gemein habe. Wie sollte es auch der Vernunft wesentlich sein, etwas vorauszusetzen, das sie für ein Unding erkennen muss, sobald sie sich besinnt. Vielmehr ist der Ursprung jenes Begriffs vom Unbedingten nie in etwas anderem nachzuweisen, als in der Trägheit des Individuums, das sich damit aller fremden und eigenen ferneren Fragen entledigen will, wiewohl ohne alle Rechtfertigung."
Die drei kantischen Unbedingten sind im Grunde nichts anderes als Ueberreste der alten occidentalischen, unter dem Einfluss des Christenthums stehenden Philosophie, die drei Hauptgegenstände, die sich um das ganze philosophische Denken, von der Scholastik an bis auf Christian Wolf herab, gedreht hat. „So zugänglich und geläufig jene Begriffe durch alle jene Philosophen auch jetzt der blossen

Vernunft geworden sind; so ist dadurch doch keineswegs ausgemacht, dass sie, auch ohne Offenbarung, aus der Entwicklung jeder Vernunft hervorgehen mussten, als ein dem Wesen dieser selbst eigenthümliches Erzeugniss. Um dieses auszumachen, wäre die historische Untersuchung zu Hülfe zu nehmen, und zu erforschen, ob die alten und die nichteuropäischen Völker, besonders die hindostanischen und viele der ältesten griechischen Philosophen auch wirklich zu jenen Begriffen gelangt seien." Und da würde sich gezeigt haben, dass die Urreligionen, Brahmanismus und Buddhaismus, dergleichen Annahmen nicht kennen noch zulassen, sondern die Reihe der einander bedingenden Erscheinungen ins Endlose hinaufführen; dass demnach das Zurückgehen zu einem Unbedingten keineswegs eine nothwendige, natürliche Forderung der Vernunft als socher, sondern nur eine Gewohnheit unserer durch Tradition beeinflussten, im jüdischen Theismus immer noch befangenen occidentalischen Vernunft ist. Wie die alten Griechen überall ihre Götter wiederfanden, so sind wir auch geneigt, in allen Religionen den Theismus, oder wenigstens theistische Tendenzen zu erblicken. Aber der eigentliche Theismus ist allein in der jüdischen und den beiden aus ihr hervorgegangenen Religionen, dem Christenthum und dem Mohammedanismus, zu finden. Deshalb fassen auch ihre Bekenner die Anhänger aller übrigen Religionen unter den Namen Heiden zusammen, — „einem höchst einfältigen und rohen Ausdruck, der wenigstens aus den Schriften der Gelehrten verbannt sein sollte", da er hochentwickelte und tiefsinnige Religionen mit den primitivsten religiösen Vorstellungen identificirt und zusammenwirft. „Für Pfaffen ist ein solcher Ausdruck passend: in der gelehrten Welt aber muss ihm sogleich die Thüre gewiesen werden; er kann nach England reisen und sich in Oxford niederlassen."

Auch die Bezeichnung „Ideen" für jene angeblich nothwendigen Productionen der theoretischen Vernunft ist von Kant übel gewählt. Das Wort „Idee" sollte immer in seinem ursprünglichen, platonischen Sinne gebraucht werden, in welchem es auch bei allen Kirchenvätern, Scholastikern und Theologen des Mittelalters vorkommt. Platons Ideen sind durchaus anschaulich, sind unvergängliche Gestalten, die in den vergänglichen Dingen unvollkommen sichtbar werden. Kant hingegen bezeichnet mit diesem Wort etwas, das „von aller Möglichkeit der Anschauung so ferne liegt, dass sogar 'das abstrakte Denken nur halb und halb dazu gelangen kann."[1]) —

In der Widerlegung der rationalen Psychologie („Paralogismen der reinen Vernunft") leitet Kant den Begriff der Seele daraus her, dass die Vernunft nicht umhin kann, ein letztes Subjekt aller Prädikate eines Dinges vorauszusetzen, d. h. ihre Forderung eines Unbedingten auf den Begriff der Substanz anzuwenden. Wäre dies aber der Fall, so würde man ja in allem, was Prädikate hat, also durchaus in jedem lebenden Wesen und in jedem leblosen Dinge, so gut als im Menschen, eine Seele, d. h. ein letztes Subjekt aller seiner Prädikate angenommen haben. Ferner ist es unstatthaft, von etwas zu reden, dass nur als Subjekt und nicht als Prädikat existiren könne, da die Ausdrücke Subjekt und Prädikat ausschliesslich der Logik angehören und als solche keine wirkliche Existenz haben, sondern nur das Verhältniss abstrakter Begriffe zu einander bezeichnen. Ausserdem brauchen wir kein besonderes letztes Subjekt anzunehmen, da wir ein solches bereits in der anschaulichen Welt haben, nämlich die Materie. Sie ist die Substanz zu allen Eigenschaften der Dinge, als welche ihre Accidenzien sind; und in der Substanz und ihren Accidenzien wird ja das anschauliche Korrelat oder der Stellvertreter des letzten Subjekts und dessen Prädikate erblickt. Die Materie ist wirklich das, was von jedem Dinge übrig bleibt, nach Abzug aller seiner Eigenschaften: „und dies gilt vom Menschen, wie vom Thiere, Pflanze oder Stein, und ist so evident, dass, um es nicht zu sehen, ein determinirtes Nichtsehenwollen erforderst ist."

Der wirkliche Anlass zur Annahme zweier grundverschiedener Substanzen, Leib und Seele, ist in dem unserem Bewusstsein stets gegenwärtigen Gegensatz des Objektiven und Subjektiven zu suchen. Aeusserlich, objektiv angeschaut, sind wir Körper, ein räumlich ausgedehntes Wesen; in unserem Selbstbewusstsein dagegen, also rein subjektiv aufgefasst, finden wir uns bloss als wollende und vorstellende, von allen körperlichen Eigenschaften

---

[1]) Welt a. W. I, 570—79.

freie Wesen. Das Subjekt meiner körperlichen Eigenschaften ist der Leib. Dieser kann aber nicht die Ursache meines Erkennens und Wollens sein; also müssen die letzteren eine andere Ursache haben, und ich muss, ausser meinem Leib, noch etwas annehmen, das sich zum Vorstellen, Denken und Wollen so verhielte, wie der Leib sich zu seinen Eigenschaften verhält. Mit anderen Worten: ich muss ein letztes Subjekt auch meiner geistigen Prädikate annehmen, welches Subjekt selbstredend ebenfalls geistig sein muss. Auf diese Weise demonstrirt schon Platon und später Wolf den Begriff eines immateriellen, einfachen, unzerstörbaren Wesens, das wir Seele nennen. Erst nachträglich wurde dieser Begriff aus dem der Substanz entwickelt; aber der Begriff der Substanz selbst wurde eigens zu diesem Behuf gebildet durch folgenden Kunstgriff. Man abstrahirte von dem Begriff der Materie alle ihre Prädikate bis auf das der Beharrlichkeit, und nannte dieses Abstraktum Substanz, deren Begriff also, als ein höheres Genus, weniger in sich enthält, als der der Materie. Während aber sonst das höhere Genus dafür immer mehr unter sich enthält, hat der Begriff der Substanz nur eine einzige Unterart, nämlich die Materie. Der Zweck, zu welchem die Vernunft durch Abstraktion höhere Genera von Begriffen hervorbringt, ist aber, um in ihnen mehrere, durch Nebenbestimmungen verschiedene niedere Begriffe zugleich zu denken. Dieser Zweck wird offenbar bei der Bildung des Substanzbegriffs nicht erreicht; er sollte aber auch nicht erreicht werden, — darin liegt eben jener Kunstgriff: denn nun kann die fast leere Sphäre des Substanzbegriffs mit beliebigen Begriffen ausgefüllt werden. Man brauchte eine immaterielle Substanz, und hat den Begriff der Substanz überhaupt so gebildet, dass er die erstere unter sich, als seine andere der Materie koordinirte Unterart, fassen könnte. Um aber den Begriff der immateriellen Substanz zu bilden, brauchte man nur alle die Eigenschaften der Materie, von denen man bei der Ableitung der Substanz als solcher aus der Materie abgesehen hatte, noch ausdrücklich zu verneinen.

Nach alledem ist der Substanzbegriff „sehr weit davon entfernt, für eine Kategorie oder nothwendige Funktion des Verstandes gelten zu können: vielmehr ist er ein höchst entbehrlicher Begriff, weil sein einziger wahrer Inhalt schon im Begriff der Materie liegt, neben welchem er nur eine grosse Leere enthält, die durch nichts ausgefüllt werden kann, als durch die erschlichene Nebenart **immaterielle Substanz**, welche aufzunehmen er auch allein gebildet worden: weswegen er, der Strenge nach, gänzlich zu verwerfen und an seine Stelle überall der Begriff der Materie zu setzen ist."[1]) —

Die Kritik der rationalen Kosmologie giebt Kant in seiner Lehre von den „**Antinomien (Widerstreiten) der reinen Vernunft**", die man in Kürze so resumiren kann. Folgende vier Behauptungen (Thesen) können mit vollkommener Strenge und formeller Korrektheit bewiesen werden: die Welt hat einen Anfang in der Zeit und ist räumlich begrenzt; es giebt in der Welt nur Einfaches und aus Einfachem Zusammengesetztes; es giebt ausser der natürlichen Kausalität, nach der alle Vorgänge in der Welt zu erklären sind, noch eine **Kausalität durch Freiheit**; es existirt ein schlechthin nothwendiges Wesen, entweder als ein Theil oder als Ursache der Welt. Mit gleicher Strenge und Korrektheit lassen sich aber auch die kontradiktorischen Gegensätze dieser Thesen, d. h. ihre **Antithesen** beweisen: kein zeitlicher Anfang und keine räumliche Begrenztheit der Welt; nichts Einfaches; keine Freiheit; kein absolut nothwendiges Wesen. — Auf welcher Seite liegt nun die Wahrheit? In den zwei ersten Antinomien haben beide Theile Unrecht; in den zwei letzten beide Recht. So Kant. Schopenhauer dagegen erklärt alle Antinomien für eine „blosse Spiegelfechterei", einen „Scheinkampf". „Nur die Behauptungen der Antithesen beruhen wirklich auf den Formen unseres Erkenntnissvermögens, d. h., wenn man es objektiv ausdrückt, auf den nothwendigen, a priori gewissen, allgemeinsten Naturgesetzen. Ihre Beweise allein sind daher aus objektiven Gründen geführt. Hingegen haben die Behauptungen und Beweise der Thesen keinen anderen als subjektiven Grund, beruhen ganz allein auf der Schwäche des vernünftelnden Individuums, dessen Einbildungskraft bei einem unendlichen Regressus ermüdet und daher demselben durch willkürliche Voraussetzungen,

---

[1]) Welt a. W. I, 579—83.

die sie bestens zu beschönigen sucht, ein Ende macht, und dessen Urtheilskraft noch überdies durch früh und fest eingeprägte Vorurtheile an dieser Stelle gelähmt ist."[1]) Dass bei diesem ganzen Streit der Vernunft mit sich selbst das Recht den Antithesen allein zukommt, erhellt schon daraus, dass wenn man umgekehrt verfährt, und von dem ausgeht, was Kant „den Schlüssel zur Auflösung des kosmologischen Widerstreits" nennt, nämlich dem transscendentalen Idealismus, die Behauptungen der Antithesen geradezu folgen. Denn: „ist die Welt kein unbedingtes Ganzes und existirt nicht an sich, sondern nur in der Vorstellung, und sind ihre Reihen von Gründen und Folgen nicht vor dem Regresssus der Vorstellungen davon da, sondern erst durch diesen Regressus; so kann die Welt nicht bestimmte und endliche Reihen enthalten, weil deren Bestimmung und Begrenzung unabhängig von der dann nur hinzukommenden Vorstellung sein musste: sondern alle ihre Reihen müssen endlos, d. h. durch keine Vorstellung zu erschöpfen sein."[2])

Von grosser Bedeutung für Schopenhauer ist die Auflösung der dritten Antinomie: die Freiheit ist, trotz der durchgängigen Kausalität alles Geschehens, möglich. Wären, sagt Kant (Krit. d. r. V. Kehrb. S. 431; Kirchmann S. 438), die Erscheinungen Dinge an sich selbst, so stünden sie ausnahmslos unter dem Gesetze der natürlichen Kausalität und die Freiheit wäre nicht zu retten. Nun sind aber die Erscheinungen blosse nach empirischen Gesetzen zusammenhängende Vorstellungen, müssen demnach eine nicht empirische oder intelligible Ursache ihres Daseins haben, die, als nicht in der Reihe der natürlichen Kausalität liegend, als das Ding an sich, eine spontane, freie, selbst durch nichts verursachte Ursache ist.

Es ist bezeichnend, dass Kant gerade bei der Idee der Freiheit bestimmter und ausführlicher vom Dinge an sich redet, als er es bisher gethan. Es ist aber auch begreiflich. Denn der Freiheitsbegriff ist ein rein praktischer, und sein Objekt ist der Wille, die nothwendige und allererste Voraussetzung, der Ursprung aller unserer Handlungen. Das Prädikat ‚frei' darf also,

---

[1]) Welt a. W. I, 585 f. [2]) Ebd. 594.

streng genommen, nur dem Willen beigelegt werden. Ist aber Freiheit nur Eigenschaft des Dinges an sich und nicht der Erscheinung; so folgt ja daraus, dass das Ding an sich nichts anderes als der Wille ist. Diese Erkenntniss ist kein Schluss, sondern entspringt „unmittelbar aus dem Bewusstsein, darin sich jeder selbst, ohne weiteres, als den Willen, d. h. als dasjenige, was, als Ding an sich, nicht den Satz vom Grunde zur Form hat und das selbst von nichts, von dem vielmehr alles andere abhängt, erkennt." Auf dieser unmittelbaren Gewissheit beruht auch das Bewusstsein, dass wir frei und nicht frei zugleich sind; diese Gewissheit ist der wahre Schlüssel zur Lösung der dritten Antinomie; wir sind frei, insofern wir als Ding an sich unsere Handlungen selbst bestimmen; wir sind durchaus unfrei, insofern unser Leib und unsere Handlungen ins Gebiet der Erscheinung, der Vorstellung, der empirischen Welt, demnach unter das Gesetz der Kausalität fallen. Es ist nicht zu beweisen, wohl aber mit Sicherheit anzunehmen, „dass Kant, so oft er vom Ding an sich redete, in der dunkelsten Tiefe seines Geistes, immer schon den Willen undeutlich dachte." Ja, in Rücksicht des menschlichen Individuums unterliegt dies keinem Zweifel. Die Quelle unserer Handlungen (das operari), lehrt Kant, ist die Beschaffenheit (das Esse) unserer Natur, die man Charakter nennt; durch diesen werden unsere Handlungen bestimmt; sie entsprechen stets dem Charakter des Menschen: Operari sequitur Esse. Nun ist aber der Charakter des Menschen, wie dieser selbst, zunächst eine Erscheinung, Vorstellung, die als solche empirisch ist und ein Ding an sich zum Grunde hat. Dieses Ding an sich des empirischen Charakters nennt Kant den intelligiblen Charakter, der, selbst unbedingt, selbstherrlich, den empirischen bedingt und von dem dieser die Erscheinung ist. Der intelligible Charakter ist unser wahres metaphysisches, freies, durch sich selbst seiendes Esse, unser eigentliches Wesen. Gewiss können wir nichts anderes als unserem empirischen Charakter gemäss handeln; aber dieser Charakter selbst ist die Folge und die That des intelligiblen, mithin die That unserer Freiheit. Gewiss sind wir für unsere Handlungen in Raum und Zeit nicht verantwortlich; wohl aber für unseren empirischen Charakter, den wir durch Freiheit uns geschaffen haben, der also auch ein anderer hätte sein können. Aber Charakter ist ja Beschaffenheit des Willens (nicht etwa des Verstandes oder der Vernunft), der Wille selbst; also ist der intelligible Charakter unser absolut freier Wille als Ding an sich, der seine Erscheinung, d. h. den empirischen Charakter, schafft, durchweg bestimmt und regiert.

Diese Lehre, oder vielmehr die blosse Unterscheidung zwischen dem empirischen und intelligiblen Charakter zählt Schopenhauer dem Vortrefflichsten bei, „das je von Menschen gesagt worden;" sie ist „die grösste aller Leistungen des menschlichen Tiefsinns", neben der tr. Aesthetik der zweite „grosse Diamant in der Krone des kantischen Ruhmes, der nie verhallen wird." Nur steht diese Wahrheit bei Kant nicht am rechten Orte, ist falsch abgeleitet, und erfüllt ihren Zweck, nämlich die Auflösung der vorgeblichen Antinomie, nicht; auch ist sie nicht zu Ende gedacht, was nicht so sehr das Fehlen des Stichworts ‚Wille' beweist, als dass Kant seine intelligible Ursache, „höchst unstatthaft, mit unverzeihlicher Verletzung alles Sprachgebrauchs", Vernunft nennt und sie nur bei den menschlichen Handlungen annimmt. — Wir haben oben den Fehler bezeichnet, den Kant bei der Ableitung des Dinges an sich überhaupt begeht. Auch hier wiederholt sich dasselbe: von der Erscheinung wird auf ihren intelligibeln Grund geschlossen; auf dem Wege der objektiven Erkenntniss wird das Ding an sich gesucht. Das Richtige wäre aber, „unmittelbar vom Willen auszugehen, diesen nachzuweisen als das ohne alle Vermittlung erkannte Ansich unserer eigenen Erscheinung, und dann jene Darstellung des empirischen und intelligibeln Charakters zu geben, darzuthun, wie alle Handlungen, obwohl durch Motive necessirt, dennoch, sowohl von ihrem Urheber, als vom fremden Beurtheiler, jenen selbst und allein, nothwendig und schlechthin zugeschrieben werden, als lediglich von ihm abhängend, dem sonach Schuld und Verdienst ihnen gemäss zuerkannt werden." Dies wäre der richtige Weg zur Erkenntniss des Willens als des Dinges an sich, der sodann, nach Analogie, als das Ansich aller Erscheinungen, die leblosen Wesen nicht ausgenommen, hätte dargestellt werden müssen, da sonst die Inkonsequenz, ja, der Nonsens behauptet wird, dass das Ding an sich bloss den Menschen zukomme. — Da Kant ferner den Willen durch Nachforschung einer unbedingten Ursache gefunden hat, so tritt er bei ihm zur Erscheinung in das Verhältniss der Ursache zur Wirkung, wodurch sein Wesen eines Dinges an sich verfälscht wird: denn ein kausales Verhältniss findet nur in der Erscheinungswelt statt, setzt also diese letztere schon voraus „und kann nicht sie selbst mit dem verbinden, was ausser ihr liegt und toto genere von ihr verschieden ist", nämlich das Ding an sich. Diese ausserweltliche, vom Gesetze der Kausalität unberührte Natur der intelligibeln Freiheit macht auch, dass ihre Einführung zum Behuf der Auflösung der dritten Antinomie, ihren Zweck verfehlt. Sie bleibt von den streitenden Parteien unbeachtet; denn auch die Thesis, obgleich sie von einer unbedingten Ursache redet, redet doch immer von einer Ursache, also keineswegs vom Dinge an sich, sondern nur von der Erscheinung. Die Darstellung der intelligibeln Freiheit ist demnach hier völlig wirkungslos und eigentlich eine μετάβασις εἰς ἄλλο γένος.

An diese Freiheitslehre Kants knüpft nun Schopenhauer seine Metaphysik unmittelbar an. „Hier liegt, sagt er, der Punkt, wo Kants Philosophie auf die meinige hinleitet, oder wo diese aus ihr als ihrem Stamm hervorgeht." Alles von Kant hier Vorgebrachte „lautet wie ein Räthsel, zu welchem meine Lehre das Wort ist. Kant ist mit seinem Denken nicht zu Ende gekommen: ich habe bloss seine Sache durchgeführt."[1])

C) Moralphilosophie.

Wir haben die Bedeutung der kantischen Moralphilosophie hervorgehoben: sie liegt in der Reinigung der Ethik von allen Prinzipien der Erfahrungswelt, namentlich von aller direkten oder indirekten Glückseligkeitslehre. Während die alte Philosophie, mit Ausnahme von Plato, Tugend und Glückseligkeit nach dem Satze der Identität, und die neuere nach dem des Grundes in Verbindung setzte; d. h. während jene beide sich decken liess, und diese in der Glückseligkeit eine Folge der Tugend er-

---

[1]) Welt a. W. I. 595—601. Die beiden Grundprobl. d. Ethik. S. 174—78.

blickte, lehrte Kant, durchaus im Geiste des Christenthums und der heiligen Bücher der Hindu, „dass das Reich der Tugend nicht von dieser Welt sei" und nur eine völlig uneigennützige Ausübung der Tugend wirklichen Werth habe.

So rein und erhaben aber die kantische Ethik in ihrer Tendenz auch ist, so wenig vermag sie uns in ihrer Darstellung zu befriedigen, die „hinter dem Geiste weit zurückgeblieben, ja in Inkonsequenzen verfallen" ist. — Schopenhauer wirft der Moralphilosophie Kants hauptsächlich Folgendes vor: Es ist falsch, die praktische Vernunft für den Ursprung der ethischen Bedeutsamkeit unserer Handlungen zu erklären; es ist falsch, den Aussagen dieser Vernunft, also der Ethik, eine imperative Form zu geben, und gar von Pflichten gegen uns selbst zu reden Kants Ethik ist „im Grunde nur eine Umkehrung der theologischen Moral und eine Vermummung derselben in sehr abstrakte und scheinbar a priori gefundene Formeln," entbehrt daher, so gut wie alle früheren Moralphilosophien, jedes wahrhaft philosophischen Fundaments; sie ist endlich, trotz ihrer antieudämonistischen Tendenz, in letzter Linie doch Glückseligkeitslehre, demnach auf Egoismus basirt.

Die Vernunft ist das Vermögen der Begriffe — nichts anderes: ein Vermögen, das den Menschen nicht, wie das Thier, bloss durch unmittelbar sinnliche Motive bestimmt, also nicht den Sklaven der Gegenwart sein lässt; sondern ihn zu einem besonnenen, über die Gegenwart erhabenen, die Vergangenheit überschauenden, in die Zukunft blickenden und sein Leben planmässig, mit vollkommenem Bewusstsein gestaltenden Wesen macht. Sofern die Gegenstände, die das Denken beschäftigen, sich nicht auf das Handeln beziehen, sondern ein lediglich theoretisches Interesse haben, ist das Denken, also die Vernunft, theoretisch; findet dagegen eine Beziehung des Denkens auf das Handeln statt, so ist sie praktisch zu nennen. Kants Erklärung, der wesentliche Charakter der Vernunft sei das Erkennen von Prinzipien a priori, ist nicht richtig; und da es nur Eine Vernunft giebt, die bloss nach ihrem Verhältniss zu den Objekten und der Natur ihrer Objekte bald als theoretische, bald als praktische zu bezeichnen ist; so gilt jene Erklärung auch für die praktische

Vernunft nicht, was Kant aber behauptet. Das kantische Moralgesetz, auf das wir gleich zu sprechen kommen, soll a priori sein, gleichsam ein Pendant zum apriorischen Fond der theoretischen Vernunft, den, wie wir wissen, Kant annimmt. Aus seiner Liebe zur Symmetrie wollte Kant auch die Ethik nach Analogie der theoretischen Philosophie behandeln: auch sie sollte, wie diese, einen reinen, d. h. aus Erkenntnissen a priori, und einen empirischen, d. h. aus Erkenntnissen a posteriori bestehenden Theil haben. Kant gleicht hierin einem Arzt, der einmal ein Mittel mit glänzendem Erfolg angewandt hat, und dasselbe fortan ohne Unterschied gegen alle Krankheiten verschreibt, ohne die Konsequenzen seines Verfahrens zu überlegen. Denn nimmt man das praktische Apriori an, so folgt etwas, das im grössten Widerspruch steht sowohl mit Kants Ansichten, als mit der Wahrheit selbst. Wir wissen, dass Kant den Erkenntnissen a priori jede objektive Gültigkeit, d. h. jede Beziehbarkeit auf das Ding an sich, abspricht; wir wissen aber auch, aus seiner Lehre vom intelligibeln Charakter, dass das Moralische in uns mit unserem Wesen an sich, also auch mit dem Wesen an sich überhaupt zusammenhängt, ja, dieses selbst unmittelbar trifft. Giebt es nun ein praktisches A priori, giebt es moralische Gesetze, nach denen sich unsere Handlungen richten sollen, so sind entweder diese Gesetze von gar keiner Bedeutung in der Ethik und gar keinem Einfluss auf unsere Handlungen, da sie als a priori das ausser ihrer Macht stehende Wesen an sich, diesen Ursprung unserer Thaten, nicht berühren; oder liegt der wahre Ursprung, die Quelle unserer Handlungen, nicht in unserem eigentlichen Wesen an sich, sondern in der Erscheinung, auf welche freilich das Moralgesetz a priori angewendet werden kann. Weder das eine noch das andere wird Kant annehmen wollen, nachdem er seiner ganzen Ethik das Moralgesetz a priori zu Grunde gelegt und das Wesen an sich des Menschen für den eigentlichen Sitz der Moralität erklärt hat.

 Hätte Kant im Ding an sich den Willen nicht bloss wie durch einen Schleier erblickt, sondern wirklich erkannt, er würde seine Liebe zur Symmetrie der Wahrheit geopfert und aus seiner Ethik keine Vernunftlehre gemacht haben. Verliehe wirklich erst die Vernunft den menschlichen Handlungen ihre moralische Bedeutsamkeit, so müsste man ja allen edlen, grossen, aber nachweisbar nicht aus vernünftiger Ueberlegung, sondern ganz unmittelbar, gleichsam instinktiv vollzogenen Handlungen, wie Selbstaufopferung, Uneigennützigkeit, Wohlthätigkeit auf Kosten seines eigenen Wohls etc., in denen sich gerade das offenbart, was man häufig als **moralisches Genie** bezeichnet, jede moralische Bedeutsamkeit absprechen. Man müsste dann die höchste Tugend, ja die Heiligkeit, für die höchste **Vernünftigkeit**, und Bosheit, Eigennutz und Laster aller Art bloss für einen **Mangel an Vernunft** erklären! „Inzwischen haben alle Zeiten, alle Völker, alle Sprachen beides immer sehr unterschieden und gänzlich für zweierlei gehalten, wie auch noch bis auf den heutigen Tag alle die thun, welche von der Sprache der neueren Schule nichts wissen, d. h. die ganze Welt mit Ausnahme eines kleinen Häufchens deutscher Gelehrten: jene alle verstehen unter einem tugendhaften Wandel und einem vernünftigen Lebenslauf durchaus zwei ganz verschiedene Dinge. Dass der erhabene Urheber der christlichen Religion, dessen Lebenslauf uns als das Vorbild aller Tugend aufgestellt wird, der **allervernünftigste** Mensch gewesen wäre, würde man eine sehr unwürdige, wohl gar eine blasphemirende Redensart nennen, und fast ebenso auch, wenn gesagt würde, dass seine Vorschriften nur die beste Anweisung zu einem ganz **vernünftigen Leben** enthielten. Ferner dass, wer diesen Vorschriften gemäss, statt an sich und seine eigenen zukünftigen Bedürfnisse zum voraus zu denken, allemal nur dem grösseren gegenwärtigen Mangel anderer abhilft, ohne weitere Rücksichten, ja, seine ganze Habe den Armen schenkt, um dann, aller Hülfsmittel entblösst, hinzugehen, die Tugend, welche er sonst geübt, auch anderen zu predigen, dies verehrt jeder mit Recht: wer aber wagt es als den Gipfel der **Vernünftigkeit zu preisen**? Und endlich, wer lobt es als eine überaus **vernünftige** That, dass Arnold von Winkelried, mit überschwänglichem Edelmuth, die feindlichen Speere zusammenfasste, gegen seinen eigenen Leib, um seinen Landsleuten Sieg und Rettung zu verschaffen? — Hingegen, wenn wir einen Menschen sehen, der von Jugend an, mit seltener Ueberlegung darauf bedacht ist, sich die Mittel zu einem sorgenfreien Auskommen, zur Unterhaltung von Weib und Kindern, zu einem guten Namen bei den Leuten, zu äusserer Ehre und Auszeichnung zu verschaffen, und dabei sich nicht durch den Reiz gegenwärtiger Genüsse, oder den Kitzel dem Uebermuth der Mächtigen zu trotzen, oder den Wunsch erlittene Beleidigungen oder unverdiente Demüthigung zu rächen, oder die Anziehungskraft unnützer ästhetischer oder philosophischer Geistesbeschäftigung und Reisen nach sehenswerthen Ländern, — der sich durch alles dieses und dem ähnliches nicht irre machen noch verleiten lässt, jemals sein Ziel aus den Augen zu verlieren, sondern mit grosser Konsequenz einzig darauf hin arbeitet: wer wagt es zu leugnen, dass ein solcher Philister ganz ausserordentlich vernünftig sei? sogar auch dann noch, wenn er sich einige nicht lobenswerthe, aber gefahrlose Mittel erlaubt hätte. Ja, noch mehr: wenn ein Bösewicht mit überlegter Verschmitztheit, nach einem wohldurchdachten Plane, sich zu Reichthümern, zu Ehren, ja zu Thronen und Kronen verhilft, dann mit der feinsten Arglist benachbarte Staaten umstrickt, sie einzeln überwältigt und nun zum Welteroberer wird, dabei sich nicht irre machen lässt durch irgend eine Rücksicht auf Recht oder Menschlichkeit, sondern mit scharfer Konsequenz alles zertritt und zermalmt, was seinem Plane entgegensteht, ohne Mitleid Millionen in Blut und Tod stürzt, jedoch seine Anhänger königlich belohnt und jederzeit schützt, nichts jemals vergessend, und dann so sein Ziel erreicht; wer sieht nicht ein, dass ein solcher überaus vernünftig zu Werk gehen musste, dass, wie zum Entwurf der Pläne ein gewaltiger Verstand, so zu ihrer Ausführung vollkommene Herrschaft der Vernunft, ja recht eigentlich praktische Vernunft erfordert war? — Oder sind etwa auch die Vorschriften, welche der kluge und konsequente, überlegte und weitsehende Machiavelli dem Fürsten giebt, unvernünftig?" — Wie Bosheit mit Vernunft, so kann umgekehrt Edelmuth mit Unvernunft sehr gut zusammen gehn. So ist Coriolans Aufgeben der lange vorbereiteten Rache eine edle, jedoch unvernünftige That. Endlich kann Vernunft sich mit Unverstand vereinigen. Dies ist z. B. der Fall, „wenn eine dumme Maxime gewählt, aber mit Konsequenz durchgeführt wird". Hierher gehören alle Gelübde, „deren Ursprung Mangel an Einsicht gemäss dem Gesetz der Kausalität, d. h. Unverstand ist; nichts desto weniger ist es vernünftig, sie zu erfüllen, wenn man einmal von so beschränktem Verstande ist, sie zu geloben."[1]) —

Kant stellt folgenden Begriff der praktischen Philosophie auf: sie gebe nicht Gründe an, von dem was geschieht, sondern in **kategorisch imperativer Form gefasste Gesetze, nach denen, mit absoluter Nothwendigkeit, etwas geschehen soll, ob es gleich niemals geschieht.** Zunächst springt uns die offenbare petitio principii in die Augen: „Wer sagt euch, dass es Gesetze giebt, denen unser Handeln sich unterwerfen soll?" Wir kennen zwar Gesetze, nach denen etwas geschehen **muss**, d h. **Naturgesetze; auch der menschliche Wille ist einem** solchen Gesetz unterworfen, nämlich dem der Motivation; — **moralische Gesetze jedoch, „unabhängig von menschlicher Satzung, Staatseinrichtung oder Religionslehre, dürfen ohne Beweis nicht als vorhanden angenommen werden".** — Es ist ferner unstatthaft von **absoluter Nothwendigkeit** des Gesetzes zu reden und dennoch einräumen, dass das, was geschehen **soll**, oft nicht geschieht. Denn absolute Nothwendigkeit ist **Unausbleiblichkeit**; letztere wird also von etwas behauptet, das auch **ausbleibt**, und zwar in der Regel. Das moralische Gesetz gebietet z. B.: Du sollst nicht lügen, — und es wird doch gelogen! — Wie die Annahme des Gesetzes, so ist auch die der **Pflicht**, — ein Begriff, der mit dem des Gesetzes eng verwandt, ja beinahe identisch ist — eine petitio principii. Beide sind schlechterdings an eine **Bedingung** gebunden, und der einzige Unterschied zwischen dem **Sollen** überhaupt und dem aus **Pflicht** liegt darin, dass das erstere auf blossem, unentgeltlichem, beim Unterworfenen jedes Recht ausschliessendem Zwange beruht, das zweite hingegen auf einem Zwange, der **belohnt wird**, demnach auch ein Recht giebt. So giebt es für den Sklaven nur ein Soll aus blossem Zwange, für den freien Unterthan oder einen Diener ein Soll aus **Verpflichtung.** Da jedes Soll „allen Sinn und Bedeutung schlechterdings nur in Beziehung auf angedrohte

---

[1]) Welt a. W. I, 610 ff. 614 f. Grundpr. d. Ethik, S. 132 f. 148 ff.

Strafe oder verheissene Belohnung" hat, so ist es „wesentlich und unausweichbar **hypothetisch** und niemals, wie Kant behauptet, **kategorisch**". Der Ausdruck: **absolutes, unbedingtes Sollen** ist daher eine contradictio in adjecto. „Eine gebietende Stimme, sie mag nun von innen oder von aussen kommen, ist es schlechterdings unmöglich, sich anders als drohend oder versprechend zu denken: dann aber wird der Gehorsam gegen sie zwar, nach Umständen, klug oder dumm, jedoch stets eigennützig, mithin ohne moralischen Werth sein."

„Wie ein verlarvtes Gift im Organismus nicht bleiben kann, sondern endlich hervorbrechen und sich Luft machen muss," so tritt auch in der kantischen Moralphilosophie die völlige Undenkbarkeit und Widersinnigkeit des Begriffs eines **absoluten Sollens** zuletzt doch hervor. Die in der Kritik d. prakt. V. vorgetragene Lehre vom **höchsten Gut**, welches die Vereinigung von Tugend und Glückseligkeit sein soll, macht nämlich aus dem **unbedingten Soll** ein **bedingtes**, und aus der **antieudämonistisch gedachten** Ethik einen ausgesprochenen **Edämonismus** und zwar auf **theologischer** Grundlage: das unbedingte Soll postulirt sich eine Belohnung (die Unsterblichkeit) und einen Belohner (Gott), also eine Bedingung, was freilich nothwendig ist, wenn man einmal Pflicht und Soll, die eine bloss **relative** Bedeutung haben, zum Grundbegriff der Ethik gemacht hat. — Da die unbewiesene und unbeweisbare Pflichtenlehre und die imperative Form der kantischen Ethik ‚„unleugbar nur aus der theologischen Moral und demnächst aus dem Dekalog" stammen; so ist es auch natürlich, dass sie sich nachträglich, in der Ausführung, als Theologie entpuppen. Kant brauchte, um seine berühmte Moraltheologie, d. h. auf blosse Moral gestützte Theologie zu stande zu bringen, nur die Begriffe explicite aufzustellen, welche er stillschweigend und unbesehens von der theologischen Moral entlehnt und durch sein Soll der Ethik zu Grunde gelegt hat. Er machte „zum Resultat, was das Prinzip oder die Voraussetzung hätte sein müssen (die Theologie), und zur Voraussetzung, was als Resultat hätte abgeleitet werden sollen (das Gebot). Nachdem er nun aber so das Ding auf den Kopf gestellt hatte, erkannte es Niemand, ja er selbst nicht, für das was es war, nämlich die alte, wohlbekannte theologische Moral", als welche nothwendig eudämonistisch ist.¹) —

Das was bei Kant Fundament der Moral sein sollte, ist also in Wahrheit keins, oder wenigstens kein philosophisches, weil es sich auf ein anderes Fundament, die Theologie, stützt. Das ganze System der Moral muss also zusammenstürzen, wenn ihm seine theologische Grundlage entzogen wird. — Aber auch abgesehen davon wäre der kategorische Imperativ, wegen seiner gänzlichen Inhaltlosigkeit, nie im Stande, eine Moral zu begründen.

Kant sagt ausdrücklich, das Moralgesetz sei keine Thatsache des Bewusstseins, also nicht anthropologisch, aus (innerer) Erfahrung abzuleiten. Indem er auf diese Weise „alle empirischen Triebfedern des Willens, alles Objektive und Subjektive, darauf ein Gesetz für denselben zu gründen wäre, als empirisch, zum voraus weggenommen hat; so bleibt ihm zum Stoff dieses Gesetzes nichts übrig, als dessen eigene Form. Diese nun ist eben nur die Gesetzmässigkeit. Die Gesetzmässigkeit aber besteht im Gelten für Alle, also in der Allgemeingültigkeit selbst. Diese demnach wird zum Stoff. Folglich ist der Inhalt des Gesetzes nichts anderes, als seine Allgemeingültigkeit selbst. Demzufolge wird es lauten: ‚Handle nur nach der Maxime, von der du zugleich wollen kannst, dass sie allgemeines Gesetz für alle vernünftigen Wesen werde.'" So geht dem Fundament der kantischen Moral alle Realität, demnach die Möglichkeit einer Wirksamkeit ab. „Es schwebt in der Luft als ein Spinnengewebe der subtilsten, inhaltsleersten Begriffe, ist auf nichts basirt, kann daher nichts tragen und nichts bewegen. Und dennoch hat Kant demselben eine Last von unendlicher Schwere aufgebürdet, nämlich die Voraussetzung der Freiheit des Willens." Trotz seiner wiederholt ausgesprochenen Ueberzeugung von der Unmöglichkeit der Freiheit in unseren Handlungen, wird dennoch „bloss auf den Kredit jenes so in der Luft schwebenden Fundaments der Moral", die Freiheit postulirt, durch den berühmten Schluss: du kannst, denn du sollst. „Aber wenn man einmal deutlich

---

¹) Grundpr. d. Eth. S. 120—26.

erkannt hat, dass eine Sache nicht ist und nicht sein kann, was hilft da alles Postuliren? Da wäre vielmehr das, worauf das Postuliren sich gründet, zu verwerfen, weil es eine unmögliche Voraussetzung ist, nach der Regel a non posse ad non esse valet consequentia".[1]) —

Dass Kant mit der alten Ethik noch nicht ganz gebrochen, beweist auch seine Annahme von Pflichten gegen uns selbst. Was man unter solchen zu verstehen pflegt, sind theils Klugheitsregeln, theils diätetische Vorschriften, welche beide nicht in die Ethik gehören. Ausserdem und vor allem ist es aber der Selbstmord, der als eine diesen angeblichen Pflichten zuwiderlaufende Handlung bezeichnet wird. Die Gründe, die kantischen nicht ausgenommen, welche gegen den Selbstmord in der Regel vorgebracht werden, sind so seicht und armselig, dass sie nicht einmal eine Antwort verdienen. „Man muss lachen, wenn man denkt, dass dergleichen Reflexionen dem Cato, der Kleopatra, dem Coccejus Nerva, oder der Arria des Pätus den Dolch hätten aus den Händen winden sollen. Wenn es wirklich echte moralische Motive gegen den Selbstmord giebt, so liegen sie jedenfalls sehr tief und sind nicht mit dem Senkblei der gewöhnlichen Ethik zu erreichen." Abgesehen von diesen Motiven, über die wir erst später sprechen können, giebt es keinen einzigen moralischen oder Vernunftgrund, den Selbstmord zu verdammen; viele Gründe jedoch, ihn zu rechtfertigen. „Dem Menschen allein, der nicht, wie das Thier, bloss den körperlichen, auf die Gegenwart beschränkten, sondern auch den ungleich grösseren, von Zukunft und Vergangenheit borgenden, geistigen Leiden preisgegeben ist, hat die Natur, als Kompensation, das Vorrecht verliehen, sein Leben, auch ehe sie selbst ihm ein Ziel setzt, beliebig enden zu können und demnach nicht wie das Thier, nothwendig so lange er kann, sondern auch nur so lange er will zu leben." Selbstmord, heisst es, sei eine feige Handlung, oder nur im Wahnsinn möglich; er sei „unrecht", ja, ein Verbrechen. Sind also jene Männer des Alterthums, von denen wir sicher wissen, dass sie Helden waren und durch Selbstmord ihrem Leben ein Ende machten, darum keine

---

[1]) Grundpr. d. Eth. S. 143 f. 141. 138.

Helden und feig zu nennen? Waren die Stoiker wahnsinnig, weil sie den Selbstmord als eine edle und heldenmüthige That gepriesen? Sind poetische Charaktere, wie Mortimer, Othello, Gräfin Tertzky, als verbrecherisch, unedel, feig oder wahnsinnig geschildert? — Ob der Selbstmord ein Verbrechen ist oder nicht, lasse man das unmittelbare, unbefangene moralische Gefühl entscheiden, „und vergleiche den Eindruck, welcher die Nachricht, dass ein Bekannter ein Verbrechen, also einen Mord, eine Grausamkeit, einen Betrug, einen Diebstahl begangen habe, auf uns macht, mit dem der Nachricht von seinem freiwilligen Tode. Während die erste lebhafte Indignation, höchsten Unwillen, Aufruf zur Bestrafung oder zur Rache hervorruft, wird die letztere Wehmuth und Mitleiden erregen, denen sich wohl öfter eine Bewunderung seines Muthes als die moralische Missbilligung, welche eine schlechte Handlung begleitet, beimischt. Wer hat nicht Bekannte, Freunde, Verwandte gehabt, die freiwillig aus der Welt geschieden sind? — und an diese sollte jeder mit Abscheu denken, als an Verbrecher? Nego ac pernego!" — Ueberhaupt sind es nur die monotheistischen, d. h. jüdischen Religionen, die den Selbstmord als ein Verbrechen betrachten; bei den Hindu wird er bekanntlich als eine religiöse Handlung vorgeschrieben. Da nun weder im alten noch im neuen Testament irgend ein Verbot, oder auch nur eine Missbilligung des Selbstmordes zu finden ist, so stützen die Religionslehren ihre Verpönung desselben auf ihre eigenen philosophischen Gründe, „um welche es aber so schlecht steht, dass sie, was den Argumenten an Stärke abgeht, durch die Stärke der Ausdrücke ihres Abscheues, also durch Schimpfen, zu ersetzen suchen." Die Geistlichkeit, namentlich die des „pöbelhaft bigotten England", die den Selbstmördern sogar ein ehrliches Begräbniss verweigert, sollte einmal zur Rede gestellt werden, mit welcher Befugniss sie, von der Kanzel und in Schriften, eine Handlung, die viele von uns geehrte und geliebte Menschen begangen haben, zum Verbrechen stempelt. „Biblische Gründe giebt es nicht, und philosophische sind nicht stichhaltig, gelten überdies nicht in der Kirche. Also woher? woher? woher? loquimini! Der Tod ist eine uns zu nöthige letzte Zuflucht, als dass wir durch blosse Machtsprüche der Pfaffen sie uns sollten nehmen lassen." —

Dieser ausserordentliche, durch keine Autorität unterstützte Eifer, mit dem die monotheistischen Religionen den Selbstmord verfolgen, erscheint unnatürlich und verdächtig, als wenn er auf einem verhehlten Grunde beruhte: „sollte es nicht dieser sein, dass das freiwillige Aufgeben des Lebens ein schlechtes Kompliment ist für den, welcher gesagt hat πάντα καλὰ λίαν?[1] — So wäre es denn abermals der obligate Optimismus dieser Religionen, welcher die Selbsttödtung anklagt, um nicht von ihr angeklagt zu werden." — Aber Pfaffenargumente halten keinen ‚vom letzten ernsten Schritt zurück‘, und „im ganzen wird man finden, dass sobald es dahin gekommen ist, dass die Schrecknisse des Lebens die Schrecknisse des Todes überwiegen, der Mensch seinem Leben ein Ende macht." „Wenn in schweren, grausenhaften Träumen die Beängstigung den höchsten Grad erreicht; so bringt eben sie selbst uns zum Erwachen, durch welches alle jene Ungeheuer der Nacht verschwinden. Dasselbe geschieht im Traume des Lebens, wann der höchste Grad der Beängstigung uns nöthigt, ihn abzubrechen." Nicht die Liebe zum Leben und nicht die Furcht vor dem Tode, sondern die Furcht vor dem Kampfe mit den Schrecknissen des Todes, die noch diesseits, „gleichsam als Wächter vor der Ausgangspforte" stehen, also die Furcht vor dem Uebergang in den Tod, vor dem Sterben ist es, das den Entschluss zum Selbstmord oft erschwert. „Vielleicht lebt keiner, der nicht schon seinem Leben ein Ende gemacht hätte, wenn dies Ende etwas rein Negatives wäre, ein plötzliches Aufhören des Daseins. Allein es ist etwas Positives dabei: die Zerstörung des Leibes. Diese scheucht zurück".[2]

7. Nachkantische Zeit.

(Fichte. Schelling. Hegel. Zustand der modernen Wissenschaft und Litteratur. „Universitätsphilosophie".)

Kant selbst wird wohl die ganze Unzulänglichkeit seiner Begründung der Moral im Stillen gefühlt haben. Denn in der

---

[1] D. h. Gott, der nach der Schöpfung sein Werk lobt: 1. Mose 1, 32: „Und Gott sahe an alles, was er gemacht hatte, und siehe da, alles war sehr gut (πάντα καλὰ λίαν). [2] Grundpr. d. Eth. S. 126—28. Par. II, Kap. XIII.

Kritik der prakt. V. „verändert ganz allmälig das Fundament der Ethik seine Natur, vergisst beinahe, dass es ein blosses Gewebe abstrakter Begriffskombinationen ist, und scheint substantieller werden zu wollen": das moralische Gesetz, heisst es dort, sei gleichsam ein **Faktum der reinen Vernunft**; auch wird von einer den Willen unmittelbar bestimmenden Vernunft geredet etc. Solche beiläufige, nichtssagende und im Widerspruch zu der eigenen Lehre Kants stehende Aeusserungen übten den verderblichsten Einfluss auf die Philosophie seiner Nachkommen aus. „Mehr und mehr erscheint in der kantischen Schule die praktische Vernunft mit ihrem kategorischen Imperativ als eine hyperphysische Thatsache, als ein delphischer Tempel im menschlichen Gemüth, aus dessen finsterem Heiligthum Orakelsprüche, zwar leider nicht was geschehen **wird**, aber doch was geschehen **soll**, untrüglich verkünidgen. Diese einmal angenommene, oder vielmehr erschlichene und ertrotzte **Unmittelbarkeit der praktischen Vernunft** wurde späterhin leider auch auf die **theoretische** übertragen; zumal da Kant selbst oft gesagt hatte, dass beide doch nur Eine und dieselbe Vernunft seien. Denn nachdem einmal zugestanden war, dass es in Hinsicht auf das **Praktische** eine ex tripode diktirende Vernunft gebe, so lag der Schritt sehr nahe, ihrer Schwester, ja, eigentlich sogar Konsubstantialin, der **theoretischen Vernunft**, denselben Vorzug einzuräumen, und sie für ebenso reichsunmittelbar wie jene zu erklären, wovon der Vortheil so unermesslich wie augenfällig war. Nun strömten alle Philosophaster und Phantasten, den Atheistendenunzianten J. H. Jacobi an der Spitze, nach diesem ihnen unerwartet aufgegangenen Pförtlein hin, um ihre Sächelchen zu Markte zu bringen, oder um von den alten Erbstücken, welche Kants Lehre zu zermalmen drohte, wenigstens das Liebste zu retten. — Wie im Leben des Einzelnen ein Fehltritt der Jugend oft den ganzen Lebenslauf verdirbt, so hatte jene einzige von Kant gemachte falsche Annahme einer mit völlig transscendenten Tradition ausgestatteten und, wie die höchsten Appellationshöfe, ohne Gründe' entscheidenden, praktischen Vernunft zur Folge, dass aus der strengen kritischen Philosophie die ihr heterogensten Lehren entsprangen, die Lehren von einer das ‚Uebersinnliche' erst bloss leise ‚ahndenden‘, dann schon deutlich ‚vernehmenden‘, endlich gar leibhaftig ‚intellektual anschauenden‘ Vernunft, für deren ‚absolute‘, d. h. ex tripode gegebene Aussprüche und Offenbarungen jetzt jeder Phantast seine Träumereien ausgeben konnte. Dies neue Privilegium ist redlich benutzt worden. Hier also liegt der Ursprung jener unmittelbar nach Kants Lehre auftretenden philosophischen Methode, die im Mystificiren, Imponiren, Täuschen, Sand in die Augen streuen und Windbeuteln besteht, deren Zeitraum die Geschichte der Philosophie einst unter dem Titel ‚Periode der Unredlichkeit‘ anführen wird. Denn der Charakter der Redlichkeit, des gemeinschaftlichen Forschens mit dem Leser, welchen die Schriften aller früheren Philosophen tragen, ist hier verschwunden: nicht belehren, sondern bethören will der Philosophaster dieser Zeit seinen Leser: davon zeugt jede Seite. Als Heroen dieser Periode glänzen Fichte, Schelling, zuletzt aber auch der selbst ihrer ganz unwürdig und sehr viel tiefer als diese Talentmänner stehende, plumpe, geistlose Charlatan Hegel. Den Chorus machten allerlei Philosophieprofessoren, welche, mit ernsthafter Miene, vom Unendlichen, vom Absoluten und vielen anderen Dingen, von denen sie schlechterdings nichts wissen konnten, ihrem Publico vorerzählten."[1] — „Wie im alten deutschen Puppenspiel dem Kaiser, oder sonstigen Helden, allemal der Hanswurst beigegeben war, welcher alles, was der Held gesagt, oder gethan hatte, nachher in seiner Manier und mit Uebertreibung wiederholte; so steht hinter dem grossen Kant der Urheber der Wissenschaftslehre, richtiger Wissenschaftsleere" (Fichte). Wie dieser Mann „Kanten in allen Stücken überbot, als dessen lebendiger Superlativ auftrat und durch Vergrösserung der hervorstechenden Theile ganz eigentlich eine Karikatur der kantischen Philosophie zu stande brachte; so hat er dieses auch in der Ethik geleistet. In seinem ‚System der Sittenlehre‘ finden wir den kategorischen Imperativ herangewachsen zu einem despotischen Imperativ: das absolute Soll, die gesetzgebende Vernunft und das Pflichtgebot haben sich entwickelt zu einem moralischen Fatum, einer unergründlichen Nothwendigkeit, dass

---

[1] Grundpr. d. Eth S. 146 f.

das Menschengeschlecht gewissen Maximen streng gemäss handle, als woran, nach den moralischen Anstalten zu urtheilen, sehr viel gelegen sein muss, obwohl man nirgends eigentlich erfährt was, sondern nur soviel sieht, dass wie den Bienen ein Trieb einwohnt, gemeinschaftlich Zellen und einen Stock zu bauen, so in den Menschen angeblich ein Trieb liegen soll, gemeinschaftlich eine grosse, streng moralische Weltkomödie aufzuführen, zu welcher wir die blossen Drahtpuppen wären und nichts weiter; wiewohl mit dem bedeutenden Unterschiede, dass der Bienenstock denn doch wirklich zustande kommt, hingegen statt der moralischen Weltkomödie in der That eine höchst unmoralische aufgeführt wird."[1]) Dass Fichte durch seinen „unter der Larve des Tiefsinns auftretenden Unsinn" die kantische Philosophie, „dieses späte Meisterstück des menschlichen Tiefsinns", verdunkelt, ja verdrängt hat, ist sein Verdienst, da er hiedurch der Welt unwiderleglich die Urtheilslosigkeit des deutschen Publikums gezeigt hat, und es „die Rolle eines Kindes spielen liess, dem man ein kostbares Kleinod aus den Händen lockt, indem man ihm ein Nürnberger Spielzeug dafür hinhält. Sein dadurch erlangter Ruhm lebt, auf Kredit, noch heute fort, und noch heute wird Fichte stets neben Kant genannt, als noch so Einer ($Ἡρακλῆς\ καὶ\ πίθηκος$!), ja oft über ihn gestellt."[2])

Und doch spricht Schopenhauer, wie wir gehört haben, Fichten Talent nicht ab; und Schelling erst recht nicht. Dieser ist überhaupt der einzige unter den nachkantischen Philosophen, den Schopenhauer nicht so ganz schonungslos behandelt, ja für den er sogar eine gewisse Sympathie zeigt. Hingegen findet er nicht Worte genug, seine Verachtung und seinen Hass gegen Hegel und alles, was nur in irgend welcher Beziehung zu ihm steht, auszudrücken, — einen Hass, der in der Geschichte der Litteratur vielleicht beispiellos ist. Die tiefste Stufe der Erniedrigung habe die Philosophie in der „Minister-Kreatur" Hegel erreicht: „dieser, um die durch Kant errungene Freiheit des Denkens wieder zu ersticken, machte nunmehr die Philosophie, die Tochter der Vernunft und künftige Mutter der Wahrheit, zum Werkzeug der

---

[1]) Grundpr. d. Eth. S. 180. [2]) Ebd. S. 183.

Staatszwecke, des Obskurantismus und protestantischen Jesuitismus: um aber die Schmach zu verhüllen und zugleich die grösstmöglichste Verdummung der Köpfe herbeizuführen, zog er den Deckmantel des hohlsten Wortkrams und des unsinnigsten Gallimathias, der jemals, wenigstens ausser dem Tollhause, gehört worden, darüber."[1]) Hegels Einfluss auf die Philosophie und dadurch auf die deutsche Litteratur überhaupt war ein „recht eigentlich verdummender, man könnte sagen pestilenzialischer, welchem daher, bei jeder Gelegenheit, auf das nachdrücklichste entgegen zu wirken, die Pflicht jedes selbst zu denken und selbst zu urtheilen Fähigen ist."[2]) Hegels Schriften, deren Tendenz die unverschämteste Verherrlichung der Philisterei ist, findet Schopenhauer, ihrem Inhalt, ihrer Form und Sprache nach, so abstossend und ekelhaft, dass er den Apothekern empfiehlt, sie zu officinellem Gebrauch, als geistiges Vomitiv, stets vorräthig zu haben. — Während die anderen nachkantischen „Sophisten, Charlatane und Obskuranten" bloss die Erkenntniss verdarben, hat Hegel, dieser „Tintenklexer" mit der „Bierwirthphysiognomie", das „Organ der Erkenntniss, den Verstand selbst verdorben." Beinahe die ganze jüngere Zeitgenossenschaft ist von der „Hegelei, gleich wie von der Franzosenkrankheit, infizirt worden; wie dieses Uebel alle Säfte vergiftet, so hat jene alle Geisteskräfte verdorben; daher die jüngeren Gelehrten heutzutage meistens keines gesunden Gedankens, auch keines natürlichen Ausdrucks mehr fähig sind. In ihren Köpfen ist nicht bloss kein einziger richtiger, sondern auch nicht einmal ein einziger deutlicher und bestimmter Begriff von irgend etwas vorhanden; der wüste, leere Wortkram, hat ihre Denkkraft aufgelöst und verschwemmt, dazu kommt noch, dass das Uebel der Hegelei nicht minder schwer auszurotten ist, als die so eben damit verglichene Krankheit, wenn es einmal recht eingedrungen ist in succum et sanguinem." „Junges frisches Gehirn auf solche Art zu desorganisiren, eine ganze Gelehrtengeneration am Geiste zu paralysiren," ja sie soweit zu bringen, „dass sie nicht mehr weiss, was Denken sei", ihre ganze Lebensansicht zu verrücken, ihr die „platteste, philisterhafteste, ja, nie-

---

[1]) Grundpr. d. Eth. S. 85.   [2]) Ebd. S. XX.

drigste" Gesinnung beizubringen, und so „die edlen und hohen Gedanken, welche noch ihre nächsten Vorfahren beseelten", zu verdrängen, — dies ist wahrlich eine „Sünde, die weder Verzeihung noch Schonung verdient." „Steht nicht die am Brütofen der Hegelei herangereifte Jugend da, als am Geiste kastrirte Männer, unfähig zu denken und voll der lächerlichsten Präsumtion? wahrlich am Geiste so beschaffen, wie am Leibe gewisse Thronerben, welche man weiland durch Ausschweifungen, oder Pharmaka, zur Regierung, oder doch zur Fortführung ihres Stammes, unfähig zu machen suchte; geistig entnervt, des regelrechten Gebrauchs ihrer Vernunft beraubt, ein Gegenstand des Mitleids, ein bleibendes Thema der Vaterthränen." — Hegels Jünger haben demnach „ganz recht, wenn sie behaupten, dass der Einfluss ihres Meisters auf seine Zeitgenossen unermesslich gewesen sei." Wie aber der Boden den Geschmack der Früchte bestimmt, welche auf ihm wachsen, so bestimmt eine Philosophie den Geist der Zeit, in der sie herrscht. „Wehe der Zeit, wo in der Philosophie Frechheit und Unsinn Einsicht und Verstand verdrängt haben." „Wie nämlich das Schlimmste, was einem Staat widerfahren kann, ist, dass die verworfene Klasse, der Hefen der Gesellschaft ans Ruder kommt; so kann der Philosophie und allem von ihr Abhängigen, also dem ganzen Wissen und Geistesleben der Menschheit, nichts Schlimmeres begegnen, als dass ein Alltagskopf, der sich bloss einerseits durch seine Obsequiosität, und andrerseits durch seine Frechheit im Unsinnschreiben auszeichnet, mithin so ein Hegel, als das grösste Genie und als der Mann, in welchem die Philosophie ihr lang verfolgtes Ziel endlich und für immer erreicht hat, mit grösstem, ja beispiellosem Nachdruck proklamirt wird." Herrscht nun die „Philosophie des absoluten Unsinns, gelten aus der Luft gegriffene und unter Tollhäuslergeschwätz vorgebrachte Absurditäten für grosse Gedanken, — nun da entsteht nach solcher Aussaat, das saubere Geschlecht, ohne Geist, ohne Wahrheitsliebe, ohne Redlichkeit, ohne Geschmack, ohne Aufschwung zu irgend etwas Edlem, zu irgend etwas über die materiellen Interessen, zu denen auch die politischen gehören, Hinausliegendem, — wie wir es da vor uns sehen. Hieraus ist es zu erklären, wie auf das Zeitalter, da Kant philosophirte, Goethe dichtete, Mozart komponirte, das jetzige hat folgen können, das der politischen Dichter, der noch politischeren Philosophen, der hungrigen, vom Lug und Trug der Litteratur ihr Leben fristenden Litteraten und der die Sprache muthwillig verhunzenden Tintenklexer jeder Art." „Unwissenheit und Unverschämtheit verbrüdert an der Spitze, Kameraderie an der Stelle der Verdienste, völlige Verworrenheit aller Grundbegriffe, gänzliche Desorientation und Desorganisation der Philosophie, Plattköpfe als Reformatoren der Religion, freches Auftreten des Materialismus und Bestialismus, Unkenntniss der alten Sprachen und Verhunzen der eigenen durch sinnlose Wortbeschneiderei und niederträchtige Buchstabenzählerei, nach selbsteigenem Ermessen der Ignoranten und Dummköpfe u. s. f. u. s. f. — Seht nur um euch! Sogar als äusserliches Symptom der Ueberhand nehmenden Rohheit erblickt ihr den konstanten Begleiter derselben, — den langen Bart, dieses Geschlechtsabzeichen mitten im Gesicht, welches besagt, dass man die Maskulinität, die man mit den Thieren gemein hat, der Humanität vorzieht, indem man vor Allem ein Mann, mas, und erst nächstdem ein Mensch sein will. Das Abscheeren der Bärte, in allen hochgebildeten Zeitaltern und Ländern, ist aus dem richtigen Gefühl des Gegentheils entstanden, vermöge dessen man vor allem ein Mensch, gewissermassen ein Mensch in abstracto, mit Hintansetzung des thierischen Geschlechtsunterschiedes, sein möchte. Hingegen hat die Bartlänge stets mit der Barbarei, an die schon ihr Name" (nämlich des Bartes, barba) „erinnert, gleichen Schritt gehalten. Daher florirten die Bärte im Mittelalter, diesem Millennium der Rohheit und Unwissenheit, dessen Tracht und Bauart nachzuahmen unsre edelen Jetztzeitler bemüht sind." — Jetztzeit! dieses so beliebte, ohrzerreissende, selbstgemachte Wort, ist sehr charakteristisch sowohl für seine Erfinder als für das, was es bezeichnet. Unser Zeitalter nennt sich so: „ja wohl Jetztzeit, d. h. da man nur an das Jetzt denkt und keinen Blick auf die kommende und richtende Zeit zu werfen wagt. Ich wünsche ich könnte dieser ‚Jetztzeit' in einem Zauberspiegel zeigen, wie sie in den Augen der Nachwelt sich ausnehmen wird. Sie nennt inzwischen die Vergangenheit die ‚Zopfzeit'. Aber an jenen Zöpfen sassen Köpfe; jetzt hingegen scheint mit dem Stengel auch die Frucht verschwunden zu sein." [1] —

Zu den grössten Sünden dieser elenden „Jetztzeit", deren Leben eine „grosse Gallopade" ist, gehört die äusserste Flüchtigkeit und Liederlichkeit in der Litteratur, und die damit zusammenhängende Verhunzung der deutschen Sprache, der vollkommensten, edelsten und erhabensten aller lebenden Sprachen, mit der verglichen alle übrigen blosse Patois sind. Nur in der deutschen Sprache kann man beinahe ebenso gut schreiben, wie im Griechischen und Lateinischen. „Die Sprache ist der einzige entschiedene Vorzug, den die Deutschen vor anderen Nationen haben"; und an nichts in Deutschland, sagt Schopenhauer, nehme er grösseren Antheil, als an ihr. „Empörend ist es, sie zerfetzt, zerzaust und zerfleischt zu sehen, und oben darauf den triumphirenden Unverstand, der selbstgefällig sein Werk belächelt; während man bedenken sollte, dass die Sprache ein von den Vorfahren überkommenes und den Nachkommen zu hinterlassendes Erbstück ist, welches man daher in Ehren halten und nicht muthwillig antasten soll." „Schreibt schlechtes und dummes Zeug so viel ihr wollt, es wird mit euch zu Grabe getragen und schadet weiter nicht; aber die Sprache lasst unangetastet: sie ist das Eigenthum der Nation und das Werkzeug, dessen künftige, wirklich denkende Geister sich zu bedienen haben: daher ihr es ihnen nicht verderben sollt." Jeder „Lumpenhund" ist jetzt Herr über die Sprache, „z. B. jeder der Schreibstube oder dem Ladentisch entlaufene und in den Dienst eines Zeitungsschreibers übergegangene Bursche." Am tollsten treiben es die Zeitungen. Die Wurzel des Uebels aber ist, einmal, die Vernachlässigung des Studiums der alten Sprachen, dessen hoher Werth zum Theil darauf beruht, „dass wir lernen vor Grammatik und Lexikon Respekt haben", sodann, dass die meisten Schriftsteller „Litteraten, d. h. Schriftsteller von Profession sind, welche ihr tägliches Brod durch ihr tägliches Schreiben verdienen. Da muss nun der sehr kleine Vorrath ihrer Kenntnisse und der noch kleinere ihrer Gedanken immerfort herhalten, wieder aufgewärmt, anders zugerichtet und mit schein-

---

[1] Par. I, 187. 188 ff. 180. 179 f.

barer Neuheit aufgetischt werden." Wenn dies so fort geht, „so wird, über hundert Jahre, die deutsche Sprache, die Sprache in der unsere Klassiker geschrieben haben, eine todte sein, und statt ihrer in Deutschland ein wortarmer und grammatisch ungelenker Jargon, das Werk jener Reformatoren, geredet werden. — Auf solchem Wege sind ja alle die alten, herrlichen Ursprachen zu Grunde gegangen. Pack, Pack, Pack, Halbvieh ist gekommen, ihnen den seinen thierischen Mäulern angemessenen Jargon zu substituiren. So wird es auch hier gehen." Und „wer ist denn dieses Zeitalter, dass es an der Sprache meistern und ändern dürfte? — Was hat es hervorgebracht, solche Anmassung zu begründen? Grosse Philosophen, wie Hegel; und grosse Dichter, wie Herr Uhland, dessen schlechte Balladen zur Schande des deutschen Geschmacks hundert Leser haben gegen Einen, der Bürgers unsterbliche Balladen wirklich kennt. Danach messe man die Nation und das Jahrhundert, danach." Das Niederträchtigste bei der Sache ist aber das „Tutti unisono, mit welchem jeder neu erfundene Sprachschnitzer sogleich angestimmt wird: denn es verräth die Abwesenheit jeder Prätension auf Selbständigkeit und eigenes Urtheil, wie auch dass unsere Schreiber die ächten deutschen Schriftsteller, welche sämmtlich aus dem vorigen Jahrhundert sind, und überhaupt irgend ältere Bücher gar nicht lesen, sondern bloss die in letzter Nacht ausgeheckten Monstra ihrer Jetztzeit-Schreiberei, gegenseitig unter einander. Hat nämlich Einer von ihnen einen neuen, recht sinnlosen Sprachschnitzer in die Welt geworfen, so springen alsbald Hunderte hinzu, ihn als ihr Adoptivkind aufzunehmen und ihn triumphirend der Welt überall vorzuzeigen als eine neue Errungenschaft, einen Fortschritt des Jahrhunderts. So ist denn jeder Sudler dem anderen ein Cicero, eine sprachliche Autorität, und was einer gedruckt gelesen hat, schreibt er nach."

Der Wahlspruch der jetztzeitigen Buchhändlerlöhnlinge und geldbedürftigen Bücherfabrikanten ist: „Alles kurz, nur kurz! Sie haben nämlich grosse Eile! Denn ihr eigenes Leben ist ein abgekürztes: sie, ja schon ihre Eltern besitzen es nämlich nur zu Lehen von den Kuhpocken, als welche alle die Schwächlinge der Kinderwelt retten, die in früheren Zeiten auf dem Probirstein der wahren Pocken erlagen und Raum liessen für die Starken, welche leben und zeugen sollten. Jenes so ein kurzes Leben bloss zu Lehen habende und daher in Allem so äusserst pressirte Geschlecht ist eben jenes langbärtige Gezwerge, welches einem überall zwischen die Beine läuft. Aus ihm sind ohne Zweifel auch die Verbesserer der Sprache durch Buchstabenzählerei und Wortbeknapserei hervorgegangen." Denn das Charakteristische des „Lumpenjargons nobler Jetztzeit" ist, dass er auf Kosten der Logik und Grammatik, der Schönheit, Energie und des Wohlklangs der Sprache, nicht nur Buchstaben und Sylben bei einem Worte abschneidet, sondern (z. B. durch Weglassung der Präfixa) aus mehreren Wörtern Eines macht, ganz sinnlos, in Nachahmung der armen französischen Sprache, Eine Präposition („Für", „pour") den Dienst von vier oder fünf deutschen Präpositionen versehen lässt; ja, in seiner Infamie sogar soweit geht, alle Präterita durch ein einziges, den Imperfekt, zu ersetzen. — Ebenso muss die Orthographie und Interpunktion unter dieser literarischen „Beutelschneiderei" leiden, die so zur Manie geworden ist, dass sie sogar dem Teufel den Schwanz abschneidet und ihn immer kurzweg „Mephisto" nennt. Ein Buchstabe, eine Sylbe, ein Wort, eine Form, ein Zeichen erspart, und — Victoria! Die „lausige Bettelökonomie der Buchstabenzähler" triumphirt; „Herr Schmirax" bewundert sein Werk mit stolzem Selbstbewusstsein. Dass dabei die deutsche Sprache verarmt, dass es um sie geschehen ist, „wenn ein neues Geschlecht heranwächst, welches sich das infame Kauderwelsch der unfähigen Jetztzeit zur Norm nimmt", — was liegt diesen Dickhäutern daran? „Wie sollte auch so ein Pachyderma Gefühl haben für das zarte Wesen einer Sprache, dieses köstlichen, weichen Materials, denkenden Geistern überliefert, um einen genauen und feinen Gedanken aufnehmen und bewahren zu können? Hingegen Buchstaben zählen, das ist etwas für Pachydermata! Seht daher, wie sie schwelgen in der Sprachverhunzung, diese edlen Söhne der ‚Jetztzeit'. Seht sie nur an! kahle Köpfe, lange Bärte, Brillen statt der Augen, als Surrogat der Gedanken ein Cigarro im thierischen Maul, ein Sack auf dem Rücken statt des Rocks, Herumtreiben statt des Fleisses, Arroganz statt der Kenntnisse, Frechheit und Kamaraderie statt der Verdienste. Edele ‚Jetztzeit', herrliche Epigonen, bei der Muttermilch Hegel'scher Philosophie herangewachsenes Geschlecht! Zum ewigen Andenken wollt ihr eure Tatzen in unsere alte Sprache drücken, damit der Ausdruck, als Ichnolith, die Spur eures schaalen und dumpfen Daseins auf immer bewahre. Aber Di meliora! Fort, Pachydermata, fort! **Dies ist die deutsche Sprache!** in der **Menschen** sich ausgedrückt, ja, in der grosse Dichter gesungen und grosse Denker geschrieben haben. Zurück mit den Tatzen! — oder ihr sollt **hungern**. (Dies allein schreckt sie)". —[1])

Gegen den soeben besprochenen Unfug in der Litteratur, und die „immer höher steigende Sündfluth unnützer und schlechter Bücher" sollten unbestechbare, gerechte und streng urtheilende Litteraturzeitungen der Damm sein. Wo findet man aber die Schriftsteller, welche die nöthigen Eigenschaften besässen, um eine derartige Zeitung in Deutschland zu stande zu bringen, nämlich: „unbestechbare Redlichkeit mit seltenen Kenntnissen und noch seltenerer Urtheilskraft vereint"? Diese Eigenschaften sind in der Litteratur und Wissenschaft überhaupt sehr selten, und bei den akkreditirten, officiellen Gelehrten, d. h. bei den Kathedermännern, Universitätsprofessoren, sucht man vergebens danach. In der Gelehrten-Republik ist es wie in anderen Republiken: jeder ist „bloss auf **seinen** Vortheil bedacht, Ansehen und Macht **für sich** suchend, ganz unbekümmert um das Ganze, welches darüber zu Grunde geht." „Das Einzige, worin sie alle übereinstimmen, ist, einen eminenten Kopf, wenn er sich zeigen sollte, nicht aufkommen zu lassen; da er allen zugleich gefährlich wird." Der gewöhnliche Pfiff, dessen sie sich gegen eine ihnen ungelegene, von einem freien, nicht zur Gilde gehörenden Mann herrührende Leistung bedienen, ist das vornehme Ignoriren derselben, das Todtschweigen. Einhellig, „als Brüder gleichen Sinnes, wie gleichen Vermögens," betrachten sie eine solche Leistung als non avenue. „Mit der unbefangensten Miene nehmen sie das Bedeutendste als ganz unbedeutend, das tief Durchdachte und für die Jahrhunderte Vorhandene als nicht der Rede werth auf, um so es zu ersticken; hämisch die Lippen zusammengebissen

---

[1]) Par. II, 572 f. 559—74. Nachlass S. 53—67. Zu vgl. S. 68—102.

schweigen, schweigen sie dazu mit jenem schon vom alten Seneca denunzirten silentium, quod livor indixerit, und krähen unterweilen nur desto lauter über die abortiven Geisteskinder und Missgeburten der Genossenschaft, in dem beruhigenden Bewusstsein, dass ja das, wovon keiner weiss, so gut wie nicht vorhanden ist, und dass die Sachen in der Welt für das gelten, was sie scheinen und heissen, nicht für das, was sie sind."¹) Und da die Professoren durch ihre Lage grosse Vortheile haben, um zur Kunde ihrer Zeitgenossen zu gelangen und auf sie zu wirken, so gelingt ihnen ihr Pfiff vortrefflich. Oder auch sie geben über einen Gelehrten, der nicht vom Gewerbe ist und dadurch das Gewerbe bedroht, öffentlich das geringschätzige Urtheil ab, er sei ein Dilettant, und diskreditiren ihn somit beim urtheilslosen Publikum. Sie bedenken aber nicht, dass das Prädikat ‚Dilettant' vielmehr zur Ehre als zur Schande dem damit Bezeichneten gereicht, und die Geringschätzung, mit der die Herren „vom Fach" dieses Wort aussprechen, auf ihrer „niederträchtigen Ueberzeugung beruht, das keiner eine Sache ernstlich angreifen werde, wenn ihn nicht Noth, Hunger, oder sonst welche Gier dazu anspornt." Der Dilettant als solcher ist doch nicht gleich ein Stümper! Er ist einer, der eine Wissenschaft oder Kunst aus Liebe zu ihr, aus Freude an ihr treibt; ihm ist die Sache Zweck, dem Manne vom Fach hingegen blosses Mittel; diesen delektirt nur das Geld, das er mit seiner Wissenschaft oder Kunst verdient: „nur der aber wird eine Sache mit ganzem Ernste treiben, dem unmittelbar an ihr gelegen ist. Von solchen, und nicht von den Lohndienern ist stets das Grösste ausgegangen."²) — „Der deutsche Gelehrte ist aber auch zu arm, um redlich und ehrenhaft sein zu können. Daher ist drehen, winden, sich akkommodiren und seine Ueberzeugung verleugnen, lehren und schreiben, was er nicht glaubt, kriechen, schmeicheln, Partei machen und Kameradschaft schliessen, Minister, Grosse, Kollegen, Studenten, Buchhändler, Recensenten, kurz alles eher, als die Wahrheit und fremdes Verdienst berücksichtigen, — sein Gang und seine Methode. Er wird dadurch meistens ein rücksichtsvoller Lump."³) — In der sogenannten

---

¹) Par. I, 162. ²) Par. II, 515. 518. ³) Ebd. § 257.

„Universitäts-Philosophie" entfaltet sich das gelehrte Lumpenthum zur vollen Blüthe. Die Beschaffenheit der Universitäten einerseits, und das mit ihr unverträgliche Wesen der Philosophie andrerseits ist es, wodurch der traurige Zustand, in welchem die letztere sich auf den Universitäten befindet, verursacht wird. Die Universitäten sind Regierungsanstalten, von denen, als solchen, selbstverständlich verlangt werden muss, dass sie die Wissenschaft, welche von ihnen ausgeht, den Absichten und Interessen des Staates und der Regierung anpassen. Der Schutz und die Aufrechterhaltung der Landesreligion gehört auch zu den Interessen der Regierung; demgemäss wird von der Philosophie, als derjenigen Wissenschaft, deren Problem dasselbe ist, worüber auch die Religion, in ihrer Weise, Aufschluss ertheilt, gefordert, dass sie, wenn auch in einer anderen Weise und in einer anderen (wissenschaftlichen) Form, genau dasselbe lehre, was auch die Landesreligion lehrt. Es wird zwar von der Philosophie Wahrheit verlangt, aber es wird ihr zugleich vorgeschrieben, nicht nur welchen Weg sie zu gehen, sondern auch welche Wahrheit sie als das Resultat ihrer Forschung zu verkünden hat. Nun ist aber, wie wir wissen, die Philosophie eine ganz voraussetzungslose und freie Forschung, hört demnach auf Philosophie, reine Wahrheitsliebe zu sein, sobald sie sich nach fremden Vorschriften richtet und ausser ihr liegende Ziele verfolgt, d. h. sobald sie Universitätsphilosophie wird. Dass die Regierungen die Philosophie zur Dienerin der Landesreligion, in letzter Linie also zur Staatsdienerin herabsetzen, ist ihnen nicht zu verargen: für alle Mittel, die der Staat anwendet, um Gesetz, Ordnung, Ruhe und Frieden aufrecht zu erhalten, muss man ihm dankbar sein; man darf sich nicht vermessen über die Nothwendigkeit oder Entbehrlichkeit solcher Mittel zu urtheilen, sondern muss nur Gott danken, an jedem Morgen, ‚dass man nicht braucht fürs Röm'sche Reich zu sorgen'; — die Leute aber, die sich Philosophen nennen, und sich dennoch, aus rein egoistischen, kleinlichen schmutzigen Interessen, zu jenem Dienste hergeben, dabei wohlgemuth bleiben und die ihnen zufliegenden Ehren und sonstigen Vortheile mit gutem Gewissen, als ihnen gebührend, geniessen,— diese Leute verdienen nichts als Verachtung, weil sie gemeine und feige Ueberläufer und Betrüger sind. „Wie sollte der, welcher für sich, nebst Weib und Kind, ein redliches Auskommen sucht, zugleich sich der Wahrheit weihen? Der Wahrheit, die zu allen Zeiten ein gefährlicher Begleiter, ein überall unwillkommener Gast ist, — die vermuthlich auch deshalb nackt dargestellt wird, weil sie nichts mitbringt, nichts auszutheilen hat, sondern nur ihrer selbst wegen gesucht sein will. Zwei so verschiedenen Herren, wie der Welt und der Wahrheit, die nichts, als den Anfangsbuchstaben, gemein haben, lässt sich zugleich nicht dienen; das Unternehmen führt zur Heuchelei, zur Augendienerei, zur Achselträgerei. Da kann es geschehen, dass aus einem Priester der Wahrheit ein Verfechter des Truges wird, der eifrig lehrt was er selbst nicht glaubt, dabei der vertrauensvollen Jugend die Zeit und den Kopf verdirbt, auch wohl gar, mit Verleugnung alles litterarischen Gewissens, zum Präkonen einflussreicher Pfuscher, z. B. frömmelnder Strohköpfe, sich hergiebt; oder auch dass er, weil vom Staat und zu Staatszwecken besoldet, nun den Staat zu apotheosiren, ihn zum Gipfelpunkt alles menschlichen Strebens und aller Dinge zu machen sich angelegen sein lässt, und dadurch nicht nur den philosophischen Hörsaal in eine Schule der plattesten Philisterei umschafft, sondern am Ende, wie z. B. Hegel, zu der empörenden Lehre gelangt, dass die Bestimmung des Menschen im Staat aufgehe, — etwan wie die der Biene im Bienenstock; wodurch das hohe Ziel unseres Daseins den Augen ganz entrückt wird." [1])

Wer nach Erlangung gründlicher und tiefer Einsichten strebt, wer Wahrheit, und nichts als diese, sucht, der wird sich nicht dazu bequemen, ein vorgeschriebenes Glaubensbekenntniss vom Katheder und coram populo abzulegen. „Der Wahrheit ist die Atmosphäre der Freiheit unentbehrlich." Und so finden wir auch „dass von jeher sehr wenige Philosophen Professoren der Philosophie gewesen sind, und verhältnissmässig noch weniger Professoren der Philosophie Philosophen; daher man sagen könnte, dass, wie die idioelektrischen Körper keine Leiter der Elektrizität sind, so die Philosophen keine Professoren der Philosophie." [2]) Dass Kant Professor gewesen, also „zugleich von und für die

---

[1]) Par. I, 165 f.   [2]) Ebd. 163.

Philosophie leben konnte", ist eine Ausnahme, die selbst auf einer Ausnahme beruhte, nämlich auf „dem seltenen Umstande, dass, zum ersten Male wieder, seit dem Divo Antonino und dem Divo Juliano, ein Philosoph auf dem Throne sass: nur unter solchen Auspicien konnte die Kritik der reinen Vernunft das Licht erblicken." Aber auch Kants Philosophie „würde eine grossartigere, entschiedenere, reinere und schönere geworden sein, wenn er nicht jene Professur bekleidet hätte; obwohl er, sehr weise, den Philosophen möglichst vom Professor gesondert hielt, indem er seine eigene Lehre nicht auf dem Katheder vortrug." Und „kaum war der König todt, so sehen wir auch schon Kanten, weil er zur Gilde gehörte, von Furcht ergriffen, sein Meisterwerk in der zweiten Ausgabe modificiren, kastriren und verderben, dennoch aber bald in Gefahr kommen, seine Stelle zu verlieren."[1] — Sieht man aber auf die in dem halben Jahrhundert nach Kant auftretenden Philosophen zurück: so erblickt man leider keinen, dem man nachrühmen könnte, „sein wahrer und ganzer Ernst sei die Erforschung der Wahrheit gewesen." Was diese angeblichen Philosophen, diese „zu Staatszwecken gedungenen Geschäftsmänner der Katheder", treiben, ist „Spass-" und „Scheinphilosophie", „Rockenphilosophie", eine „philosophische Hanswurstiade", deren ganzer Inhalt, den Winken' hoher Vorgesetzter gemäss, kein anderer ist, als die in unverständliche, gehirnbetäubende Phrasen gehüllten „Grunddogmen der Landesreligion, welche man alsdann, mit einem Hegels würdigen Ausdruck, ‚absolute Religion' titulirt."[2] „Andere wieder von diesen Wahrheitsforschern schmelzen Philosophie und Religion zu einem Kentauren zusammen, den sie Religionsphilosophie nennen; pflegen auch zu lehren, Religion und Philosophie seien eigentlich dasselbe." — „Wieder andere machen nicht soviel Umstände, sondern reden geradezu von einer christlichen Philosophie; — welches ungefähr so herauskommt, wie wenn man von einer christlichen Arithmetik reden wollte, die fünf gerade sein liesse."[3] — Die „Herren von der lukrativen Philosophie" beweisen nicht nur dadurch ihre geistige Impotenz, sondern dass sie „nicht einmal im stande sind, das von grossen

---

[1] Welt a. W. II, 179. Par. I, 163f. [2] Par. I, 206. 164. [3] Ebd. 155.

Köpfen Geleistete, als solches Anerkannte und demnach ihrer Obhut Uebergebene fest zu halten und zu bewahren." Sie sind treulose Wächter der im Laufe der Jahrhunderte schwer errungenen Wahrheiten, sobald es solche sind, „die nicht in ihren Kram passen, d. h. nicht zu den Resultaten einer platten, rationalistischen, optimistischen, eigentlich bloss jüdischen Theologie stimmen, als welche der im Stillen vorherbeschlossene Zielpunkt ihres ganzen Philosophirens und seiner hohen Redensarten ist." Als hätten Denker, wie Hobbes, Spinoza, Priestley, Locke, Hume und Kant, nicht existirt, als wäre die Kritik der reinen Vernunft im Monde geschrieben und kein einziges Exemplar auf die Erde gekommen, fangen sie wieder an das alte Lied von der **Freiheit des Willens, vom Absoluten, von den angeborenen Ideen**, und suchen die umgestossene und vernichtete spekulative Theologie und rationale Psychologie für den ganz eigentlichen und wesentlichen Gegenstand der Philosophie auszugeben.[1] „Sie wollen nämlich, vor allen Dingen im Himmel und auf Erden, ihre Aemter; und ihre Aemter verlangen, vor allen Dingen im Himmel und auf Erden, spekulative Theologie und rationale Psychologie: extra haec non datur salus. Theologie soll und muss es sein; sie komme nun woher sie wolle, Moses und die Propheten müssen Recht behalten; dies ist der oberste Grundsatz der Philosophie; und dazu rationale Psychologie, wie sich's gehört."[2] — Dies ist der „generische Charakter der verschiedenen Species jetziger Universitätsphilosophie"; zu diesem Einen Zielpunkt „kollimiren alle ihre Systeme und Sätze." Dieser Zielpunkt ist zudem nicht einmal das eigentliche, echte Christenthum des Neuen Testaments, oder der Geist desselben, „als welcher ihnen zu hoch, zu ätherisch, zu excentrisch, zu sehr nicht von dieser Welt, daher zu pessimistisch und hierdurch zur Apotheose des ‚Staats' ganz ungeeignet ist; sondern es ist bloss das Judenthum, die Lehre, dass die Welt ihr Dasein von einem höchst vortrefflichen, persönlichen Wesen habe, daher auch ein allerliebstes Ding und $\pi\acute{\alpha}\nu\tau\alpha$ $\varkappa\alpha\lambda\grave{\alpha}$ $\lambda\acute{\iota}\alpha\nu$ sei. Dies ist ihnen aller Weisheit Kern, und dahin soll die Philosophie führen, oder, sträubt sie sich, geführt wer-

---

[1] Par. I, 199. [2] Ueber d. Willen i. d. Ntr. S. X.

den."¹) — „Ich möchte den Herren unmassgeblich zu bedenken geben, dass immerhin Theologie viel werth sein mag; ich aber doch etwas kenne, das jedenfalls !noch mehr werth ist, nämlich die Redlichkeit. Redlichkeit, wie im Handel und Wandel, so auch im Denken und Lehren; die sollte mir um keine Theologie feil sein."²) —

Wenn es also, wie aus dem Allen erhellt, auf den Universitäten keine wahre, freie Philosophie giebt, und, solange eine Kirche und eine Landesreligion besteht, auch keine solche geben kann; so sollte man auch die Philosophie aus dem Lektionskatalog verschwinden lassen. Dadurch würde sie aus den Händen der Hofräthe gerettet. Um aber die Hofräthe „ihrer gedeihlichen Wirksamkeit auf den Universitäten" nicht zu entziehen, ja, um sie für den Verlust des philosophischen Lehrstuhls zu entschädigen, könnte man sie „um drei Staffeln der Ehre" erhöhen, und in die oberste Fakultät versetzen, als Professoren der Theologie. „Im Grunde sind sie es ja schon längst und haben nun lange genug als Volontärs gedient."³)

Ueberhaupt gebühren öffentliche Lehrstühle „allein den bereits geschaffenen, wirklich vorhandenen Wissenschaften, welche man daher eben nur gelernt zu haben braucht, um sie lehren zu können. Aber eine Wissenschaft, die (wie die Philosophie) noch gar nicht existirt, die ihr Ziel noch nicht erreicht hat, nicht einmal ihren Weg sicher kennt, ja deren Möglichkeit noch bestritten wird, eine solche Wissenschaft durch Professoren lehren zu lassen ist eigentlich absurd. Die natürliche Folge davon ist, dass jeder von diesen glaubt, sein Beruf sei, die noch fehlende Wissenschaft zu schaffen; nicht bedenkend, dass einen solchen Beruf nur die Natur, nicht aber das Ministerium des öffentlichen Unterrichts ertheilen kann." Sie sind so dreist, dass sie sich Philosophen nennen, weil sie von der Philosophie leben. Sie wollen herrschen und in Sachen der Philosophie entscheiden, darum wollen sie nichts von der Aristokratie der Natur wissen, darum leugnen sie angeborene Talente und schreiben Alles der Erziehung und Bildung zu; darum stimmen sie für Pöbelherrschaft in der Philo-

---

¹) Par. I, 207. ²) Ebd. S. 204. ³) Ueb. d. Will. i. d. Ntr. S. XXII.

sophie, sagen Philosophenversammlungen an und laufen schaarenweise zusammen, das Wohl der Philosophie zu berathen. Philosophenversammlung! „eine contradictio in adjecto, da Philosophen selten im Dual und fast nie im Plural zugleich auf der Welt sind."[1]) Freilich hat diese „Fabrikwaare der Natur mit ihrem Fabrikzeichen auf der Stirn, mit der normalen Ration von drei Pfund groben Gehirns, hübsch fester Textur, in zolldicker Hirnschaale wohl verwahrt, beim Gesichtswinkel von 70⁰, dem matten Herzschlag, den trüben spähenden Augen, den stark entwickelten Fresswerkzeugen, der stockenden Rede und dem schwerfälligen, schleppenden Gange, als welcher Takt hält mit der Krötenagilität seiner Gedanken," — freilich hat diese Fabrikwaare gute Gründe, auf alle Weise sich gegen die Wahrheit zu verschanzen, „dass alles darauf ankommt, wie einer aus den Händen der Natur hervorgegangen sei, welcher Vater ihn gezeugt und welche Mutter ihn empfangen habe, ja, auch noch zu welcher Stunde; daher man keine Iliaden schreiben wird, wenn man zur Mutter eine Gans und zum Vater eine Schlafmütze gehabt hat; auch nicht, wenn man auf sechs Universitäten studirt. Es ist nun aber doch nicht anders: aristokratisch ist die Natur, aristokratischer als irgend ein Feudal- und Kastenwesen. Demgemäss läuft ihre Pyramide von einer sehr breiten Basis in einen gar spitzen Gipfel aus. Und wenn es den Pöbel und Gesindel, welches nichts über sich dulden will, auch gelänge, alle anderen Aristokratien umzustossen; so musste es diese doch bestehen lassen, — und soll keinen Dank dafür haben: denn sie ist so ganz eigentlich ‚von Gottes Gnaden'."[2])

8. Schopenhauer.

Wir haben Schopenhauers Ansichten über die hervorragendsten Denker und philosophischen Systeme, von den ältesten Zeiten an bis auf Hegel, ausführlich kennen gelernt. Diese Ansichten, nebst den an sie geknüpften Bemerkungen lassen die Beschaffenheit der eigenen Lehre Schopenhauers im Grossen und Ganzen deutlich

---

[1]) Par. I, 195. [2]) Ebd. 211 f.

erkennen. Wir vermögen jetzt sogar im Voraus mit Bestimmtheit anzugeben, in welcher Weise Schopenhauer einzelne Theile seiner Lehre behandeln, und überhaupt welche Disciplinen der Philosophie er bearbeiten wird.

Wir wissen vor allem, dass unser Philosoph der intuitiven (anschaulichen), nicht aber der demonstrativen (rein logischen) Methode huldigt. d. h. dass er seine Erkenntniss nicht aus abstrakten Begriffen allein, sondern zunächst aus der Erfahrung, der lebendigen Natur unmittelbar gewinnt. Zweitens, dass er die kantische Unterscheidung zwischen Erscheinung und Ding an sich, sowie die Lehre von der Idealität des Raumes, der Zeit und der Kausalität, als eine unumstössliche Wahrheit rückhaltlos annimmt und in der Begründung derselben Kants grösstes Verdienst erblickt. Ferner, dass er in dem von Kant falsch, weil auf dem Wege der blossen Vorstellung, also nach dem Satze vom Grunde, abgeleiteten und nicht weiter bestimmten Dinge an sich den „Willen" erkennt und diese Erkenntniss unmittelbar aus dem Innern unseres eigenen Wesens schöpft. Wir wissen auch, dass der Ursprung der Schopenhauerschen Willensmetaphysik in Kants Lehre vom intelligiblen Charakter liegt und ahnen schon, welch eine grosse Rolle die so hoch gepriesene kantische Unterscheidung zwischen dem intelligiblen und empirischen Charakter in Schopenhauers Ethik spielen wird. Dass diese Ethik, wie auch die ganze Weltanschauung Schopenhauers nicht optimistisch, sondern pessimistisch und durchaus antieudämonistisch und deterministisch (d. h. die Freiheit des empirischen Willens verneinend) ausfällt, folgt schon einmal aus Schopenhauers Aeusserungen über den Optimismus des Judenthums und der nachkantischen Universitätsphilosophie, sodann aus seinem Lob des Empedokles wegen dessen Pessimismus, drittens aus seinen Sympathien für die indischen Religionen, das echte neutestamentliche Christenthum und für Plato, viertens aus Allem, was er über Scotus Erigena und die Auflösung der dritten Antinomie Kants sagt.

Der „Wille", dieser eigentliche „Stoff der Ethik", ist das Weltprinzip, das schlechthin Ursachlose, durch sich Seiende (a se), und als solches, das absolut freie All-Eine. Die Schopenhauersche Lehre ist also Monismus; und da sie keinen Platz für einen

Gott hat, so ist sie, ohne irreligiös zu sein, Atheismus. Da aber ihr Weltwesen, der „Wille", ein geistiges Prinzip ist; so ist sie kein materialistischer, sondern **geistiger Monismus** (nicht „**Monismus des Geistes**", was ganz etwas anderes und bei Schopenhauer Unmögliches besagt). — Ist der „Wille" das alleine Weltwesen, so ist er auch das allein wirklich Reale: alles Uebrige, alle Dinge sind von einer bloss **relativen** Realität, sind Manifestationen, Offenbarungen, Erscheinungen oder „**Objektivationen**" des Willens, d. h. der **sichtbar** gewordene, als Vorstellung gegebene, in Raum und Zeit sich darstellende, dem Gesetze der Kausalität verfallene Wille. Die Metaphysik ist diejenige philosophische Disciplin, die sich damit beschäftigt, die Vorgänge der Erscheinungswelt auf das in ihnen Erscheinende (das „Ding an sich", hier den „Willen") zurückzuführen und aus ihm zu erklären. So viele Gebiete der Erscheinungswelt, in so viele Theile zerfällt demnach auch die Metaphysik. Der Mensch lebt in drei Welten: in der **Welt der Natur**, in seiner **inneren Welt**, soweit sie nicht zur physischen Natur gehört, und in der **Welt der reinen Formen**, oder **des Schönen**, die in der Mitte zwischen den beiden ersten Welten liegt und den Uebergang von einer zur anderen bildet. — Die Erklärung der **Naturphänomene** aus dem „**Willen**" ist **Naturphilosophie**, oder **Metaphysik der Natur**; eine solche Erklärung der Thatsachen unserer inneren, **specifisch menschlichen** Welt ist **Metaphysik der Sitten** (Ethik, Moralphilosophie); die Ableitung des Reiches der Formen oder platonischen Ideen aus dem Willen, und die Darlegung des Zusammenhanges oder der Beziehung, in der unser ästhetisches Vermögen zu unserem Intellekt und Willen steht, ist was man **Aesthetik** oder **Metaphysik des Schönen** nennt.

Dass Schopenhauers Metaphysik keine **Ontologie** im alten Sinne einer Lehre von den allgemeinsten Bestimmungen des (**unabhängig vom Subjekt**) **Seienden** hat, ist selbstverständlich, da eine solche durch den kritischen oder transscendentalen Idealismus Kants, den Schopenhauer durchaus anerkennt, ein für allemal beseitigt und verwandelt worden ist in blosse **Dianoiologie**, d. h. Verstandes- oder Erkenntnisslehre, mit welcher, als mit der philosophia prima, der Untersuchung unseres Erkenntnissvermögens, oder des Organs der Erkenntniss, jede Philosophie überhaupt anheben muss. Ebenso wenig können wir erwarten, dass Schopenhauer eine Religionsphilosophie und eine Psychologie aufstellen werde: die erste ist, wie wir gehört, ein Unthier, ein Zwitter, ein Kentaur, ein Mittelding zwischen Philosophie und Religion; die zweite müsste, da es nach Kant keine rationelle Psychologie mehr giebt, empirische Psychologie sein, — und eine solche ist keine philosophische Wissenschaft, sondern theils Naturwissenschaft (Anthropologie, als Theil der Zoologie und Anatomie), theils rein praktische Lebensweisheit.

Am allerwenigsten vermögen wir über Schopenhauers Aesthetik etwas bestimmtes im voraus auszusagen, obgleich wir aus seinen Aeusserungen über die Zahlenmetaphysik der Pythagoreer schon entnehmen können, dass er der Tonkunst eine eigene und bevorzugte Stellung unter den übrigen Künsten einräumen wird.

Manche weniger wesentliche Züge der Lehre und Denkungsart Schopenhauers treten aus dem, was wir von ihm gehört haben, uns ebenfalls unverhüllt entgegen. Z. B.: sein Hass gegen Alles, was unsere geistige Freiheit beschränkt, gegen die Bigoterie und den Obskurantismus in jeglicher Gestalt, gegen die positiven Religionen und den Klerus; dabei seine tiefe und echte Religiosität; seine Liebe zu den Thieren; seine hoch aristokratische Gesinnung; seine Wahrheitsliebe und unbestechbare Redlichkeit u. a. m.

Hören wir noch zum Schluss dieses historisch-kritischen Aschnittes, wie Schopenhauer selbst seine eigene Lehre charakterisirt.

„Die wirkliche und ernstliche Philosophie", sagt er, „steht noch da, wo Kant sie gelassen hat. Jedenfalls erkenne ich nicht an, dass zwischen ihm und mir irgend etwas in derselben geschehen sei; daher ich unmittelbar an ihn anknüpfe." So verschieden seine Lehre von der kantischen auch sei, so stehe sie durchaus unter dem Einfluss dieser und setze sie voraus. „Ich bekenne, das Beste meiner eigenen Entwicklung, nächst dem Eindrucke der anschaulichen Welt, sowohl dem der Werke Kants, als dem der heiligen Schriften der Hindu und dem Platon zu verdanken."[1] Die Resultate seiner Lehre, sagt er[2], „stimmen überein mit der ältesten aller Weltansichten, nämlich den Vedas. Doch ist dies nicht so zu verstehen, als ob, was ich lehre, dort schon stehe." Die Vedas, oder vielmehr die Upanischaden, d. h. der dogmatische Theil im Gegensatz des liturgischen, geben ihre Weisheit ohne System und Methode, in einzelnen, abgerissenen, durch keine Gründe belegten, dunklen Aussprüchen, in Allegorien und Mythen, und wissen den Einheitspunkt, aus dem ihre Sätze fliessen, gar nicht auszusprechen. „Hat man jedoch die Lehre, welche ich vorzubringen habe, inne; so kann man nachher alle jene uralten indischen Aussprüche als Folgesätze daraus ableiten und ihre Wahrheit nun erkennen, so dass man annehmen muss, dass was ich als Wahrheit erkenne, schon auch von jenen Weisen der Urzeit der Erde erkannt und nach ihrer Art ausgesprochen, aber doch nicht in seiner Einheit ihnen deutlich geworden war."

Was speciell die Schopenhauersche Willensmetaphysik angeht, so liegt ihre Wurzel, wie bereits gesagt, in Kants Lehre vom empirischen und intelligiblen Charakter, „überhaupt darin, dass, so oft Kant einmal mit dem Ding an sich etwas näher ans Licht tritt, es allemal als Wille durch seinen Schleier hervorsieht." Die Willensmetaphysik ist also nichts weiter als das „zu-Ende-denken" der kantischen Philosophie; daher darf man sich nicht wundern, dass bei Fichte und Schelling, die ebenfalls von Kant ausgehen, „sich Spuren desselben Grundgedankens vorfinden." Allein der Urheber einer Wahrheit ist nur derjenige, der, wie hier Schopenhauer, sie „aus ihren Gründen erkannt, und in ihren Folgen durchdacht, ihren ganzen Inhalt entwickelt, den Umfang ihres Bereichs übersehen und sie sonach, mit vollem Bewusstsein ihres Werthes und ihrer Wichtigkeit, deutlich und zusammenhängend dargelegt hat."[3]

Auch der Theismus lässt die Welt von einem Willen (dem göttlichen) ausgehen, nur verlegt er, „kindischer Weise", diesen Willen nach aussen und lässt ihn durch Vermittlung der Erkenntniss und der Materie wirken; „während bei mir der Wille

---

[1] Welt a. W. I, 493. Vgl, S. XII. [2] Schop. Von ihm. Ueber ihn etc. S. 750 f. [3] Par. I, 144.

nicht sowohl auf die Dinge, als in ihnen wirkt; ja sie selbst gar nichts anderes als eben seine Sichtbarkeit sind." — Der Pantheismus nennt den in der Welt wirkenden Willen Gott, „ich nenne ihn den Willen zum Leben", zum Dasein, „weil dies das letzte Erkennbare an ihm ausspricht." — „Dies nämliche Verhältniss der Mittelbarkeit zur Unmittelbarkeit tritt abermals in der Moral ein. Die Theisten wollen eine Ausgleichung zwischen dem, was Einer thut, und dem, was er leidet: ich auch. Sie aber nehmen solche erst mittelst der Zeit und eines Richters und Vergelters an; ich hingegen unmittelbar, indem ich im Thäter und im Dulder dasselbe Wesen nachweise."[1]) Dasselbe Wesen: weil der Wille zum Leben als das Ding an sich „nicht getheilt, sondern ganz in jeglichem individuellen Wesen", an mehreren Orten zugleich, ja, allgegenwärtig, weil nicht im Raum begriffen ist. Er ist unerschöpflich und kann durch Vermehrung oder Verminderung seiner Erscheinungen selbst nicht vergrössert oder vermindert werden. Der „Wille", der blinde Hang zum Leben, ist das Primäre und Ursprüngliche, das uns am genauesten Bekannte, der Erklärungsgrund alles Uebrigen, das seinem Dasein nach Gewisse, aber Unerklärliche. Nimmt man zum Ausgangspunkt der Erklärung des Daseins etwas Anderes: „so hat man diesen blinden Hang zum Leben daraus abzuleiten: und das wird nie gehen". Freilich — und dies darf nie vergessen werden — ist der Ausdruck „Wille" ein bloss subjektiv, d. h. „aus Rücksicht auf das Subjekt des Erkennens gewählter", „aber diese Rücksicht ist, da wir Erkenntniss mittheilen, wesentlich. Also ist es unendlich besser, als hätt' ich es genannt Brahm oder Weltseele, oder was sonst". „Weltseele ist der Wille", aber der Wille im Sinne des $\vartheta\acute{\epsilon}\lambda\eta\mu\alpha$, nicht der $\beta o\acute{\upsilon}\lambda\eta\sigma\iota\varsigma$. „Die Verwechslung dieser beiden, für welche nur Ein deutsches Wort vorhanden, ist Quelle des Missverstehens meiner Lehre. $\vartheta\acute{\epsilon}\lambda\eta\mu\alpha$ ist der eigentliche Wille, der Wille überhaupt, wie er im Thier und Mensch erkannt wird; $\beta o\upsilon\lambda\acute{\eta}$ aber ist der überlegte Wille, consilium, der Wille nach erfolgter Wahlbestimmung: den Thieren legt man keine $\beta o\upsilon\lambda\acute{\eta}$, wohl aber $\vartheta\acute{\epsilon}\lambda\eta\mu\alpha$

---

[1]) Par. I, 144.

bei. Weil in den neueren Sprachen nur Ein Wort für beide ist, so sind die Philosophen uneins, ob sie den Thieren Willen beilegen sollen oder nicht: die es zugestehen, denken $\vartheta\acute{\epsilon}\lambda\eta\mu\alpha$, die es leugnen — $\beta ov\lambda\acute{\eta}$." — [1])

Ein mit Bestimmtheit ausgesprochener Lehrsatz ist ein Dogma. Insofern Schopenhauer seiner Philosophie den Satz: die Welt ist die Objectivation des Dinges an sich, welches der Wille ist, zu Grunde legt, ist seine Philosophie dogmatisch. Da aber Schopenhauer seine Erkenntniss aus der Erfahrung schöpft, nur die uns gegebene Welt in ihre letzten Bestandtheile zerlegt, und nicht, nach Art des vorkantischen Dogmatismus, über diese Welt hinausgeht, sondern die Grenzen, die Kant unserem Erkenntnissvermögen gezogen hat, streng berücksichtigt, so ist seine Philosophie nicht eine transscendente, sondern immanente, und, trotz ihres Dogmatismus, durchaus im Einklang mit dem Kriticismus Kants, ja will, wie wir wissen, die unmittelbare Konsequenz und Vollendung der kritischen Philosophie sein. Insofern nennt Schopenhauer seine Lehre einen „immanenten Dogmatismus".[2]) Mit demselben Rechte hätte er sie einen transscendentalen, oder kritischen Dogmatismus nennen können. —

Der „Wille", sagten wir, sei der „Stoff der Ethik." Er ist aber zugleich das „Herz der Welt." Eine Metaphysik, die ein solches Prinzip zum Ausgangspunkt nimmt, aus einem solchen Stoffe konstruirt ist, ist ihrem Wesen nach schon Ethik, bevor sie sich die Erklärung der ethischen Phänomene im engeren Sinne zur Aufgabe macht. Offenbar kann auch nur eine von Hause aus ethische Metaphysik „wirklich und unmittelbar die Stütze der (eigentlichen) Ethik" sein. Demnach hätte Schopenhauer, wie er auch selbst sagt, seine Metaphysik mit viel besserem Recht als Spinoza „Ethik" betiteln können.[3])

Die Welt ist nicht nur „Objektivation des Willens", sondern eine solche Objektivation, in der und durch die der Wille zur Selbsterkenntniss gelangt. „Meine ganze Philosophie", sagt Schopenhauer,[4]) „lässt sich zusammenfassen in den

---

[1]) Nachlass, S. 338 f. [2]) Par. I, 141. [3]) Ueb. d. Will. i. d. Ntr. S. 141.
[4]) Schop. Von ihm etc. S. 723.

einen Ausdruck; die Welt ist die Selbsterkenntniss des
Willens." Dieser Satz soll die Richtschnur aller uns noch übrig
bleibenden Betrachtungen sein. Alle Probleme, welche die Schopenhauer'sche Metaphysik zu lösen haben wird, sind durch diesen
Satz bezeichnet. Die Selbsterkenntniss ist das Ziel des Willens.
Wie kann der blinde Hang zum Leben, als welcher der Wille
ist, überhaupt ein Ziel verfolgen? Mit anderen Worten: wie wird
der Wille sehend? Wie vollzieht sich der Selbsterkenntnissprocess des Willens? Worin offenbart sich diese Selbsterkenntniss?
Geschieht überhaupt etwas mit dem Willen, nachdem er sein Ziel
erreicht? Und wenn ja, so was?

Offenbar setzen alle diese Fragen, die den Willen selbst
d. h. als Ding an sich betreffen, also ausschliesslich metaphysischer Natur sind, andere nicht metaphysische Fragen voraus, die
zuerst beantwortet werden müssen. Es ist ja nicht genug, zu
wissen, dass das Ding an sich der „Wille" sei, und dass wir diesen
nicht nach dem Satze vom Grunde erkennen, sondern intuitiv, unmittelbar im Selbstbewusstsein als unser eigenes, tiefstes innerstes
Wesen vorfinden. Dies bedarf noch einer Ergänzung und Erklärung, da es sonst zu Missverständnissen führen kann. Ist denn
das Selbstbewusstsein unabhängig vom Satze vom Grunde? Gewiss
nicht! Da dieser Satz die Grundlage, die erste Voraussetzung des
Bewusstseins und des Erkennens ist, so kann man, solange man
ein erkennendes und bewusstes, d. h. lebendes Wesen ist, sich
von ihm ebenso wenig frei machen, als man sich selbst entfliehen
kann. Von einer im eigentlichsten Sinne des Wortes unmittelbaren Erkenntniss des Dinges an sich, sei's auch im
Selbstbewusstsein, kann also bei Schopenhauer schlechterdings
nicht die Rede sein. Wie erkennen wir also den Willen in uns
und ausser uns? Diese Frage setzt die andere voraus: Was heisst
überhaupt Erkennen? Was enthält unser erkennendes Bewusstsein? Wie wird etwas erkannt? Welche sind unsere Erkenntnissvermögen? Worin, wenn es ihrer mehrere giebt, unterscheiden
sie sich von einander? Wie weit reichen sie? Kurz: wie ist das
Organ unserer Erkenntniss beschaffen?

Wir wissen, dass die Welt, soweit sie nicht Ding an sich,
also Wille, ist, nichts anderes als Vorstellung, Erschei-

nung ist, also etwas durchaus Subjektives, von unserer Erkenntniss, unserem Intellekt Abhängiges, mit diesem Entstehendes und Vergehendes. Fragen wir also nach der Natur und dem Vorgang unserer Erkenntniss, so fragen wir nach nichts anderem als nach der Entstehung und Beschaffenheit derjenigen Seite oder Hälfte der Welt, die blosse Vorstellung ist: nach der „Welt als Vorstellung." Diese Frage ist keine metaphysische, sondern erkenntnisstheoretische, weshalb wir sie noch hier, im ersten propädeutischen Theil behandeln, um alsdann sofort zum Kern der Schopenhauer'schen Lehre, seiner Metaphysik, überzugehen und ihr Gebiet nicht mehr zu verlassen.

III. Erkenntnisstheorie.

(Hauptschriften: „Ueber die vierfache Wurzel des Satzes vom zureichenden Grunde."[1]) — „Die Welt als Wille und Vorstellung" 1. Buch.[2]) — „Ueber das Sehen und die Farben" § 1.[3]))

· 1. Die Welt als Vorstellung. — Leben und Traum.

Wenn ich etwas erfahre, d. h. empfinde, anschaue oder erkenne, so weiss ich sofort mit Gewissheit, dass ich es bin, und nicht ein anderer, der dies erfährt. Nur unter der Bedingung, dass ich mich, den Erfahrenden, von dem, was ich erfahre, unterscheide, ist eine Erfahrung überhaupt möglich. Ich der Erfahrende, bin das Subjekt, für welches das, was ich erfahre, Objekt ist. Es ist klar, dass wenn ich mich, das Subjekt, in Gedanken aufhebe, ich dadurch auch mein Objekt, d. h. die ganze Welt meiner Erfahrung, aufhebe. Habe ich dagegen das Bewusstsein von einem Objekt, so weiss ich auch von mir, dass ich das Subjekt bin, für welches dieses Objekt da ist. Objekt sein, heisst Vorstellung des Subjekts sein, wie auch umgekehrt, Vorstellung des Subjekts Objekt desselben sein heisst. Die unumstössliche Wahrheit, dass das erkennende Bewusstsein in Subjekt und Objekt zerfällt, dass, mit

---

[1]) 3. Aufl. 1864. [2]) 4. Aufl. 1873. S. 3 - 109. [3]) 3. Aufl. 1870.

anderen Worten, die sogenannte Aussenwelt meine Vorstellung ist, gilt in Beziehung auf jedes lebende, d. h. empfindende, anschauende oder erkennende Wesen, obwohl der Mensch allein sie in das abstrakte Bewusstsein bringen kann: „und thut er dies wirklich, so ist die philosophische Besonnenheit bei ihm eingetreten. Es wird ihm dann deutlich und gewiss, dass er keine Sonne kennt und keine Erde; sondern immer nur ein Auge, das eine Sonne sieht, eine Hand, die eine Erde fühlt; dass die Welt, welche ihn umgiebt, nur als Vorstellung da ist, d. h. durchweg nur in Beziehung auf ein Anderes, das Vorstellende, welches er selbst ist." Nichts ist gewisser, als dass die ganze Welt „nur Objekt in Beziehung auf das Subjekt" ist; und „wenn irgend eine Wahrheit a priori ausgesprochen werden kann, so ist es diese:" denn auch die uns a priori bekannten Formen der Anschauung und Erkenntniss, Raum, Zeit und Kausalität, setzen offenbar die Thatsachen der Vorstellung als solcher voraus, auf welche sie erst angewendet werden; und diese Thatsache ist eben das nicht weiter erklärliche und unbeweisbare Zerfallen des Bewusstseins in Subjekt und Objekt.

Wenn mit der Aufhebung des Subjekts sofort auch das Objekt aufgehoben wird, so ist das Subjekt der „Träger der Welt, die durchgängige, stets vorausgesetzte Bedingung alles Erscheinenden, alles Objekts." So durchsichtig und verständlich das Objekt ist, so dunkel und unerkennbar ist das Subjekt. Es ist dasjenige, „was Alles erkennt und von Keinem erkannt wird"; denn sobald ich es zum Gegenstand der Erkenntniss mache, wird es zum Objekt, welches wieder ein Subjekt voraussetzt, und so ins Endlose. Als Träger und Bedingung des Objekts ist das Subjekt auch die Voraussetzung der Formen alles Erkennens (Zeit, Raum und Kausalität), in denen alle Objekte liegen und von denen sie nicht abstrahirt werden können. Ihm selbst, dem Subjekt, aber kommen diese Formen, wie auch die nur innerhalb derselben möglichen Bestimmungen, wie Vielheit und deren Gegensatz, Einheit, wie Bewegung und Ruhe, Veränderung etc., nicht zu. — Wenn also die Kausalität nur in Beziehung auf die Objekte oder die Erscheinungswelt gilt, und das Subjekt in keiner Weise berührt, so stehen Objekt und Subjekt nicht im

Verhältniss von Ursache und Wirkung zu einander. Nur auf der falschen Voraussetzung, dass ein solches Verhältniss zwischen beiden stattfinde, beruht „der thörichte Streit über die Realität der Aussenwelt, in welchem sich Dogmatismus und Skepticismus gegenüberstehen, und jener bald als Realismus, bald als (Fichtescher) Idealismus auftritt". Während der Realismus das Objekt zur Ursache unserer Vorstellung macht, die Wirkung also in das Subjekt setzt, macht der Idealismus umgekehrt das Objekt zur Wirkung des Subjekts. Beide begehen den Fehler, dass sie die Gültigkeit des Satzes vom Grunde auch auf das Subjekt ausdehnen. Der realistische Dogmatismus aber trennt ausserdem noch Vorstellung und Objekt, indem er jene von diesem abhängig sein lässt, ohne einzusehen, dass beide Eines sind, dass ein Objekt nur für das Subjekt, demnach nur als dessen Vorstellung da, und als ein Objekt an sich gar nicht denkbar ist. Der Skepticismus, der dem Realismus entgegenstellt, dass wir nur das Wirken der Objekte erkennen, nie aber ihr Sein, also ihre Ursache, die möglicherweise mit jenem gar keine Aehnlichkeit hat, verfällt, trotz der Richtigkeit seines Einwandes, doch immer in denselben Irrthum, indem er eine ausser dem Subjekt liegende Ursache der nur als Vorstellung existirenden Aussenwelt annimmt oder für möglich hält. Die Wirklichkeit, das Sein der anschaulichen Objekte, besteht in nichts anderem, als eben in ihrem Wirken, als welches, insofern es objektiv, d. h. bloss für das Subjekt vorhanden ist, lediglich Vorstellung des Subjekts ist. Die ganze Realität der Objekte oder der empirischen Welt besteht darin, dass sie Vorstellung und nichts als solche ist. In der objektiven Welt etwas zu suchen, was nicht abhängig vom Subjekt wäre, ist ein Widerspruch, da Alles, was in ihr ist, ob Bekanntes oder noch Unbekanntes, doch nothwendig und selbstverständlich ein objektives, demnach vom Subjekt Untrennbares, sein muss. Die in Raum und Zeit angeschaute Welt giebt sich kund als Vorstellung, als eine endlose Kette von Ursachen und Wirkungen; und weil sie in Wahrheit auch das ist, wofür sie sich giebt, ist sie nichts weniger als eine Lüge oder ein Trugbild, sondern volle empirische Realität, die nur in dem Falle uns nicht vollkommen befriedigt, wenn wir, thörichter

Weise, an sie Forderungen stellen, die sie nicht zu erfüllen vermag, nämlich von ihr verlangen, dass sie ihre Natur, blosse Vorstellung, oder nur für das Subjekt da zu sein, aufhebe und, trotz ihrer transscendentalen Idealität, uns das absolut Reale, das Wesen an sich der Welt, das gar nicht in ihr enthalten ist, offenbare.

Die transscendentale Idealität der Welt widerspricht so wenig der empirischen Realität derselben, dass vielmehr beide Eigenschaften nur zugleich der Welt zugeschrieben werden dürfen. — Wenn dem aber so ist, wodurch unterscheidet sich denn die Wirklichkeit vom Traume, welcher uns ebenfalls die Vereinigung vom empirischer Realität und transscendentaler Idealität zeigt? Die Verwandtschaft zwischen Leben und Traum ist so eng und auffallend, dass die Frage: ist nicht das ganze Leben ein Traum? sehr nahe liegt, und Denker (z. B. Plato) und Dichter (Calderon, Grillparzer) auch von jeher beschäftigt hat. Jener Unterschied wird häufig in der grösseren Lebhaftigkeit und Deutlichkeit erblickt, die das Leben vor dem Traum voraus haben soll; allein unsere Träume sind oft so lebhaft, deutlich und zusammenhängend, dass wir sie hinterher für Wirklichkeit halten. Zweitens ist es ja uns nur möglich, die Erinnerung des Traumes, nicht aber, während des Träumens, den Traum selbst mit der Wirklichkeit zu vergleichen. Wollte man, mit Kant, für das Kennzeichen des wahren Zustandes den Zusammenhang der Vorstellungen unter sich nach dem Gesetze der Kausalität annehmen, so wäre dies ebenfalls ungenügend, da auch im Traume Alles nach dem Satze vom Grunde zusammenhängt, und dieser Zusammenhang bloss zwischen den einzelnen Träumen und diesen und der Wirklichkeit abbricht. Man könnte daher nur noch so sagen: „Der lange Traum (das Leben) hat in sich durchgängigen Zusammenhang gemäss dem Satze vom Grunde, nicht aber mit den kurzen Träumen; obgleich jeder von diesen in sich denselben Zusammenhang hat: zwischen diesen und jenem also ist jene Brücke abgebrochen und daran unterscheidet man beide." Jedoch im wirklichen Leben kann man sich dieses Kriteriums, um Traum und Wirklichkeit zu unterscheiden, kaum bedienen, da wir nicht im Stande sind, den kausalen Zusammenhang zwischen dem gegenwärtigen Augenblick und jedem Moment der Vergangenheit Glied für Glied zu verfolgen und dennoch das Erlebte nicht für einen Traum erklären. In der Regel, bei nicht allzugrosser Lebhaftigkeit der Träume, wo alsdann Traum und Wirklichkeit in Eins zusammenfliessen und es schlechthin unmöglich ist, zu entscheiden, ob wir geträumt oder gewacht haben, giebt es nur Ein sicheres Kriterium zur Unterscheidung beider Zustände, nämlich „das ganz empirische des Erwachens, durch welches allerdings der Kausalzusammenhang zwischen den geträumten Begebenheiten und denen des wachen Lebens ausdrücklich und fühlbar abgebrochen wird". Freilich wird die Frage, ob das ganze Leben ein Traum sei, dadurch nicht beantwortet, denn das Erwachen könnte ja auch nur ein Abbrechen eines kurzen Traumes und das Fortträumen des langen, den man Leben nennt, sein. Da das Bewusstsein, geträumt zu haben, also dass der Traum Vergangenheit sei, nur im wachen Zustande möglich ist, so kann im wachen Zustande, der Gegenwart ist, niemals ausgemittelt werden, ob er selbst, d. h. ob das Leben Traum oder Wirklichkeit sei. Uns fehlt, so lange wir leben, jenes allein sichere rein empirische Unterscheidungskriterium, nämlich das Erwachen vom Leben, das uns das Leben als eine Vergangenheit zeigte. Da jedoch Traum und Leben, wie wir gesehen, bis zum Verwechseln ähnlich sind; so ist man genöthigt, wenn man „den Standpunkt der Beurtheilung ausserhalb beider nimmt, den Dichtern zuzugeben, dass das Leben ein langer Traum sei". „Das Leben und die Träume sind Blätter eines und des nämlichen Buches. Das Lesen im Zusammenhang heisst wirkliches Leben. Wann aber die jedesmalige Lesestunde (der Tag) zu Ende und die Erholungszeit gekommen ist, so blättern wir oft noch müssig und schlagen, ohne Ordnung und Zusammenhang, bald hier, bald dort ein Blatt auf; oft ist es ein schon gelesenes, oft ein noch unbekanntes, aber immer aus demselben Buch. So ein einzeln gelesenes Blatt ist zwar ausser Zusammenhang mit der folgerechten Durchlesung: doch steht es hierdurch nicht so gar sehr hinter dieser zurück, wenn man bedenkt, dass auch das Ganze der folgerechten Lektüre ebenso aus dem Stegreife anhebt und endigt und sonach als ein grösseres einzelnes Blatt anzusehen ist." [1] --

Mag also das Leben ein Traum sein; immerhin haben alle seine Vorgänge, hat sein Inhalt, soweit er blosse Vorstellung ist, **empirische Realität**, — und dies genügt uns vollkommen um die **Welt als Vorstellung** durch und durch zu erkennen. Wissen wir einmal, dass die **Welt als Vorstellung nur Objekt für das Subjekt ist** und, getrennt oder unabhängig vom letzteren, nicht existiren noch gedacht werden kann; so wissen wir auch, dass sie **blosses Produkt der Erkenntnissvermögen des Subjekts** ist. Alle lebenden Wesen, nicht der Mensch allein, sind Subjekte, die sich eine Aussenwelt als solche, oder eine Welt als Vorstellung schaffen oder aus sich hervorbringen; offenbar ist jedoch, dass die Aussenwelt, die der Mensch sich schafft, eine von der der Thiere sehr (wenn auch nicht wesentlich) verschiedene ist. Mit anderen Worten: Mensch und Thier müssen gewisse Objekte gemeinsam haben, d. h. in Einer Rücksicht muss die Welt als Vorstellung für Thier und Mensch die gleiche sein; der Mensch aber muss ausserdem noch andere, dem Thiere fremde, unbekannte Vorstellungen haben, oder die Welt als Vorstellung des Menschen muss weiter und reicher sein als die des Thieres. Da die Objekte durch die Erkenntnissvermögen hervorgebracht werden, so giebt es so viele verschiedene Arten der Objekte, wie viele Arten der Erkenntnissvermögen. Aber alle Erkenntnissvermögen müssen auf Einer, Thier und Mensch gemeinsamen, Grundlage beruhen, da sonst die Thatsache, dass die Aussenwelt als solche von beiden mit gleicher Nothwendigkeit projicirt wird, unerklärlich bliebe. — Welche ist diese gemeinsame Grundlage aller Erkenntniss, welche ist ihre Funktion, und wie sind aus ihr die übrigen Erkenntnissvermögen nebst ihren Funktionen abzuleiten?

Dies ist die erkenntnisstheoretische Frage, deren Beantwortung uns über die Beschaffenheit der Welt als Vorstellung belehrt.

---

[1] Welt a. W. I, 21. §§. 1. 2. 5.

2. Der Satz vom zureichenden Grunde als die allgemeine Form aller Erkenntniss. — Die vier Gestalten oder Klassen des Satzes vom zureichenden Grunde.

Dass Alles, jede Vorstellung oder jedes Objekt, einen Grund habe; dass Nichts ohne Grund ist, warum es sei, ist eine Voraussetzung, die wir stets a priori machen. Bevor wir über den Grund eines Objekts etwas Näheres oder Bestimmteres auszusagen vermögen, wissen wir schon mit Sicherheit, dass unsere Vorstellung einen Grund überhaupt haben muss, und dass alle unsere Vorstellungen in einer gesetzmässigen Verbindung mit einander sind, „vermöge welcher nichts für sich Bestehendes und Unabhängiges, auch nichts Einzelnes und Abgerissenes, Objekt für uns werden kann." Diese allgemeine Gewissheit a priori ist der (abstrakt gefasste) Inhalt des Satzes vom zureichenden Grunde, welcher demnach die Grundlage aller Erkenntniss ist. Es giebt gar nichts in der Welt unserer Vorstellungen, worauf dieser Satz nicht angewendet werden könnte. Jede Erscheinung kann und muss ich mir erklären, also kann und muss ich überall nach dem Warum, oder nach dem Grunde fragen. Wenn die zu erklärende Erscheinung die Folge ihres Grundes ist, so wird man vernünftiger Weise eine Erscheinung nicht aus einem Grunde erklären wollen, aus dem sie ihrer Natur nach nie folgen kann. Man wird z. B. einen Vorgang im thierischen Organismus, also eine Bewegung oder Veränderung, nicht aus Gründen erklären, aus denen nur mathematische oder logische Wahrheiten, nicht aber auf Veränderungen beruhende Thatsachen der anschaulichen Welt, folgen; und umgekehrt. Es ist leicht einzusehen, dass unsere sämmtlichen Vorstellungen nicht von einer und derselben Art sind. Eine Naturerscheinung, eine geometrische Figur, ein abstrakter Begriff, eine menschliche Handlung haben zwar das Gemeinsame, dass sie Vorstellungen als solche und dem Satze vom Grunde unterworfen sind; kein Mensch wird jedoch alle diese Vorstellungen und ihre Verbindungen zu einer und derselben Klasse rechnen und sie auf eine und dieselbe Weise erklären wollen.

Stets drückt der Satz vom Grunde die Verbindung aus, in

der die Objekte unter einander stehen, stets bleibt er die allgemeinste Grundform a priori aller Erkenntniss; aber dieser allgemeine Ausdruck, diese Grundform modificirt sich je nach der Gattung der Objekte und der Art ihrer Verbindungen, auf die sie angewendet wird. Mit anderen Worten: der Satz vom Grunde nimmt so viele verschiedene Gestalten an, als es Klassen von Objekten, also auch ihrer Verbindungen giebt.

Alle Objekte lassen sich auf vier von einander sehr verschiedene Klassen oder Gattungen zurückführen; in jeder derselben herrscht der Satz vom Grunde in einer besonderen Gestalt, welche durch die Art, wie die zu der betreffenden Klasse gehörenden Objekte unter einander verbunden sind, bestimmt wird. Diese objektiven Verhältnisse, nach denen der Satz vom Grunde sich richtet, oder denen gemäss er (nicht seinen allgemeinen unveränderlichen Inhalt, sondern) seine Form, seinen Ausdruck verändert, nennt Schopenhauer die Wurzel, und zwar, da diese Verhältnisse vierfacher Art sind, die „vierfache Wurzel des Satzes vom zureichenden Grunde."[1])

Diese vier Klassen von Objekten sind: 1) die anschaulichen, vollständigen, empirischen Objekte; 2) die abstrakten Vorstellungen, d. h. aus Vorstellungen abgezogene Vorstellungen oder Begriffe; 3) Vorstellungen des bloss formellen Theils der ersten Klasse der Objekte, d. h. der reinen Formen a priori des äusseren und inneren Sinnes, nämlich des Raumes und der Zeit; 4) die letzte Klasse von Vorstellungen enthält für Jeden nur Ein Objekt: das handelnde Subjekt selbst, „das unmittelbare Objekt des inneren Sinnes, das Subjekt des Wollens, welches für das erkennende Subjekt Objekt ist, und zwar nur dem inneren Sinne gegeben, daher es allein in der Zeit, nicht im Raum erscheint."[2])

Die Verbindungen der in die erste Klasse fallenden Objekte finden statt nach dem Satze vom zureichenden Grunde des Werdens (principium rationis sufficientis fiendi), oder derjenigen Gestalt des Satzes vom Grunde, die man das Gesetz der Kausalität nennt.

---

[1]) Vierfache Wurzel etc. §§. 16. 5. 4.   [2] Ebd. § 40.

In der zweiten Klasse unserer Vorstellungen herrscht der Satz vom Grunde als Grund des Erkennens oder Erkenntnissgrund (pr. r. s. cognoscendi).

Die Erklärung aller räumlichen und zeitlichen Verhältnisse folgt dem Satze vom zureichenden Grunde des Seins (pr. r. s. essendi).

Das handelnde, also wollende Subjekt, d. h. die vierte und letzte Klasse der Vorstellungen, steht unter dem Gesetz der Motivation, einer besonderen Art des Gesetzes der Kausalität, dem Satze vom zureichenden Grunde des Handelns (pr. r. s. agendi).

Wir wollen diese vier Klassen von Objekten und Gründen näher betrachten.

3. Erste Klasse der Objekte. — Das Gesetz der Kausalität. — Der Verstand.

Die anschaulichen Objekte, also nicht die abstrakten, bloss für das Denken existirenden Begriffe, sind vollständige Vorstellungen, sofern in ihnen die Formen unserer Anschauung, Zeit und Raum, nicht leer, sondern mit einem materiellen Inhalt erfüllt erscheinen. Auch sind sie empirische Vorstellungen, einmal weil ihr Ursprung in der Empfindung unseres sensitiven Leibes liegt, sodann weil ihre gesetzmässige Verbindung denjenigen end- und anfangslosen Komplex von Vorstellungen bildet, der unsere empirische Realität ausmacht. Die Formen dieser letzteren sind Zeit und Raum, die nur als erfüllt wahrnehmbar sind, und in deren inniger Vereinigung erst die Bedingung der Realität liegt, „welche aus ihnen gewissermassen wie ein Produkt aus seinen Faktoren erwächst." — In der blossen Zeit ist alles nacheinander; im blossen Raum alles nebeneinander. Wäre also die Zeit die alleinige Form der anschaulichen Vorstellungen, so gäbe es kein Zugleichsein, demnach auch nichts Beharrliches, keine Dauer. Hingegen gäbe es nur Beharrliches und keinen Wechsel, wenn die empirischen Vorstellungen im Raum allein wären. In der Realität haben wir aber Dauer und Zugleichsein unzähliger, in fortwährender Veränderung begriffener Objekte; demnach ist die Realität ein Komplex von Vorstellungen in Raum und Zeit zugleich.

Die zum Zustandekommen der empirischen Welt nöthige Vereinigung dieser beiden Formen der Sinnlichkeit ist diejenige (und einzige) Funktion des Verstandes, die man Kausalität nennt; demnach ist der Verstand, oder der Intellekt, der letzte Grund unserer empirischen Anschauung, woraus folgt, dass jede Anschauung, als Produkt des Intellekts auch intellektual ist. Objektiv sein, heisst intellektual sein. Die blosse Sinnesempfindung, selbst in den edelsten Sinnesorganen, ist „nichts mehr, als ein lokales, specifisches, innerhalb seiner Art einiger Abwechslung fähiges, jedoch an sich selbst stets subjektives Gefühl, welches als solches gar nichts Objektives, also nichts einer Anschauung Aehnliches enthalten kann." [1]) Die Anschauung entsteht erst, wenn der Verstand seine einzige und alleinige Form a priori, das Gesetz der Kausalität, auf die rein subjektive Empfindung anwendet und dadurch eine Verwandlung in ihr hervorbringt, indem er aus den ärmlichen Datis der Empfindung eine objektive, reale, den Raum erfüllende und in der Zeit sich verändernde, bewegende Körperwelt schafft. Vermöge der Kausalität fasst der Verstand nämlich „die gegebene Empfindung des Leibes als eine Wirkung auf (ein Wort, welches er allein versteht), die als solche nothwendig eine Ursache haben muss. Zugleich nimmt er die im Intellekt, d. i. im Gehirn, prädisponirt liegende Form des äusseren Sinnes zu Hülfe, den Raum, um jene Ursache ausserhalb des Organismus zu verlegen: denn dadurch erst entsteht ihm das Ausserhalb, dessen Möglichkeit eben der Raum ist; so dass die reine Anschauung a priori die Grundlage der empirischen abgeben muss." [2])

Mit dem Ausdruck „intellektuale Anschauung" ist einzig und allein unsere alltägliche empirische Anschauung zu bezeichnen, nicht aber, wie es die nachkantische Philosophie thut, jenes vorgebliche Vermögen, erträumte Welten zu schauen, in welchem das Absolutum seine Evolutionen vornähme. — Die Intellektualität (in unserem Sinne) der Anschauung lässt sich am deutlichsten am Gesichtssinn demonstriren. Das uns beim Sehen unmittelbar Gegebene ist bloss die ganz subjektive, nur innerhalb

---

[1]) Vierfache Wurzel etc. S 52. [2]) Ebd. S. 53.

des Organismus und unter der Haut vorhandene Empfindung der Retina. Was diese uns liefert, „ist nichts weiter, als eine mannigfaltige Affektion der Retina, ganz ähnlich dem Anblick einer Palette, mit vielerlei bunten Farbenklexen: und nicht mehr als dies ist es, was im Bewusstsein übrig bleiben würde, wenn man Dem, der vor einer ausgebreiteten, reichen Aussicht steht, etwa durch Lähmung des Gehirns, plötzlich den Verstand ganz entziehen, jedoch die Empfindung übrig lassen könnte: denn dies war der rohe Stoff, aus welchem vorhin sein Verstand jene Anschauung schuf." Das erste, was der Verstand bei seiner Umarbeitung der Empfindung in Anschauung leistet, ist, dass er den Eindruck des Objekts, den die Retina **verkehrt** empfängt, wieder aufrecht stellt und ihn **nach aussen** projicirt. Bestände nun das Sehen im blossen Empfinden, d. h. wäre die Anschauung rein sensuell, und nicht intellektuell, so würden wir den Eindruck des Gegenstandes wahrnehmen, erstlich so, wie wir ihn **empfangen**, nämlich verkehrt, zweitens, als etwas nicht ausserhalb, sondern, wie die Empfindung selbst, im Inneren des Auges Befindliches. — Die zweite Leistung des Verstandes besteht darin, dass er das **doppelt Empfundene zu einem einfach Angeschauten** macht. Die dritte, dass er aus blossen Flächen Körper konstruirt, d. h. die bloss **planimetrische Empfindung in eine stereometrische verwandelt**, oder zu den zwei Dimensionen des Raumes eine dritte hinzufügt. Der Verstand ist es endlich, der die **Entfernung** der Objekte, also ihren Ort erkennt.[1] — So liegen sämmtliche Elemente der empirischen Anschauung in uns, und nichts ist darin enthalten, was auf ein **Ding an sich**, d. h. auf etwas von der Anschauung Grundverschiedenes hinwiese. Die Einsicht, dass alle Anschauung intellektual, oder Produkt des sein Gesetz der Kausalität auf die Empfindung anwendenden Verstandes ist, hebt nicht nur allen Realismus, sondern auch den Materialismus auf, indem sie die Materie in ihre letzten Bestandtheile zerlegt und in diesen wieder die Kausalität erkennt. Unter Materie versteht man das, was von den Körpern übrig bleibt nach Abzug ihrer

---

[1] Ueber d. Intellektualität d. Anschauung z. vierf. W. § 21. Vgl. Ueber d. Sehen u. d. Farben § 1. Welt a. W. I. 13. II. 23.

Formen und specifischen Qualitäten, also das allen Körpern Gemeinsame. Da nun die Formen und Qualitäten der Körper nichts anderes sind, als die besondere und specielle **Wirkungsart** der Körper; so kann, wenn man von dem Besonderen und Speciellen dieser Wirksamkeit absieht, das Uebrigbleibende d. h. die Materie, in nichts anderem bestehen, als in **Wirksamkeit überhaupt, im reinen Wirken**, welches die Kausalität selbst ist. Die Materie ist demnach **objektiv gedachte Kausalität**, oder das **objektive Korrelat des reinen Verstandes**, dessen Wesen Kausalität und nichts als diese ist. Es ist klar: erstlich, dass die reine Materie ein blosser Begriff und keine Anschauung ist; denn reine Kausalität lässt sich nur denken, nicht anschauen; zweitens, dass das Gesetz der Kausalität auf die Materie selbst keine Anwendung findet, dass, mit anderen Worten, die Materie **unentstanden und unvergänglich** ist, d. h. ewig beharrt; denn da die Materie reine Kausalität ist, und aller Wechsel, alles Entstehen und Vergehen, nur vermöge der Kausalität eintritt, so müsste ja die Kausalität, um sich die Materie zu unterwerfen, „ihre Macht an sich selbst ausüben", und das kann sie nicht, „wie das Auge alles, nur nicht sich selbst sehen kann." [1]

„Ursache und Wirkung ist das ganze Wesen der Materie: ihr Sein ist ihr Wirken. Höchst treffend ist daher im Deutschen der Inbegriff alles Materiellen **Wirklichkeit** genannt, welches Wort viel bezeichnender ist, als Realität." [2] Die Materie ist Wirken, weil sie Kausalität ist, deren Gesetz in ausschliesslicher Beziehung auf Veränderungen steht und stets nur mit diesen zu thun hat. Jede Veränderung ist ein **Werden**, darum nennt Schopenhauer das Gesetz der Kausalität den **Satz vom zureichenden Grunde des Werdens**. Dieser Satz drückt Folgendes aus: „Wenn ein neuer Zustand eines oder mehrerer realer Objekte eintritt; so muss ihm ein anderer vorhergegangen sein, auf welchen der neue regelmässig. d. h. allemal, so oft der erstere da ist, folgt. Ein solches Folgen heisst ein Erfolgen und der erstere Zustand die Ursache, der zweite die Wirkung." Und stets ist es der Zustand, nicht aber das Objekt selbst, was Ursache ist. „Es

---

[1] Vierf. W. S. 82f. Welt a. W. I, 9—13. [2] Welt a. W. I, 10.

hat gar keinen Sinn zu sagen, ein Objekt sei Ursache eines anderen; zunächst, weil die Objekte nicht bloss die Form und Qualität, sondern auch die **Materie** enthalten, diese aber weder entsteht, noch vergeht; und sodann, weil das Gesetz der Kausalität sich ausschliesslich auf **Veränderungen**, d. h. auf den Ein- und Austritt der Zustände in der Zeit bezieht, als woselbst es dasjenige Verhältniss regulirt, in Beziehung auf welches der frühere **Ursache**, der spätere **Wirkung** heisst und ihre nothwendige Verbindung das **Erfolgen**." Als „Regulator der in der Zeit eintretenden (immer materiellen) Veränderungen der Gegenstände der äusseren Erfahrung", darf das Gesetz der Kausalität nicht zur Erklärung von Erscheinungen herbeigezogen werden, die nicht in Veränderungen bestehen. Der Eintritt der Wirkung ist eine Veränderung, und da im anfangs- und endlosen Kausalnexus jede Ursache ihrerseits Wirkung einer vorhergehenden Ursache, also ebenfalls eine Veränderung ist; so lässt sich auf dem Wege der Kausalität eine schlechthin erste Ursache, die keine Veränderung wäre, eine causa prima oder causa sui, nie erreichen; eine solche ist eine contradictio in adjecto, und „genau so undenkbar, wie die Stelle, wo der Raum ein Ende hat, oder der Augenblick, da die Zeit einen Anfang nahm." Dass demnach der kosmologische Beweis des Daseins Gottes, als einer die Welt hervorbringenden **ursachlosen Ursache**, nicht möglich ist, leuchtet ein. „Das Gesetz der Kausalität ist nicht so gefällig, sich brauchen zu lassen, wie ein Fiaker, den man, angekommen wo man hin gewollt, nach Hause schickt. Vielmehr gleicht er dem von Goethes Zauberlehrlinge belebten Besen, der, einmal in Aktivität gesetzt, gar nicht wieder aufhört zu laufen und zu schöpfen." — Aus der Nothwendigkeit, d. h. Ausnahmslosigkeit des Eintritts einer Wirkung **nach** der Ursache folgt, dass zum wesentlichen Charakter der Kausalität die **Succession** der Zustände gehört. Weil die Ursache allemal **früher** als ihre Wirkung ist, so kann letztere nie **Ursache ihrer Ursache** sein, d. h. aber: der Begriff der Wechselwirkung, der diese Unmöglichkeit ausdrückt, ist unstatthaft.

Da das Gesetz der Kausalität besagt, dass kein Zustand ohne Ursache eintritt; so ergiebt sich, als ein wichtiges Korollarium

der Kausalität, das Gesetz der Trägheit: „jeder Zustand, mithin sowohl Ruhe eines Körpers, als auch seine Bewegung jeder Art muss unverändert, unvermindert, unvermehrt fortdauern, und selbst die endlose Zeit hindurch anhalten, wenn nicht eine Ursache hinzutritt, welche sie verändert oder aufhebt."
Was ausserhalb der Kausalität steht, das kann sich auch in keiner Weise verändern; die Materie, die selbst Kausalität und der Träger aller materiellen Zustände ist, auf die sich die Kausalität bezieht, wird, wie wir wissen, von dieser nicht berührt; sie ist in der anschaulichen Welt das, was ewig und unveränderlich beharrt: quod substat, Substanz. Als zweites ebenfalls a priori gewisses Korollarium des Kausalitätsgesetzes ergiebt sich also die Beharrlichkeit der Substanz, d. h. der Materie. Es fehlt unserem Verstande jede Form, irgend eine Veränderung der Materie selbst zu denken; ebenso ist es unmöglich, die Ueberzeugung von ihrer Beharrlichkeit a posteriori zu gewinnen. Dieser Grundsatz gehört, als eine transscendentale Erkenntniss, zu jenen Naturgesetzen, die eine „unerschütterliche, nie wankende Festigkeit" haben. „Sogar das allgemeinste und ausnahmsloseste aller anderartigen Naturgesetze, das der Gravitation, ist schon empirischen Ursprungs, daher ohne Garantie für seine Allgemeinheit". — Wenn die Materie als Träger aller Veränderungen unveränderlich ist, so sind die ursprünglichen Naturkräfte ebenfalls unveränderlich als dasjenige, „vermöge dessen die Veränderungen, oder Wirkungen überhaupt möglich sind, das, was den Ursachen die Kausalität, d. i. die Fähigkeit zu wirken, allererst ertheilt, von welchem sie also diese bloss zur Lehn haben." Die ursprünglichen Naturkräfte sind sämmtlich qualitates occultae, die keiner physischen, sondern nur einer metaphysischen, über die Erscheinung hinausgehenden Erklärung fähig sind, daher dürfen sie auch nicht mit den Ursachen, die als solche empirisch sind, verwechselt werden. Während die Ursache, wie auch ihre Wirkung, allemal ein Einzelnes, eine einzelne Veränderung ist, ist die Naturkraft ein Allgemeines, Unveränderliches, zu aller Zeit und überall Vorhandenes. Jene verhält sich zu dieser wie das „flüchtige Phänomen" zur „ewigen Thätigkeitsform." Das Band, welches die Naturkraft mit der Erscheinung verknüpft, ist das

Naturgesetz. Wenn ein geriebener Bernstein die Flocke anzieht, so ist dies die Wirkung nicht der Electricität, als welche die in diesem Phänomen sich offenbarende Naturkraft ist, sondern der Reibung und der Annäherung des Bernstein. Dass aber durch die Reibung die Electricität in Thätigkeit tritt und den Bernstein fähig macht, die Flocke anzuziehen, dass sie also an der Kette der Ursachen und Wirkungen **erscheint**, ist ein **Naturgesetz**.[1] —

Die Formen, in denen das Kausalgesetz in der Natur erscheint, sind dreierlei: **Ursache im engsten Sinn, Reiz und Motiv.** „Eben auf dieser Verschiedenheit beruht der wahre und wesentliche Unterschied zwischen unorganischem Körper, Pflanze und Thier; nicht auf den äusseren anatomischen, oder gar chemischen Merkmalen."

Die **Ursache im engsten Sinne** ist die, vermöge welcher alle Veränderungen im **unorganischen** Reiche (mechanische, physikalische und chemische Veränderungen) eintreten. Diese Form der Kausalität charakterisirt sich dadurch, dass in ihr das zweite und dritte Newton'sche Grundgesetz seine Anwendung findet, nämlich: Der Grad der Wirkung ist dem Grade der Ursache allemal genau angemessen; Wirkung und Gegenwirkung sind einander gleich. Oder: die Verstärkung der Ursache führt eine gleiche Verstärkung der Wirkung herbei, so dass aus dieser jene, und umgekehrt, sich berechnen lässt; der vorhergehende Zustand (die Ursache) erfährt eine gleiche Veränderung, wie der nachfolgende, von ihm hervorgerufene (die Wirkung).

Die zweite Form der Kausalität, die man **Reiz** nennt, bestimmt sämmtliche organische Veränderungen als solche, beherrscht also die Pflanzenwelt und den vegetativen (bewusstlosen) Theil des thierischen Lebens. Ihr Merkmal ist die **Abwesenheit der beiden Merkmale der ersten Form.**

Das **Motiv** ist der Lenker des eigentlich animalischen Lebens. Die bewussten, zweckmässigen Aktionen, das Thun der Thiere geschehen stets nach Motiven, deren Medium also die Erkenntniss (der Verstand, der Intellekt) ist: die Motivation ist die

---

[1] Vierf. Wurzel S. 34—46.

„durch das Erkennen hindurchgehende Kausalität." Die Empfänglichkeit für Motive, d. h. ein Vorstellungsvermögen, ein Intellekt, in unzähligen Abstufungen der Vollkommenheit, materiell sich darstellend als Nervensystem und Gehirn, und eben damit das Bewusstsein, ist das Charakteristikon der Thierwelt. Das Thier ist das, „was erkennt": „keine andere Definition trifft das Wesentliche; ja, vielleicht ist auch keine andere stichhaltend."

So gross aber der Unterschied zwischen diesen drei Formen der Kausalität auch ist, so müssen sie offenbar das Wesentliche des Kausalitätsgesetzes als solchen gemeinsam haben, nämlich seine Strenge: wenn die zureichende Ursache, gleichviel ob sie Ursache im engeren Sinne, Reiz oder Motiv ist, einmal vorhanden, so ist die Wirkung unausbleiblich, d. h. sie tritt mit Nothwendigkeit ein. „Der Stein muss gestossen werden; der Mensch gehorcht einem Blick. Beide aber werden durch eine zureichende Ursache, also mit gleicher Nothwendigkeit bewegt." Der Mensch vermag wohl die verschiedenen Motive, deren Einwirkung sein Wille ausgesetzt ist, eine Zeit lang gegen einander abzuwiegen: zuletzt aber muss er doch einem Motiv unterliegen, welches sich als das stärkere erweist und dem gemäss die Handlung des Menschen mit gleicher Nothwendigkeit erfolgt, „wie das Rollen der gestossenen Kugel".[1]

Da die Bewegung auf Motive das Erkennen, d. h. den Verstand voraussetzt, und die dritte Form des Kausalgesetzes, die Motivation, die die Thierwelt ausnahmslos beherrschende ist, so folgt, dass alle Thiere, selbst die unvollkommensten, Verstand haben, und zwar (formell) den nämlichen wie der Mensch, d. h. sie besitzen, wie dieser, das Vermögen, den Uebergang von Ursache auf Wirkung, und von Wirkung auf Ursache, oder die Kausalität, zu erkennen. Der Verstand besteht schlechterdings in nichts anderem, als in diesem Vermögen, obgleich die Grade seiner Schärfe und die Ausdehnung seiner Erkenntnisssphäre, sowohl bei den Menschen als zwischen den verschiedenen Thiergattungen sehr verschieden sind. Der niedrigste Grad des Ver-

---

[1] Vierf. Wurzel, S 46 ff. Grundpr. d. Eth. S. 29 ff. Ueber d. Willen i. d. Natur S. 22 f. Welt a. W. I, 137 f.

standes ist die Erkenntniss des Kausalverhältnisses zwischen dem unmittelbaren Objekt (d. h. dem eigenen Leib[1])) und den mittelbaren, eine Erkenntniss, „die eben hinreicht, durch den Uebergang von der Einwirkung, welche der Leib erleidet, auf deren Ursache, diese als Objekt im Raum anzuschauen". Mannigfaltige Abstufungen liegen zwischen diesem primitiven Verstand und dessen höchstem Grade, dem Verstehen der zusammengesetztesten Verkettungen von Ursachen und Wirkungen in der Natur. „Denn auch dieses Letztere gehört immer noch dem Verstande an, nicht der Vernunft, deren abstrakte Begriffe nur dienen können, jenes unmittelbar Verstandene aufzunehmen, zu fixiren und zu verknüpfen, nie das Verstehen selbst hervorzubringen. Jede Naturkraft und Naturgesetz, jeder Fall, in welchem sie sich äussern, muss zuerst vom Verstande unmittelbar erkannt, intuitiv aufgefasst werden, ehe er in abstracto für die Vernunft ins reflektirte Bewusstsein treten kann". Alle grossen Entdeckungen in den Naturwissenschaften „sind nichts anderes, als ein richtiges unmittelbares Zurückgehen von der Wirkung auf die Ursache, welchem alsbald die Erkenntniss der Identität der in allen Ursachen derselben Art sich äussernden Naturkraft folgt: und diese gesammte Einsicht ist eine bloss dem Grade nach verschiedene Aeusserung der nämlichen und einzigen Funktion des Verstandes, durch welche auch ein Thier die Ursache, welche auf seinen Leib wirkt, als Objekt im Raum anschaut". Daher ist jede grosse Entdeckung (wie die der Gravitation, des Sauerstoffs, Goethes Erklärung der physischen Farben), eben wie die Anschauung und jede Verstandesäusserung überhaupt, „eine unmittelbare Einsicht und als solche das Werk des Augenblicks, ein aperçu, ein Einfall. nicht das Produkt langer Schlussketten in abstracto". Die Schärfe des Verstandes im Auffassen des Kausalzusammenhanges mittelbarer Objekte ist, wenn sie auf theoretischem Gebiete

---

[1]) Der Ausdruck „unmittelbares Objekt" ist offenbar nicht im eigentlichen Sinne zu verstehen. Schopenhauer bezeichnet so unseren Leib nur insofern dieser der „Ausgangspunkt für die Anschauung aller anderen Objekte, also das diese vermittelnde ist". Objektiv betrachtet aber ist auch der Leib, gleich den anderen Objekten, eine Vorstellung, und als solche eine Konstruktion des Intellekts, also nicht unmittelbar gegeben. Vierf. W. §. 22.

sich äussert, das, was man Scharfsinn, Sagacität, Penetration nennt. Im praktischen Leben ist sie Klugheit, d. h. der im Dienste des Willens stehende Verstand. Mangel an Verstand ist Dummheit, d. h. Stumpfheit in der Anwendung des Gesetzes der Kausalität."[1])

Was der Verstand als richtig erkennt, ist Realität, der gegenüber der Schein als Trug des Verstandes steht. „Schein" — nämlich der falsche Schein, nicht aber Schein im Sinne von Erscheinung, Vorstellung — „tritt alsdann ein, wenn eine und dieselbe Wirkung durch zwei gänzlich verschiedene Ursachen herbeigeführt werden kann, deren eine sehr häufig, die andere selten wirkt: der Verstand, der kein Datum hat zu unterscheiden, welche Ursache hier wirkt, da die Wirkung ganz dieselbe ist, setzt dann allemal die gewöhnliche Ursache voraus, und weil seine Thätigkeit nicht reflektiv und diskursiv ist, sondern direkt und unmittelbar, so steht solche falsche Ursache als angeschautes Objekt vor uns da, welches eben der falsche Schein ist." Schein ist z. B., dass ich einen ins Wasser getauchten Stab gebrochen sehe, dass mir der Mond am Horizont grösser als im Zenith vorkommt, u. a. Die abstrakte (Vernunft-) Erkenntniss, das Räsonnement, kann zwar den Irrthum verhüten, d. h. verhüten, dass ich das Urtheil fälle, was mir scheint, verhalte sich auch in Wahrheit so: den Schein als solchen aber vermag sie nicht wegzubringen: er bleibt, jeder abstrakten Erkenntniss zum Trotz, unverrückbar stehen: „denn der Verstand ist von der Vernunft, als einem beim Menschen allein hinzugekommenen Erkenntnissvermögen, völlig und scharf geschieden, und allerdings an sich auch im Menschen unvernünftig. Die Vernunft kann immer nur wissen: dem Verstand allein und frei von ihrem Einfluss bleibt das Anschauen."[2])

Die Thätigkeit der Vernunft bezieht sich, wie wir schon wissen, auf eine besondere Klasse der Objekte, die auch unter der Herrschaft einer besonderen, jetzt zu betrachtenden, Gestaltung des Satzes vom Grunde stehen.

---

[1]) Welt a. W. I, 24 ff.   [2]) Ebd. I, 28 ff.

4. Zweite Klasse der Objekte. — Der Satz vom zureichenden Grunde des Erkennens. — Die Vernunft. — Sprache. — Theorie des Lächerlichen. — Gefühl.

Diese Klasse umfasst diejenigen Vorstellungen, deren nur der Mensch theilhaft ist, nämlich die abstrakten Vorstellungen oder die Begriffe. Man hat sie so genannt, weil jede dieser Vorstellungen „unzählige Einzeldinge in, oder vielmehr unter sich begreift, also ein Inbegriff derselben ist." Insofern die Begriffe aus den anschaulichen Vorstellungen abgezogen sind, kann man sie als Vorstellungen aus Vorstellungen definiren. Durch den Hinzutritt derselben zeichnet sich das menschliche Leben vor dem thierischen aus. Dem Vermögen, Begriffe zu bilden, abstrakt zu denken, oder der Vernunft, verdankt der Mensch alles das Viele und Grosse, was ihn von den Thieren unterscheidet: so seine Sprache, die Fähigheit zu lachen, das vorsätzliche, überlegte Handeln, die Möglichkeit der Wahlentscheidung etc. Durch die Vernunft wird alles das herbeigeführt, „was das Menschenleben so reich, so künstlich und so schrecklich macht, dass er, in diesem Occident, der ihn weiss gebleicht hat und wohin ihm die alten, wahren, tiefen Ur-Religionen seiner Heimath nicht haben folgen können, seine Brüder nicht mehr kennt, sondern wähnt, die Thiere seien etwas von Grund aus Anderes als er, und, um sich in diesem Wahne zu befestigen, sie Bestien nennt, alle ihre ihm gemeinsamen Lebensverrichtungen an ihnen mit Schimpfnamen belegt und sie für rechtlos ausgiebt, indem er gegen die sich aufdrängende Identität des Wesens in ihm und ihnen sich gewaltsam verstockt."[1])

Bei dem Process der Begriffsbildung büssen die Vorstellungen nothwendig die Anschaulichkeit ein, „wie Wasser, wenn in seine Bestandtheile zerlegt, die Flüssigkeit und Sichtbarkeit". Ein Begriff wird gewonnen dadurch, „dass von dem anschaulich Gegebenen Vieles fallen gelassen wird, um dann das Uebrige für sich allein denken zu können". Der Begriff ist also „ein Wenigerdenken, als angeschaut wird". Je höher, also allgemeiner der

---

[1]) Vierf. Wurzel, S. 98.

Begriff, um so ärmlicher, ausgeleerter ist er; die allgemeinsten aber, wie Sein, Wesen, Werden etc., sind nur noch „leichte Hülsen" von Gedanken. Nimmt nun die Philosophie solche leere Abstraktionen zu ihrem Ausgangspunkt, so muss sie auch, als aus dem Leeren herausgesponnen, „unendlich leer, arm und daher eben auch suffokirend langweilig ausfallen".

Da den abstrakten Begriffen alle Anschaulichkeit fehlt, so würden sie dem Bewusstsein entschlüpfen und somit ihren Zweck nicht erfüllen, „wenn sie nicht durch willkürliche Zeichen sinnlich fixirt und festgehalten würden: dies sind die Worte." Ein Lexikon, also der ganze Schatz einer Sprache, enthält, soweit es nicht historische oder geographische Namen, d. h. Namen konkreter Gegenstände aufzählt, lauter abstrakte Begriffe, nicht anschauliche (Einzel-) Dinge. Bloss weil den Thieren die Fähigkeit der Begriffsbildung fehlt und sie nur auf die anschauliche Welt beschränkt sind, haben sie keine Sprache, obgleich einige von ihnen Worte aussprechen, und die höher entwickelten Eigennamen verstehen. In der Rede selbst eines ganz rohen Menschen findet sich ein solcher Reichthum an logischen Formen und Feinheiten jeder Art, „dass es zum Erstaunen ist und man eine sehr ausgedehnte und wohlzusammenhängende Wissenschaft darin erkennen muss. Die Erwerbung dieser ist aber geschehen auf Grundlage der Auffassung der anschaulichen Welt, deren ganzes Wesen in die abstrakten Begriffe abzusetzen das fundamentale Geschäft der Vernunft ist, welches sie nur mittelst der Sprache ausführen kann. Mit der Erlernung dieser daher wird der ganze Mechanismus der Vernunft, also das Wesentliche der Logik, zum Bewusstsein gebracht. Offenbar kann dieses nicht ohne grosse Geistesarbeit und gespannte Aufmerksamkeit geschehen, die Kraft zu welcher den Kindern ihre Lernbegierde verleiht, als welche stark ist, wenn sie das wahrhaft Brauchbare und Nothwendige vor sich sieht, und nur dann schwach erscheint, wenn wir dem Kinde das ihm Unangemessene aufdringen wollen. Also bei der Erlernung der Sprache, sammt allen ihren Wendungen und Feinheiten, sowohl mittelst Zuhören der Reden Erwachsener, als mittelst Selbstreden, vollbringt das Kind, sogar auch das roh aufgezogene, jene Entwicklung seiner Vernunft und erwirbt sich jene wahrhaft konkrete Logik, als welche nicht in den logischen Regeln, sondern unmittelbar in der richtigen Anwendung derselben besteht; wie ein Mensch von musikalischer Anlage die Regeln der Harmonie, ohne Notenlesen und Generalbass, durch blosses Klavierspielen nach dem Gehör erlernt. — Die besagte logische Schule, mittelst Erlernung der Sprache, macht nur der Taubstumme nicht durch: deshalb ist er fast so unvernünftig wie das Thier, wenn er nicht die ihm angemessene, sehr künstliche Ausbildung, durch Lesenlernen erhält, die ihm das Surrogat jener naturgemässen Schule der Vernunft wird."[1]) — Da die Sprache aus Begriffen besteht, und da für jedes Wort einer Sprache sich nicht das genaue Aequivalent, d. h. der nämliche Begriff in jeder anderen findet; so muss die Erlernung einer neuen Sprache offenbar unsere Begriffe vermehren und erweitern, uns bis dahin unbekannte Beziehungen, Nüancen, Aehnlichkeiten und Verschiedenheiten der Dinge ins Bewusstsein bringen, uns, kurz, eine neue, berichtigte und vervollkommnete Ansicht von den Dingen verschaffen.

Daraus, dass man in jeder Sprache andere Begriffe hat, demnach anders denkt, erhellt die Schwierigkeit der Erlernung einer neuen Sprache, so wie die Bedeutung der Sprachkenntniss als eines direkten, tief eingreifenden geistigen Bildungsmittels. Die Schwierigkeit liegt hauptsächlich darin, jeden Begriff, für den die fremde Sprache ein Wort hat, auch dann kennen zu lernen, wenn die eigene Sprache kein diesem genau entsprechendes Wort besitzt. „Daher also muss man, bei Erlernung einer fremden Sprache, mehrere ganz neue Sphären von Begriffen in seinem Geiste abstecken: mithin entstehen Begriffssphären wo noch keine waren. Man erkennt also nicht bloss Worte, sondern erwirbt Begriffe." Erst nachdem man alle Begriffe, welche die zu erlernende Sprache durch einzelne Worte bezeichnet, richtig gefasst hat und bei jedem Worte derselben genau den ihm entsprechenden Begriff unmittelbar denkt, nicht aber erst das Wort in eines der Muttersprache übersetzt und dann den durch dieses bezeichneten Begriff denkt, welcher nicht immer dem ersteren genau entspricht, und ebenso hinsichtlich ganzer Phrasen; — erst dann hat man den

---

[1]) Vierf. W. S. 99 f.

Geist der zu erlernenden Sprache gefasst und damit einen grossen Schritt zur Kenntniss der sie sprechenden Nation gethan: denn wie der Stil zum Geiste des Individuums, so verhält sich die Sprache zu dem der Nation." „Mehrere neuere Sprachen wirklich inne haben und in ihnen mit Leichtigkeit lesen, ist ein Mittel, sich von der Nationalbeschränktheit zu befreien, die sonst jedem anklebt." — Da das begriffliche Denken und dessen Ausdruck, die Sprache, das Wesentliche am Menschen ist, so bewirkt die Beherrschung mehrerer Sprachen gleichsam eine Vervielfältigung des Menschen; daher der Ausspruch Karls V.: ‚So viele Sprachen Einer kann, so viele Mal ist er ein Mensch' (quot linguas quis callet, tot homines valet). — Vorzüglich ist es die Erlernung der von den lebenden so sehr verschiedenen alten Sprachen, durch die der Geist gefördert und die Gewandtheit des Denkens vermehrt wird. — Da die Wiedergabe Wort durch Wort aus einer alten Sprache in eine neue, und umgekehrt, wegen der grossen Verschiedenheit der Begriffssphäre beider sehr selten möglich ist; so wird von einer Uebersetzung sowohl aus den, als in die alten Sprachen verlangt, dass sie den Gedanken umschmelze und in eine andere Form giesse, oder die zu übersetzende Periode in ihre feinsten und letzten Bestandtheile, den reinen Gedankeninhalt, zersetze, woraus sie sodann in ganz anderen Formen regenerirt wird. Wie unvollkommen, also wie entfernt die Bekanntschaft mit den alten Autoren ist, die mittelst solcher Uebersetzungen erreicht wird, ist leicht abzusehen. „Die Uebersetzungen der Schriftsteller des Alterthums sind für dieselben ein Surrogat, wie der Cichorienkaffee es für den wirklichen ist." Ueberhaupt sind alle Uebersetzungen nothwendig mangelhaft. „Fast nie kann man irgend eine charakteristische, prägnante, bedeutsame Periode aus einer Sprache in die andere so übertragen, dass sie genau und vollkommen dieselbe Wirkung thäte. Sogar in blosser Prosa wird die allerbeste Uebersetzung sich zum Original höchstens so verhalten, wie zu einem gegebenen Musikstück dessen Transposition in eine andere Tonart. Musikverständige wissen, was es damit auf sich hat. Daher bleibt jede Uebersetzung todt und ihr Stil gezwungen, steif, unnatürlich: oder aber sie wird frei, d. h. begnügt sich mit einem à peu près ist also falsch." — „Eine Bibliothek von Uebersetzungen gleicht einer Gemäldegallerie von Kopien." „Gedichte kann man nicht übersetzen, sondern bloss umdichten, was allezeit misslich ist." — Das allerbeste Mittel, um sich zum gewandten und vollkommenen Ausdrucke seiner Gedanken in der Muttersprache vorzubereiten", ist „die Nachbildung des Stiles der Alten, in ihren eigenen, an grammatischer Vollkommenheit die unsrigen weit übertreffenden Sprachen." „Um ein grosser Schriftsteller zu werden, ist es sogar unerlässlich; — eben wie es für den angehenden Bildhauer und Maler nothwendig ist, sich durch Nachahmung der Muster des Alterthums heranzubilden, ehe er zu eigener Komposition schreitet. Durch das Lateinschreiben allein lernt man die Diktion als ein Kunstwerk behandeln, dessen Stoff die Sprache ist, welche daher mit grösster Sorgfalt und Behutsamkeit behandelt werden muss." „Man lernt Respekt haben vor der Sprache, in der man schreibt, so dass man nicht nach Willkür und Laune mit ihr umspringt, um sie umzumodeln. Ohne diese Vorschule artet die Schreiberei leicht in blosses Gewäsch aus." „Der Mensch, welcher kein Latein versteht, gleicht Einem, der sich in einer schönen Gegend bei nebligem Wetter befindet: sein Horizont ist äusserst beschränkt: nur das Nächste sieht er deutlich, wenige Schritte darüber hinaus verliert es sich ins Unbestimmte. Der Horizont des Lateiners hingegen geht sehr weit durch die neueren Jahrhunderte, das Mittelalter, das Alterthum." Da demnach eine echte und vollkommene Bildung ohne Kenntniss der lateinischen Sprache nicht möglich ist, so gehört jeder ihrer Unkundige „zum Volke, auch wenn er ein grosser Virtuose auf der Elektrisirmaschine wäre und das Radikal der Flussspathsäure im Tiegel hätte." —

Um das Problem der Entstehung der Sprache zu lösen, muss man zwei scheinbar sich widersprechende Thatsachen vereinigen. Wir sehen nämlich, einerseits, dass die Sprachen, namentlich in grammatischer Hinsicht, sich stufenweise verschlechtern, „vom hohen Sanskrit an bis zum englischen Jargon herab, diesem aus Lappen heterogener Stoffe zusammengeflickten Gedankenkleide. Diese allmälige Degradation ist ein bedenkliches Argument gegen die beliebten Theorien unserer so nüchtern lächelnden Optimisten vom ‚stätigen Fortschritt der Menschheit zum Bessern‘, wozu sie die deplorable Geschichte des bipedischen Geschlechts verdrehen möchten." Andrerseits ist es auch eine Thatsache, oder wenigstens so gut wie eine, dass der Ur-Zustand des Menschengeschlechts ein in geistiger Beziehung gänzlich roher und kindischer war. Wie soll nun ein solches Geschlecht das kunstvolle Sprachgebäude erdacht haben? Die plausibelste Annahme scheint die zu sein, „dass der Mensch die Sprache instinktiv erfunden hat, indem ursprünglich in ihm ein Instinkt liege, vermöge dessen er das zum Gebrauch seiner Vernunft unentbehrliche Werkzeug und Organ derselben ohne Reflexion und bewusste Absicht hervorbringt, welcher Instinkt sich nachher, wann die Sprache einmal da ist und er nicht mehr zur Anwendung kommt, verliert. Wie nun alle aus blossem Instinkt hervorgebrachten Werke, z. B. der Bau der Bienen, der Wespen, der Bieber, die Vogelnester in so mannigfaltigen und stets zweckmässigen Formen etc. eine ihnen eigenthümliche Vollkommenheit haben, indem sie gerade und genau das sind und leisten, was ihr Zweck erfordert, so dass wir die tiefe Weisheit, die darin liegt, bewundern, — ebenso ist es mit der ersten und ursprünglichen Sprache: sie hatte die hohe Vollkommenheit aller Werke des Instinkts. Dieser nachzuspüren, um sie in die Beleuchtung der Reflexion und des deutlichen Bewusstseins zu bringen, ist das Werk der erst Jahrtausende später auftretenden Grammatik."[1] —

Nächst der Sprache ist es, wie gesagt, die Fähigkeit zu lachen, die den Menschen vom Thier unterscheidet; auch sie ist die Folge des abstrakten Denkens. Das begriffliche Wissen ist zwar auf die anschauliche Vorstellung gegründet und der Reflex dieser, — daher die Bezeichnung ‚Reflexion‘, die, „als ein optischer Tropus, zugleich das Abgeleitete und Sekundäre dieser Erkenntnissart ausdrückt" — entspricht ihr jedoch nie so genau, dass es überall ihre Stelle vertreten könnte; daher kommen viele menschliche Verrichtungen ohne Anwendung der Vernunft, vermöge blosser Intuition, besser zu stande.[2] Die abstrakte Erkenntniss nähert sich der anschaulichen immer nur so an, „wie die Musivarbeit der Malerei." Diese Inkongruenz beider ist der

---

[1] Par. II, §§. 307. 309. [2] Welt a. W. I, 66 f. Vierf. W. S. 101.

Grund des merkwürdigen Phänomens, welches man Lachen nennt. Dieses entsteht „jedesmal aus nichts anderem, als aus der plötzlich wahrgenommenen Inkongruenz zwischen einem Begriff und den realen Objekten, die durch ihn, in irgend einer Beziehung, gedacht worden waren, und es ist selbst eben nur der Ausdruck dieser Inkongruenz. Sie tritt oft dadurch hervor, dass zwei oder mehrere reale Objekte durch einen Begriff gedacht und seine Identität auf sie übertragen wird; darauf aber eine gänzliche Verschiedenheit derselben im Uebrigen es auffallend macht, dass der Begriff nur in einer einseitigen Rücksicht auf sie passte. Ebenso oft jedoch ist es ein einziges reales Objekt, dessen Inkongruenz zu dem Begriff, dem es einerseits mit Recht subsumirt worden, plötzlich fühlbar wird. Je richtiger nun einerseits die Subsumtion solcher Wirklichkeiten unter den Begriff ist, und je grösser und greller andrerseits ihre Unangemessenheit zu ihm, desto stärker ist die aus diesem Gegensatz entspringende Wirkung des Lächerlichen. Jedes Lachen also entsteht auf Anlass einer paradoxen und daher unerwarteten Subsumtion; gleichviel ob diese durch Worte, oder Thaten sich ausspricht."[1] „Man kann, wenn man die Sache recht explicite erkennen will, jedes Lächerliche zurückführen auf einen Schluss in der ersten Figur, mit einer unbestrittenen major und einer unerwarteten, gewissermassen nur durch Schikane geltend gemachten minor; in Folge welcher Verbindung die Konklusion die Eigenschaft des Lächerlichen an sich hat."[2]

Die beiden Hauptarten alles Lächerlichen sind: Witz und Narrheit. Der erste geht vom Objekt, oder von der anschaulichen Vorstellung aus und zum Begriff über, und identifizirt zwei oder mehrere verschiedene Objekte willkürlich durch die Einheit eines beide fassenden Begriffes. Eine närrische Handlung hingegen ist immer ein Uebergehen vom Begriff zur Handlung, d. h. zur Behandlung grundverschiedener Objekte, die aber alle in jenem Begriff gedacht sind. Mit anderen Worten, je nachdem von der Diskrepanz der Objekte auf die Identität des Begriffs, oder aber umgekehrt" gegangen wird, entsteht ein Witz oder

---

[1] Welt a. W. I, 70. [2] Ebd. II, 100.

eine Ungereimtheit. „Diesen Ausgangspunkt nun aber scheinbar umzukehren und Witz als Narrheit zu maskiren, ist die Kunst des Hofnarren und des Hanswurst; ein solcher, der Diversität der Objekte sich wohl bewusst, vereinigt dieselben, mit heimlichem Witz, unter einem Begriff, von welchem sodann ausgehend er von der nachher gefundenen Diversität der Objekte diejenige Ueberraschung erhält, welche er selbst sich vorbereitet hatte."[1]
— Als Beispiel eines witzigen Einfalls mag das Epigramm dienen auf den Prediger, der durch seine langweilige Predigt die ganze Gemeinde eingeschläfert hat:

,Bar ist der treue Hirt, von dem die Bibel sprach:
Wenn seine Heerde schläft, bleibt er allein noch wach.'

Das Lächerliche ist hier die Subsumtion des vor der schlafenden Gemeinde noch fortbelfernden Predigers unter den Begriff des bei der schlafenden Heerde wachenden Hirten. Noch lächerlicher, weil ungezwungener, also die Subsumtion des Heterogenen noch deutlicher darstellend, ist folgender Witz: „Das Publikum eines Theaters in Paris verlangte einst, dass die Marseillaise gespielt werde, und gerieth, als dies nicht geschah, in grosses Schreien und Toben; so dass ein Polizeikommissarius in Uniform auf die Bühne trat und erklärte, es sei nicht erlaubt, dass im Theater etwas andres vorkomme, als was auf dem Zettel steht. Da rief eine Stimme: Et vous, Monsieur, êtes-vous aussi sur l'affiche? Welcher Einfall das einstimmigste Gelächter erregte." — Als Beispiele von Ungereimtheiten können die meisten Handlungen des Don Quijote gelten, „welcher unter Begriffe, die er aus Ritterromanen geschöpft, die ihm vorkommenden ihnen sehr heterogenen Realitäten subsumirt." Auch die Münchhausiaden gehören hierher. Bei diesen ist „allemal die Thatsache so gefasst, dass sie, bloss in abstracto, mithin komparativ a priori gedacht, als möglich und plausibel erscheint; aber hinterher, wenn man zur Anschauung des individuellen Falls herabkommt, also a posteriori, thut sich das Unmögliche der Sache, ja, das Absurde der Annahme hervor und erregt Lachen, durch die augenfällige In-

---

[1] Welt a. W. I, 71.

kongruenz des Angeschauten zum Gedachten" (z. B. dass die im Posthorn eingefrorenen Melodien in der warmen Stube aufthauen und hörbar werden, dass zwei Löwen sich gegenseitig auffressen und nur ihre Schwänze übrig bleiben).[1] — Zur Narrheit gehört auch die Pedanterie. „Sie entsteht daraus, dass man wenig Zutrauen zu seinem eigenen Verstande hat und daher ihm es nicht überlassen mag, im einzelnen Fall unmittelbar das Rechte zu erkennen, demnach ihn ganz und gar unter die Vormundschaft der Vernunft stellt und sich dieser überall bedienen, d. h. immer von allgemeinen Begriffen, Regeln, Maximen ausgehen und sich genau an sie halten will, im Leben, in der Kunst, ja im ethischen Wohlverhalten. Daher das der Pedanterie eigene Kleben an der Form, an der Manier, am Ausdruck und Wort, welche bei ihr an die Stelle des Wesens der Sache treten. Da zeigt sich denn bald die Inkongruenz des Begriffs zur Realität, zeigt sich, wie jener nie auf das Einzelne herabgeht und seine Allgemeinheit und starre Bestimmtheit nie genau zu den feinen Nüancen und mannigfaltigen Modifikationen der Wirklichkeit passen kann. Der Pedant kommt daher mit seinen allgemeinen Maximen im Leben fast immer zu kurz, zeigt sich unklug, abgeschmackt, unbrauchbar: in der Kunst, für die der Begriff unfruchtbar ist, producirt er leblose, steife, manirirte Aftergeburten. Sogar in ethischer Hinsicht kann der Vorsatz, recht oder edel zu handeln, nicht überall nach abstrakten Maximen ausgeführt werden; weil in vielen die unendlich fein nüancirte Beschaffenheit der Umstände eine unmittelbar aus dem Charakter hervorgegangene Wahl des Rechten nöthig macht, indem die Anwendung bloss abstrakter Maximen theils, weil sie nur halb passen, falsche Resultate giebt, theils nicht durchführbar ist, indem sie dem individuellen Charakter des Handelnden fremd sind und dieser sich nie ganz verleugnen lässt: daher dann Inkonsequenzen folgen. — Wir können Kanten, sofern er zur Bedingung des moralischen Werths einer Handlung macht, dass sie rein aus vernünftigen abstrakten Maximen, ohne alle Neigung oder momentane Aufwallung geschehe, vom Vorwurf der Veranlassung moralischer Pedanterie nicht ganz frei

---

[1] Welt a, W. II, 101—106.

sprechen, welcher Vorwurf auch der Sinn des Schiller'schen Epigramms ‚Gewissensskrupel' überschrieben¹) ist."²)

Der Grund, dass das Lachen in der Regel ein vergnüglicher Zustand ist, liegt darin, dass die Anschauung, in deren Sieg über die Vernunft das Lächerliche besteht, die ursprüngliche von der thierischen Natur unzertrennliche Erkenntnissweise ist, „in der sich alles, was dem Willen unmittelbares Genügen giebt, darstellt: es ist das Medium der Gegenwart, des Genusses und der Fröhlichkeit; auch ist dasselbe mit keiner Anstrengung verknüpft. Vom Denken gilt das Gegentheil: es ist die zweite Potenz des Erkennens, deren Ausübung stets einige, oft bedeutende Anstrengung erfordert, und deren Begriffe es sind, welche sich oft der Befriedigung unserer unmittelbaren Wünsche entgegenstellen, indem sie, als das Medium der Vergangenheit, der Zukunft und des Ernstes, das Vehikel unserer Befürchtungen, unserer Reue und aller unserer Sorgen abgeben. Diese strenge, unermüdliche, überlästige Hofmeisterin Vernunft jetzt einmal der Unzulänglichkeit überführt zu sehen, muss uns daher ergötzlich sein. Deshalb also ist die Miene des Lachens der der Freude sehr nahe verwandt."³)

Das Gegentheil des Lachens ist der Ernst, der demnach „im Bewusstsein der vollkommenen Uebereinstimmung und Kongruenz des Begriffs oder Gedankens, mit dem Anschaulichen, oder der Realität besteht." Wie das Lachen, so kann auch der Ernst in einem Moment bewerkstelligt werden, und „je mehr ein Mensch des ganzen Ernstes fähig ist, desto herzlicher kann er lachen. Menschen, deren Lachen stets affektirt und gezwungen herauskommt, sind intellektuell und moralisch von leichtem Gehalt; wie denn überhaupt die Art des Lachens, und andrerseits der Anlass dazu, sehr charakteristisch für die Person ist." — „Das absichtlich Lächerliche ist der Scherz." Versteckt sich dieser hinter den Ernst, so entsteht die Ironie. Das Umgekehrte der Ironie, der hinter den Scherz versteckte Ernst, ist der Humor, den man „den doppelten Kontrapunkt der Ironie" nennen könnte.

---

[1]) Gerne dien' ich den Freunden, doch thu' ich es leider mit Neigung.
   Und so wurmt es mich oft, dass ich nicht tugendhaft bin.
[2]) Welt a. W. I, 71 f. [3]) Ebd. II, 107 f.

Die Ironie ist immer auf den Anderen berechnet, der Humor bezieht sich zunächst auf das eigene Selbst: jene ist objektiv, dieser subjektiv. Die Alten, deren Geistesrichtung vorwiegend objektiv war, kannten keinen Humor: dagegen sind die Meisterstücke der Ironie bei ihnen, und nicht bei den Neueren zu suchen.
Der Humor beruht „auf einer subjektiven, aber ernsten und erhabenen Stimmung, welche unwillkürlich in Konflikt geräth mit einer ihr sehr heterogenen, gemeinen Aussenwelt, der sie weder ausweichen, noch sich selbst aufgeben kann; daher sie, zur Vermittlung, versucht, ihre eigene Ansicht und jene Aussenwelt durch dieselben Begriffe zu denken, welche hierdurch eine doppelte, bald auf dieser, bald auf der anderen Seite liegende Inkongruenz zu dem dadurch gedachten Realen erhalten, wodurch der Eindruck des absichtlich Lächerlichen, also des Scherzes entsteht, hinter welchem jedoch der tiefste Ernst versteckt ist und durchscheint. Fängt die Ironie mit ernster Miene an und endigt mit lächelnder, so hält der Humor es umgekehrt." „Als wirklicher Humorist tritt H. Heine auf in seinem ‚Romanzero': hinter allen seinen Scherzen und Possen merken wir einen tiefen Ernst, der sich schämt unverschleiert hervorzutreten." „Jede poetische oder künstlerische Darstellung einer komischen, ja sogar possenhaften Scene, als deren verdeckten Hintergrund jedoch ein ernster Gedanke durchschimmert, ist Produkt des Humors, also humoristisch."
— Der Humor ist das „Kind des Lächerlichen und Erhabenen," und dass man heutzutage jeden Spass und jede Hanswurstiade mit Humor betitelt, entspringt „aus der erbärmlichen Sucht, den Dingen einen vornehmeren Namen zu geben, als ihnen zukommt, nämlich den einer über ihnen stehenden Klasse: so will jedes Wirthshaus Hotel, jeder Geldwechsler Banquier, jede Reiterbude Cirkus, jedes Konzert musikalische Akademie, das Kaufmannskomptoir Bureau, der Töpfer Thonkünstler heissen, — demnach auch jeder Hanswurst Humorist."[1] —

Wir kehren nach dieser Abschweifung zum Satze vom Grunde zurück.

Was die Vernunft erkennt ist Wahrheit, welche also

---

[1]) Welt a. W. II, 108—12.

nicht mit der **Verstandeserkenntniss, der Realität,** zu verwechseln ist. Mangel an **Verstand** haben wir Dummheit genannt; Mangel an **Vernunft** nennen wir **Thorheit.**[1]) Wie der **Realität** der **Schein,** so steht der **Wahrheit** der **Irrthum** gegenüber. Die Wahrheit ist „die Beziehung eines Urtheils auf etwas von ihm Verschiedenes, das sein Grund genannt wird": **Erkenntnissgrund.** Diese Gestalt des Satzes vom Grunde besagt, „dass wenn ein **Urtheil** eine **Erkenntniss** ausdrücken soll, es einen zureichenden Grund haben muss: wegen dieser Eigenschaft erhält er sodann das Prädikat **wahr.**" Im Erkennen der Gründe der **Urtheile,** welches **Wissen** genannt wird, besteht die vornehmste Funktion der Vernunft.

Es giebt vier Arten von Gründen, auf denen ein Urtheil beruhen kann, also auch vier Arten von Wahrheit.

Wenn ein **Urtheil durch ein anderes Urtheil** begründet ist, so ist seine Wahrheit eine **bloss formale oder logische,** welche über seine materiale Wahrheit nicht entscheidet. Alle logischen Schlüsse, sowie auch alle Urtheile, die aus den vier bekannten Denkgesetzen (dem Satz der Identität, des Widerspruchs, des ausgeschlossenen Dritten und dem Satz vom Grunde) folgen, sind solche Wahrheiten. Ein Beispiel eines Urtheils dieser Art wäre: Ein Triangel ist ein von drei Linien eingeschlossener Raum, — ein Urtheil, das zu seinem letzten Grund den Satz der Identität hat, d. h. den durch diesen ausgedrückten Grund. Im gewöhnlichen Gebrauch der Vernunft werden solche Wahrheiten auf jene abstrakten Denkgesetze freilich nicht zurückgeführt; dies giebt uns aber kein Recht, sie für unabhängig von diesen Gesetzen zu erklären und ihnen eine **unmittelbare, innere Wahrheit** beizulegen. „Jede Wahrheit ist die Beziehung eines Urtheils auf etwas ausser ihm, und innere Wahrheit (als angeblicher Gegensatz zur äusseren logischen) ein Widerspruch."

Ferner kann eine anschauliche, empirische Vorstellung, also ein Objekt erster Klasse, das Urtheil begründen: dann hat dieses materiale und empirische Wahrheit, d. h. „seine Begriffe sind so miteinander verbunden, getrennt, eingeschränkt, wie

---

[1]) Welt a. W. I, 28.

es die anschaulichen Vorstellungen, durch die es begründet wird, mit sich bringen und erfordern." Unmittelbar erkannt wird diese Uebereinstimmung zwischen Anschauung und Begriff durch ein besonderes Vermögen, das Urtheilskraft heisst, die demnach „das Vermittelnde zwischen dem anschauenden und dem abstrakten oder diskursiven Erkenntnissvermögen, also zwischen Verstand und Vernunft ist."[1]) Das Werk der Urtheilskraft besteht im Uebertragen des anschaulich Erkannten ins abstrakte Bewusstsein; und jeden wahrhaft grossen Fortschritt verdankt die Wissenschaft nur den seltenen Individuen, die mit einer Urtheilskraft begabt sind, deren Stärke das gewöhnliche Maass überschreitet. Mangel an Urtheilskraft ist Einfalt, d. h. Unfähigkeit, im Identischen die Verschiedenheit, und in der Verschiedenheit die Identität, oder die bloss relative Identität und die relative Verschiedenheit zu erkennen.

Sätze aus Sätzen zu folgern, zu beweisen, zu schliessen, vermag jeder, der nur gesunde Vernunft hat; aber es kommt nicht viel dabei heraus. Denn es giebt keine Wahrheit, die allein mittelst Schlüsse zu erkennen wäre; und da jeder Beweis ein Schluss ist, so folgt, dass keine Wahrheit, also auch keine Wissenschaft durch und durch beweisbar ist. Ohne Rest beweisbar kann eine Wissenschaft ebensowenig sein, „als ein Gebäude in der Luft stehen kann: alle ihre Beweise müssen auf ein Anschauliches und daher nicht mehr Beweisbares zurückführen. Denn die ganze Welt der Reflexion ruht und wurzelt auf der anschaulichen Welt. Alle letzte, d. h. ursprüngliche Evidenz ist eine anschauliche: dies verräth schon das Wort." „Daher muss es irgendwie möglich sein, jede Wahrheit, die durch Schlüsse gefunden und durch Beweise mitgetheilt wird, auch ohne Beweise und Schlüsse unmittelbar zu erkennen." Was man durch rein logische Schlussketten erhält, ist nie mehr, „als eine Verdeutlichung und Ausführung dessen, was schon in den Prämissen fertig liegt": man explicirt nur, was implicite verstanden war. Wir haben bereits früher (S. 29) gesehen, worauf die so gepriesene Sicherheit der reinen Mathematik beruht, nämlich nicht

---

[1]) Vierf. W. §§. 29—31. S. 103.

auf Schlüssen, sondern auf den a priori gegebenen, also unfehlbaren Formen der Anschauung (Raum und Zeit). Genau dasselbe gilt von der Astronomie, die ebenfalls stolz auf ihre Unfehlbarkeit ist. Zu den Formen des Raumes und der Zeit, kommt in der Astronomie noch eine einzige Naturkraft, die Schwere, und das Korrelat der Kausalität, das Gesetz der Trägheit, hinzu. Auf solcher absolut sicheren Grundlage kann man freilich mit Schlüssen weit kommen, weil diese hier „gleichsam Brücken von einer anschaulichen Auffassung zur anderen sind." Die Schlüsse sind aber auch in der Astronomie nicht die Hauptquelle der Erkenntniss, sondern immer nur ein Nothbehelf. Die Auffindung astronomischer Hypothesen ist Sache der Urtheilskraft; ihre Bestätigung oder Verwerfung geschieht auf dem Wege der Induktion, die wieder nicht einzig und allein ein Schliessen, sondern auch empirische Anschauung ist. Aber auch ohne Urtheilskraft und Induktion, ganz unmittelbar, durch eine einzige empirische Anschauung, könnten alle astronomischen Wahrheiten begründet werden, „sobald wir die Welträume frei durchlaufen könnten, und teleskopische Augen hätten."[1] —

Die dritte Art der Vernunfterkenntniss oder Wahrheit ist die transscendentale. Der zureichende Grund ihrer (material wahren) Urtheile sind die Formen a priori der empirischen, anschaulichen Erkenntniss, der reinen Sinnlichkeit und des Verstandes: Raum, Zeit und Kausalität; d. h. aus den a priori bekannten Eigenschaften dieser Formen erkennen wir die Wahrheit des durch sie begründeten Urtheils. Z. B.: zwei gerade Linien schliessen keinen Raum ein. — Nichts geschieht ohne Ursache. $3 \times 7 = 21$. Eigentlich ist die ganze reine Mathematik ein Beleg dieser Art der Wahrheit. —

Zu den logischen Wahrheiten gehören, wie wir (S. 155) gesehen haben, auch diejenigen Urtheile, die durch die vier bekannten induktiv gefundenen Denkgesetze (der Identität, des Widerspruchs etc.) begründet werden. Diese Denkgesetze selbst sind Urtheile und gründen sich auf die formalen Bedingungen alles Denkens, demnach auf die Bedingungen oder Voraussetzungen aller Logik,

---

[1] Welt a. W. I, 77—80.

auf das, was gleichsam hinter dem logischen Denken liegt, auf das Metalogische. Sie sind diese Bedingungen selbst, und bilden die vierte Art der Vernunfterkenntniss, die Schopenhauer metalogische Wahrheiten nennt. Es sind ihrer vier: 1) Ein Subjekt ist gleich der Summe seiner Prädikate, oder a = a; 2) einem Subjekt kann ein Prädikat nicht zugleich beigelegt und abgesprochen werden, oder a = — a = 0; 3) von jeden zwei kontradiktorisch entgegengesetzten Prädikaten muss jedem Subjekt eines zukommen;[1]) 4) die Wahrheit ist die Beziehung eines Urtheils auf etwas ausser ihm, als seinen zureichenden Grund.

Durch eine „Selbstuntersuchung der Vernunft" erkennen wir sofort, dass diese Urtheile in der That die Bedingung alles Denkens ausmachen. Wenn wir nämlich den Versuch machen, ihnen zuwider zu denken; so finden wir, dass dies „so wenig angeht, wie unsere Glieder der Richtung ihrer Gelenke entgegen zu bewegen." Von den transscendentalen Wahrheiten, die ebenfalls auf formalen Bedingungen, aber auf denen der Sinnlichkeit und des Verstandes, beruhen, gilt offenbar dasselbe. Beide Arten der Wahrheit haben ihre Wurzel in unserem Intellekt, da sie sonst nicht auf subjektivem Wege ins Bewusstsein kommen könnten; da aber das Subjekt, als das schlechthin Unerkennbare (s. S. 127), sich selbst nicht zu erkennen vermag; so werden wir uns sowohl der transscendentalen als der metalogischen Wahrheiten nur mittelbar, mittelst der Objekte, in concreto bewusst; d. h. an Vorstellungen, an der empirischen Realität, machen wir die Erfahrung, dass es unmöglich ist, von diesen Grundgesetzen zu abstrahiren.[2]) —

Wir haben das Wesen der Vernunft und alle Arten ihrer Erkenntniss kennen gelernt, und resumiren das Gesagte folgendermassen: „die Vernunft ist weiblicher Natur: sie kann nur geben, nachdem sie empfangen hat. Durch sich selbst allein hat sie nichts, als die gehaltlosen Formen ihres Operirens. Vollkommen

---

[1]) Man unterscheidet in der formalen Logik ein kontradiktorisches und ein konträres Gegentheil. Das erstere setzt alle möglichen Prädikate ausser dem bejahten, das zweite setzt nur ein dem bejahten innerhalb derselben Gattung entgegenstehendes Prädikat. Ein kontradiktorischer Gegensatz ist z. B.: süss — nicht süss; ein konträrer: süss — sauer. [2]) Vierf. W. §§. 32. 33.

reine Vernunfterkenntniss giebt es sogar keine andere, als die vier Sätze, welche metalogische Wahrheit ausdrücken. Denn selbst das Uebrige der Logik ist schon nicht mehr vollkommen reine Vernunfterkenntniss, weil es die Verhältnisse und Kombinationen der Sphären der Begriffe voraussetzt: aber Begriffe überhaupt sind erst da nach vorhergegangenen anschaulichen Vorstellungen, die Beziehung auf welche ihr ganzes Wesen ausmacht, die sie folglich schon voraussetzen."

Trotz dieser ihrer Mängel und ihrer wesentlichen Beschränktheit hat die Vernunft einen sehr grossen Werth, insofern sie die erste Bedingung alles Wissens und aller Wissenschaft ist. „Wissen ist das abstrakte Bewusstsein, das Fixirthaben in Begriffen der Vernunft, des auf andere Weise (nämlich durch die Anschauung) überhaupt Erkannten."[1]) Durch die Vernunft wird unser Erkennen nicht erweitert, sondern nur umgeformt, konservirt und somit mittheilbar gemacht. Dies macht die Vernunft so unschätzbar für das Praktische, aber auch oft so störend, wenn sie in Handlungen eingreift, die, um vollkommen zu sein, ohne jede Reflexion, gleichsam instinktiv, vollzogen werden müssten. Solche Handlungen stammen aus einer reflexionslosen, nicht abstrakten Erkenntniss, die man mit dem Wort Gefühl bezeichnet, und worunter alles zu verstehen ist, was „nicht Begriff, nicht abstrakte Erkenntniss" ist. Dieser ausserordentlich weite Begriff umfasst die heterogensten Dinge, „von denen man nimmer einsieht, wie sie zusammenkommen, solange man nicht erkannt hat, dass sie allein in dieser negativen Rücksicht, nicht abstrakte Begriffe zu sein, übereinstimmen". Eine positive Erklärung des Gefühls lässt sich nicht geben, und es ist eine Verirrung, ein besonderes Gefühlsvermögen anzunehmen und Theorien desselben zu konstruiren.[2])

5. **Dritte Klasse der Objekte. — Der Satz vom Grunde des Seins.**

Die Vorstellungen dieser Klasse sind die reinen Formen a priori der Anschaung, Zeit und Raum, für sich, abgesondert von

---

[1]) Welt a. W. I, 59 f. [2]) Ebd. § 11.

ihrem Inhalt oder von der vollständigen Vorstellung genommen. Da die Verstandesform der Kausalität, wie wir wissen, nicht für sich, sondern nur als Materie angeschaut werden kann; so gehört sie nicht hierher.

Die Eigenschaft des Raumes und der Zeit ist, dass "alle ihre Theile in einem Verhältniss zu einander stehen, in Hinsicht auf welches jeder derselben durch einen anderen bestimmt und bedingt ist. Im Raum heisst dieses Verhältniss Lage, in der Zeit Folge." Nie sind aus blossen Begriffen Bestimmungen wie: links und rechts, oben und unten, vorn und hinten u. dgl. klar zu machen. Weder der Verstand noch die Vernunft vermag die räumlichen und zeitlichen Verhältnisse zu fassen. Nur vermöge der reinen Anschauung a priori, d. h. vermöge jener Formen selbst sind sie verständlich. Die Erkenntniss: wenn im Dreieck die Winkel gleich sind, so müssen auch die Seiten gleich sein; oder: die Zahl zehn setzt alle vorhergehenden Zahlen voraus, ist keine Erkenntniss nach dem Gesetze der Kausalität, da die Gleichheit der Seiten nicht Wirkung der Gleichheit der Winkel ist; auch folgt sie nicht aus dem Begriff der Gleichheit der Winkel, ist also nicht ein Urtheil. Die Winkel und Seiten bestimmen einander einfach durch ihr So-sein. Auf die Frage nach dem Warum jener geometrischen Thatsache, lässt sich nur antworten: es ist so, weil es so ist. Ihr zureichender Grund ist dieses Sein selbst. Die gegenseitigen Verhältnisse der Theile des Raumes und der Zeit stehen, wie alle unsere Vorstellungen, unter dem Satze vom Grunde, aber nur unter dem des Seins,[1]) weshalb sie uns erst durch Anschauung vollkommen deutlich werden.

6. Vierte Klasse der Objekte. — Der Satz vom Grunde des Handelns oder Motivation.

Diese letzte Klasse begreift dasjenige Objekt, welches für Jeden nur in einem Exemplar existirt: nämlich das eigene Ich, und zwar als das Subjekt des Handelns oder Wollens, nicht aber des Erkennens. Als ein Erkennendes kann das

---

[1]) Vierf. W. §§. 35. 63. 15.

Subjekt sich nie erkennen, aus dem einfachen Grunde, weil das erkennende Subjekt, als die Bedingung aller Erkenntniss, aller Vorstellung, nie selbst Objekt oder Vorstellung werden, d. h. sich nicht von sich selbst trennen und sich selbst entgegen stellen kann. Ein Erkennen des Erkennens ist ein unmöglicher Gedanke, weil es besagt: das Subjekt begiebt sich seines Erkennens, trennt sich von ihm und erkennt dennoch. Von dem absolut unerkennbaren Subjekt des Erkennens gilt der Ausspruch im Oupnek'hat: Id videndum non est: omnia videt; et id audiendum non est, omnia audit; sciendum non est: omnia scit; et intelligendum non est: omnia intelligit. Praeter id, videns, et sciens, et audiens, et intelligens ens aliud non est. — Mein Wissen, dass ich erkenne und dass in mir Erkenntnisskräfte, wie Sinnlichkeit, Verstand und Vernunft, vorhanden und thätig sind, ist nicht, wie es scheinen kann, ein Beweis gegen die Unerkennbarkeit des Erkennens. Denn das ‚Ich weiss, dass ich erkenne‘ ist nur ein anderer Ausdruck für das blosse ‚Ich erkenne‘, welches, so ohne weitere Bestimmung, nicht mehr sagt, als das blosse ‚Ich‘. Wäre beides nicht durchaus ein und dasselbe, so müsste man sich, als den Wissenden, von sich, als dem Erkennenden, trennen können: man müsste wissen, dass man erkennt, ohne zu erkennen, und erkennen, ohne davon zu wissen. Man versuche diese Trennung, und ihre Unmöglichkeit wird offenbar. Dass uns unsere Erkenntnissvermögen bekannt sind, beweist nicht, wie man glauben könnte, dass wir das Subjekt der Erkenntniss erkennen; vielmehr spricht der Umstand, dass so viele widersprechende Urtheile über diese Vermögen vorhanden sind, dafür, dass wir zu ihrer Kenntniss auf anderem Wege gelangt sind. Unsere Erkenntnissvermögen sind nichts als „allgemeine Ausdrücke für die aufgestellten Klassen der Vorstellungen, die man zu jeder Zeit, eben in jenen Erkenntnisskräften, mehr oder weniger bestimmt unterschied." Von diesen Vorstellungen sind sie abstrahirt und dem Korrelat aller Objekte, dem Subjekt, beigegeben worden. Sie verhalten sich demnach zu den Klassen der Vorstellungen „gerade so, wie das Subjekt überhaupt zum Objekt überhaupt." Wie mit dem Subjekt sofort auch das Objekt gesetzt ist, und umgekehrt; „so ist mit einem auf irgend eine Weise bestimmten Objekt sofort auch das

Subjekt als auf eben solche Weise erkennend gesetzt. Insofern ist es einerlei, ob ich sage: die Objekte haben solche und solche ihnen anhängende und eigenthümliche Bestimmungen; oder: das Subjekt erkennt auf solche und solche Weise; einerlei, ob ich sage: die Objekte sind in solche Klassen zu theilen; oder: dem Subjekt sind solche unterschiedene Erkenntnisskräfte eigen."
„Demnach nun, ob man sagt: Sinnlichkeit und Verstand sind nicht mehr: oder: die Welt hat ein Ende, — ist Eins. Ob man sagt: es giebt keine Begriffe: oder: die Vernunft ist weg und es giebt nur noch Thiere" (d. h. Sinnlichkeit und Verstand allein) — ist Eins."[1])

Da nun das Erkennen selbst oder das Subjekt des Erkennens schlechterdings unerkennbar ist, und wir uns dennoch erkennen, d. h. unser eigenes Objekt sind; so sind wir ein solches nur insofern als wir wollen oder Subjekt des Wollens sind. Dass wir, als erkennendes Subjekt, uns als ein wollendes erkennen, spricht für die Identität beider. Diese aber ist uns unmittelbar gegeben und keiner weiteren Erklärung fähig. Denn Identität ist nur durch einen Vergleich zu erkennen; vergleichen aber können wir nur was wir anschauen, d. h. Objekte. In unserem Falle haben wir nur Ein Objekt: uns selbst als wollendes Wesen. Von unserem erkennenden Subjekt wissen wir gar nichts. Beweisen können wir demnach jene Identität nicht, und doch gilt sie für jeden als eine unerschütterliche Thatsache, die in dem Wort ‚Ich' ihren Ausdruck findet. Dass das Wort ‚Ich' möglich ist, dass das Bewusstsein der Identität des wollenden und erkennenden Subjekts mich mein ganzes Leben hindurch begleitet, ohne dass ich den Grund derselben jemals zu entdecken vermag, ist „das Wunder $\kappa\alpha\tau'$ $\varepsilon\xi o\chi\eta\nu$."

Das subjektive Korrelat dieser vierten Klasse von Vorstellungen ist der innere Sinn oder das Selbstbewusstsein, dessen Form die Zeit allein (nicht auch der Raum) ist. Im Selbstbewusstsein erkennen wir uns unmittelbar als wollend; und eben wegen der Unmittelbarkeit dieser Erkenntniss lässt sich nicht definiren, was Wollen sei. Aber eins wissen wir, dass unsere

---

[1]) Vierf. W. §§. 40. 41.

Handlungen, also unser Wollen, wie alle übrigen Veränderungen in der objektiven Welt, einen zureichenden Grund haben müssen, den man Motiv nennt. Das Motiv haben wir (S. 140f.) als eine Form der Kausalität, und diese als das Gesetz erkannt, welches in der Welt der äusseren Anschauung ausnahmslos herrscht und alle Veränderungen der Objekte bestimmt. Wie dieser Process vor sich geht, wie eine Ursache eine Wirkung hervorbringt, darüber sagt uns die Kausalität von aussen gesehen gar nichts. Und ewig müsste das Innere dieses Vorganges ein Mysterium bleiben, wenn nicht das Selbstbewusstsein uns die Einsicht eröffnete: Wir wissen ganz unmittelbar, aus selbsteigener Erfahrung, dass das Motiv unseren Willen bestimmt, und dass das Innere alles Geschehens nach Motiven, die in einer blossen Vorstellung bestehen, ein Willensakt ist. Wir begreifen also die Kausalität nur sofern sie Motivation, und diese nur sofern sie sich im Selbstbewusstsein darstellt. Mit anderen Worten: nur von innen gesehen wird uns die Kausalität klar, und die von innen gesehene Kausalität ist Motivation, oder die Gestalt des Satzes vom Grunde, die wir den Satz vom zureichenden Grunde des Handelns nennen. Das Selbstbewusstsein führt uns „hinter die Koulissen" des Geheimnisses, „wie dem innersten Wesen nach, die Ursache die Wirkung herbeiführt."[1]

Wie wichtig diese Erkenntniss ist, wird sich sofort zeigen.

---

[1] Vierf. W. §§. 42. 43.

Zweiter Theil.

Metaphysik.

I. Metaphysik der Natur oder Naturphilosophie.

(Schriften: „Die Welt a. W. u. V." II. Buch. — „Ueber den Willen in der Natur."[1]) — „Parerga und Paralipomena" I, 215—33. 242- 328. II, 108—189.)

1. Der „Wille" als das Ding an sich. — Objektivationen des Willens. — „Ideen."

Die Erkenntniss, dass die Welt Vorstellung ist, kann unser metaphysisches Bedürfniss nicht vollkommen befriedigen. Wir wollen wissen, ob sie nichts weiter, als blosse Vorstellung, oder noch etwas anderes ausserdem sei. Denn nur im zweiten Falle wäre sie einer dauernden Beachtung und Erforschung werth. Jenes Andere der Welt, wonach wir fragen, muss offenbar etwas von der Vorstellung Grundverschiedenes, demnach auch von den Formen und Gesetzen der ersteren Unabhängiges sein. Ebenso klar ist es, dass wenn ich in mir selbst dieses Andere nicht finde, ich es überhaupt nicht finde, da Alles, was ausser mir ist, mein Objekt, also meine Vorstellung ist und durch und durch von meinem Erkenntnissvermögen, meinem Intellekt abhängt. Nun habe ich mich aber, wie wir im vorigen Abschnitt gesehen, als ein wollendes Wesen unmittelbar erkannt. Als Subjekt des Wollens bin ich von mir, als dem Subjekt des Er-

---

[1] 3. Aufl. 1867.

kennens, trotz jener wunderbaren Identität beider, grundverschieden. Mein Intellekt ist das Princip der gesammten idealen Welt oder der Welt als Vorstellung. Der Wille aber ist das einzige mir Bekannte, was nicht Intellekt, also nicht ideal ist. Er ist also etwas Reales, da es nichts Drittes giebt. Was ist denn aber das Reale in einer sonst durch und durch idealen Welt? Doch nichts anderes als das Wesen selbst der Welt, das auch mir als dem Subjekt des Erkennens zu Grunde liegt; es ist jenes X, das Kant unbestimmt gelassen und als Ding an sich bezeichnet hat: das Erscheinende in der Erscheinung, wonach alle Philosophie frägt; das All-Eine, absolut Freie, Ewige, Untheilbare, ausser Zeit und Raum Seiende, dem Satze vom Grunde nicht Unterworfene. Das Selbstbewusstsein, in welchem wir uns als wollend erkennen, führt uns demnach nicht nur hinter die Koulissen der Kausalität, sondern des Satzes vom Grunde überhaupt, d. h. hinter die Koulissen der ganzen Welt als Vorstellung, deren Ausdruck der Satz vom Grunde in seinen vier Gestalten ist.

Die Welt ist also Erscheinung oder Objektivation des Willens. Diese Verallgemeinerung oder Uebertragung einer, doch nur in Rücksicht des Subjekt geltenden, Wahrheit auf die ganze (organische und unorganische) Welt scheint kühn zu sein; allein man überzeugt sich bald, dass es noch kühner wäre, sie nicht zu machen, denn dies würde heissen, dass man nur der eigenen Person allein Realität oder ein Ding an sich zuschreibt und die übrige Welt für wesenlos, für ein blosses Phantom erklärt. Freilich ist ein solcher theoretischer Egoismus durch nichts zu widerlegen; das spricht jedoch keineswegs für seine Wahrheit, sondern bloss dafür, dass er eine nur im Tollhause mögliche, demnach allerdings den Vernunftgründen unzugängliche, unwiderlegliche Ueberzeugung ist.[1]

Zu dem (Analogie-) Schluss: da mein Wesen Wille ist, oder da ich als Ding an sich nichts anderes denn als Wille bin; so ist der Wille das der Erscheinungswelt überhaupt zu Grunde Liegende, oder das Wesen der Welt, — zu diesem Schluss

---

[1] Welt a. W. I, 124 f.

sind wir also schon dadurch berechtigt, dass der theoretische Egoismus, der ihn nicht zieht, eine Absurdität ist. — Wie steht es aber um die Berechtigung zu behaupten, der Wille sei das Ding an sich? Haben wir denn nicht oft gehört, das Ding an sich sei unerkennbar, und alles Erkennbare und Erkannte sei schon als solches, insofern es durch den Intellekt hindurchgegangen ist, kein Ding an sich, sondern Objekt, Vorstellung, Erscheinung? Auch den Willen erkenne ich; folglich kann er unmöglich das Ding an sich selbst sein, sondern ist und bleibt für mich nichts als Erscheinung, aber eine Erscheinung, in der das Wesen der Welt in allervollkommenster und deutlichster Weise zum Ausdruck gelangt. Nur in dieser Einschränkung, nicht aber buchstäblich, ist Schopenhauers Erklärung: der Wille ist das Ding an sich, zu verstehen. „Das Ding an sich, welches nimmermehr Objekt ist, eben weil alles Objekt schon wieder seine Erscheinung, nicht mehr es selbst ist, müsste, wenn es dennoch objektiv gedacht werden sollte, Namen und Begriff von einem Objekt borgen, von etwas irgendwie objektiv Gegebenem, folglich von einer seiner Erscheinungen: aber diese dürfte, um als Verständigungspunkt zu dienen, keine andere sein, als unter allen seinen Erscheinungen die vollkommenste, d. h. die deutlichste, am meisten entfaltete, vom Erkennen unmittelbar beleuchtete: diese aber eben ist des Menschen Wille." Im menschlichen Willen drückt sich das Erscheinende deutlicher aus als in den Vorgängen der ganzen übrigen Natur. Das Erscheinende ist das Genus; die Deutlichkeitsgrade seiner Erscheinung sind dessen Species. Wir benennen also das Genus „nach der vorzüglichsten Species (denominatio a potiori), deren uns näher liegende, unmittelbare Erkenntniss zur mittelbaren Erkenntniss aller anderen führt." Die Erweiterung des Begriffes „Wille" ist daher das Erste, was Schopenhauer, um verstanden zu werden, von seinem Leser verlangt. Wer bei dem Worte Wille immer nur an den menschlichen, und wohl gar an den von der abstrakten Erkenntniss geleiteten Willen denkt, dem bleibt Schopenhauers Metaphysik verschlossen. Ist der menschliche Wille nur die klarste Erscheinung des Willens als Genus gefasst; so müssen wir „das uns unmittelbar bekannte innerste Wesen eben dieser Erscheinung in Gedanken rein aussondern, es dann auf alle schwächeren, undeutlicheren Erscheinungen desselben Wesens übertragen, wodurch wir die verlangte Erweiterung des Begriffs Wille vollziehen."[1]

Wer dies gethan, und wem der Unterschied zwischen Ding an sich und Erscheinung klar geworden ist, der wird auch einsehen, erstlich, dass der Wille nicht im Ganzen, d. h. nicht als das Ding an sich selbst, sondern nur in seinen einzelnen Akten uns kenntlich wird; zweitens, dass schlechthin alle Erscheinungen und alle (organischen und unorganischen) Kräfte, als Kundgebungen des einen und selben Willens, in ihrem Wesen verwandt, ja identisch sind. „Nicht allein in denjenigen Erscheinungen, welche seiner eigenen ganz ähnlich sind, in Menschen und Thieren, wird er als ihr innerstes Wesen jenen nämlichen Willen anerkennen, sondern die fortgesetzte Reflexion wird ihn dahin leiten, auch die Kraft, welche in der Pflanze treibt und vegetirt, ja, die Kraft, durch welche der Krystall anschiesst, die, welche den Magnet zum Nordpol wendet, die, deren Schlag ihm aus der Berührung heterogener Metalle entgegenfährt, die, welche in den Wahlverwandtschaften der Stoffe als Fliehen und Suchen, Trennen und Vereinen erscheint, ja, zuletzt sogar die Schwere, welche in aller Materie so gewaltig strebt, den Stein zur Erde und die Erde zur Sonne zieht, — diese Alle nur in der Erscheinung für verschieden, ihrem inneren Wesen nach aber als dasselbe zu erkennen, als jenes ihm unmittelbar so intim und besser als alles Andere Bekannte, was da, wo es am deutlichsten hervortritt, Wille heisst. Diese Anwendung der Reflexion ist es allein, welche uns nicht mehr bei der Erscheinung stehen bleiben lässt, sondern hinüberführt zum Ding an sich. Erscheinung heisst Vorstellung, und weiter nichts: alle Vorstellung, welcher Art sie auch sei, alles Objekt, ist Erscheinung. Ding an sich aber ist allein der Wille: als solcher ist er durchaus nicht Vorstellung, sondern toto genere von ihr verschieden: er ist es, wovon alle Vorstellung, alles Objekt, die Erscheinung, die Sicht-

---

[1] Welt a. W. I, 131f.

barkeit, die Objektität ist. Er ist das Innerste, der Kern jedes Einzelnen und ebenso des Ganzen: er erscheint in jeder blindwirkenden Naturkraft: er auch erscheint im überlegten Handeln des Menschen; welcher beiden grosse Verschiedenheit doch nur den Grad des Erscheinens, nicht das Wesen des Erscheinenden trifft."[1]) Mehr als dies vermögen wir über die Natur des Willens nicht auszusagen: in dieser Richtung stehen wir an der Grenze unserer Erkenntniss. „Was dieser Wille, der sich in der Welt darstellt, zuletzt schlechthin an sich selbst sei, d. h. was er sei, ganz abgesehen davon, dass er sich als Wille darstellt, oder überhaupt erscheint, d. h. überhaupt erkannt wird: — diese Frage ist nie zu beantworten: weil, wie gesagt, das Erkanntwerden selbst schon dem Ansichsein widerspricht und jedes Erkannte schon als solches nur Erscheinung ist." Die besonderen, für uns unerkennbaren Daseinsweisen, die das Ding an sich, ganz ausserhalb aller möglichen Erscheinung, haben mag, würden als das Wesen des Dinges an sich übrig bleiben, wenn der Wille, diese Erscheinung des Dinges an sich, könnte aufgehoben werden. Erkennbar würde jener Rest freilich auch dann nicht, weil mit der Aufhebung des Willens auch seine Objektivation, also auch das erkennende Subjekt wegfallen würde. Ob und wie die Aufhebung des Willens möglich, ist eine Frage, die erst später beantwortet werden kann. Was wir aber schon jetzt einsehen, ist, dass, da der Wille nicht das Ding an sich selbst ist, die Annihilation des Willens, demnach das Ende der Welt, nicht gleich dem absoluten Nichts sein kann.[2]) —

Der Wille „ist, weil er will, und will, weil er ist."[3]) Er ist das schlechthin Grundlose und Freie. Seinem innersten Wesen nach liegt er ausserhalb des Gebietes des Satzes vom Grunde; daher ist des Menschen Wollen, wie auch jede andere Veränderung in der Natur, nicht ohne Rest aus den Motiven und Ursachen zu erklären. „Spinoza sagt, dass der durch einen Stoss in die Luft fliegende Stein, wenn er Bewusstsein hätte, meinen würde, aus seinem eigenen Willen zu fliegen. Ich setze nur

---

[1]) Welt a. W. I, 130 f. [2]) Ebd. II, 221 f. [3]) Par. II, 100.

noch hinzu, dass der Stein Recht hätte. Der Stoss ist für ihn, was für mich das Motiv; und was bei ihm als Kohäsion, Schwere, Beharrlichkeit im angenommenen Zustande erscheint, ist, dem inneren Wesen nach, dasselbe, was ich in mir als Willen erkenne, und was, wenn auch bei ihm die Erkenntniss hinzuträte, auch er als Willen (also als frei) erkennen würde." [1])

Auch ist der Wille frei von aller Vielheit, trotz der Zahllosigkeit seiner Erscheinungen in Zeit und Raum: „er selbst ist Einer: jedoch nicht wie ein Objekt Eines ist, dessen Einheit nur im Gegensatz der möglichen Vielheit erkannt wird: noch auch wie ein Begriff Eins ist, der nur durch Abstraktion von der Vielheit entstanden ist; sondern er ist Eines als das, was ausser Zeit und Raum, dem principio individuationis, d. h. der Möglichkeit der Vielheit liegt." — Im Bewusstsein, dass unser Wille grundlos ist, liegt der Ursprung der Lehre von der Freiheit des menschlichen Willens, die, sofern sie sich auf den Willen als Ding an sich bezieht, offenbar vollkommen richtig ist. Das Falsche an dieser Lehre ist nur die Uebertragung der Freiheit, die dem Wesen allein des Willens zukommt, auch auf die Erscheinung desselben, nämlich auf die menschlichen Handlungen, die, als ausgeübt vom Individuum, das als solches dem Satz vom Grunde unterworfen ist, durch und durch necessitirt sind, wie Alles in der Welt als Vorstellung.[2])

Die Vielheit kommt nur den Objektivationen des Willens, den Dingen in Zeit und Raum, nicht aber dem Willen selbst zu. Dieser bleibt, ihrer ungeachtet, untheilbar und geht nie in die Erscheinung ein. Sein Hervortreten in die Sichtbarkeit hat „so unendliche Abstufungen, wie zwischen der schwächsten Dämmerung und dem hellsten Sonnenlicht, dem stärksten Ton und dem leisesten Nachklange sind." Und in jeder dieser Abstufungen ist der Wille ganz ungetheilt. „Er offenbart sich ebenso ganz und ebenso sehr in einer Eiche, wie in Millionen." „Daher könnte man auch behaupten, dass wenn, per impossibile, ein einziges Wesen, und wäre es das geringste, gänzlich vernichtet

---

[1]) Welt a. W. I, 150. [2]) Ebd. 134 f.

würde, mit ihm die ganze Welt untergehen müsste. Im Gefühl hiervon sagt der grosse Mystiker Angelus Silesius:

„Ich weiss, dass ohne mich Gott nicht ein Nu kann leben:
Werd' ich zunicht', er muss von Noth den Geist aufgeben.'

Man hat auf mancherlei Weise versucht, die unermessliche Grösse des Weltgebäudes der Fassungskraft eines Jeden näher zu bringen, und dann Anlass zu erbaulichen Betrachtungen daher genommen, wie etwa über die relative Kleinheit der Erde und gar des Menschen; dann wieder im Gegensatz hiervon, über die Grösse des Geistes in diesem so kleinen Menschen, der jene Weltgrösse herausbringen, begreifen, ja messen kann, u. dgl. m. Alles gut! Inzwischen ist mir, bei Betrachtung der Unermesslichkeit der Welt, das Wichtigste dieses, dass das Wesen an sich, dessen Erscheinung die Welt ist, — was immer es auch sein möchte, — doch nicht sein wahres Selbst solchergestalt im grenzenlosen Raum auseinandergezogen und zertheilt haben kann, sondern diese unendliche Ausdehnung ganz allein seiner Erscheinung angehört, es selbst hingegen in jeglichem Dinge der Natur, in jedem Lebenden, ganz und ungetheilt gegenwärtig ist; daher eben man nichts verliert, wenn man bei irgend einem Einzelnen stehen bleibt, und auch die wahre Weisheit nicht dadurch zu erlangen ist, dass man die grenzenlose Welt ausmisst, oder was noch zweckmässiger wäre, den endlosen Raum persönlich durchflöge; sondern vielmehr dadurch, dass man irgend ein Einzelnes ganz erforscht, indem man das wahre und eigentliche Wesen desselben vollkommen erkennen und verstehen zu lernen sucht." [1] —

Wir haben schon gesagt, und kommen noch darauf zurück, dass das Einzige, um was es sich in der Welt handelt, die Selbsterkenntniss des Willens ist: dies ist „die einzige Begebenheit an sich." [2] Die Objektivationen des Willens oder die Erscheinungen sind jene Akte, durch welche der Wille allmälig zur Selbsterkenntniss gelangt. Die Erscheinungswelt stellt sich uns dar als eine Unzahl von Individuen, in denen wir gewisse Ordnungen, Gruppen oder Klassen unterscheiden. Jede dieser Einheiten, die

---

[1] Welt a. W. I, 152. 153. [2] Ebd. 216.

in der Wirklichkeit nicht gegeben sind, und für gewöhnlich nur gedacht werden können, drückt das Gemeinsame des unendlich Mannigfaltigen, das sie begreift aus, und ist das, was Schopenhauer eine **Stufe der Willensobjektivation oder Idee im platonischen Sinne** nennt. Die Idee offenbart sich in den Individuen, oder vervielfältigt, zersplittert sich, indem sie in die Formen aller Individualität, in Zeit, Raum, eingeht; sie selbst, an sich aber ist eine in diese Formen noch nicht eingegangene Kundgebung des Willens. Oder anders: die **Individuen sind mittelbare, die Ideen unmittelbare oder adäquate** Objektivationen des Willens, die sich zu den einzelnen Dingen verhalten, wie ihre ewigen Formen oder Musterbilder. Wir erkennen also die Ideen, wenn wir von der zeitlichen Form ihrer Erscheinung abstrahiren. Diese zeitliche Form ist aber der empirische Charakter eines Dinges, dem, wie wir (S. 89. 122) wissen, sein intelligibler zu Grunde liegt. „Der intelligible Charakter fällt also mit der Idee, oder noch eigentlicher mit dem ursprünglichen Willensakt, der sich in ihr offenbart, zusammen: insofern ist also nicht nur der empirische Charakter jedes Menschen, sondern auch der jeder Thierspecies, ja jeder Pflanzenspecies und sogar jeder ursprünglichen Kraft der unorganischen Natur, als Erscheinung eines intelligibeln Charakters, d. h. eines ausserzeitlichen untheilbaren Willensaktes anzusehen."[1])

Als Objektivation des Willens ist die Idee Objekt, also Anschauung und kein Begriff; als ausser dem principio individuationis stehend, ist sie ein solches Objekt, das vermöge der Formen aller empirischen Anschauung nicht erkannt werden kann. Solange das Subjekt des Erkennens in diesen Formen befangen ist, kann es die Idee nur **denken**, nie aber **anschauen**; könnte es sich aber von diesen Formen frei machen, so würde es überhaupt nur **anschauen** und nicht denken können, da alles Denken nach dem Satze vom Grunde vor sich geht, von dem das Subjekt sich eben emancipirt hätte. Demnach könnten die Ideen nur von einem Subjekt erkannt werden, dessen Erkennen ein reines, unmittelbares Anschauen wäre. — „Die platonische Idee ist noth-

---

[1]) Welt a. W. I, 185 f.

wendig Objekt, ein Erkanntes, eine Vorstellung, und eben dadurch, aber auch nur dadurch, vom Ding an sich verschieden. Sie hat bloss die untergeordneten Formen der Erscheinung, welche alle wir unter dem Satz vom Grunde begreifen, abgelegt, oder vielmehr ist noch nicht in sie eingegangen; aber die erste und allgemeinste Form hat sie beibehalten, die der Vorstellung überhaupt, des Objektseins für ein Subjekt. Die dieser untergeordneten Formen (deren allgemeiner Ausdruck der Satz vom Grunde ist) sind es, welche die Idee zu einzelnen und vergänglichen Individuen vervielfältigen, deren Zahl, in Beziehung auf die Idee, völlig gleichgültig ist. Der Satz vom Grunde ist also wieder die Form, in welche die Idee eingeht, indem sie in die Erkenntniss des Subjekts als Individuums fällt. Das einzelne, in Gemässheit des Satzes vom Grunde erscheinende Ding ist also nur eine mittelbare Objektivation des Dinges an sich (welches der Wille ist), zwischen welchem und ihm noch die Idee steht, als die alleinige unmittelbare Objektität des Willens, indem sie keine andere dem Erkennen als solchem eigene Form angenommen hat, als die der Vorstellung überhaupt, d. i. des Objektseins für ein Subjekt. Daher ist auch sie allein die möglichst adäquate Objektität des Willens oder Dinges an sich, ja selbst das ganze Ding an sich, nur unter der Form der Vorstellung. Die einzelnen Dinge aber sind keine ganz adäquate Objektität des Willens, sondern diese ist hier schon getrübt durch jene Formen, deren gemeinschaftlicher Ausdruck der Satz vom Grunde ist, welche aber Bedingung der Erkenntniss sind, wie sie dem Individuo als solchem möglich ist. — Wir würden in der That, wenn es erlaubt ist, aus einer unmöglichen Voraussetzung zu folgern, gar nicht mehr einzelne Dinge, noch Begebenheiten, noch Wechsel, noch Vielheit erkennen, sondern nur Ideen, nur die Stufenleiter der Objektivation jenes einen Willens, des wahren Dinges an sich, in reiner ungetrübter Erkenntniss auffassen, und folglich würde unsere Welt ein Nunc stans sein; wenn wir nicht, als Subjekt des Erkennens, zugleich Individuen wären, d. h. unsere Anschauung nicht vermittelt wäre durch einen Leib, von dessen Affektionen sie ausgeht, und welcher selbst nur konkretes Wollen, Objektität des Willens, also Objekt unter Objekten ist und als solches, so wie er in das erkennende Bewusstsein kommt, dieses nur in den Formen des Satzes vom Grunde haben kann, folglich die Zeit und alle anderen Formen, die jener Satz ausdrückt, schon voraussetzt und dadurch einführt. Die Zeit ist bloss die vertheilte und zerstückelte Ansicht, welche ein individuelles Wesen von den Ideen hat, die ausser der Zeit, mithin ewig sind: daher sagt Plato, die Zeit sei das bewegte Bild der Ewigkeit."¹)

Ob die Erkenntniss der Ideen möglich ist, werden wir später sehen.

2. Materie. — Die niedersten Stufen der Willensobjektivation. — Identität der Ursächlichkeit. — „Panthelismus".

Der Wille objektivirt sich, heisst: der Wille wird sichtbar. Die Bedingung seiner Sichtbarkeit ist das Erste, was die Naturphilosophie zu erklären hat. Wir wissen, dass die Bedingung der Erfahrung, mithin der sichtbaren Welt überhaupt, die Verstandesform der Kausalität ist, die, objektiv gedacht, sich als Materie darstellt: Materie ist, von der subjektiven Seite betrachtet, angeschaute Kausalität. Nun ist aber der Verstand sammt seinen Formen Produkt, Objektivation des Willens; demnach ist die Materie in ihrem letzten Grunde nichts als angeschauter Wille, „dasjenige, wodurch der Wille, der das innere Wesen der Dinge ausmacht, in die Wahrnehmbarkeit tritt, anschaulich, sichtbar wird." Es ist gleich ob ich sage: der Verstand schaut die Kausalität an; oder: der Verstand schaut die Materie an; oder: der Verstand schaut sich selbst an; oder: der Verstand schaut den Willen an; oder endlich: der Wille schaut sich selbst an. Und da die Materie die objektive Bedingung aller Anschauung, mithin der Natur ist; so begreifen wir die Schopenhauer'sche Definition der Natur: sie ist „der Wille, sofern er sich selbst ausser sich erblickt; wozu sein Standpunkt ein individueller Intellekt sein muss."²) „Könnten wir eine gegebene Materie von allen ihr a priori zukommenden Eigenschatten, d. h. von allen Formen

---

¹) Welt a. W. I, 206 f. 154. II, 415—19. ²) Par. II, 108.

unserer Anschauung und Apprehension entkleiden; so würden wir das Ding an sich übrig behalten, nämlich dasjenige, was, mittelst jener Formen, als das rein Empirische an der Materie auftritt, welche selbst aber alsdann nicht mehr als ein Ausgedehntes und Wirkendes erscheinen würde: d. h. wir würden keine Materie mehr vor uns haben, sondern den Willen. Eben dieses Ding an sich, oder der Wille tritt, indem es zur Erscheinung wird, d. h. in die Formen unseres Intellekts eingeht, als die Materie auf, d. h. als der selbst unsichtbare, aber nothwendig vorausgesetzte Träger nur durch ihn sichtbarer Eigenschaften: in diesem Sinne ist also die Materie die Sichtbarkeit des Willens."

Die Materie ist, streng genommen, keine eigentliche Objektivation, d. h. Manifestation des Willens; sondern nur das Mittel, welches die Objektivation möglich macht, das allgemeine Substrat aller Erscheinungen, die ohne Materie nicht denkbar sind. Jede Objektivation ist eine Form, d. h. etwas bestimmtes, ein bestimmter Willensakt; die Materie hingegen ist formlos, der Ursprung aller Formen, und kann höchstens Willensobjektivation in abstracto, von aller Form abgesehen, genannt werden.[1]

Insofern die Materie Wille ist, haben wir das Recht, den materialistisch klingenden Satz auszusprechen: Alles ist Materie und aus ihr zu erklären; sofern aber die Materie angeschauter, objektiv gewordener Wille ist, verliert jener Satz seine absolute Bedeutung, also auch seinen materialistischen Charakter, da alles Angeschaute, Wahrgenommene ein Mittelbares ist, und als solches nie der letzte Erklärungsgrund der Dinge werden kann. Nur als Wille ist Materie das schlechthin Erste, nicht aber als Materie, die das Subjekt, die Erkenntniss, den Intellekt voraussetzt. Der Materialismus, der dies vergisst, ist „die Philosophie des bei seiner Rechnung sich selbst vergessenden Subjekts", — dies ist sein Grundfehler. Er glaubt alles erklärt zu haben, wenn er von der Materie und den ihr ‚inwohnenden Kräften' ausgeht. Aber die Materie ist nur für den Intellekt da, und was sie sonst d. h. was der Wille an sich ist, wissen wir nicht; genau so verhält es sich mit jenen der Materie ‚inwohnenden Kräften', die

---

[1] Welt a. W. II, 349f. Par. II, 112f.

uns nur in ihren Aeusserungen bekannt sind. Indem der Materialismus alles auf diese Kräfte zurückführt, macht er ein unbekanntes und unerkennbares Metaphysisches zum Princip der Welt, und verfehlt dadurch sein Ziel, eine rein physische Erklärung der Welt zu geben.[1])

In und an der Materie und durch sie objektivirt sich nun der Wille. Er ist das Ding an sich, „soweit dieses von der Erkenntniss irgend erreicht werden kann. Folglich ist er das, was in jedem Dinge auf der Welt, in irgend einer Weise, sich äussern muss: denn er ist das Wesen der Welt und der Kern aller Erscheinungen." Er ist „das wahre und einzige $αὐτόματον$ im eigentlichen Sinne des Wortes", das auch allen Kräften der unorganischen Natur zum Grunde liegt, in allen ihren mannigfaltigen Erscheinungen spielt und wirkt, ihren Gesetzen die Macht verleiht, und selbst in der rohesten Masse sich noch als Schwere zu erkennen giebt.[2])

Die allgemeinsten Kräfte der Natur, welche theils in jeder Materie ohne Ausnahme erscheinen (Schwere, Undurchdringlichkeit), theils sich in die Materie theilen, wodurch specifische Verschiedenheiten in derselben entstehen (Starrheit, Flüssigkeit, Elektricität, Magnetismus, chemische Eigenschaften jeder Art etc.) — diese Kräfte bilden die niedrigste Stufe der Willensobjektivation und sind an sich unmittelbare Erscheinungen des Willens (Ideen), und als solche grundlos wie der (intelligible) Charakter des Menschen.[3])

„Die Mechanik und Astronomie zeigen uns eigentlich, wie dieser Wille sich benimmt, so weit als er, auf der niedrigsten Stufe seiner Erscheinung, bloss als Schwere, Starrheit und Trägheit auftritt. Die Hydraulik zeigt uns dasselbe da, wo die Starrheit wegfällt, und nun der flüssige Stoff seiner vorherrschenden Leidenschaft, der Schwere, ungezügelt hingegeben ist. Die Hydraulik kann, in diesem Sinne, als eine Charakterschilderung des Wassers aufgefasst werden, indem sie uns die Willensäusserungen angiebt, zu welchen dasselbe durch die Schwere bewogen wird: diese sind, da bei allen nichtindividuellen Wesen kein partikulärer Charakter

---

[1]) Welt a. W. II, 356. 557. I, 32f. [2]) Ebd. II, 332f. [3]) Ebd. I, 154f.

neben dem generellen besteht, den äusseren Einflüssen stets genau angemessen, lassen sich also, durch Erfahrung dem Wasser abgemerkt, leicht auf feste Grundzüge, die man Gesetze nennt, zurückführen, welche genau angeben, wie das Wasser, vermöge seiner Schwere, bei unbedingter Verschiebbarkeit seiner Theile und Mangel an Elasticität, unter allen verschiedenen Umständen sich benehmen wird." „Ebenso lehrt uns die Chemie, wie sich der Wille benimmt, wenn die inneren Qualitäten der Stoffe, durch den herbeigeführten Zustand der Flüssigkeit, freies Spiel erhalten, und nun jenes wunderbare Suchen und Fliehen, sich Trennen und Vereinen, Fahrenlassen des Einen, um das Andere zu ergreifen, wovon jeder Niederschlag zeugt, auftritt, welches Alles man als Wahlverwandtschaft (einen ganz dem bewussten Willen entlehnten Ausdruck) bezeichnet." Goethes ‚Wahlverwandtschaften‘ durchzieht der Gedanke, „dass der Wille, der die Basis unseres eigenen Wesens ausmacht, derselbe ist, welcher sich schon in den niedrigsten, unorganischen Erscheinungen kund giebt; weshalb die Gesetzmässigkeit beider Erscheinungen vollkommene Analogie hat."[1] — Hier muss man einem Missverständniss vorbeugen. Es könnte nämlich scheinen, dass Schopenhauer, da er sowohl dem Unorganischen als dem Organischen den Einen Willen zu Grunde legt, auch keinen Unterschied mache zwischen der leblosen und der lebendigen Natur, und dem Unorganischen ein Leben beilege. Dies ist jedoch nicht der Fall. Denn Schopenhauers Wille ist ja nicht ein Accidens des Erkennens, mithin des Lebens; sondern, umgekehrt, das Leben und Erkennen ist bei ihm ein Accidens des Willens. Daher spricht die Allgegenwart des Willens nicht für die Allgegenwart des Lebens. „Lebendig und Organisch sind Wechselbegriffe: auch hört mit dem Tode das Organische auf, organisch zu sein. In der ganzen Natur aber ist keine Grenze so scharf gezogen, wie die zwischen Organischem und Unorganischem, d. h. dem, wo die Form das Wesentliche und Bleibende, die Materie das Accidentelle und Wechselnde ist, — und dem, wo dies sich gerade umgekehrt verhält. Die Grenze schwankt hier nicht, wie vielleicht zwischen Thier und

---

[1]) Welt a. W. II, 336 f.

Pflanze, fest und flüssig, Gas und Dampf: also sie aufheben wollen, heisst absichtlich Verwirrung in unsere Begriffe bringen."[1] —

Es giebt keine Materie ohne Willensäusserung, da die Materie selbst Wille ist; es giebt aber ebensowenig eine Materie ohne Wirksamkeit, d. h. ohne Kausalität, da die Materie Kausalität ist. Demnach sind Wille und Kausalität ewig unzertrennlich. Oder: es giebt nicht, wie früher angenommen wurde, zwei verschiedene Ursprünge der Bewegung, die eine von Innen, vom Willen, ausgehend, die andere aus äusseren Ursachen entspringend: jede eingeständlich aus dem Willen stammende Bewegung setzt immer auch eine Ursache (Motiv) voraus, und jede eingeständlich durch eine äussere Ursache bewirkte Bewegung ist an sich doch Aeusserung des Willens, welche durch die Ursache bloss hervorgerufen wird. „Es giebt demnach nur ein einziges, einförmiges, durchgängiges und ausnahmsloses Princip aller Bewegung: ihre innere Bedingung ist Wille, ihr äusserer Anlass Ursache, welche, nach Beschaffenheit des Bewegten, auch in Gestalt des Reizes, oder des Motivs auftreten kann."[2] Man nimmt einen Dualismus zwischen den Bewegungen durch Willen und denen durch Ursachen an, weil man nicht einsieht, dass alle Ursachen bloss Gelegenheitsursachen sind. Die tiefsinnige Lehre des Malebranche von den ‚causes occasionnelles' stimmt ihrem wahren Sinne nach, mit der Schopenhauer'schen Erklärung der Bewegung vollkommen überein, und man „muss es bewundern, wie Malebranche, gänzlich befangen in den positiven Dogmen, welche ihm sein Zeitalter unwiderstehlich aufzwang, dennoch, in solchen Banden, unter solcher Last, so glücklich, so richtig die Wahrheit traf und sie mit eben jenen Dogmen, wenigstens mit der Sprache derselben, zu vereinigen wusste." Die Ursache veranlasst nur die Aeusserung derjenigen Kräfte und Eigenschaften, die dem Wesen des Dinges, auf welches sie wirkt, zukommen; die Existenz und Beschaffenheit selbst des Dinges aber ist grundlos, weil sie die Erscheinung des grundlosen Willens ist. Mit

---

[1] Ueber d. Willen i. d. Natur S. 83f. [2] Ebd. S. 85f. Grundprobl. d. Ethik S. 35f.

der Veränderung des Dinges verändert sich die Wirkung; tritt aber die Ursache nicht hinzu, so kann sich die Beschaffenheit des Dinges nicht äussern. Jahrtausende schlummert ein trockenes Saamenkorn und bewahrt seine Kraft, welche, beim Eintritt der günstigen Umstände, als Pflanze emporsteigt. Die günstigen Umstände sind die Ursache, die Kraft ist der Wille. Wäre der Wille nicht da, die Ursache könnte nichts hervorbringen; gäbe die Ursache nicht den Anlass, die Gelegenheit zur Erscheinung der Kraft, die Kraft würde ewig schlummern. Eben weil jede Ursache eine Gelegenheitsursache ist, setzt sie etwas von ihr Unabhängiges voraus, was sie nur in Thätigkeit versetzt, nicht aber hervorbringt. Jener Dualismus der Bewegung wäre nur dann möglich, wenn eine Ursache die Existenz und Essenz eines Dinges hervorbringen könnte. Was aber die Ursache thut, ist nur, dass sie, gerade an diesem Orte und in dieser Zeit, die in dem Willen selbst wurzelnden Kräfte und Eigenschaften der Dinge in die Erscheinung treten lässt. Demnach ist jede Wirkung eine durch die Ursache veranlasste Thätigkeit oder Bewegung des Willens; also ist jede Bewegung zugleich eine Bewegung durch Willen und durch Ursachen. So in der erkenntnisslosen Natur, so im Handeln der Thiere und Menschen. „Denn hier wie dort ist es ein und derselbe Wille, welcher erscheint; in den Graden seiner Manifestation sehr verschieden, in den Erscheinungen dieser vervielfacht und in Hinsicht auf diese dem Satz vom Grunde unterworfen, an sich frei von dem Allen. Die Motive bestimmen nicht den Charakter des Menschen, sondern nur die Erscheinung dieses Charakters, also die Thaten; die äussere Gestalt seines Lebenslaufs, nicht dessen innere Bedeutung und Gehalt: diese gehen hervor aus dem Charakter, der die unmittelbare Erscheinung des Willens, also grundlos ist." „Die Art und Weise, wie der Charakter seine Eigenschaften entfaltet, ist ganz der zu vergleichen wie jeder Körper der erkenntnisslosen Natur die seinigen zeigt. Das Wasser bleibt Wasser, mit seinen inwohnenden Eigenschaften; ob es aber als stiller See seine Ufer spiegelt, oder ob es schäumend über Felsen stürzt, oder, künstlich veranlasst, als langer Strahl in die Höhe spritzt: das hängt von den äusseren Ursachen ab: Eines ist ihm so natürlich wie das Andere; aber je nachdem die Umstände sind, wird es das Eine oder Andere zeigen, zu Allem gleich sehr bereit, in jedem Fall jedoch seinem Charakter getreu und immer nur diesen offenbarend. So wird sich auch jeder menschliche Charakter unter allen Umständen offenbaren; aber die Erscheinungen, die daraus hervorgehen, werden sein, je nachdem die Umstände waren." [1]) —

Die Fasslichkeit der Kausalität wird immer geringer, je höher wir uns auf der Stufenleiter der Erscheinungen erheben, d. h. die Verständlichkeit der Naturerscheinungen nimmt in dem Maasse ab, als ihr empirischer Gehalt zunimmt. Denn je reicher an einem solchen Gehalt die Naturerscheinung ist, um so deutlicher offenbart sich in ihr der Wille, der, dunkel und unbegreiflich wie er ist, auch die Form, in der er sich kundgiebt, verdunkeln und unfasslicher machen muss. — Am vollkommensten verstehen wir die Kausalverknüpfung auf der niedrigsten Stufe der Natur, wo Ursache und Wirkung ganz gleichartig und gleichmässig sind. Das einzig Geheimnissvolle dabei ist der Uebergang eines Unkörperlichen, nämlich der Bewegung, aus einem Körper in den anderen. Dasselbe gilt von allen rein mechanischen Wirkungen, die augenblicklich zu begreifen wären, wenn nicht Nebenumstände oder komplicirte Verbindungen vieler Ursachen und Wirkungen sie uns oft verdeckten. Anders ist es schon, wenn wir die Wirkung höherer Naturkräfte betrachten. Die Wahlverwandtschaft der Körper z. B. ist ein tiefes Geheimniss; ebenso wenig begreifen wir, wie die Erwärmung durchaus ungleichartige Wirkungen, z. B. Krystallisation hervorruft. Die Heterogenität zwischen Ursache und Wirkung tritt noch mehr in den elektrischen Erscheinungen hervor. In dem Masse, als wir höher steigen, scheint es uns, als wenn in der Wirkung mehr enthalten wäre als in der Ursache. Im organischen Reich, wo die Kausalität in höherer Potenz, als Reiz, auftritt, wird sie für uns so gut wie ganz unverständlich. Durchaus räthselhaft ist sie endlich im Leben der erkennenden Wesen und vor allem in ihrer Form als Motiv, das die menschlichen Handlungen beherrscht. „Nun aber, — so wie man in die Grotte von Posilippo gehend, immer

---

[1]) Welt a. W. I, 164 f. 163. 162.

mehr ins Dunkle geräth, bis, nachdem man die Mitte überschritten hat, nunmehr das Tageslicht des anderen Endes den Weg zu erleuchten anfängt; gerade so hier: — wo das nach aussen gerichtete Licht des Verstandes, mit seiner Form der Kausalität, nachdem es immer mehr vom Dunkel überwältigt wurde, zuletzt nur noch einen schwachen und ungewissen Schimmer verbreitete, eben da kommt eine Aufklärung völlig anderer Art, von einer ganz anderen Seite, aus unserem eigenen Innern ihm entgegen, durch den zufälligen Umstand, dass wir, die Urtheilenden, gerade die hier zu beurtheilenden Objekte selbst sind." Aus dem eigenen Selbst des Beobachters kommt die unmittelbare Belehrung, dass in seinen Aktionen „der Wille das Agens ist, der Wille, der ihm bekannter und vertrauter ist, als Alles was die äussere Anschauung jemals liefern kann. Diese Erkenntniss ganz allein muss dem Philosophen der Schlüssel werden zur Einsicht in das Innere aller jener Vorgänge der erkenntnisslosen Natur, bei denen zwar die Kausalerklärung genügender war, als bei den zuletzt betrachteten, und um so klarer, je weiter sie von diesen weglagen, jedoch auch dort noch immer ein unbekanntes X zurückliess und nie das Innere des Vorgangs ganz aufhellen konnte, selbst nicht bei dem durch Stoss bewegten, oder durch Schwere herabgezogenen Körper. Dieses X hatte sich immer weiter ausgedehnt und zuletzt, auf den höchsten Stufen, die Kausalerklärung ganz zurückgedrängt, dann aber, als diese am wenigsten leisten konnte, sich als Wille entschleiert, — dem Mephistopheles zu vergleichen, wann er, in Folge gelehrter Angriffe, aus dem kolossal gewordenen Pudel, dessen Kern er war, hervortritt."

Um die Identität dieses X auf allen Stufen der Natur zu erkennen, muss man die beiden urverschiedenen Quellen unserer Erkenntniss, die äussern und die innern, an diesem Punkt, wo sie sich berühren, durch Reflexion in Verbindung setzen. Vollzieht man diese Verbindung, so erkennt man, „trotz aller accidentellen Verschiedenheiten, zwei Identitäten, nämlich die der Kausalität mit sich selbst auf allen Stufen, und die des zuerst unbekannten X (d. h. der Naturkräfte und Lebenserscheinungen) mit dem Willen in uns." „Der alte Irrthum sagt: wo Wille ist, ist keine Kausalität mehr, und wo Kausalität kein Wille. Wir aber sagen:

überall wo Kausalität ist, ist Wille; und kein Wille agirt ohne Kausalität."[1])

Das Selbstbewusstsein oder die Selbsterkenntniss ist also der einzige offenstehende Weg, der uns ins Innere der Natur führt, „gleichsam ein unterirdischer Gang, eine geheime Verbindung, die uns, wie durch Verrath, mit Einem Male in die Festung versetzt, welche durch Angriff von aussen zu nehmen unmöglich war. -- Das Ding an sich kann, eben als solches, nur ganz unmittelbar ins Bewusstsein kommen, nämlich dadurch, dass es selbst sich seiner bewusst wird: es objektiv erkennen wollen heisst etwas Widersprechendes verlangen."[2])

Jene doppelte Identität, von der so eben die Rede war, kann also betrachtet werden als der Erkenntnissgrund des Monismus des Willens oder, um einen Ausdruck zu gebrauchen, der zwar nicht von Schopenhauer stammt, aber seine Philosophie sehr gut bezeichnet. des Panthelismus. Der Panthelismus, den, wie wir wissen, Schopenhauer unmittelbar aus Kants Lehre ableitet, gestattet den alten Gegensatz von Geist und Materie offenbar nicht, und die ihn noch anerkennen, gehören zu den „philosophisch rohen Leuten, denen alle die beizuzählen sind, welche die kantische Philosophie nicht studirt haben." Besonders aber haben die Hegelianer, „in Folge ihrer ausgezeichneten Unwissenheit und philosophischen Rohheit", diesen Gegensatz, „unter dem, aus der vorkantischen Zeit wieder hervorgeholten, Namen ‚Geist und Natur', von Neuem in Gang gebracht, unter welchem sie ihn ganz naiv auftischen, als hätte es nie einen Kant gegeben und gingen wir noch, mit Allongeperrücken geziert, zwischen geschorenen Hecken umher, indem wir wie Leibniz im Garten zu Herrenhausen, mit Prinzessinen und Hofdamen philosophirten, über ‚Geist und Natur', unter letzterer die geschorenen Hecken, unter ersterer den Inhalt der Perrücken verstehend." „In Wahrheit aber giebt es weder Geist noch Materie, wohl aber viel Unsinn und Hirngespinnste in der Welt. Das Streben der Schwere im Steine ist gerade so unerklärlich, wie das Denken im menschlichen Gehirne, würde also, aus diesem Grunde, auch auf einen Geist im Steine schliessen

---

[1]) Ueber d. Willen i. d. Natur S. 86—94.   [2]) Welt a. W. II, 219.

lassen." Was uns durch und durch verständlich ist, ist allein das rein Mathematische in jeder Erklärung, weil dieses sich auf Bestimmungen des Raumes und der Zeit beschränkt, die uns a priori bewusst, also ganz subjektiv sind, und das rein Objektive, das Ding an sich, nicht betreffen. Sobald wir aber weiter gehen als das rein Mathematische, hört für uns die Verständlichkeit auf, selbst in der Mechanik, die doch mit den allereinfachsten Naturerscheinungen zu thun hat. „Was überhaupt Sinne und Verstand wahrnehmen, ist eine ganz oberflächliche Erscheinung, die das wahre und innere Wesen der Dinge unberührt lässt. Das wollte Kant." „Wo bleibt nun also jene Materie, die ihr so intim kennt und versteht, dass ihr Alles aus ihr erklären, Alles auf sie zurückführen wollt?" „Nehmt ihr nun im Menschenkopfe, als Deum ex machina, einen Geist an; so müsst ihr, wie gesagt, auch jedem Stein einen Geist zugestehen. Kann hingegen eure todte und rein passive Materie als Schwere streben, oder, als Elektricität, anziehen, abstossen und Funken schlagen; so kann sie auch als Gehirnbrei denken. Kurz, jedem angeblichen Geist kann man Materie, aber auch jeder Materie Geist unterlegen; woraus sich ergiebt, dass der Gegensatz falsch ist." Der Panthelismus kennt nur den Gegensatz von Wille und Vorstellung, und vergeistigt somit Alles: das sogenannte Reale, die Körper, die Materie, ist ihm Vorstellung, also ein Geistiges; und das Wesen an sich ist Wille, der auch ein Geistiges ist.[1])

3. Einheit der Natur. — „Kampf ums Dasein" in der Ideenwelt. — Höhere Objektivationen des Willens. — Organische Natur. — Zweckmässigkeit. —

Wenn es der eine und selbe Wille ist, der sich überall in der Natur offenbart, oder in die Form der Vorstellung eingeht; so muss in allen Naturerscheinungen die Einheit ihres Wesens (des Willens) zu erkennen sein. Diese Einheit drückt sich aus durch die innere Verwandtschaft oder Analogie aller Erscheinungen, den Grundtypus, der sich in ihnen wiederfindet und

---

[1]) Par. II, 109 ff.

am deutlichsten in der organischen Natur auftritt. „Ihn aufzufinden ist auch ein Hauptgeschäft oder doch gewiss die löblichste Bestrebung der Naturphilosophen der Schellingschen Schule gewesen, welche sogar darin manches Verdienst haben, wenngleich in vielen Fällen ihre Jagd nach Analogien in der Natur zu blosser Witzelei ausartet. Mit Recht aber haben sie jene allgemeine Verwandtschaft und Familienähnlichkeit auch in den Ideen der unorganischen Natur nachgewiesen, z. B. zwischen Elektricität und Magnetismus, deren Identität später konstatirt wurde. Sie haben besonders darauf aufmerksam gemacht, dass die Polarität, d. h. das Auseinandertreten einer Kraft in zwei qualitativ verschiedene, entgegengesetzte und zur Wiedervereinigung strebende Thätigkeiten, welches sich meistens auch räumlich durch ein Auseinandergehen in entgegengesetzter Richtung offenbart, ein Grundtypus fast aller Erscheinungen der Natur, vom Magnet und Krystall bis zum Menschen ist." Dieser auf der Identität des inneren Wesens der Dinge beruhenden Analogie aller Naturerscheinungen gemäss enthält jedes Unvollkommenere die Spur oder Anlage des zunächst liegenden Vollkommeneren. Denken wir dies zu Ende, so müssen wir uns sagen, dass — da alle Formen, in denen sich jener Grundtypus zu erkennen giebt, der Welt als Vorstellung angehören — schon in den allgemeinsten Formen der Vorstellung, also in Raum und Zeit, „in diesem eigentlichen Grundgerüst der erscheinenden Welt," „die Anlage alles dessen, was die Formen füllt, aufzufinden und nachzuweisen sei." Demnach sind die Versuche der Schellingschen Naturphilosophie, aus den blossen Gesetzen des Raumes und der Zeit Naturgesetze abzuleiten, obwohl als verfehlt, so doch an sich nichts weniger denn als abenteuerlich zu betrachten. Auch die mathematische Philosophie der Pythagoreer und die Zahlenmystik der Kabbala scheinen ihren Ursprung in einer dunklen Erkenntniss jener Bedeutung der Anschauungsformen gehabt zu haben.[1])

Die Grundbestrebung des Willens auf allen Stufen seiner Objektivation ist die Erhaltung der Objektivation, die sich als Selbsterhaltungstrieb eines jeden Wesens äussert und sich

---

[1]) Welt a. W. I, 170 f.

zurückführen lässt auf ein Suchen oder Verfolgen, ein Meiden oder Fliehen, je nach dem Anlass. Jedes Wesen will sein Dasein behaupten, und zwar, wenn es nicht anders geht, auf Kosten aller übrigen. Der Konflikt der Erscheinungen, also in letzter Linie der in ihnen sich darstellenden Ideen, unter einander ist unvermeidlich und beginnt schon auf den untersten Stufen der Willensobjektivation. Aus diesem Streit in der Ideenwelt, aus dem ‚Kampf ums Dasein‘, oder, was dasselbe ist, aus dem Kampf um den Besitz der vorhandenen Materie „geht die Erscheinung einer höheren Idee hervor, welche die vorhin dagewesenen unvollkommeneren alle überwältigt, jedoch so, dass sie das Wesen derselben auf eine untergeordnete Weise bestehen lässt, indem sie ein Analogon davon in sich aufnimmt; welcher Vorgang eben nur aus der Identität des erscheinenden Willens in allen Ideen und aus seinem Streben nach immer höherer Objektivation" (d. h. nach Selbsterkenntniss) „begreiflich ist." So sehen wir im Festwerden der Knochen und des Fleisches ein Analogon der Krystallisation, in der Sekretion und der Mischung der Säfte im thierischen Organismus ein Analogon der chemischen Mischung und Abscheidung. Dieselben Gesetze wirken hier wie dort, nur stehen sie, in der organischen Natur, unter der Gewalt einer höhern Idee, weshalb bloss chemische Kräfte, ausserhalb des Organismus, also nicht geleitet von der höheren Idee, nie solche Säfte liefern werden. „Man wird zwar im Organismus die Spuren chemischer und physischer Wirkungsarten nachweisen, aber nie ihn aus diesen erklären können; weil er keineswegs ein durch das vereinigte Wirken solcher Kräfte, also zufällig hervorgebrachtes Phänomen ist, sondern eine höhere Idee, welche sich jene niedrigeren durch überwältigende Assimilation unterworfen hat; weil der in allen Ideen sich objektivirende eine Wille, indem er zur höchstmöglichen Objektivation strebt, hier die niederen Stufen seiner Erscheinung, nach einem Konflikt derselben, aufgiebt, um auf einer höheren desto mächtiger zu erscheinen." [1] —

Als blinder Drang, als finsteres, dumpfes Treiben und er-

---

[1]) Welt a. W. I, 172 f.

kenntnissloses, von aller unmittelbaren Erkennbarkeit fernes Streben, erscheint der Wille auf den untersten Stufen seiner Objektivation, und beginnt den Kampf gegen sich selbst schon bei seinem ersten Eintritt in die Erscheinungswelt, im Moment seines Sichtbarwerdens, als blosse Materie; ja, eigentlich noch früher, da, wie Kant gezeigt hat, die Materie Produkt zweier in einem Kampf entgegenstrebender Kräfte, der Repulsions- und Attraktionskraft, ist.[1]) Wo die Erkenntniss den Willen nicht beleuchtet, weiss er nicht, was er will und kann auch nie befriedigt werden; daher sein ruhe- und zielloses Streben, sein Drängen und Rasen, Schaffen und Zerstören, daher der blinde, wüthende Kampf gegen Alles, was sich ihm widersetzt, und da dieses Alles doch er selbst ist, der Kampf gegen sich selbst. Die Naturkräfte liegen in fortwährendem Streit mit einander: das Niedere will nicht sich dem Höheren unterwerfen und auf seine ursprünglichen Rechte auf die Materie verzichten. Der Magnet, der ein Eisen gehoben, hat gegen die Schwere zu kämpfen, welche will, dass das Eisen wieder zur Erde falle; ebenso müssen die Willenserscheinungen, die sich im menschlichen Körper darstellen, einen beständigen Kampf unterhalten mit den physischen Kräften, welche, als niedere Ideen, ein früheres Recht auf die Materie des menschlichen Organismus haben. „Daher sinkt der Arm, den man eine Weile, mit Ueberwältigung der Schwere, gehoben gehalten; daher ist das behagliche Gefühl der Gesundheit, welches den Sieg der Idee des sich seiner bewussten Organismus über die physischen und chemischen Gesetze, welche ursprünglich die Säfte des Leibes beherrschten, ausdrückt, doch so oft unterbrochen, ja eigentlich immer begleitet von einer gewissen, grösseren oder kleineren Unbehaglichkeit, welche aus dem Widerstand jener Kräfte hervorgeht, und wodurch schon der vegetative Theil unseres Lebens mit einem leisen Leiden beständig verknüpft ist. Daher überhaupt die Last des physischen Lebens, die Nothwendigkeit des Schlafes und zuletzt des Todes, indem endlich, durch Umstände begünstigt, jene unterjochten Naturkräfte, dem, selbst durch den steten Sieg ermüdeten, Organismus die ihnen ent-

---

[1]) Welt a. W. I, 177 f. 194 ff.

rissene Materie wieder abgewinnen und zur ungehinderten Darstellung ihres Wesens gelangen. Man kann daher auch sagen, dass jeder Organismus die Idee, deren Abbild er ist, nur darstellt nach Abzug des Theiles seiner Kraft, welche verwendet wird auf Ueberwältigung der niedrigeren Ideen, die ihm die Materie streitig machen." Je vollkommener die Ueberwältigung der niederen Objektivationsstufen des Willens dem Organismus gelingt, zu einem um so vollkommeneren Ausdruck seiner Idee wird er, oder um so ähnlicher wird er seinem Ideal, d. h. der seiner Gattung zukommenden Schönheit.[1]) —

Die höheren, also deutlicheren Willensobjektivationen sind die Organismen, deren wesentlicher Charakter das Leben ist, welches der Wille hervorbringt, indem er als Lebenskraft die unorganische Materie modificirt und sie zur Hervorbringung der zweckmässigen organischen Formen fähig macht. Das Leben ist „der Zustand eines Körpers, darin er, unter beständigem Wechsel der Materie, seine ihm wesentliche (substanzielle) Form allezeit behält." Die Kraft, welche die organischen Formen beherrscht und die in denselben fortwirkenden physikalischen und chemischen Kräfte lenkt, zusammenhält und ihre Wirkung modificirt, ist die Lebenskraft, die, wie jede andere Kraft, an sich der Wille, demnach nur Eine ist. „Das heutzutage Mode werdende Polemisiren gegen die Annahme einer Lebenskraft verdient, trotz seiner vornehmen Mienen, nicht sowohl falsch, als geradezu dumm genannt zu werden. Denn wer die Lebenskraft leugnet, leugnet im Grunde sein eigenes Dasein, kann sich also rühmen, den höchsten Gipfel der Absurdität erreicht zu haben. Sofern aber dieser freche Unsinn von Aerzten und Apothekern ausgegangen ist, enthält er überdies den schnödesten Undank, da die Lebenskraft es ist, welche die Krankheiten überwältigt und die Heilungen herbeiführt, für welche jene Herren nachmals das Geld einstreichen und quittiren. Wenn eine eigenthümliche Naturkraft, der es so wesentlich ist, zweckmässig zu verfahren, wie der Schwere wesentlich, die Körper einander zu nähern, das ganze komplicirte Getriebe des Organismus bewegt, lenkt, ordnet und

---

[1]) Welt a. W. I, 173 f.

in ihm sich so darstellt, wie die Schwerkraft in den Erscheinungen des Falles und Gravitirens etc.; nun dann ist das Leben ein falscher Schein, eine Täuschung, und ist in Wahrheit jedes Wesen ein blosser Automat." „Allerdings wirken im thierischen Organismus physikalische und chemische Kräfte: aber was diese zusammenhält und lenkt, so dass ein zweckmässiger Organismus daraus wird und besteht, das ist die Lebenskraft."

Da die Lebenskraft nicht an dem blossen Stoff, sondern zunächst an der Form haftet und sich in der Hervorbringung und Erhaltung (d. h. fortgesetzter Hervorbringung) dieser Form äussert, und da die Hervorbringung der Form ihren regel- und planmässigen Hergang in bestimmter Succession des Hervorzubringenden hat; so kann sie, nachdem sie einen Körper verlassen hat, ihn nicht wieder in Besitz nehmen, d. h. sie kann nicht das einmal stehengelassene oder im Verfall begriffene Werk wieder aufnehmen, nicht gehen und kommen, wie eine andere Naturkraft, z. B. der Magnet; sondern muss „wo immer sie von Neuem eintritt, auch ihr Gewebe von vorne anfangen, also ganz eigentlich ab ovo beginnen." Mit anderen Worten: sobald die Lebenskraft von einem Körper weicht, ist auch seine Form auf immer zerstört. „Die Lebenskraft ist geradezu identisch mit dem Willen, so dass was im Selbstbewusstsein als Wille auftritt, im bewusstlosen organischen Leben jenes primum mobile desselben ist, welches sehr passend als Lebenskraft bezeichnet worden. Bloss aus der Analogie mit dieser schliessen wir, dass auch die übrigen Naturkräfte im Grunde mit dem Willen identisch sind, nur dass er in diesen auf einer niedrigeren Stufe seiner Objektivation steht. Daher aus der unorganischen Natur die organische und also das Leben, das Erkennen und endlich das Wollen zu erklären suchen, heisst aus der Erscheinung, diesen blossen Gehirnphänomen, das Ding an sich ableiten wollen; es ist wie wenn man aus dem Schatten den Körper erklären wollte." — Als Urkraft, als Wille, ermüdet die Lebenskraft nicht; ihre Erscheinungsformen aber, Irritabilität, Sensibilität und Reproduktivität, ermüden allerdings, weil sie fortwährend mit den gegen ihre Herrschaft sich auflehnenden niederen Naturkräften zu kämpfen haben. Am leichtesten ermüdet die mit der Schwere kämpfende

Irritabilität; daher bedürfen wir von Zeit zu Zeit der körperlichen Ruhe. Die ruhenden Lagen sind der stärksten Anstrengung der Sensibilität, dem Denken, günstig, weil die Lebenskraft sich dann ungetheilt diesen Funktionen zuwenden kann." Dass aber dennoch, wie „jeder irgend selbstdenkende Kopf bemerkt haben wird," das „Gehen in freier Luft dem Aufsteigen eigener Gedanken ungemein günstig ist," ist dem durch die Bewegung beschleunigten Athmungsprocess zuzuschreiben, der den Blutumlauf kräftigt und beschleunigt, und das Blut besser oxydirt und dekarbonisirt. Dieses vitalere, arterielle Blut dringt dann in das Gehirn und erhöht die Vitalität desselben, die dadurch herbeigeführte Belebung der Denkkraft dauert jedoch nur bis zum Eintritt der Ermüdung, die, wenn sie sehr gross ist, die Thätigkeit der Sensibilität bis zur Stumpfheit herabsetzt. — Während des Schlafes, da Irritabilität und Sensibilität ruhen, wirkt die Lebenskraft, die, ganz und ungetheilt, nur unter einer ihrer drei Formen wirken kann, in der Gestalt der Reproduktionskraft. Darum geht jedes Wachsthum, jeder Ersatz, jede Heilung, also die Thätigkeit der vis naturae medicatrix, hauptsächlich im Schlafe und zwar im tiefen Schlafe vor sich, dessen höchstes Stadium, der magnetische Schlaf, oft „als das Panakeion vieler Krankheiten auftritt." Es ist eine „Hauptbedingung zur anhaltenden Gesundheit, folglich auch zur langen Lebensdauer, dass man ununterbrochenen festen Schlafes konstant geniesse. Jedoch ist es nicht wohlgethan, ihn so viel wie möglich zu verlängern: denn was er an Extension gewinnt verliert er an Intension, d. i. an Tiefe." Gerade durch die Beschränkung der Dauer des Schlafes wird seine Tiefe erlangt. „Hierauf beruht die Bemerkung, dass alle die Leute, welche ein hohes Alter erreicht haben, Frühaufsteher gewesen sind. Dieserhalb soll man, wenn man am frühen Morgen von selbst erwacht, nicht sich bestreben, wieder einzuschlafen, sondern, mit Goethe sagend ‚Schlaf ist Schaale, wirf sie weg', aufstehen." Da auch die Verdauung im Schlafe leichter vor sich geht, so ist ein kurzer Nachmittagsschlaf, von 10—15 Minuten, wohlthätig; hingegen ein längerer, nachtheilig und sogar gefährlich, weil im Schlafe einerseits die Respiration geschwächt ist, anderserseits aber, „sobald die durch denselben beschleunigte Verdauung bis zur Chylifikation vorgeschritten ist, der Chylus (Speisesaft) in das Blut strömt und solches hyperkarbonisirt, so dass es der Dekarbonisation, mittelst des Athmungsprocesses, mehr als sonst bedarf: dieser ist aber durch den Schlaf vermindert und mit ihm sowohl die Oxydation als die Cirkulation." [1])

In Rücksicht auf das Gehirn lässt sich die Nothwendigkeit des Schlafes daraus erklären, „dass die Nutrition des Gehirns, also die Erneuerung seiner Substanz aus dem Blute, während des Wachens nicht vor sich gehen kann, indem die so höchst eminente organische Funktion des Erkennens und Denkens von der so niedrigen und materiellen der Nutrition gestört und aufgehoben werden würde. Hieraus erklärt sich, dass der Schlaf nicht ein rein negativer Zustand, blosses Pausiren der Gehirnthätigkeit ist, sondern zugleich einen positiven Charakter hat," den man schon daran erkennt, „dass ein gewisser Grad von Kraft zum Schlafen erfordert ist; weshalb zu grosse Ermüdung, wie auch natürliche Schwäche, uns verhindern ihn zu erfassen, capere somnum. Dies ist daraus zu erklären, dass der Nutritionsprocess eingeleitet werden muss, wenn Schlaf eintreten soll: das Gehirn muss gleichsam anbeissen." [2])

Nichts beweist deutlicher die sekundäre, abhängige Natur des Intellekts als diese seine periodische Intermittenz im Schlafe, als welcher ein gänzliches Aufhören alles Erkennens und Vorstellens, also aller Gehirnthätigkeit ist, während alle übrigen physiologischen Funktionen, die dem Erkennen gar nicht oder nur mittelbar dienen, auch im Schlafe fortgesetzt werden. Mit anderen Worten: was allein nicht pausirt noch pausiren darf, solange die Lebenskraft im Organismus wirkt, ist der Wille, dessen ursprüngliche Aeusserung der Herzschlag und der Blutumlauf ist. Das Gehirn aber, mit seiner Funktion des Erkennens, darf und muss von Zeit zu Zeit ausruhen, da es bloss „das Ministerium des Aeusseren" ist, „eine vom Willen, zu seinen draussen liegenden Zwecken, aufgestellte Vedette, welche oben, auf der Warte des Kopfes, durch die Fenster der Sinne umher-

---

[1]) Par. II, §§. 95. 96. [2]) Welt a. W. II, 273 f.

schaut, aufpasst, von wo Unheil drohe und wo Nutzen abzusehen sei, und nach deren Bericht der Wille sich entscheidet. Diese Vedette ist dabei, wie jeder im aktiven Dienst Begriffene, in einem Zustande der Spannung und Anstrengung, daher sie es gern sieht, wenn sie, nach verrichteter Wacht, wieder eingezogen wird; wie jede Wache wieder gern vom Posten abzieht. Das Abziehen ist das Einschlafen, welches daher so süss und angenehm ist und zu welchem wir so willfährig sind; hingegen ist das Aufgerütteltwerden unwillkommen, weil es die Vedette plötzlich wieder auf den Posten ruft."[1] —

Da die Lebenskraft eine Erscheinung des Willens, und als solche spontan ist, und da ohne eine Modifikation oder eine Befruchtung der unorganischen Materie durch die Lebenskraft die lebendigen Formen nicht entstehen können; so ist der Ursprung der Organismen nicht anders zu denken, denn als eine generatio spontanea oder aequivoca: eine Entstehung des Organischen aus dem bereits vorhandenen Stoff, dem Unorganischen, durch plötzliches Hinzutreten zu dem letzteren der Lebenskraft. „Die generatio aequivoca ist gewissermassen a priori gewiss, aus dem Grunde, dass Thiere aller Art wirklich da sind. Woher in aller Welt sollen sie denn sonst gekommen sein, nur irgend denkbarer Weise? Dass aus dem Unorganischen die untersten Pflanzen, aus dem faulenden Reste dieser die untersten Thiere, und aus diesen stufenweise die oberen entstanden sind, ist der einzige mögliche Gedanke."[2]

Die Pflanze hat wenig Bedürfnisse, und diese wenigen sind der Art, dass sie auch ohne Erkenntniss befriedigt werden können. Was die Erkenntniss bei der Pflanze ersetzt, ist die Empfänglichkeit für Reiz, deren Unterschied von der Erkenntniss darin besteht, dass bei dieser „das als Vorstellung sich darstellende Motiv und der darauf erfolgende Willensakt deutlich von einander gesondert bleiben, und zwar um so deutlicher, je vollkommener der Intellekt ist; bei der Empfänglichkeit für Reiz hingegen das Empfinden des Reizes von dem dadurch veranlassten Wollen nicht mehr zu unterscheiden ist und beide

---

[1] Welt a. W. II, 271 ff. [2] Nachlass, S. 348.

in Eins verschmelzen." ¹) In der Pflanze zeigt sich der Wille ganz nackt, als blosser Drang zum Dasein, ohne Zweck und Ziel. Den Charakter der Pflanze, der sich in ihrer Physiognomie ausdrückt, kann man als Unschuld und Naivetät bezeichnen. Während das Thier und der Mensch, um ihrer Idee nach erkannt zu werden, in ihrem Thun und Treiben beobachtet und erforscht sein wollen, legt die Pflanze ihr ganzes Sein und Wollen offen dar. Die Unschuld, mit der sie ihre Genitalien auf ihrem Gipfel zur Schau trägt, beruht auf ihrer Erkenntnisslosigkeit; denn „nicht im Wollen, sondern im Wollen mit Erkenntniss liegt die Schuld," Die Fähigkeit der Verstellung fehlt der Pflanze ganz. Jede „erzählt von ihrer Heimath, dem Klima derselben und der Natur des Bodens, dem sie entsprossen ist. Daher erkennt selbst der wenig Geübte leicht, ob eine exotische Pflanze der tropischen oder der gemässigten Zone angehöre, und ob sie im Wasser, im Sumpfe, auf Bergen, oder auf der Haide wachse." — ²)

Von Stufe zu Stufe führen die Willensobjektivationen endlich zu dem Punkt, wo das die Idee darstellende Individuum seine Nahrung nicht mehr durch blosse Bewegung auf Reize erhalten kann, sondern aufsuchen, auswählen und erkämpfen muss. Dadurch wird die Bewegung auf Motive und wegen dieser die Erkenntniss nöthig, „welche also eintritt als eine auf dieser Stufe der Objektivation des Willens erfordertes Hülfsmittel, $\mu\eta\chi\alpha\nu\eta$, zur Erhaltung des Individuums und Fortpflanzung des Geschlechts. Sie tritt hervor, repräsentirt durch das Gehirn oder ein grösseres Ganglion, eben wie jede andere Bestrebung oder Bestimmung des sich objektivirenden Willens durch ein Organ repräsentirt ist, d. h. für die Vorstellung sich als ein Organ darstellt." Mit der Erkenntniss oder dem Intellekt steht nun, mit einem Schlage, die Welt als Vorstellung, mit allen ihren uns bekannten Formen da. „Die Welt zeigt jetzt die zweite Seite. Bisher bloss Wille, ist sie nun zugleich Vorstellung, Objekt des erkennenden Subjekts." ³)

Bei den niedrigsten, noch ein pflanzenähnliches Leben führenden Thieren ist der Inhalt des Bewusstseins äusserst arm; dem

---

¹) Ueb. d. Willen i. d. Ntr. S. 70. ²) Welt a. W. I, 186. ³) Ebd. 178 f.

entsprechend sind auch die Sinnesorgane höchst unvollkommen und unvollständig, „da sie einem embryonischen Verstande nur äusserst wenige Data zur Anschauung zu liefern haben."

Höher hinauf im Thierreich stellen sich immer mehr und vollkommenere Sinne ein, bis sie alle fünf da sind. Die Welt als Vorstellung erweitert sich, „aber noch immer geht die Apprehension nur soweit, als der Dienst des Willens es erfordert; das Objekt wird nur sofern es Motiv ist aufgefasst." Sogar die klügeren Thiere sehen nur das, was auf ihr Wollen Bezug hat, und sind gegen alles Uebrige unempfindlich: „vielleicht hat noch nie ein Thier den gestirnten Himmel ins Auge gefasst." Bei den allerklügsten und durch Zähmung gebildeten Thieren bemerkt man eine Spur einer willenlosen Betrachtung der Aussenwelt; so bei Hunden, die es schon bis zum Gaffen bringen: „man sieht sie sich ans Fenster setzen und aufmerksam Alles was vorübergeht mit ihren Blicken begleiten; Affen schauen bisweilen umher, als ob sie über die Umgebung sich zu besinnen strebten. Erst im Menschen tritt Motiv und Handlung, Vorstellung und Wille, ganz deutlich auseinander. Dies hebt aber nicht sofort die Dienstbarkeit des Intellekts unter dem Willen auf. Der gewöhnliche Mensch fasst an den Dingen doch nur das recht deutlich auf, was, direkt oder indirekt, irgend eine Beziehung auf ihn selbst (Interesse für ihn) hat: beim Uebrigen wird sein Intellekt unüberwindlich träge: es bleibt daher im Hintergrund, tritt nicht mit voller strahlender Deutlichkeit ins Bewusstsein. Völlige Ablösung und Sonderung des Intellekts vom Willen und seinem Dienst ist der Vorzug des Genies", wie wir es später noch sehen werden.[1] —

Der Intellekt ist also ein blosses Accidenz unseres Wesens; denn er ist eine Funktion des Gehirns, welches, wie jedes andere Organ unseres Leibes, die Objektivation einer Willensbestrebung oder eines besonderen Wollens ist. „Der Wille, der bis hierher im Dunkeln, höchst sicher und unfehlbar, seinen Trieb verfolgte, hat sich auf dieser Stufe ein Licht angezündet, als ein Mittel, welches nothwendig wurde, zur Aufhebung des Nachtheils, der aus dem Gedränge und der komplicirten Beschaffenheit seiner

---

[1] Ueber d. Willen i. d. Natur S. 74 f.

Erscheinungen eben den vollendetsten erwachsen würde."[1]) Aus der Vielheit und dem getrennten Dasein der Wesen, d. h. aus der Individuation, entsteht das Bedürfniss der Erkenntniss; denn wäre nur ein einziges Wesen in der Welt vorhanden, so wäre es eben selbst schon Alles in Allem, es gäbe nichts Fremdes für ihn, und nichts bliebe ihm zu erkennen, d. h. mittelbar, durch Bild und Begriff, in sich aufzunehmen. Bei der Vielheit der Individuen hingegen ist jedes Wesen isolirt von allen übrigen, woraus die Nothwendigkeit der Erkenntniss entsteht.[2])

Vergleichen wir den Intellekt mit dem Willen, so ergiebt sich Folgendes: der Intellekt ist physisch, der Wille metaphysisch; der Intellekt ist blosse Erscheinung, der Wille das Ding an sich; der Intellekt ist das Sekundäre, der Wille und die unmittelbare Erscheinung des Willens als Lebenskraft, der Organismus, das Primäre. Oder bildlich ausgedrückt: der Wille ist Substanz, der Intellekt ein Accidenz; der Wille ist die Materie, der Intellekt die Form; der Wille ist die Wärme, der Intellekt das Licht.[3])

Aus der sekundären, vom Willen abhängigen Natur des Intellekts geht hervor, dass nicht aus ihm, sondern aus dem Willen, dem der Primat zukommt, die unleugbare Zweckmässigkeit der Welt zu erklären ist: dass, anders, der physikotheologische Gedanke, der die Erkenntniss zum weltschaffenden Princip macht, demnach die Welt von aussen geordnet und gemodelt sein lässt, grundverkehrt ist, und schon durch die Bemerkung entkräftet wird, dass die Werke der thierischen Kunsttriebe, das Netz der Spinnen, der Zellenbau der Bienen etc. durchaus beschaffen sind, als wären sie in Folge eines Zweckbegriffs, weitreichender Vorsicht und vernünftiger Ueberlegung entstanden, während sie offenbar das Werk eines blinden Triebes, d. h. eines nicht von Erkenntniss geleiteten Willens sind."[4]) —

Wir haben die verschiedenen Manifestationen des Willens in der Welt, oder seine Objektivationsstufen betrachtet. Fassen wir jetzt die Zweckmässigkeit seines Waltens in den Erscheinungen näher ins Auge.

---

[1]) Welt a. W. I, 179. [2]) Ebd. II, 310. [3]) Ebd. II, 224 f. [4]) Ueber d. Willen i. d. Natur S. 39.

„Wie eine Zauberlaterne viele und mannigfaltige Bilder zeigt, es aber nur eine und dieselbe Flamme ist, welche ihnen allen die Sichtbarkeit ertheilt; so ist in allen mannigfaltigen Erscheinungen, welche neben einander die Welt füllen, oder nach einander als Begebenheiten sich verdrängen, doch nur der eine Wille das Erscheinende, dessen Sichtbarkeit, Objektität das Alles ist, und der unbewegt bleibt mitten in jenem Wechsel." Die ganze mannigfaltige Welt der Willensobjektivationen stellt sich uns dar als ein Stufenreich, einer Pyramide vergleichbar, auf deren Spitze der Mensch steht. Aus dieser Art und Weise sich zu objektiviren, nämlich daraus, dass der Wille seinen Inhalt nicht abgerissen, sondern systematisch darstellt, allmälig von Stufe zu Stufe vorwärts schreitet und die Erscheinung der höchsten Idee, des Menschen, durch die niederen Objektivationen gleichsam vorbereitet, erkennt man schon, dass der Wille zweckmässig wirkt. „Die Idee des Menschen durfte, um in der gehörigen Bedeutung zu erscheinen, nicht allein und abgerissen sich darstellen, sondern musste begleitet sein von der Stufenfolge abwärts durch alle Gestalten der Thiere, durch das Pflanzenreich, bis zum Unorganischen: sie alle erst ergänzen sich zur vollständigen Objektivation des Willens; sie werden von der Idee des Menschen so vorausgesetzt, wie die Blüten des Baumes Blätter, Aeste, Stamm und Wurzel voraussetzen". Oder: „ihre Erscheinung begleitet die des Menschen so nothwendig, wie das volle Licht begleitet ist von den allmäligen Gradationen aller Halbschatten, durch die es sich in der Finsterniss verliert." Diese innere Nothwendigkeit der Stufenfolge der Ideen finden wir durch eine äussere Nothwendigkeit in der Erscheinungswelt ausgedrückt; durch diejenige nämlich, „vermöge welcher der Mensch zu seiner Erhaltung der Thiere bedarf, diese stufenweise eines des andern, dann auch der Pflanzen, welche wieder des Bodens bedürfen, des Wassers, der chemischen Elemente und ihrer Mischungen, des Planeten, der Sonne, der Rotation und des Umlaufs um diese, der Schiefe der Ekliptik etc. — Im Grunde entspringt dies daraus, dass der Wille an sich selber zehren muss, weil ausser ihm nichts da ist und er ein hungriger Wille ist. Daher die Jagd, die Angst und das Leiden."[1])

---

[1]) Welt a. W. I, 182 f.

In der Organisation der Thiere finden wir die Zweckmässigkeit des Willens deutlicher als irgendwo ausgedrückt. Das Naturgesetz, welches nicht gestattet, dass ein Wesen ein überflüssiges Organ habe (lex parsimoniae naturae), und die Thatsache, dass keinem Thiere je ein Organ abgeht, welches seine Lebensweise erfordert, beweist, „dass die Lebensweise, die das Thier, um seinen Unterhalt zu finden, führen wollte, es war, die seinen Bau bestimmte, — nicht aber umgekehrt." Die Sache fällt so aus, als ob jedes Thier „sein Rüstzeug ausgewählt hätte, ehe es sich verkörperte", nicht anders, als wie ein Jäger das seinige je nach dem Wilde wählt, das er erlegen will: „er schiesst nicht auf die wilde Sau, weil er eine Büchse trägt; sondern er nahm die Büchse und nicht die Vogelflinte, weil er auf wilde Säue ausging: und der Stier stösst nicht, weil er eben Hörner hat; sondern weil er stossen will, hat er Hörner." Dass dem so ist, sieht man an jungen Thieren, denen ihre Vertheidigungswaffen noch fehlen, und die dennoch auf eine Art kämpfen, als wenn sie jene Organe schon besässen: Kälber z. B. stossen mit dem blossen Kopf, ehe sie Hörner haben; junge Eber, denen die Hauer noch fehlen, hauen um sich, ohne jedoch die kleinen Zähne zu brauchen, die sie schon haben. „Wir erhalten hierdurch die vollkommene Gewissheit, dass der Wille nicht als ein Hinzugekommenes, etwas aus der Erkenntniss Hervorgegangenes, die Werkzeuge benutzt, die er gerade vorfindet, die Theile gebraucht, weil eben sie und keine anderen da sind; sondern dass das Erste und Ursprüngliche das Streben ist, auf diese Weise zu leben, auf solche Art zu kämpfen; welches Streben sich darstellt nicht nur im Gebrauch, sondern schon im Dasein der Waffe, so sehr, dass jener oft diesem vorhergeht und dadurch anzeigt, dass weil das Streben da ist, die Waffe sich einstellt, nicht umgekehrt; und so mit jedem Theil überhaupt."[1])

„Nach dem Willen jedes Thiers hat sich sein Bau gerichtet." Diese Wahrheit, die sich jedem denkenden Naturforscher aufdringt, hat auch Lamarck ausgesprochen. Nach ihm sind die nach aussen wirkenden Organe und die Gestalt jeder Thierspecies

---

[1]) Ueber d. Willen i. d. Natur S. 41 f.

erst in Folge der Willensbestrebungen des Thieres, welche die Beschaffenheit seiner Umgebung hervorrief, allmälig im Laufe der Zeit und durch die fortgesetzte Generation entstanden. Lamarck setzt demnach zuerst das Thier, ohne entschiedene Organe, aber auch ohne entschiedene Bestrebungen, bloss mit Wahrnehmung ausgerüstet, die das Thier die Umstände, unter denen es zu leben hat, kennen lehrt, aus welcher Erkenntniss dann der Wille und aus diesem die bestimmte Organisation des Thieres entsteht. „Hätte Lamarck den Muth gehabt, es durchzuführen, so hätte er ein Urthier annehmen müssen, welches konsequent ohne alle Gestalt und Organ hätte sein müssen, und nun, nach klimatischen und lokalen Umständen und deren Erkenntniss, sich zu den Myriaden von Thiergestalten jeder Art, von der Mücke bis zum Elephanten umgewandelt hätte. In Wahrheit aber ist dieses Urthier der Wille zum Leben: jedoch ist er als solcher ein Metaphysisches, kein Physisches. Allerdings hat jede Thierspecies durch ihren eigenen Willen und nach Massgabe der Umständen, unter denen sie leben wollte, ihre Gestalt und Organisation bestimmt; jedoch nicht als ein Physisches in der Zeit, sondern als ein Metaphysisches ausser der Zeit. Der Wille ist nicht aus der Erkenntniss hervorgegangen und diese, mit sammt dem Thiere, dagewesen, ehe der Wille sich einfand als ein blosses Accidenz: sondern der Wille ist das Erste, das Wesen an sich: seine Erscheinung ist das Thier, ausgerüstet mit allen Organen, die den Willen, unter diesen speciellen Umständen zu leben, darstellen. Zu diesen Organen gehört auch der Intellekt, die Erkenntniss selbst, und ist, wie das Uebrige, der Lebensweise jedes Thieres genau angemessen; während Lamarck erst aus ihr den Willen entstehen lässt." [1])

Der überlegene, von der Vernunft unterstützte Verstand des Menschen ist zunächst ebenfalls nur eine Vertheidigungswaffe, bestimmt, den Zwecken des Willens zu dienen, da ohne dieselbe der verhältnissmässig schwächere und mit natürlichen Waffen nicht versehene Mensch im Kampfe mit der ihn umgebenden Natur und Thierwelt unterliegen würde. Der Mensch brauchte

---

[1]) Ueber d. Willen i. d. Natur S. 43 ff.

einen grösseren Verstand, als die übrigen organischen Wesen, darum hat er ihn auch. Wenn nun jemand, um diese teleologische Ansicht vom Intellekt zu entkräften, fragen wollte: warum hat denn die Natur den Insekten nicht so viel Verstand ertheilt, als es nöthig wäre, um sich nicht in die Lichtflamme zu stürzen: so müsste man ihm antworten: die Natur hat nicht vorher gewusst, „dass die Menschen Lichter giessen und anzünden würden, und natura nihil agit frustra. Also bloss zu einer unnatürlichen Umgebung reicht der Verstand der Insekten nicht aus." [1]

Durchmustern wir unter dem Gesichtspunkt, dass die Organisation jedes Thieres mit seinem Willen übereinstimmt, ein wohlgeordnetes osteologisches Kabinet; „so wird es uns wahrlich vorkommen, als sähen wir ein und dasselbe Wesen (jenes Urthier de Lamarcks, richtiger den Willen zum Leben) nach Massgabe der Umstände seine Gestalt verändern und aus derselben Zahl und Ordnung seiner Knochen, durch Verlängerung und Verkürzung, Verstärkung und Verkümmerung derselben, diese Mannigfaltigkeit von Formen zu stande bringen." Jene Zahl und Ordnung der Knochen, welche Geoffroy-St.-Hilaire das anatomische Element nennt, ist eine „durch eine unergründliche Nothwendigkeit unwiderruflich" festgesetzte konstante Grösse, deren Unwandelbarkeit „der Beharrlichkeit der Materie unter allen physischen und chemischen Veränderungen" zu vergleichen ist. Aus diesem festen Stoff macht nun der Wille, „mit ursprünglicher Kraft und Freiheit, nach Maassgabe der Zwecke, welche die äusseren Umstände ihm vorschieben, was sein jedesmaliges Bedürfniss heischt." Insofern als das beabsichtigte Organ auch bei einem anders gestalteten anatomischen Element zu stande kommen könnte, steht das letztere ausserhalb der teleologischen Erklärung, und kann nur theils auf der Einheit und Identität des Willens überhaupt, theils auf dem Hervorgehen einer Urform aus der anderen beruhen. [2]

Fassen wir zum Schluss Schopenhauers Ansichten über die Teleologie kurz zusammen. Da der Leib des Thieres eben nur „sein Wille selbst ist, angeschaut als Vorstellung"; so muss „Alles in und an ihm konspiriren zum letzten Zweck, dem Leben

---

[1] Ueber d. Willen i. d. Natur S. 50. [2] Ebd. S. 52 ff.

dieses Thieres", „daher ist jeder Organismus ein überschwänglich vollendetes Meisterstück", ein „Wunder und keinem Menschenwerk, das beim Lampenschein der Erkenntniss erkünstelt wurde, zu vergleichen." Der Wille bedarf, zum Hervorbringen seiner Werke, keiner fremden, erst zu bezwingenden Mittel: sein Wollen, Thun und Erreichen ist Eins. — Der Wille schafft aus sich und zweckmässig ohne Vorstellung des Zweckes, d. h. erkenntnisslos. Erfasst nun unser Intellekt, der selbst ein Produkt des Willens ist, die Werke der Natur, so erscheint ihm, seiner Form und Gesetzen gemäss, die ursprüngliche Einheit und Untheilbarkeit des Willensaktes „auseinandergezogen in ein Nebeneinander von Theilen und Nacheinander von Funktionen, die aber dennoch sich darstellen als genau verbunden, durch die engste Beziehung auf einander, zu wechselseitiger Hülfe und Unterstützung, als Mittel und Zweck gegenseitig." Vermöge der Beschaffenheit unseres Intellekts können wir die Natur nicht anders denn als prämeditirt zweckmässig, d. h. wie wir selbst handelnd betrachten. Es ist also unser Intellekt, der diese Art Zweckmässigkeit (nämlich die von der Physikotheologie behauptete) in die Natur hineinbringt, demnach ein Wunder anstaunt, das er selbst geschaffen hat." Hieraus folgt, dass die Verwerfung des physikotheologischen Arguments, welches die Vorstellung des Zweckes dem zweckmässigen Handeln vorhergehen lässt, nicht auch die Verwerfung der Teleologie als solcher fordert, und dass die Annahme der letzteren nicht auch die Annahme der Physikotheologie verlangt.[1]) Wenn man die beiden grundverschiedenen Begriffe der Zweckmässigkeit, die durch unseren Intellekt in die Natur hineingebrachte, und die bewusstlose des Willens, auseinanderhält; so kann man sagen: die Welt ist zweckmässig, weil sie Vorstellung ist, und sie ist Vorstellung, weil sie Produkt des zweckmässig wirkenden und die Vorstellung, d. h. den Intellekt brauchenden Willens ist. Nur die Zweckmässigkeit des Willens ist, wie der Wille selbst, von realer Geltung; die hingegen, welche der Intellekt in der Natur erblickt, ist blosse Erscheinung und hat als solche mit dem Wesen an sich der Dinge nichts gemein:

---

[1]) Ueber d Willen i. d Natur 57 f.

nie darf man von der uns als zweckmässig geordnet erscheinenden Natur auf die Zweckmässigkeit an sich derselben schliessen; hat man aber einmal die Zweckmässigkeit im Willen selbst erkannt, so ergiebt sich von selbst, dass wir die Welt nicht anders denn als Ausdruck einer zweckmässig wirkenden Kraft betrachten müssen.

4. Die „transscendente" Zweckmässigkeit.

Der (unbewusste) Zweck des Willens ist, wie schon oft gesagt, die Selbsterkenntniss; das Mittel dazu — zunächst die Hervorbringung des Intellekts als solchen, dann der höchsten Efflorescenz desselben, der menschlichen Erkenntniss, wodurch der Wille seinen Zweck erreicht. Wir greifen vor und sagen: die letzte Stufe der Selbsterkenntniss des Willens ist seine Abwendung vom Leben, seine Selbstaufhebung oder Selbstverneinung, deren nothwendige Folge die Aufhebung alles Daseins, also der Welt ist. Nur auf seiner höchsten Objektivationsstufe, d. h. im Menschen, vermag der Wille sich vom Leben abzuwenden. Offenbar muss dieses letzte Ziel des Willens auch das letzte Ziel des menschlichen Lebens sein, als welches doch keine eigene Realität hat, sondern nichts ist als der Abglanz der Welt der Ideen oder des Willens. Der Mensch, dieser personificirte Wille zum Leben, kann nie ein Ziel, das so wie dieses seinem ursprünglichen Wesen widerstrebt, erreichen noch erreichen wollen, wenn er nicht dahin geleitet wird, und zwar auf eine ihm ganz individuell angemessene Art, also auch oft auf weiten Umwegen, allmälig. Eine solche Leitung des menschlichen Individuums ist eine Gestaltung seines Lebens einem über das Leben und die Welt hinausweisenden, also transscendenten und dem Naturlauf widersprechenden Zwecke gemäss. Bezeichnen wir diese geheime, leitende Macht mit dem populären Ausdruck Vorsehung. Nur wenn man eine solche annimmt, ist es möglich, auf das dunkle, ja unerklärliche Problem „der anscheinenden Absichtlichkeit im Schicksale des Einzelnen" Licht zu werfen. Schopenhauer widmet dieser Frage wenige Seiten, und nennt seine Betrachtungen eine blosse metaphysische Phantasie, die nicht beansprucht, positive Aufschlüsse über die Sache zu geben. Da sie im engsten Zusammenhang einerseits mit der eben abgehandelten Zweckmässigkeitslehre, andererseits mit dem Gegenstand des nächsten Abschnitts steht, so wollen wir sie hier auseinandersetzen.

Dass die Begebenheiten unseres individuellen Lebens von einer übernatürlichen Macht gelenkt werden, ist ein Gedanke, von dem man annehmen kann, dass ihn Jeder, wenigstens einmal in seinem Leben, gefasst hat. Auch begegnet man ihm bei allen Völkern, zu allen Zeiten, oft ausser allem Zusammenhang mit irgend welchen bestimmten religiösen Dogmen, ja man sieht ihn sogar nicht selten Hand in Hand mit dem Unglauben gehen. Was diesen Gedanken im Kopf eines jeden erzeugt, ist die Beobachtung, dass in seinem eigenen Leben, wie auch in dem der übrigen Menschen, sich ein gewisser, gleichsam vorgezeichneter Plan findet, nach welchem die Ereignisse eintreten. Wir haben kein Recht, zur Erklärung dieses eine Vorsehung im gewöhnlichen Sinne anzunehmen, insofern der Glaube an eine solche nicht aus der Erkenntniss, sondern, wie jeder Götterglaube, aus dem Willen, d. h. aus unserer Bedürftigkeit entspringt. Was wir erkennen, ist bloss, dass der Zufall, der in der Regel uns arge Streiche spielt, „dann und wann einmal auserlesen günstig ausfällt, oder auch mittelbar sehr gut für uns sorgt." Diese Data der Erkenntniss aber sind nicht der Art, dass der Glaube an eine Vorsehung sich auf sie stützen dürfte. Es bleibt uns nichts anderes übrig, als dem Zufall selbst eine Absicht unterzulegen, und die Planmässigkeit, also Nothwendigkeit im menschlichen Leben, mit der Zufälligkeit der meisten seiner Begebenheiten zu vereinigen suchen. Zufall und Absicht sind aber Begriffe, die sich gegenseitig aufheben. Vom absoluten Zufall kann demnach da, wo ihm Absicht zugeschrieben wird, nicht die Rede sein. Aber auch davon abgesehen, kann man sich in einer Welt, die, wie wir wissen, einerseits durchweg zweckmässig, andererseits durch und durch, in allen ihren Vorgängen, bis ins Einzelne dem Satze vom Grunde unterworfen ist, den Zufall, diesen schroffsten Gegensatz der Zweckmässigkeit und Nothwendigkeit, gar nicht denken. Nothwendigkeit ist ein weiterer Begriff als Zweckmässigkeit:

alles Zweckmässige ist auch ein Nothwendiges, nicht aber umgekehrt. Wir müssen also zuerst die Möglichkeit einer Vereinigung von Nothwendigkeit und Zufälligkeit einsehen, und erst dann fragen, ob und in wiefern diese Verbindung im menschlichen Leben auch als zweckmässig aufzufassen und wie sie zu erklären sei. Aus Schopenhauers Erkenntnisstheorie ergiebt sich, dass die Wahrheit: Alles ohne Ausnahme geschieht mit strengster Nothwendigkeit, eine a priori gewisse, demnach unumstössliche ist. Zugleich wird sie a posteriori bestätigt, und zwar durch die nicht mehr zweifelhafte Thatsache, dass magnetische Somnambule, dass mit dem zweiten Gesichte begabte Menschen, ja, dass bisweilen die Träume des gewöhnlichen Schlafes das Zukünftige geradezu und genau vorher verkünden." Am schlagendsten wird diese Nothwendigkeit alles Geschehens durch das sogenannte zweite Gesicht bestätigt. Denn was dasselbe mit allen Nebenumständen oft lange vorher verkündet, tritt nachmals, ganz genau, wie es angegeben war, und trotz aller Bemühungen, es zu hintertreiben, wirklich ein. „Wäre nun die Gabe des zweiten Gesichts so häufig, wie sie selten ist; so würde kein Zweifel mehr darüber bleiben, dass, so sehr auch der Lauf der Dinge sich als rein zufällig darstellt, er es im Grunde doch nicht ist, vielmehr alle diese Zufälle selbst von einer tief verborgenen Nothwendigkeit umfasst werden, deren blosses Werkzeug der Zufall selbst ist."[1]) Was wir ‚zufällig' nennen, ist ein zeitliches Zusammentreffen des kausal nicht (sichtbar oder wahrnehmbar) Verbundenen. Da es aber keinen absoluten Zufall geben kann, so muss auch das anscheinend Zufälligste doch immer in irgend einem kausalen Zusammenhang mit der Totalität der Erscheinungen stehen, also ein „auf entfernterem Wege herangekommenes Nothwendiges," mithin durch Ursachen Bestimmtes sein. Man kann sich dies durch folgendes Bild veranschaulichen. Jede einzelne Begebenheit ist das Glied einer einzelnen Kette von Ursachen und Wirkungen. Wie es unzählige Begebenheiten giebt, so giebt es unzählige Kausalketten, die vielfach mit einander verflochten sind und ein grosses, gemeinsames Netz bilden,

---

[1]) Par. I, 217.

welches „mit seiner ganzen Breite sich in der Richtung der Zeit fortbewegt und eben den Weltlauf ausmacht. Versinnlichen wir uns jene einzelnen Kausalketten durch Meridiane, die in der Richtung der Zeit lägen; so kann überall das Gleichzeitige und eben deshalb nicht in direktem Kausalzusammenhang Stehende durch Parallelkreise angedeutet werden. Obwohl nun das unter demselben Parallelkreise Gelegene nicht unmittelbar von einander abhängt; so steht es doch vermöge der Verflechtung des ganzen Netzes, oder der sich in der Richtung der Zeit fortwälzenden Gesammtheit aller Ursachen und Wirkungen mittelbar in irgend einer, wenn auch entfernten, Verbindung: seine jetzige Gleichzeitigkeit ist daher eine nothwendige. Hierauf nun beruht das zufällige Zusammentreffen aller Bedingungen einer in höherem Sinne nothwendigen Begebenheit."[1]) Wir sehen also dass, wenn man das Zufällige im relativen Sinne nimmt, seine Verbindung mit der überall herrschenden Nothwendigkeit nicht nur denkbar ist, sondern thatsächlich stattfindet, aus dem einfachen Grunde, weil das relativ Zufällige eigentlich gar kein Zufälliges, sondern, wie Alles, ein Nothwendiges ist. Wenn wir nun jetzt in der strengen Nothwendigkeit alles Geschehens auch eine Absicht, einen Plan oder Zweck entdeckten, so würde es für uns ein Beweis sein, dass diese Nothwendigkeit keine blinde sei. — Der blosse Glaube, dass unser Lebenslauf durch ein unabwendbares Geschick oder das Fatum vorgezeichnet ist, heisst bekanntlich Fatalismus. Zur wissenschaftlichen, philosophischen Gewissheit wird er dadurch, dass wir ihn, d. h. den in ihm ausgedrückten reinen Gedanken, nach Abzug der mythischen Vorstellung eines Fatums, theils als im apriorischen Fond unserer Erkenntniss wurzelnd nachweisen, theils erfahrungsmässig, a posteriori demonstriren. Als eine wissenschaftliche Wahrheit nennen wir den Fatalismus einen demonstrabeln. Stellte es sich heraus, dass das weltbezwingende Gesetz der Nothwendigkeit selbst der Ausdruck einer höheren, unser Leben planmässig lenkenden Macht sei, so würde man, — da diese Macht offenbar nicht anders als eine über jenes Gesetz, also auch über die Welt, in der es

---

[1]) Par. I, 229.

herrscht, erhabene, d. h. transscendente zu denken wäre, — eine Form des Fatalismus gewinnen, die man den transscendenten Fatalismus nennen müsste. Dass derselbe ein möglicher und subjectiv berechtigter Gedanke ist, haben wir am Anfang dieses Abschnitts gesehen. Ob er aber auch irgend eine objective Gültigkeit hat? Offenbar lässt er sich nicht demonstriren, da das Transscendente überhaupt keines Beweises fähig ist. Vielleicht aber irgend wie denkbar oder plausibel machen? Dies ist die Frage, die uns beschäftigt.

Das wunderbare Phänomen des zweiten Gesichts kommt uns auch hier zu Hülfe. Das Zukünftige tritt vor das Seherauge als ein Gegenwärtiges: diese Thatsache beweist, wie gesagt, die Nothwendigkeit als solche alles Geschehenden; ausserdem aber gestattet sie wenigstens die Ansicht, dass die vorhergesehene Zukunft, weil sie doch eintritt oder sich erfüllt, auch schon zum voraus bestimmt und objektiv festgestellt gewesen sei. Wenn nun aus den persönlichen Erfahrungen und Erlebnissen der, sei es vorübergehende, sei es bleibende, trostreiche Glaube an eine Vorsehung erwächst, so findet er in jener Reflexion eine Stütze, eine Art Rechtfertigung. und kann zur Ueberzeugung werden, der eine gewisse Objektivität nicht abzusprechen ist. Allerdings liesse sich die Planmässigkeit im Lebenslauf eines Individuums aus der Unveränderlichkeit und starren Konsequenz des angeborenen Charakters erklären, vermöge dessen jeder, gleichsam instinktiv, von seiner Geburt an, das ihm individuell Angemessene ergreift und verfolgt, „wie die im Sande, von der Sonne bebrütete und aus dem Ei gekrochene Schildkröte, auch ohne das Wasser erblicken zu können, sogleich die gerade Richtung dahin einschlägt;" — allein eine solche Erklärung scheint nicht ausreichend zu sein. Denn es ist nicht glaublich, erstens, dass der sich selbst überlassene Mensch den mächtigen Einflüssen äusserer Umstände lange Widerstand leisten könnte, nie von der einmal eingeschlagenen Lebensbahn abwiche und den seinem Leben zum Grunde liegenden Plan nicht vereitelte; zweitens, dass das menschliche Leben, diese für die Zwecke des Willens wichtigste Erscheinung, so ganz und gar dem Zufall, nämlich jenen äusseren Umständen, preisgegeben sein sollte. So kommen wir immer auf den Gedanken, dass für die Realisirung des Zweckmässigen im menschlichen Lebenslauf „auf irgend eine Weise gesorgt sein müsse, durch eine im tiefsten Grunde der Dinge liegende Einheit des Zufälligen und Nothwendigen." Uns fällt die Lehre vom „intelligiblen Charakter" ein; wir erweitern diesen Begriff zu dem einer intelligiblen Welt, und nehmen, um den transscendenten Fatalismus durch etwas uns wenigstens begrifflich Bekanntes dem Verständniss näher zu bringen, an, dass der Erscheinungswelt, dem mundus phaenomenon, in welchem der Zufall herrscht, durchgängig und überall eine intelligible Welt, ein mundus noumenon, zum Grunde liegt, welcher den Zufall selbst beherrscht. Diese Welt ist nicht Natur, sondern liegt, als das Metaphysische, jenseits derselben; und während die Natur nur für die Gattung und nicht für das Individuum sorgt, „weil ihr jene Alles, dieses nichts ist"; sorgt das Metaphysische auch für dieses, weil es ihm Alles gilt, insofern es selbst in jedem Individuo ganz und ungetheilt existirt.[1]) Aus dieser untrennbaren Verbindung des Metaphysischen und Physischen in jeder Naturerscheinung folgt auch für das individuelle Leben die Möglichkeit einer Verbindung des Zweckmässigen und Zufälligen, wodurch das Dasein einer sehenden Nothwendigkeit oder einer unser Leben planmässig gestaltenden und lenkenden höheren Macht ($είμαρμένη$, $πεπρωμένη$) wenn auch nicht bewiesen, so doch wahrscheinlich oder denkbar wird. Es wird dies noch mehr, wenn wir bedenken, dass jene verborgene Macht, das Schicksal oder die Vorsehung — auf den Namen kommt es nicht an — „ihre Wurzel zuletzt doch nur in unserem eigenen, geheimnissvollen Innern" haben kann, da es, als das Metaphysische, mit dem intelligiblen Charakter Zusammenfallende, nichts anderes sein kann, als der Wille, der in jedem Einzelnen lebt und strebt, und dessen Zweckmässigkeit in der Natur wir bereits erkannt haben. Wie sollte der Wille plötzlich aufhören, zweckmässig zu wirken, und gerade im menschlichen Leben, das doch selbst der Ausdruck der Zweckmässigkeit des Willens

---

[1]) Par. I, 222. 218 ff.

ist und diesem als Mittel zur Erreichung seines letzten Zweckes dient?

Der Wille ist in uns, aber auch ausser uns: in uns, sofern er sich in unserem empirisch erkennbaren, die Motive des Handelns liefernden, individuellen Bewusstsein offenbart; ausser uns, sofern er als Ding an sich ausserhalb der Bedingung der Individualität ist. Er ist jener „Geist" oder Genius, von dem Paracelsus sagt, er wohne ausserhalb uns und setze „seinen Stuhl in die oberen Sterne," und beherrsche von dieser Region aus, die weit über das irdische Bewusstsein hinausliegt, unseren Lebenslauf. „Wie nämlich in jenen dumpfen und blinden Urkräften der Natur, aus deren Wechselspiel das Planetensystem hervorgeht, schon eben der Wille zum Leben, welcher nachher in den vollendetsten Erscheinungen der Welt auftritt, das im Innern Wirkende und Leitende ist und er, schon dort, mittelst strenger Naturgesetze, auf seine Zwecke hinarbeitet, die Grundfeste zum Bau der Welt und ihrer Ordnung vorbereitet; ebenso nun sind alle, die Handlungen eines Menschen bestimmenden Begebenheiten, nebst der sie herbeiführenden Kausalverknüpfung, doch auch nur die Objektivation desselben Willens, der auch in diesem Menschen selbst sich darstellt; woraus sich, wenn auch nur wie im Nebel, absehen lässt, dass sie sogar zu den speciellsten Zwecken jenes Menschen stimmen und passen müssen, in welchem Sinne sie alsdann jene geheime Macht bilden, die das Schicksal des Einzelnen leitet und als sein Genius oder seine Vorsehung allegorisirt wird. Rein objektiv betrachtet aber ist und bleibt es der durchgängige, alles umfassende Kausalzusammenhang, welcher die Stelle der bloss mythischen Weltregierung vertritt, ja, den Namen derselben zu führen ein Recht hat."[1]) Da nichts absolut zufällig ist, „so spiegelt sich Alles in Allem, klingt Jedes in Jedem wieder," und „der unvertilgbare Hang des Menschen, auf omina zu achten, zeugt von seiner, den Vernunftgründen trotzenden Voraussetzung, dass es irgendwie möglich sei, aus dem ihm Gegenwärtigen und klar vor Augen Liegenden das durch Raum oder Zeit Verborgene, also das Entfernte oder Zu-

---

[1]) Par. I, 228f.

künftige zu erkennen; so dass er wohl aus Jenem dieses ablesen könnte, wenn er nur den wahren Schlüssel der Geheimschrift hätte."[1])

Wie jene transscendente Macht, die, zum Behuf ihrer Zwecke, die äusseren Vorgänge unseres Lebens lenkt, doch in der Tiefe unseres Inneren wurzeln kann, lässt sich am deutlichsten aus dem Traume absehen. Alles was im Traume vorgeht, trifft unabhängig von uns und oft gegen unseren Willen, rein zufällig zusammen; und doch findet zwischen den geträumten äusserlichen Umständen eine geheime und zweckmässige Verbindung statt, was wir daraus ersehen, dass sie sich sämmtlich auf uns beziehen und zu Motiven unserer Handlungen im Traume werden, mithin unseren Lebenslauf im Traume bestimmen. Nun aber kann die geheime Macht, die unser Traumleben lenkt, doch keine andere sein als wir selbst, d. h. unser Wille, „jedoch von einem Standpunkte aus, der nicht in unser träumendes Bewusstsein fällt." Sollte es, bei der anerkannten Aehnlichkeit des Lebens mit dem Traume, mit dem Schicksal und der Planmässigkeit im Leben nicht eine ähnliche Bewandtniss haben? Wie jeder „der heimliche Theaterdirektor seiner Träume ist", so könnte auch jenes Schicksal, d. h. wir selbst als Wille, der Theaterdirektor unseres wachen Lebenslaufes sein! Während aber im blossen Traume nur Ein Ich das Wollende und Empfindende, alles Uebrige aber blosses Phantom ist, so findet hingegen im grossen Traum des Lebens ein wechselseitiges Verhältniss statt, indem jeder Träumende und dessen Traum im Traume jedes Anderen eine thätige und nothwendige Rolle spielt, „so dass, vermöge einer wirklichen harmonia praestabilita, Jeder doch nur das träumt, was ihm, seiner eigenen metaphysischen Lenkung gemäss, angemessen ist, und alle Lebensträume so künstlich in einander geflochten sind, dass Jeder erfährt, was ihm gedeihlich ist und zugleich leistet, was Anderen nöthig; wonach denn eine etwaige grosse Weltbegebenheit sich dem Schicksale vieler Tausende, Jedem auf individuelle Weise, anpasst. Alle Ereignisse im Leben eines Menschen ständen demnach in zwei grundver-

---

[1]) Par. I, 230 f.

schiedenen Arten des Zusammenhangs: erstlich, im objektiven, kausalen Zusammenhange des Naturlaufs; zweitens, in einem subjektiven Zusammenhange, der nur in Beziehung auf das sie erlebende Individuum vorhanden und so subjektiv wie dessen eigene Träume ist, in welchem jedoch ihre Succession und Inhalt ebenfalls nothwendig bestimmt ist, aber in der Art, wie die Succession der Scenen eines Dramas, durch den Plan eines Dichters."[1])

Wie nun jene prästabilirte Harmonie der Lebensläufe aller Individuen zu erklären ist, übersteigt unsere Fassungskraft. Wäre es aber nicht „engbrüstiger Kleinmuth", sie aus diesem Grunde für unmöglich zu halten? Auch muss sich die Scheu vor jenem „kolossalen" Gedanken mindern, wenn man sich erinnert, dass das Subjekt des Lebenstraums der Eine Wille ist. „Es ist ein grosser Traum, den das Eine Wesen träumt: aber so, dass alle seine Personen ihn mitträumen. Daher greift Alles in einander und passt zu einander." Dehnt man nun die Annahme, dass jedes Wesen und jede Begebenheit ein Glied sowohl des objektiven als des subjektiven Zusammenhanges der Dinge ist, auf die ganze Natur, auch auf die erkenntnisslose, aus, so wird man jede nach dem Laufe der Natur nothwendig eintretende Begebenheit zugleich auffassen müssen, als bloss in Bezug auf mich geschehend und existirend. Nun versteht man aber auch unter omina, praesagia und portenta Ereignisse, die nur für das betreffende Subjekt zweckmässig und bedeutungsvoll, es warnend oder ihm etwas verkündigend, sind. Wenn man demnach einmal die Möglichkeit jener doppelten Kette aller Begebenheiten der Natur und des menschlichen Lebens zugegeben, d. h. den transscendenten Fatalismus für denkbar anerkannt hat, so ist man genöthigt, auch die omina für denkbar zu erklären. Unter dem Gesichtspunkt des transscendenten Fatalismus heben sich das natürlich-Nothwendige und das Ominöse gegenseitig durchaus nicht auf. „Daher sind Die ganz auf dem Irrwege, welche das Ominöse eines Ereignisses dadurch zu beseitigen vermeinen, dass sie die Unvermeidlichkeit seines Eintritts darthun, indem sie die natürlichen und nothwendig wirkenden Ursachen desselben recht deutlich und,

---

[1]) Par. I, 234 f. 231 ff.

wenn es ein Naturereigniss ist, mit gelehrter Miene auch physikalisch nachweisen. Denn an diesen zweifelt kein vernünftiger Mensch, und für ein Mirakel will keiner das Omen ausgeben; sondern gerade daraus, dass die ins Unendliche hinaufreichende Kette der Ursachen und Wirkungen, mit der ihr eigenen, strengen Nothwendigkeit und unvordenklichen Prädestination, den Eintritt dieses Ereignisses, in solchem bedeutsamen Augenblick, unvermeidlich festgestellt hat, erwächst demselben das Ominose; daher jenen Altklugen, zumal wenn sie physikalisch werden, das Shakespear'sche ‚there are more things in heaven and earth, than are dreamt of in your philosophy' vorzüglich zuzurufen ist. Andrerseits jedoch sehen wir mit dem Glauben an die Omina auch der Astrologie wieder die Thüre geöffnet, da die geringste, als ominos geltende Begebenheit, der Flug eines Vogels, das Begegnen eines Menschen u. dgl., durch eine ebenso unendlich lange Kette von Ursachen bedingt ist, wie der berechenbare Stand der Gestirne zu einer gegebenen Zeit." „Will man die Möglichkeit des Ominosen sich noch durch ein Bild versinnlichen, so kann man den, der bei einem wichtigen Schritt in seinem Lebenslauf, dessen Folgen noch die Zukunft verbirgt, ein gutes oder schlimmes Omen erblickt und dadurch gewarnt oder bestärkt wird, einer Saite vergleichen, welche, wenn angeschlagen, sich selbst nicht hört, jedoch die, in Folge ihrer Vibration mitklingende fremde Saite vernähme."[1])

5. „Experimentalmetaphysik".

(Animalischer Magnetismus. — Magie. — Geistersehen.)

Der Wille, das Ding an sich, das Metaphysische, ist handelnd und, in seiner Objektivation als Intellekt, erkennend. In der Erscheinungswelt ist sein Handeln sowohl als sein Erkennen beschränkt durch das Gesetz der Kausalität und das principium individuationis, d. h. durch die Bedingung, unter der allein alles Individuelle, Einzelne möglich ist, nämlich Zeit und Raum.

---

[1]) Par. I, 235 f.

Also ist auch das menschliche Wirken und Erkennen ein bloss bedingtes, mittelbares. An sich aber bleibt ja der Wille, trotz seines Eingangs in die Erscheinung, unabhängig von allen Schranken des individuellen Daseins, also auch des individuellen und intellektuellen Erkennens: allmächtig, allsehend, allwissend. Der Mensch gehört zum inneren Wesen der Welt, er ist ein Theil desselben. Objective steht demnach der Annahme nichts im Wege, dass er einmal, mit Umgehung des principii individuationis, auf die Natur und seine Mitmenschen von seinem inneren Wesen, dem Willen als Ding an sich, also von Innen aus, unmittelbar wirken könne und Alles auch unmittelbar erkennen; mit anderen Worten, dass er allmächtig, allsehend und allwissend sein könne, wie der Wille oder der ‚Gott, der ihm im Busen wohnt'. Gesetzt nun, diese Möglichkeit sei Wirklichkeit geworden, so erhalten wir die empirische Bestätigung der beiden metaphysischen Kardinalwahrheiten: nämlich, dass das in der Welt Wirksame, also Reale, der Wille allein ist, und dass Zeit, Raum und Kausalität ihn nicht berühren, somit der Welt als Vorstellung allein angehören. Denn die Unbeschränktheit unseres Willens wäre ein Beweis der Unbeschränktheit des Wirkenden in uns, d. h. des Willens; und unbeschränkt ist nur, was ausser der Erscheinung ist, also das Wesen an sich der Welt. Und sind wir allsehend und allwissend, so giebt es für uns keine Vergangenheit und keine Zukunft, ebenso wenig eine Entfernung und ein Werden, also keine Zeit, keinen Raum und keine Kausalität; also sind diese blosse Formen unseres Intellekts, rein idealer Natur, da, sobald unser Erkennen einen anderen Weg, als den gewöhnlichen von aussen, also den von innen, vom Realen aus, einschlägt, wir auch nicht mittelst dieser Formen erkennen, und gerade darum Alles mit Einem Blick überschauen. — Eine solche empirische Bestätigung metaphysischer Wahrheiten wäre praktische oder Experimentalmetaphysik.

Sind uns nun in der Welt oder im individuellen Leben Erscheinungen bekannt, in denen sich der Wille in seiner ganzen Absolutheit kund gäbe?

Ein omnipotenter menschlicher Wille wäre magische Gewalt,

Zaubermacht; ein Zeit und Raum überflügelndes, durch sie unbeengtes Schauen und Erkennen, wäre Hellsehen im weitesten Sinne: eine sowohl der Zukunft als der Vergangenheit zugewandte **Deuteroskopie**, d. h. **zweites Gesicht** im gewöhnlich gebrauchten Verstande, und **Geistersehen**, als welches **retrospektives zweites Gesicht** genannt werden kann. Das Hellsehen in der ersten Form ist eine bekannte, obgleich noch nicht erklärte Thatsache, in der wir auch, im vorigen Abschnitt, einen Erkenntnissgrund der Wahrheit des transscendentalen Idealismus erblickt haben. Wie steht es aber um die zweite Form des Hellsehens und die magische Gewalt des Willens? Diese sind nicht nur nicht erklärt, sondern scheinen überhaupt fraglich zu sein und in das Gebiet des Aberglaubens, nicht der Wissenschaft, zu gehören! Findet sich im Bereich des Alltäglichen, Unbestreitbaren und wissenschaftlich Beglaubigten etwas der Magie und dem Hellsehen Analoges, woraus wir die Möglichkeit jener und die **Objektivität** der sogenannten Gespenster oder Geistererscheinungen wenigstens absehen könnten?

Die Phänomene des **animalischen Magnetismus** einerseits und der gewöhnliche **Traum** andrerseits sind solche Thatsachen, nach denen wir fragen. „Wer heutzutage die Thatsachen des animalischen Magnetismus und seines Hellsehens bezweifelt, ist nicht ungläubig, sondern unwissend zu nennen." [1]) Aus ihnen geht hervor, dass jenes Agens, durch welches der Magnetiseur die erstaunlichsten, dem gesetzmässigen Naturlauf scheinbar widersprechenden Wirkungen hervorruft, „nichts anderes ist, als der **Wille des Magnetisirenden**", worüber unter denen, die Praxis mit Einsicht verbinden, kaum ein Zweifel obwalten kann. Da, wie wir wissen, der Leib, der Organismus, die blosse Erscheinung des Willens ist, so fällt der äussere Akt der beim Magnetisiren gewöhnlich angewandten Manipulation mit dem inneren Willensakte zusammen, und ist in Folge dessen „eigentlich ein unfehlbares Mittel zur Fixirung und Thätigkeit des Willens des Magnetiseurs." Hieraus erklärt sich, dass man ohne bewusste Anstrengung des Willens, ja sogar gedankenlos magnetisiren kann.

---

[1]) Par. I, 243 f.

„Ueberhaupt ist es nicht das Bewusstsein des Wollens, die Reflexion über dasselbe, sondern das reine, von aller Vorstellung möglichst gesonderte Wollen selbst, welches magnetisch wirkt." Die andere Art des Magnetisirens, durch blosse Phantasie, ist schon eine künstliche und schwierigere, da hier der äussere, unmittelbare Akt durch einen mittelbaren ersetzt wird, der Wille also nicht direct wirkt, und die Wirkung durch einen Umweg geschieht.[1])

Am schlagendsten jedoch wird die Allgewalt des Willens, somit die Wahrheit der Willensmetaphysik, durch die Wirkung des Willens auf leblose Körper bewiesen, so z. B. wenn er die Nadel des Kompasses ablenkt. Ferner ersehen wir aus den Phänomenen des animalischen Magnetismus, dass, sobald sie eintreten, die Schranken der Individuation (Zeit und Raum) durchbrochen werden: „zwischen Magnetiseur und Somnambule sind Räume keine Trennung, Gemeinschaft der Gedanken und Willensbewegungen tritt ein; der Zustand des Hellsehens setzt über die der blossen Erscheinung angehörenden, durch Raum und Zeit bedingten Verhältnisse, Nähe und Ferne, Gegenwart und Zukunft hinaus."[2])

Wenn wir nun die verschiedenen, alten und neuen, Berichte über Zauberei, Hexenwesen u. dgl. mit den Wundern des animalischen Magnetismus vergleichen, so wird es fast zur Gewissheit, dass wenigstens ein Theil der ehemaligen sogenannten Magie sich auf magnetische Phänomene zurückführen, mithin philosophisch erklären lässt. Ein Zweig der alten Magie hat sich unter dem Volke bis jetzt erhalten, nämlich die offenkundige und tägliche Ausübung sympathetischer Kuren, „an deren Realität wohl kaum zu zweifeln ist." Dass auch hierbei nicht die sinnlosen Worte und Ceremonien, sondern der Wille des Heilenden das Agens ist, bedarf keiner Versicherung. „Diese zwei Thatsachen, animalischer Magnetismus und sympathetische Kuren, beglaubigen empirisch die Möglichkeit einer, der physischen entgegengesetzten, magischen Wirkung, welche das verflossene Jahrhundert so peremtorisch

---

[1]) Ueber d. Willen etc. S. 99 f. 101. Vgl. Welt a. W. I, 118 ff. [2]) Ueber d. Willen etc. S. 104. 105.

verworfen hatte, indem es durchaus keine andere als die physische, nach dem begreiflichen Kausalnexus herbeigeführte Wirkung als möglich gelten lassen wollte."[1])

Kann der Wille wohlthätig wirken, so kann er ebensogut einmal auch schädlich wirken: wenigstens ist es nicht abzusehen, weshalb es unmöglich wäre. „Wenn daher irgend ein Theil der alten Magie, ausser dem, der sich auf animalischen Magnetismus und sympathetische Kuren zurückführen lässt, Realität hatte; so war es gewiss dasjenige, was als Maleficium und Fascinatio bezeichnet wird und gerade zu den meisten Hexenprocessen Anlass gab." Nimmt man die Erzählungen solcher Einwirkungen als wahr an, „so hat man den Schlüssel zu dem Verbrechen der Hexerei, dessen eifrige Verfolgung darnach doch nicht alles Grundes entbehrt hätte. Wenn sie gleich in den allermeisten Fällen auf Irrthum und Missbrauch beruht hat, so dürfen wir doch nicht unsere Vorfahren für so ganz verblendet halten, dass sie, so viele Jahrhunderte hindurch, mit so grausamer Strenge, ein Verbrechen verfolgt hätten, welches ganz und gar nicht möglich gewesen wäre. Auch wird uns, von jenem Gesichtspunkt aus, begreiflich, warum bis auf den heutigen Tag, in allen Ländern, das Volk gewisse Krankheitsfälle hartnäckig einem maleficio zuschreibt und nicht davon abzubringen ist."[2])

Das Urtheil über die Magie hat sich, selbst in der Gelehrtenwelt, in letzter Zeit wesentlich verändert: das unbesonnene und frivole Leugnen und Verwerfen in Bausch und Bogen alles dessen, was, wie die sogenannte Nachtseite der Natur, der oberflächlichen mechanischen Erklärung nicht zugänglich ist, hat einer ernsten und wissenschaftlichen Erforschung dieses weiten, dunklen und interessanten Gebietes Platz gemacht. Und es ist nicht der animalische Magnetismus allein, der diese Wendung in der Wissenschaft bewirkt hat: im tieferen Grunde war sie vorbereitet „durch die von Kant hervorgebrachte Umwandlung der Philosophie, welche in diesem, wie in anderen Stücken einen Fundamentalunterschied zwischen deutscher und anderer europäischen Bildung setzt. Um über alle geheime Sympathie, oder gar magische Wir-

---

[1]) Ueber d. Willen etc. S. 107. 105 f. [2]) Ebd. S. 107 f.

kung, vorweg zu lächeln, muss man die Welt gar sehr, ja, ganz und gar begreiflich finden. Das kann man aber nur, wenn man mit überaus flachem Blick in sie hineinschaut, der keine Ahnung davon lässt, dass wir in ein Meer von Räthseln und Unbegreiflichkeiten versenkt sind und unmittelbar weder die Dinge noch uns selbst von Grund aus kennen und verstehen. Die dieser Gesinnung entgegengesetzte ist es eben, welche macht, dass fast alle grosse Männer, unabhängig von Zeit und Nation, einen gewissen Anstrich von Aberglauben verrathen haben. Wenn unsere natürliche Erkenntnissweise eine solche wäre, welche uns die Dinge an sich, und folglich auch die absolut wahren Verhältnisse und Beziehungen der Dinge, unmittelbar überlieferte; dann wären wir allerdings berechtigt, alles Vorherwissen des Künftigen, alle Erscheinungen Abwesender oder Sterbender oder gar Gestorbener, und alle magische Einwirkung a priori und folglich unbedingt zu verwerfen. Wenn aber, wie Kant lehrt, was wir erkennen blosse Erscheinungen sind, deren Formen und Gesetze sich nicht auf die Dinge an sich selbst erstrecken; so ist eine solche Verwerfung offenbar voreilig, da sie sich auf Gesetze stützt, deren Apriorität sie gerade auf Erscheinungen beschränkt, hingegen die Dinge an sich, zu denen auch unser eigenes inneres Selbst gehören muss, von ihnen unberührt lässt. Eben diese aber können Verhältnisse zu uns haben, aus denen die genannten Vorgänge entsprängen, über welche demnach die Entscheidung a posteriori abzuwarten, nicht ihr vorzugreifen ist."[1])

Wenn man die Geschichte der Magie studirt, so wird man aus der Beharrlichkeit, mit der überall und jederzeit die Menschheit den Gedanken der Magie verfolgt hat, schliessen müssen, dass dieser Gedanke „einen tieferen Grund, wenigstens in der Natur des Menschen, wenn nicht der Dinge überhaupt, haben müsse, nicht aber eine willkürlich ersonnene Grille sein könne." So verschieden die Definitionen der Magie auch sein mögen, so ist der Grundgedanke dabei nicht zu verkennen, nämlich dass es ausser der natürlichen Kausalverbindung zwischen den Erscheinungen dieser Welt, „noch eine andere, durch das Wesen an sich aller Dinge

---

[1]) Ueber d. Willen etc. S. 109.

gehende, geben müsse, gleichsam eine unterirdische Verbindung, vermöge welcher von einem Punkt der Erscheinung aus, unmittelbar auf jeden anderen gewirkt werden könne, durch einen nexum metaphysicum; dass demnach ein Wirken auf die Dinge von innen, statt des gewöhnlichen von aussen, ein Wirken der Erscheinung auf die Erscheinung, vermöge des Wesens an sich, welches in allen Erscheinungen Eines und dasselbe ist, möglich sein müsse; dass, wie wir kausal als natura naturata (d. h. als geschaffene Natur, als blosse Erscheinung des Wesens an sich) wirken, wir auch wohl eines Wirkens als natura naturans (d. h. als schaffende Natur, als das Wesen an sich selbst der Welt) fähig sein und für den Augenblick den Mikrokosmos als Makrokosmos geltend machen könnten; dass die Scheidewände der Individuation und Sonderung, so fest sie auch seien, doch gelegentlich eine Kommunikation, gleichsam hinter den Koulissen, oder wie ein heimliches Spielen unterm Tisch, zulassen könnten; und dass, wie es, im somnambulen Hellsehen, eine Aufhebung der individuellen Isolation der Erkenntniss giebt, es auch eine Aufhebung der individuellen Isolation des Willens geben könne."[1]

In dem „inneren Gefühl der Allmacht des Willens an sich" ist also der Ursprung des Gedankens der Magie zu suchen. Freilich fehlte viel, dass dieser Gedanke „sofort ins deutliche Bewusstsein übergegangen und in abstracto erkannt worden wäre". Das Streben der Magiker war zwar, durch den blossen Willen eine absolute Herrschaft über die Natur auszuüben, dass aber die Wirkung des Willens eine unmittelbare sein könne und müsse, dazu konnten sie sich schon wegen ihrer religiösen Anschauungen nicht erheben. Unter den polytheistischen Völkern suchte die Magie die Götter und Dämonen ihrem Willen dienstbar zu machen, um durch sie zu wirken: eine solche, ihre Kunst mittelst bezwungener, dem menschlichen Willen unterworfener göttlicher Mächte ausübende Magie wird Theurgie genannt. Der Monotheismus, diese „göttliche Monarchie", gestattete jedoch den verwegenen Gedanken der Theurgie offenbar nicht; und so blieb dem Magiker der monotheistischen Religionen nichts übrig als ent-

---

[1] Ueber d. Willen etc. S. 110 f. 126 f.

weder mit dem Teufel, dem doch auch einige Macht über die Natur zustand, einen Bund zu schliessen, oder ihn durch göttliche Hülfe zum Gehorsam zu zwingen, ohne jedoch seinerseits ihm einen Gegendienst zu versprechen. Im ersten Falle hiess die Magie die schwarze, im andern die weisse.[1]

Dass jene Magiker die Wahrheit verkannten, und die unmittelbare Herrschaft des Willens sich als eine bloss mittelbare dachten, konnte kein Hinderniss ihres Wirkens sein, „denn eben weil in Dingen dieser Art der Wille an sich, in seiner Ursprünglichkeit und daher gesondert von der Vorstellung thätig ist; so können falsche Begriffe des Intellekts sein Wirken nicht vereiteln, sondern Theorie und Praxis liegen hier gar weit auseinander: die Falschheit jener steht dieser nicht im Wege, und die richtige Theorie befähigt nicht zur Praxis."[2]

Nicht weniger als die Magie selbst, muss auch die Kirche eine dunkle Ahnung von der Wahrheit gehabt haben, welche dem Gedanken der Magie zu Grunde liegt. Wie wäre auch sonst ihr grausamer Eifer zu erklären, mit dem sie dieselbe zu allen Zeiten verfolgt hat. Denn der Glaube an den Teufel war von der Kirche sanktionirt, ja, wer ihn nicht theilte galt für gottlos; die verbrecherischen Absichten, die oft mit der Magie verbunden waren, konnten auch nicht den wahren Grund zu ihrer Verfolgung abgeben, da so viele andere und schlimmere Verbrechen von der Kirche nicht bestraft wurden. Was aber die Kirche schlechterdings nicht dulden durfte, war, dass, nachdem sie der Urkraft, der weltschaffenden und weltbeherrschenden Macht, eine Stelle ausserhalb der Natur angewiesen und sich selbst für die Stellvertreterin dieser Macht auf Erden erklärt hatte, die Magie nun diese Urkraft an ihre richtige Stelle, in das eigene Selbst des Menschen, verlegte, somit den transscendenten Gott aufhöbe und der Kirche alle objektive Geltung abspräche.[3] —

Wir gehen zum Hellsehen über. Wie ist es zu erklären? Dass es möglich ist, und zwar in seinen beiden Formen, als Schauen der Zukunft und der Vergangenheit, beweist wieder der animalische Magnetismus, näher der magnetische Schlaf, in

---

[1] Ueber d. Willen etc. S. 112 ff. [2] Ebd. S. 116. [3] Ebd. S. 127.

welchem die Somnambule oft das Zukünftige anticipirt und auch vorgiebt, mit Verstorbenen zu verkehren, also der retrospectiven Deuteroskopie fähig zu sein. Der magnetische Schlaf oder vielmehr Traum ist nur eine Potenzirung des gewöhnlichen Traumes. Bei diesem, als dem bekannteren und durchsichtigeren, wird man daher nach den ersten Aufschlüssen über das Hellsehen zu suchen haben. Zuvörderst, um allen Missverständnissen vorzubeugen, muss jedoch festgestellt werden, in welchem Sinne das Wort ‚Geist' oder ‚Gespenst' zu verstehen, also der Beweis für oder wider die Möglichkeit der Geistererscheinungen zu führen ist.

Schon im Begriff des Geistes, als des Gegensatzes von Körper, liegt, dass seine Erscheinung keine körperliche sein kann, d. h. „dass seine Gegenwart uns auf. ganz anderem Wege kund wird, als die eines Körpers." Wie kann etwas, was kein Körper ist und sein kann, sich wie eine Körpererscheinung darstellen? Wie kann die Gegenwart eines solchen Wesens unsere Sinne afficiren, die nur für materielle Einwirkungen offen sind? Wenn man einem philosophisch oder vielmehr kantisch gebildeten Geisterseher nachweist, dass seine Visionen auf Täuschungen beruhen, dass da, wo er einen Geist zu sehen oder zu hören glaubte, nichts vorhanden war; so widerlegt man seine Behauptung nicht, insofern man bloss gegen die Anwesenheit von Körpern spricht, die ein solcher Geisterseher gar nicht voraussetzt. Es gilt eben die Realität der Erscheinung mit ihrer Körperlosigkeit zu vereinigen, oder zu begreifen, „dass eine Einwirkung gleich der von einem Körper nicht nothwendig die Anwesenheit eines Körpers voraussetze." Eine spiritualistische Erklärung der Geistererscheinungen, also eine unter der Voraussetzung einer absoluten Realität des Geistes gemachte, ist, ganz abgesehen von dem in ihr ausgesprochenen Dualismus zwischen Geist und Materie, widersinnig und, nach Kant, ganz und gar unmöglich. Denn sie nimmt an, dass ein immaterielles Ding an sich (der Geist) sich als ein materielles Ding an sich (als Körper) darstellen könne; behauptet somit die undenkbare Vereinigung des begrifflich Unvereinbaren, und obendrein die Wahrnehmbarkeit des Dinges an sich. — Dass der Materialismus keine Erklärung für das Geistersehen hat, ist klar. Demnach bleibt nichts anderes übrig, als vom Standpunkt des Idealismus aus die Lösung unseres Problems zu versuchen.

Wir haben (S. 135 f.) gesehen, dass unsere Anschauung der Aussenwelt hauptsächlich intellektual und nicht, wie die Empfindung, bloss sensual ist. Im wachen und normalen Zustande erhält der Verstand den Stoff seiner Anschauung durch die Sinne, also von aussen. Wie aber, wenn einmal die Erregung zum Anschauungsakte von innen, vom Organismus selbst aus, zum Gehirn, also zum Verstande gelangte? Offenbar würde der Verstand mittelst seiner eigenthümlichen Funktion auch aus diesem Stoff sich eine Welt konstruiren, die nicht minder real, d. h. ebenso ideal sein würde, als die aus dem Stoff, den die Sinne liefern, gebildete. An einer auf solche Weise zustande gekommenen Anschauung würde man nie ihren Ursprung erkennen, also auch nicht ihre Verschiedenheit von der gewöhnlichen Anschauung. Es müsste bei einem wirklichen Fall dieser Art, weiter gefragt werden: ob auch die entferntere Ursache dieser aus dem Innern des Organismus entstandenen Welt niemals weiter, als in dem Organismus selbst zu suchen wäre; oder ob sie, beim Ausschluss aller Sinnesempfindung, dennoch eine äussere (obgleich natürlich keine physische) sein könnte, und, wenn dies, in welchem Verhältniss diese entfernte äussere Ursache zu der gegebenen Erscheinung stünde. Mit anderen Worten, wir würden auch hier nach dem Verhältniss der Erscheinung zum Dinge an sich fragen und, da das Ding an sich der Wille ist, aus dem Willen jene Erscheinung erklären müssen, wie wir aus ihm die Körperwelt erklärt haben.[1])

Im Traum entstehen, ohne Einfluss äusserer Objekte, Bilder im Gehirn, die denen, welche durch die Gegenwart von Körpern veranlasst werden, vollkommen gleich sind. Die Traumwelt ist, als Vorstellung, gleich der Welt des wachen Bewusstseins, dem Satze vom Grunde unterworfen, als welcher das „ausnahmslose Princip der Abhängigkeit und Bedingtheit aller irgend für uns vorhandenen Gegenstände" ist. Demnach wissen wir a priori, dass der Eintritt der Träume nach dem Gesetze der Kausalität

---

[1]) Par. I, 241 ff.

erfolgt. Und da das Gehirn während des Schlafes weder von aussen, durch die Sinne, noch von innen, durch die Gedanken, erregt werden kann, und doch, zur Hervorbringung der Traumbilder, irgend wie erregt werden muss; so bleibt nichts übrig, als anzunehmen, dass es diese Erregung aus dem Innern des Organismus erhalte, dem zwei Wege offen stehen, um auf das Gehirn zu wirken: der Weg der Nerven und der der Gefässe. Im Schlafe sind die unter der Leitung des inneren Nervenheerds oder des sympathischen Nerves stehenden Funktionen des organischen Lebens allein in Thätigkeit, während die des animalischen ruhen. Der sympathische Nerv hängt nur schwach und mittelbar mit dem Cerebralsystem zusammen; daher werden, im wachen und gesunden Zustande, als welcher ein beständiges Empfangen äusserer Eindrücke, also eine unterbrochene Thätigkeit des Gehirns ist, die Vorgänge des organischen Lebens gar nicht deutlich wahrgenommen, sondern gelangen ins Sensorium wie ein „äusserst schwacher, verlorener Nachhall," aus dessen geheimem und unbewusstem Einfluss „diejenigen Aenderungen der Stimmung entstehen, von denen keine Rechenschaft aus objektiven Gründen sich geben lässt." Diese aus dem Innern hervordringenden Eindrücke werden nun im Schlafe fühlbar, — „wie die Kerze zu scheinen anfängt, wenn die Abenddämmerung eintritt, oder wie wir bei Nacht die Quelle rieseln hören, die der Lärm des Tages unvernehmbar machte." Zu schwach, um auf das thätige, d. h. wache Gehirn wirken zu können, bringen sie eine leise Erregung einzelner Theile des schlafenden hervor, — „wie eine Harfe von einem fremden Tone nicht widerklingt, während sie selbst gespielt wird, wohl aber, wenn sie still dahängt." Hier also, in „jenen schwachen Nachhällen aus der Werkstätte des organischen Lebens", die das „nur allezeit seine eigene Sprache redende" Gehirn in seiner Weise interpretirt, muss die Ursache der Entstehung und der Beschaffenheit der Träume liegen. Diese Eindrücke geben dem Gehirn gleichsam das „Stichwort" demgemäss der Charakter der Träume ausfällt. So verschieden die letzteren von den sie bestimmenden Eindrücken auch sein mögen, immer werden sie ihnen irgendwie entsprechen, sei es analogisch, sei es symbolisch, und zwar am genauesten dem stärkeren,

d. h. dem das Gehirn während des tieferen Schlafs erregenden Eindruck.

Das, wonach wir gefragt, nämlich nach dem Vermögen zur anschaulichen Vorstellung jeder Art ohne Vermittlung der Sinne, haben wir also in unserem gewöhnlichen Traume gefunden. Diese keinem Zweifel unterworfene Thatsache ist für uns von grosser Wichtigkeit, insofern sie das **Urphänomen** ist, auf welches das hier zu erklärende **zweite Gesicht** (das second sight der Schotten) zurückgeführt werden kann. Ja, wie man aus den Ursachen seiner Entstehung ersieht, ist jeder Traum als solcher schon zweites Gesicht zu nennen, da seine Anschauungen auf einem ganz anderen Wege als dem gewöhnlichen zustande kommen, und wir die Traumbilder **sehen**, obgleich das im wachen Zustande fungirende Sehorgan geschlossen ist. Jene schottische Benennung würde daher der passendste **Gattungsname** für alle hierher gehörenden Phänomene sein, wenn sie nicht zur Bezeichnung einer besonderen und selteneren Aeusserung des Traumorganes bereits verwendet wäre. Daher bezeichnet Schopenhauer die Anschauungsweise des gewöhnlichen Traumes mit dem Ausdruck **Traumorgan**, von welchem also das eigentliche second sight nur eine Modification oder Steigerung ist. Darüber, dass dem so ist, kann kein Zweifel obwalten, denn jeder wird erfahren haben, dass er bisweilen **die ihn umgebende Wirklichkeit selbst träumt**, also **wahr träumt**. „Es ist nicht anders, als ob alsdann unser Schädel durchsichtig geworden wäre, so dass die Aussenwelt nunmehr, statt durch den Umweg und die enge Pforte der Sinne, geradezu und unmittelbar ins Gehirn käme." Diese Art des Wahrträumens nennt man **Schlafwachen**; nicht weil es ein Mittelzustand zwischen Schlaf und Wachen ist, sondern weil es als ein „Wachwerden im Schlafe selbst" bezeichnet werden kann. Dieser Zustand erfährt eine Potenzirung, wenn der Gesichtskreis des Träumenden sich erweitert und eine Wahrnehmung entfernter Gegenstände eintritt. Wie dies zugeht, ist ein Geheimniss, was wir wissen, ist nur, dass hier **wahr geträumt** wird, wozu die Beweise nicht nur die eigene Erfahrung, sondern der magnetische Schlaf und das sogenannte Nachtwandeln liefert. Für das physiologische Organ oder den Sitz solcher Wahrnehmungen wird der sympathische Nerv angesehen, der vikarirend die Funktion des Gehirns übernähme und sie ohne Hülfe äusserer Sinneswerkzeuge und dennoch ungleich vollkommener als dieses ausübte. Man beruft sich bei dieser Annahme hauptsächlich auf die Aussagen hellsehender Somnambule, dass ihr Denken und Wahrnehmen nicht, wie sonst, im Kopfe, sondern in der Magengegend, auf der Herzgrube, vor sich gehe. Dennoch, und sogar trotz der unwidersprechlichen Thatsache der Empfindungslosigkeit der in einen magnetischen Schlaf Versetzten, ist die Hypothese von einer gänzlichen Depotenzirung des Gehirns und einem Ansammeln der Lebenskraft im Sympathikus, sehr unwahrscheinlich. Denn, erstlich, wäre das überall bestätigte Gesetz: natura nihil facit frustra durch die Fähigkeit des so einfach gebildeten sympathischen Nerven, die Funktionen des ungleich komplicirteren Gehirns zu vollziehen, umgestossen; zweitens würde eine Depotenzirung des Gehirns auch dessen Zusammenhang mit den motorischen Nerven unterbrechen, somit die vollkommenen, geschickten und durchaus zweckmässigen Schritte und Bewegungen, die man an den Nachtwandlern beobachtet, unmöglich machen; drittens endlich spricht folgende, von Trevirans (Ueber die Erscheinungen des organischen Lebens Bd. 2. Abth. 2. S. 117) angeführte Thatsache, direkt für die Thätigkeit des Gehirns im normalen Schlaf, also auch im magnetischen, der ja nur dem Grade nach von jenem verschieden ist: „Bei einem Mädchen, dessen Schädelknochen durch Knochenfrass zum Theil so zerstört waren, dass das Gehirn ganz entblösst lag, quoll dieses beim Erwachen hervor und sank beim Einschlafen. Während des ruhigen Schlafs war die Senkung am stärksten. Bei lebhaften Träumen fand Turgor darin statt." [1] —

Jegliches Schauen durch das Traumorgan ist demnach eine „Thätigkeit der anschauenden Gehirnfunktion, angeregt durch innere Eindrücke, statt, wie sonst, durch äussere." Was das somnambule Wahrträumen betrifft, so ist es ein Räthsel, zu dessen Lösung eine Physiologie des Traumes der erste Schritt sein würde. Als Grundlage einer solchen stellt Schopenhauer folgende Hypothese zur Erklärung unserer gesammten Traumanschauung auf.

---

[1] Par. I, 259. 247—58.

Jene geheimnissvolle, nicht von den Sinnen, also nicht von innen ausgehende Einwirkung auf das Gehirn während des Schlafes, muss das Gehirn auch in einer Richtung treffen, welcher der von den Sinnen, also von aussen kommenden Einwirkung entgegengesetzt ist. In Folge dessen nimmt auch die Thätigkeit des Gehirns eine der gewöhnlichen entgegengesetzte Richtung: die Gehirnfibern gerathen „gleichsam in eine antiperistaltische Bewegung", das Gehirn arbeitet jetzt „wie umgekehrt." Unter den Theilen seiner Masse findet ein Tausch der Funktionen statt: die weisse Marksubstanz übernimmt vielleicht das Geschäft der grauen Kortikalsubstanz, und diese das Geschäft jener. Mit dem Erwachen beginnt wieder die normale Thätigkeit des Gehirns d. h. die Vibration seiner Fibern in gewohnter Richtung, und da diese Bewegung der des träumenden Gehirns entgegengesetzt ist, so hebt sie auch alsbald jede Spur oder jeden Nachklang der letzteren im Gehirn auf. — Diese Hypothese erklärt zunächst, warum die Somnambule im wachen Zustande keine Erinnerung von ihrem Traumleben hat; sodann macht sie die merkwürdige Lebendigkeit der Traumanschauung begreiflich, nämlich daraus, dass jene inneren Einwirkungen oder Anregungen der Gehirnthätigkeit zuletzt doch die Nerven der Sinnesorgane treffen, sie in Thätigkeit versetzen und auf diese Weise, ohne äussere Ursachen, in uns Empfindungen von Licht, Schall, Farbe etc. erzeugen. Eben der Umstand, dass das Traumbild nicht bloss im Gehirn, sondern auch in den Sinnesnerven ist und in Folge einer **materiellen** Erregung entsteht, macht es so lebendig und grundverschieden vom blossen Phantasiebild, als welches lediglich intellektual und eine „Reminiscenz einer früheren materiellen, durch die Sinne geschehenen Erregung der anschauenden Gehirnthätigkeit" ist. „Das Traumorgan ist also dasselbe mit dem Organ des wachen Bewusstseins und Anschauens der Aussenwelt, nur gleichsam vom anderen Ende angefasst und in umgekehrter Ordnung gebraucht, und die Sinnesnerven, welche in beiden fungiren, können sowohl von ihrem innern als ihrem äusseren Ende aus in Thätigkeit versetzt werden; — etwa wie eine eiserne Hohlkugel sowohl von innen als von aussen glühend gemacht werden kann."[1]

---

[1] Par. I, 265 ff.

Was den gewöhnlichen Traum vom Hellsehen oder Schlafwachen unterscheidet, ist erstlich die Abwesenheit jedes Verhältnisses des Geträumten zur Wirklichkeit; zweitens, dass sehr oft eine Erinnerung von ihm ins Wachen übergeht, freilich nur dann, wenn wir unmittelbar aus ihm erwachen. Die ungleich grössere Tiefe und Vollkommenheit des somnambulen Schlafes gestattet die volle Entwicklung der Fähigkeiten des Traumorgans, macht aber andrerseits das unmittelbare Erwachen, d. h. die rasche Veränderung in der Bewegung der Gehirnfibern unmöglich. Daher das Fehlen der Erinnerung bei den Somnambulen von dem im Schlafe Verrichteten, daher aber auch die Möglichkeit einer richtigen Beziehung des somnambulen Traumes zur Wirklichkeit, d. h. des Hellsehens. Dass letzteres ausnahmsweise auch im gewöhnlichen Schlaf eintritt, haben wir hervorgehoben. Auch war zu allen Zeiten und bei allen Völkern die offenbar auf Erfahrung sich stützende Annahme verbreitet, dass es fatidike Träume gebe. Die nächste Ursache solcher kann keine andere sein, als die Steigerung des tiefen, aber normalen Schlafens und Träumens zu einem somnambulen. Und da aus somnambulen Träumen kein schnelles Erwachen stattfindet, demnach auch keine Erinnerung von ihnen zurückbleibt; so muss die Erinnerung, um dennoch ins wache Bewusstsein überzugehen, zuerst in den gewöhnlichen Traum übergehen, zu dem der somnambule allmälig herabsinkt. So bildet der normale Traum die Brücke, auf welcher das, was uns das Hellsehen eröffnet, ins wache Bewusstsein gelangt.

Man unterscheidet zwei Arten fatidiker Träume: die theorematischen und die allegorischen. Die ersten, die selteneren und nur in einem sehr tiefen Schlafe entstehenden, sind diejenigen, die das Kommende unmittelbar und sensu proprio vorbilden. Ist der Inhalt eines solchen Traumes von besonderer Bedeutung für den Träumenden, so ist dieser im stande, die Erinnerung davon sich dadurch zu erhalten, „dass er sie in den Traum des leichteren Schlafs, aus dem sich unmittelbar erwachen lässt, hinübernimmt," was nur „mittelst Uebersetzung des Inhalts in eine Allegorie" geschehen kann, die alsdann der Auslegung bedarf. Die fatidiken Träume dieser Art sind die allegorischen.

Die Oneiromantik ist nun die angebliche und schon im Alterthum gepflegte Kunst der Traumdeutung. Dass diese von sehr fraglicher Sicherheit ist, folgt aus der falschen Voraussetzung, die sie macht, dass nämlich die Traumbilder „eine feststehende, ein für allemal geltende Bedeutung hätten, über welche sich daher ein Lexikon machen liesse", und sich nicht, wie es in Wahrheit ist, „dem jedesmaligen Objekt und Subjekt des dem allegorischen Traume zum Grunde liegenden theorematischen Traumes eigens und individuell" anpassten.

Das Verhältniss zwischen dem theorematischen und dem allegorischen Traum findet sich in den Aussprüchen der alten griechischen Orakel genau wieder. Dass diese oft in Erfüllung gingen, deutet darauf hin, dass sie ihre Erkenntniss einem wirklichen unmittelbaren Hellsehen (theorematischen Traume) verdankten; die meistens allegorische Form ihrer Aussprüche dagegen beweist, dass sie selbst den Inhalt ihrer theorematischen Träume nur in bildlicher, allegorischer Form erfassten; dass endlich das Orakel seine Aussagen zu jeder Zeit ertheilen konnte, spricht für eine künstliche, also zu jeder Zeit mögliche Hervorbringung des Hellsehens, auf dessen Erkenntniss sich die Prophezeiung gründete.

Nicht immer jedoch gelingt jenes Uebersetzen des theorematischen Traumes in eine Allegorie; dann bleibt, namentlich wenn der Inhalt uns angelegen ist, von ihm nichts im Bewusstsein zurück, als sein allgemeiner Eindruck auf das Gemüth, d. h. den Willen selbst. Dieser „letzte und schwächste Ausfluss" aus dem theorematischen Traum ist was man Vorgefühl oder Ahnung nennt, die öfter trauriger als heiterer Art ist, „weil eben des Trübsals im Leben mehr ist als der Freude."[1])

Wir haben oben den Schlaf als den Zustand bezeichnet, in welchem die Lebenskraft ihre Thätigkeit auf das organische Leben koncentrirt und sich vor allem als Naturheilkraft (vis naturae medicatrix) entfaltet. Je tiefer der Schlaf, d. h. je vollkommener die animalischen Funktionen eingestellt sind, je heilsamer ist er. Die bisweilen überschwänglich gesteigerte Erkenntnisskraft des magnetischen, also tiefsten Schlafes, in welchem die Somnambule

---

[1]) Par. I, 267—74.

sogar ihre Krankheit und die Mittel dagegen ganz richtig bestimmt, scheint dem Hauptzweck des Schlafes, der Ruhe des Gehirns, zu widersprechen. Allein beim richtigen Lichte besehen, tritt auch in dieser Erscheinung die Zweckmässigkeit der Natur unverkennbar hervor. Denn die Fälle des Hellsehens, von denen hier die Rede ist, sind selten und treten auch nur dann ein, wenn „die blindwirkende Heilkraft zur Beseitigung der Krankheit nicht ausreicht, sondern es der Hülfsmittel von aussen bedarf, welche nunmehr, im hellsehenden Zustande, vom Patienten selbst richtig verordnet werden. Also zu diesem Zweck des Selbstverordnens bringt sie das Hellsehen hervor; denn natura nihil facit frustra." Wie die Natur, nachdem die Bewegung auf blosse Reize zur Erhaltung der Organismen nicht mehr ausreichte, den Schritt vom Pflanzenreich zum Thierreich, d. h.. zur Bewegung auf Motive machte, und von der Fähigkeit, nach bloss anschaulichen Motiven zu handeln, zum abstrakten Denken, d. h. zum Menschen überging, demnach sich auf jeder Stufe ein Licht mehr anzündete; so verfährt sie auch hier auf eine ganz analoge Weise, indem sie zum Lichte des menschlichen Intellekts, das nun auch nicht mehr ausreicht, noch ein anderes, helleres hinzubringt. Selbst beim Somnambulismus im eigentlichen Sinne, dem krankhaften Nachtwandeln, tritt ein solches zur Erhaltung des Individuums nöthiges Wahrträumen ein, welches die Natur als den Wächter der so gefährlichen Schritte des Nachtwandlers hervorruft, jedoch, dem bloss negativen Zwecke, Schaden zu verhüten, durchaus entsprechend, seinen Umfang auf die nächste Umgebung beschränkt.[1] —

Das somnambule Hellsehen und das ganze mit ihm zusammenhängende weite Gebiet der verrufenen Magie verliert, wenigstens seine absolute, Unbegreiflichkeit, wenn wir die Welt vom Standpunkt des transscendentalen Idealismus und der Willensmetaphysik aus betrachten; mit anderen Worten, wenn wir erwägen, dass die objektive Welt ein blosses Gehirnphänomen und das Reale desselben nichts anderes als der Wille ist. Haben Zeit, Raum und Kausalität als blosse Formen des Intellekts,

---

[1] Par. I, 275 ff.

keine absolute Geltung, so sind ihre Schranken nicht an sich unübersteigbar, und können durch Umgestaltung des Organs der Erkenntniss beseitigt werden. Ja, Kants Idealismus erhält, wie wir es schon hervorgehoben, durch die Thatsachen des Hellsehens gewissermassen eine faktische Bestätigung. „Denn, ist die Zeit keine Bestimmung des eigentlichen Wesens der Dinge; so ist, hinsichtlich auf dieses, Vor und Nach ohne Bedeutung: demgemäss also muss eine Begebenheit eben sowohl erkannt werden können, ehe sie geschehen, als nachher. Jede Mantik, sei es im Traum, im somnambulen Vorhersehen, im zweiten Gesicht, oder wie noch etwa sonst, besteht nur im Auffinden des Wegs zur Befreiung der Erkenntniss von der Bedingung der Zeit. Auch lässt die Sache sich in folgendem Gleichniss veranschaulichen. Ding an sich ist das primum mobile in dem Mechanismus, der dem ganzen komplicirten und bunten Spielwerk dieser Welt seine Bewegung ertheilt. Jenes muss daher von anderer Art und Beschaffenheit sein als dieses. Wir sehen wohl den Zusammenhang der einzelnen Theile des Spielwerks, in den absichtlich zu Tage gelegten Hebeln und Rädern (Zeitfolge und Kausalität): aber das, was diesen allen die erste Bewegung ertheilt, sehen wir nicht. Wenn ich nun lese, wie hellsehende Somnambule das Zukünftige so lange vorher und so genau verkünden, so kommt es mir vor, als wären sie zu dem da hinten verborgenen Mechanismus gelangt, von dem Alles ausgeht, und woselbst daher schon jetzt und gegenwärtig das ist, was äusserlich, d. h. durch unser optisches Glas Zeit gesehen, erst als künftig und kommend sich darstellt." [1] — Dass auch Schopenhauers Lehre vom Willen durch den animalischen Magnetismus bestätigt wird, haben wir zu Anfang dieses Abschnittes gesehen. Und so ist also der animalische Magnetismus, „freilich nicht vom ökonomischen und technologischen Standpunkt aus betrachtet, die inhaltschwerste aller jemals gemachten Entdeckungen, wenn er auch einstweilen mehr Räthsel aufgibt als löst. Er ist wirklich die praktische Metaphysik, wie schon Baco von Verulam die Magie definirt: er ist gewissermassen eine Experimentalmetaphysik, denn die ersten und

---

[1] Par. I, 280 f.

allgemeinsten Gesetze der Natur werden von ihm beseitigt. Wenn nun aber schon in der blossen Physik die Experimente und Thatsachen uns noch lange nicht die richtige Einsicht eröffnen, sondern hierzu die oft sehr schwer zu findende Auslegung derselben erfordert ist, wie viel mehr wird dies der Fall sein bei den mysteriösen Thatsachen jener empirisch hervortretenden Metaphysik! Die rationale oder theoretische Metaphysik wird also mit derselben gleichen Schritt halten müssen, damit die hier aufgefundenen Schätze gehoben werden. Dann aber wird eine Zeit kommen, wo Philosophie, animalischer Magnetismus und die in allen ihren Zweigen beispiellos vorgeschrittene Naturwissenschaft gegenseitig ein so helles Licht auf einander werfen, dass Wahrheiten zu Tage kommen werden, welche zu erreichen man ausserdem nicht hoffen durfte. Nur denke man hierbei nicht an die metaphysischen Aussagen und Lehren der Somnambulen: diese sind meistens armsälige Ansichten, entsprungen aus den von der Somnambule erlernten Dogmen und deren Mischung mit dem, was sie im Kopf ihres Magnetiseurs vorfindet; daher keiner Beachtung werth." [1])

Während die magischen Wirkungen des Willens eine wirkliche actio in distans sind, ist das Hellsehen eine visio in distans oder passio a distante. Alle hier bereits erklärten Phänomene sind entweder das eine oder das andere, oder aber auch, wie beim Geistersehen beides zugleich.

Zu Aufschlüssen über die Geistererscheinungen sehen wir den Weg ebenfalls durch den Magnetismus geöffnet: allein ihn richtig zu treffen ist nicht leicht, „wiewohl er irgendwie in der Mitte liegen muss zwischen der Leichtgläubigkeit unseres sonst sehr achtungswerthen und verdienstvollen Justinus Kerner und der, jetzt wohl nur noch in England herrschenden Ansicht, die keine andere, als eine mechanische Naturordnung zulässt, um nur alles darüber Hinausgehende desto sicherer bei einem von der Welt ganz verschiedenen, persönlichen Wesen, welches nach Willkür mit ihr schaltet, unterbringen und koncentriren zu können."

Wenn die Möglichkeit ausgeschlossen ist, dass die Gegen-

---

[1]) Par. I, 285 f.

wart eines Geistes, als eines nichtsinnlichen Wesens, mittelst der Sinne, von aussen, wahrgenommen werde; so bleibt für die Wahrnehmung etwaiger Geistererscheinungen kein anderes Organ als jenes räthselhafte, sowohl im gewöhnlich als fatidiken Traum, als auch im Hellsehen fungirende Traumorgan übrig. Während die Beziehung des normalen Traumes zur Wirklichkeit eine illusorische, die des fatidiken gewöhnlich eine indirekte, und die des Hellsehens in allen seinen Formen eine unmittelbare und richtige ist; ist sie bei Visionen und Geistererscheinungen eine problematische, insofern sie sich nicht oder schwer beglaubigen lässt; denn einmal wird hier das Vergangene, sodann auch dieses in der Regel nur von Einem geschaut. Trotzdem wäre die Erklärung, dass alle Visionen illusorisch seien, voreilig. Denn, ist das Traumorgan, wie wir gesehen, einer Steigerung oder Entwicklung überhaupt fähig, so haben wir kein Recht, ohne weiteres, ganz willkürlich, eine Grenze derselben anzunehmen. Besitzen wir einmal das Vermögen, das der wachen Gehirnthätigkeit nicht unmittelbar Zugängliche, dennoch aber in der Zukunft real Vorhandene bisweilen zu schauen; so dürfen wir, schon der Analogie nach, vermuthen, dass dasselbe geheimnissvolle Anschauungsvermögen auch fähig sein könne, das einst Dagewesene, nicht mehr Vorhandene wahrzunehmen. Ferner lehrt die Erfahrung, dass das Traumorgan auch bei wachem Gehirn fungiren kann, wo alsdann Gestalten vor uns stehen, die denen, welche durch die Sinne erzeugt werden, täuschend ähnlich sind. Freilich ist es möglich, ja wahrscheinlich, dass dieser wache Zustand, in welchem der Geisterseher sich befindet, doch immer ein „von einer Art Traumbewusstsein leicht umflorter" ist. Dies ersieht man daraus, dass während der Schreck über künstlich veranstaltete Geistererscheinungen tödlich wirken kann, die wirklichen Visionen in der Regel gar keinen Schreck verursachen, da wir im Traumbewusstsein das Körperliche vom Unkörperlichen nicht so schroff scheiden, also auch über das plötzliche Hereinragen des letzteren in den Kreis unserer Wahrnehmungen nicht erschrecken können.

Da, wie bereits auseinandergesetzt, die nächste Ursache aller durch das Traumorgan wahrgenommenen Erscheinungen im Inneren des Organismus liegt; so muss, zur Feststellung der

Realität einer solchen Erscheinung, ihre entferntere Ursache aufgedeckt werden. Stellt es sich heraus, dass diese eine äussere ist, so wird man der Erscheinung Realität zuschreiben, im widrigen Falle ihr dieselbe absprechen.[1])

So lange die entferntere Ursache einer Erscheinung nirgends als innerhalb des Organismus nachzuweisen ist, wird die Erscheinung Hallucination genannt; andere und verschiedene Namen erhält sie, wenn ihre Ursache eine objektive ist.

Schopenhauer zählt 9 solcher Ursachen auf; unterscheidet also auch ebensoviel Arten der Erscheinungen:

1) **Akute Krankheiten**, wie hitzige Fieber, und die sie begleitenden Phantasien.

2) **Wahnsinn**, welcher oft von Hallucinationen begleitet ist.

3) **Krankhafte Zustände nicht akuter Art**, als deren Typus die bekannte Krankheit des Berliner Buchhändlers und Schriftstellers Fr. Nicolai anzusehen ist, dessen Hallucinationen durch Blutentziehung beseitigt wurden. — Offenbar haben diese drei Ursachen ihren Sitz lediglich im Organismus des Geistersehers selbst.

4) Wenn jenes geheimnissvolle Erkenntnissvermögen des Traumorgans, das für gewöhnlich gar nicht ins Bewusstsein fällt, und nur im magnetischen Hellsehen seine Thätigkeit entfaltet, „einmal etwas dem Individuo sehr Interessantes erspäht hat", sei es noch in der Zukunft liegendes, oder in der Gegenwart vorhandenes; so giebt der Wille, dem, als dem Kern des Individuums, das Erspähte ebenfalls angelegen sein muss, dem cerebralen Erkennen davon Kunde, indem er das Traumorgan im wachen Zustande aufgehen lässt und, in anschaulichen Gestalten, seine Entdeckung dem Intellekt mittheilt. — Erscheinungen dieser Art sind nicht mehr blosse Hallucinationen, sondern Visionen, da sie, den fatidiken Träumen analog, sich auf etwas Wirkliches beziehen und ihre entferntere Ursache ausserhalb des Organismus, im Willen selbst haben. In diese Kategorie gehören die Visionen, welche sich auf den eigenen Gemüths- oder Gesundheitszustand

---

[1]) Par. I, 286—94.

des Sehers beziehen. Auch das oft, jedoch nicht immer, den nahen Tod anzeigende Sichselbstsehen gehört hieher. Goethes bekannte, in ‚Dichtung und Wahrheit' erzählte Vision „hatte eigentlich den Zweck, ihn zu trösten, indem sie ihn sehen liess, wie er, die Geliebte, von der er soeben sehr schmerzlichen Abschied genommen, nach acht Jahren wieder zu besuchen, des entgegengesetzten Weges geritten kam: sie lüftete ihm also auf einen Augenblick den Schleier der Zukunft, um ihm, in seiner Betrübniss das Wiedersehen zu verkünden".

5) Den obigen Visionen am nächsten stehen solche, die sich auf eine zwar den Seher betreffende, jedoch äusserliche Begebenheit beziehen. Sie zeigen meistens eine uns bedrohende Gefahr an, oder, dass wir, vielleicht ohne es zu wissen, einer solchen glücklich entgangen sind. Auch verkünden sie bisweilen ein unabwendbares Unglück (z. B. die Vision des Brutus vor der Schlacht bei Philippi). Ihre Kundgebung fällt entweder sichtbar, aber in allegorischer Gestalt, oder, wenn das betreffende Subjekt einen geringen Grad von Empfänglichkeit für übersinnliche Manifestationen besitzt, bloss hörbar aus (Klopfen an der Thüre des Schlafgemachs u. dgl.). Die Visionen dieser Gattung werden ein Hauptanlass gewesen sein zum Glauben an einen Jedem beigegebenen Genius, den Spiritus familiaris und den Astralgeist des Mittelalters.

6) Visionen, welche sich auf das Zukünftige beziehen, die eigene Person des Sehers jedoch nicht betreffen, und ebensogut theorematisch als allegorisch sein können. Hieher gehören alle Fälle des eigentlichen schottischen oder zweiten Gesichts (second sight). In ihm erreicht die Vision „den höchsten Grad von objektiver, realer Wahrheit und verräth dadurch eine von der gewöhnlichen, physischen, gänzlich verschiedene Art unserer Verbindung mit der Aussenwelt. Sie geht, als wachender Zustand, den höchsten Graden des somnambulen Hellsehens parallel. Eigentlich ist sie ein vollkommenes Wahrträumen im Wachen, oder wenigstens in einem Zustande, der mitten im Wachen auf wenige Augenblicke eintritt." Das Merkwürdige dabei ist, dass die symbolischen Erscheinungen bei allen Sehern in gleicher Bedeutung eintreten.

7) Das Gegenstück zu dem die Zukunft schauenden zweiten

Gesicht liefert die rückwärts gekehrte oder retrospektive Deuteroskopie, d. h. das Schauen des Vergangenen, namentlich gestorbener Personen durch das im Wachen aufgehende Traumorgan. Es ist „ziemlich gewiss", dass dieses unerklärliche Phänomen veranlasst werden kann durch die Nähe der Leichen der gesehenen Personen, oder auch solcher Gegenstände, die in naher Berührung mit dem Verstorbenen waren (wie Kleidungsstücke u. dgl.). Sonach ist es glaublich, dass sogar leichtere, kaum wahrnehmbare Spuren des Verstorbenen (wie längst vom Boden eingesogene Blutstropfen), ja selbst das blosse Lokal, wo der Tod (namentlich ein gewaltsamer) stattfand, Fälle solcher Deuteroskopie hervorzurufen im Stande sind. Ihr objektiver Anlass könnte ferner die Nähe von etwas sein, woran das Herz des Verstorbenen besonders hing (wie z. B. ein vergrabener Schatz). Auf diese Weise lässt sich das Gebundensein des Spukes an bestimmte Lokalitäten erklären (Spukhäuser). Die durch liegende leibliche Ueberreste Verstorbener verursachten Geistererscheinungen wären demnach ganz eigentlich, was schon die Alten (deren ganze Vorstellung vom Schattenreich vielleicht aus Geistererscheinungen hervorgegangen ist) sie nannten, Schatten, umbrae, ειδωλα καμοντων, manes (von manere, gleichsam Ueberbleibsel, Spuren), also Nachklänge dagewesener Erscheinungen. Das Wunderbare der retrospektiven Deuteroskopie wird durch ihre Analogie mit gewissen nicht minder wunderbaren und unerklärlichen Phänomenen des animalischen Magnetismus einigermassen begreiflich. Das Zurückführen eines Unbekannten auf ein anderes Unbekanntes hat wenigstens den Vortheil, dass wir alsdann nur Ein Unbekanntes behalten. Die Nachwirkung vergangener Dinge, die doch einmal wirklich waren, ist im Grunde weniger unbegreiflich als die Vorwirkung kommender, in die Wirklichkeit noch nicht eingetretener; zumal wenn die Nachwirkung durch etwas materielles, wie die leiblichen Ueberreste oder Sachen des Verstorbenen, eingeleitet wird. Ein Analogon einer solchen Wirkung sehen wir bei hellsehenden Somnambulen, die sich durch ein materielles Verbindungsglied (z. B. ein Tuch, eine Haarlocke) mit entfernten Personen in Rapport setzen und ein Bild von ihnen erhalten. Ein Bild des Abgeschiedenen und nicht diesen selbst nehmen wir auch bei den hierher gehörenden Gespenstererscheinungen durch das Traumorgan wahr. Demnach steht eine solche Erscheinung nur in Beziehung zum ehemaligen Zustand der sich darstellenden Person, keineswegs aber zu ihrem gegenwärtigen; woraus folgt, dass ein Schluss aus ihr auf die Fortdauer der individuellen Existenz des Verstorbenen ganz unerlaubt wäre. Dieser Kategorie von Visionen werden die meisten Erscheinungen Verstorbener, auch die von der Seherin von Prevorst gesehenen beizuzählen sein. Die Gespräche jedoch, welche diese mit ihnen geführt hat, sind „als das Werk ihrer eigenen Einbildungskraft anzusehen, die den Text zu dieser stummen Procession und dadurch eine Erklärung derselben aus eigenen Mitteln lieferte. Der Mensch ist nämlich von Natur bestrebt, sich Alles was er sieht irgendwie zu erklären, oder wenigstens einigen Zusammenhang hineinzubringen, ja es in seinen Gedanken reden zu lassen: daher Kinder sogar den leblosen Dingen oft einen Dialog unterlegen. Demnach war die Seherin selbst, ohne es zu wissen, der Souffleur jener ihr erscheinenden Gestalten, wobei ihre Einbildungskraft in derjenigen Art unbewusster Thätigkeit war, womit wir, im gewöhnlichen, bedeutungslosen Traum, die Begebenheiten lenken und fügen, ja auch wohl bisweilen den Anlass dazu von objektiven, zufälligen Umständen, etwa einem im Bette gefühlten Druck oder einem von aussen zu uns gelangenden Ton oder Geruch etc. nehmen, welchen gemäss wir sodann lange Geschichten träumen." Auch die Geschichten von Mittheilungen, die den Schauenden von den Verstorbenen gemacht worden wären, lassen sich dadurch erklären, dass Somnambulen ebenfalls bisweilen den ihnen unbekannten Kranken deren ganze Krankheitsgeschichte erzählen. Endlich lässt sich auf den Somnambulismus und das zweite Gesicht, und zwar auf die bekannte Ansteckungsfähigkeit beider, auch das zurückführen, dass Geistererscheinungen zuweilen von Mehreren zugleich gesehen werden.

8) Der lebhafte und sehnsüchtige Gedanke namentlich Sterbender (aber auch in Katalepsie versetzter Somnambulen) an uns vermag unser Gehirn zu erregen und eine, nicht als blosses Phantasma, sondern leibhaftig und von der Wirklichkeit ununterscheidbar sich darstellende Vision seiner Gestalt zu verursachen. Offen-

bar geschieht dies nicht durch Einwirkung von aussen auf die Sinne, sondern vermöge einer „magischen Wirkung des Willens" desjenigen, von dem die Vision ausgeht, „auf das Wesen an sich eines fremden Organismus, der dadurch von innen aus eine Veränderung erleidet, die nunmehr, auf sein Gehirn wirkend, daselbst das Bild des solchermassen Einwirkenden ebenso lebhaft erregt, wie eine Einwirkung mittelst der von dessen Leibe auf die Augen des Anderen zurückgeworfenen Lichtstrahlen es nur irgend könnte."

9) Die letzte Art von Visionen wären nun die eigentlichen Geistererscheinungen, d. h. das direkte, wirkliche, persönliche Sichtbarwerden eines bereits Gestorbenen. Solange die Ueberzeugung, dass der Tod das menschliche Wesen ganz und gar vernichte, fehlt, lässt sich die Möglichkeit solcher Erscheinungen nicht a priori bestreiten; es wäre denn, dass man sich auf den protestantischen oder griechisch-katholischen Kirchenglauben stützte, die beide die einsichtsvolle Lehre vom Purgatorium verwerfen und keinen mittleren Zustand zwischen Himmel und Hölle, aus denen keine Rückkehr stattfindet, kennen, demnach auch die Möglichkeit der Geistererscheinungen (der Revenants) im eigentlichen Sinne ableugnen. Denn „es ist nicht abzusehen, warum ein Wesen, das noch irgendwie existirt, nicht auch sollte irgendwie sich manifestiren und auf ein anderes, wenn gleich in einem anderen Zustande befindliches, einwirken können." Nur durch Erfahrung, a posteriori, lässt sich über die Sache entscheiden, was jedoch sehr schwer ist, insofern als, abgesehen von allen absichtlichen und unabsichtlichen Täuschungen der Berichterstatter, jede Vision eines Verstorbenen einer von den aufgezählten acht Arten angehören kann.[1]

Auf physiologischem Wege ist also, wie wir sehen, die objektive, äussere entferntere Ursache der Geistererscheinungen nicht zu ermitteln. Es bleibt nun noch, eine metaphysische Erklärung der Sache zu geben.

Die Geistererscheinung ist, wie der Traum, eine blosse Vorstellung, und als solche rein subjektiv, nur im erkennenden Be-

---

[1] Par. I, 294—317.

wusstsein vorhanden. Dasselbe gilt aber auch von unserer realen Aussenwelt, die, als Vorstellung, sowohl dem Traume als der Geistererscheinung verwandt ist: allen dreien kommt der gleiche Grad von relativer Realität oder Objektivität zu. Wenn nun die Vorstellung, die wir Aussenwelt nennen, als Ding an sich der Wille ist, so liegt die Vermuthung nahe, dass auch die Vorstellung, die als Geistererscheinung in unser Bewusstsein tritt, ihrem Wesen an sich nach, ebenfalls nichts anderes ist, als der Wille. Diese Vermuthung wird zur Gewissheit a priori, wenn man bedenkt, dass der Wille das Eine Ding an sich der Welt überhaupt ist, zu der doch auch die Geisterwelt gehören muss. Aus der Allmacht des Willens in der Natur haben wir die Möglichkeit der Magie uns begreiflich gemacht. Der Weg aller magischen Wirkungen ist der, „den das Insekt zurücklegt, das hier stirbt und aus jedem Ei, welches überwintert hat, wieder in voller Lebendigkeit hervorgeht. Es ist der Weg, auf welchem es geschieht, dass in einer gegebenen Volksmenge, nach ausserordentlicher Vermehrung der Sterbefälle, auch die Geburten sich vermehren. Es ist der Weg, der nicht am Gängelbande der Kausalität durch Zeit und Raum geht. Es ist der Weg durch das Ding an sich."[1]) Auf der Alleinheit des Willens, auf seiner Allgegenwart in der Welt und seiner Unabhängigkeit von den Schranken der Individuation beruht die Möglichkeit unmittelbarer Einwirkung der (in ihrem Wesen identischen) Willensobjektivationen auf einander. Das Wesen jedes Individuums steht in einer unsichtbaren Kommunikation mit dem Wesen aller übrigen und dem der ganzen Welt. Der Organismus, der Leib des Individuums ist, wie gesagt, dessen räumlich angeschauter Wille. Wirkt nun der Wille des einen magisch, d. h. in distans auf den des anderen, so wirkt er ja auch unmittelbar auf dessen Leib, also auch auf dessen Gehirn, welches alsdann diese Einwirkung auf seine Weise verarbeitet und so, mittelst der ihm eigenen Formen und Vermögen, räumliche, in der Zeit und nach dem Gesetz der Kausalität sich bewegende, zusammenhängende Bilder entstehen lässt, deren Realität keiner bestreiten wird, der da weiss, wie es

---

[1]) Par. I, 322.

um die sogenannte Realität oder Objektivität überhaupt bestellt ist. „Man glaubt meistens die Realität einer Geistererscheinung umgestossen zu haben, wenn man nachweist, dass sie subjektiv bedingt war: aber welches Gewicht kann dieses Argument bei dem haben, der aus Kants Lehre weiss, wie stark der Antheil subjektiver Bedingungen an der Erscheinung der Körperwelt ist, wie nämlich diese, sammt dem Raum, darin sie dasteht, und der Zeit, darin sie sich bewegt, und der Kausalität, darin das Wesen der Materie besteht, also ihrer ganzen Form nach, bloss ein Produkt der Gehirnfunktionen ist, nachdem solche durch einen Reiz in den Nerven der Sinnesorgane angeregt worden; so dass dabei nur noch die Frage nach dem Ding an sich übrig bleibt." [1])

Die magischen Einwirkungen des Willens, die den Phänomenen des animalischen Magnetismus und dem Geistersehen zu Grunde liegen, werden immer das Gepräge ihres Ursprungs an sich haben, demgemäss auch im Gehirn des Sehers die Gestalt oder die Gedanken desjenigen hervorrufen, von dem sie ausgegangen sind. So erzeugt die starke Sehnsucht oder sonstige Willensintention eines Sterbenden seine Gestalt im Gehirn dessen, auf den sie sich bezieht. Je stärker die Einwirkung, um so eher wird sie sich auch im wachen Zustande kund geben können; die schwächere dagegen vermag nur das schlafende Gehirn zu erregen und sich als Traumgesicht darzustellen. Auch die unmittelbare Mittheilung der Gedanken beruht auf derselben direkten Einwirkung des Willens, die ihren höchsten Grad bei sehr hellsehenden Somnambulen erreicht: „das Ding an sich ist in allen Wesen dasselbe, und der Zustand des Hellsehens befähigt den darin Befindlichen, mit meinem Gehirn zu denken, statt mit dem seinigen, welches tief schläft". Eine solche Mittheilung ist nichts Seltenes auch im Wachen und völlig normalen Zustande des Denkenden und die Gedanken Errathenden, und so gewiss, „dass ich dem, der ein wichtiges und gefährliches Geheimniss zu bewahren hat, anrathe, mit dem, der es nicht wissen darf, über die ganze Angelegenheit, auf die es sich bezieht, niemals zu sprechen, weil er, während dessen, das wahre Sachverhältniss unvermeid-

---

[1]) Par. I, 318.

lich in Gedanken haben müsste, wodurch dem anderen plötzlich ein Licht aufgehen kann, indem es eine Mittheilung giebt, vor der weder Verschwiegenheit noch Verstellung schützt." [1])

Da, wie gesagt, unser Wesen an sich, der Wille, durch den Tod nicht zerstört wird, so lässt sich, wie ebenfalls hervorgehoben, die Möglichkeit einer Willenswirkung bereits Gestorbener auf uns nicht a priori ableugnen, aber freilich ebensowenig auch positiv behaupten, indem wir, bei näherer Betrachtung, folgende grosse Schwierigkeiten entdecken, die sich dieser Möglichkeit sowohl von Seiten des wahrnehmenden Subjekts als des angenommenermassen einwirkenden Todten entgegenstellen.

Der Wille des letzteren ist, weil kein individueller Wille mehr, ausser Zeit und Raum. Demnach könnte seine Einwirkung auf uns, zeitliche und räumliche Wesen, nur unter vielen und zwar zunächst auf unserer Seite liegenden Vermittlungen stattfinden, die es fast unmöglich machen würden, unter all dem Subjektiven, den realen Kern der Sache herauszufinden; d. h. auszumachen, wie viel von jener Einwirkung von dem Verstorbenen ausgegangen wäre. Denn eine solche Einwirkung müsste, um von uns wahrgenommen zu werden, erstlich in unsere Anschauungsformen eingehen, d. h. sich als ein Räumliches, Zeitliches und kausal Wirkendes darstellen; zweitens müsste sie in den Zusammenhang unseres begrifflichen Denkens treten, da sonst die mit der Erscheinung verbundene Absicht des Erscheinenden für uns unverständlich bliebe. Ferner werden ja die Geistererscheinungen aufgefasst nach Art äusserer Gegenstände, die auf uns mittelst Licht, Luft, Schall, Stoss und Duft wirken. Die angenommene Willensintention eines Gestorbenen müsste also, um irgendwie zu unserem Gehirn zu gelangen, oder wirklich auf uns einzuwirken, in diese ihrem Wesen durchaus fremde, sogar widersprechende allgemeine Formen oder Schemata aller materiellen Wirkungen eingehen; sie müsste eine Metamorphose oder vielmehr einen Metaschematismus durchmachen, um von uns wahrgenommen zu werden, müsste gleichsam in unsere Sprache übersetzt werden, um sich in der diese Sprache redenden Erscheinungswelt überhaupt verständlich machen zu können. Welche Veränderungen

---
[1] Par. I, 323.

müsste also bei dem allen diese Einwirkung zu erleiden haben, und wie soll man annehmen, dass auf einem solchen Umweg noch ein wirklicher Dialog zwischen dem Seher und dem Geist möglich sein könne! — Und dann die Schwierigkeiten auf der Seite des Verstorbenen! Dieser muss, um auf uns zu wirken, offenbar zuvor Kenntniss von uns haben. Wie gelangt er zu dieser Kenntniss, da doch das Erkennende, der Intellekt, nicht, wie der Wille, unzerstörbar ist, sondern im Tode untergeht? Und wie soll man sich die Art dieses Wirkens denken, da mit der Leiblichkeit auch alle Mittel der Einwirkung auf die Körperwelt verloren sind?

Will man dennoch den Berichten über objektive Geistererscheinungen einige Wahrheit einräumen, so giebt es nur eine Erklärung für sie, nämlich dass „der Wille des Verstorbenen noch immer leidenschaftlich auf die irdischen Angelegenheiten gerichtet wäre und nun, in Ermangelung aller physischen Mittel zur Einwirkung auf dieselben, jetzt seine Zuflucht nähme zu der ihm in seiner ursprünglichen, also metaphysischen Eigenschaft, mithin im Tode, wie im Leben, zustehenden (oben besprochenen) magischen Gewalt". „Nur vermöge dieser könnte er allenfalls selbst noch jetzt, was er möglicherweise auch im Leben gekonnt, nämlich wirkliche actio in distans, ohne körperliche Beihilfe, ausüben und demnach auf Andere direkt, ohne alle physische Vermittlung, einwirken, indem er ihren Organismus in der Art afficirte, dass ihrem Gehirn sich Gestalten anschaulich darstellen müssten, wie sie sonst nur in Folge äusserer Einwirkung auf die Sinne von denselben producirt werden." Und da die magische Einwirkung eine durch das innere Wesen vollbrachte, und auf das innere Wesen sich beziehende ist, da ferner das innere Wesen ein in allen Dingen, organischen und unorganischen, identisches ist, so könnten wir, „wenn die Ehre achtungswerther Berichterstatter dadurch allein zu retten wäre, allenfalls den verfänglichen Schritt wagen", diese Einwirkung auch auf leblose Körper auszudehnen, also die Möglichkeit ihrer Bewegung durch blossen Willensakt der Abgeschiedenen einzuräumen, obgleich die Sache hier allerdings „ans Absurde" grenzt.[1])

---

[1]) Par. I, 325—28.

II. Aesthetik.
(Welt a. W. u. V. I, Buch 3. — Parerga II, Kap. 19.)

1. **Charakteristik des Willens zum Leben. — Möglichkeit der Emancipation des Intellekts vom Willen. — Fernere Aussichten.**

Wir wiederholen: die Selbsterkenntniss des Willens ist das Einzige, um was es sich in der Welt handelt; sie ist der unbewusste, erst auf der höchsten Stufe der Willensobjektivation erreichbare Zweck des Willens.

Welche Folgen muss seine Verwirklichung haben, oder wie muss die Selbsterkenntniss auf den Willen wirken?

Zwei Wirkungen sind möglich: entweder verändert der Wille seinen Charakter, gleichsam seinen Lebenswandel nicht, oder er entsagt ihm und schlägt eine neue Richtung ein. Im ersten Falle würde der Wille seine Beschaffenheit vor der Selbsterkenntniss bejahen, im zweiten verneinen. Gesetzt, der Wille habe den letzten und höchsten Grad der Selbsterkenntniss erreicht und sich, wie in einem Spiegel, mit vollkommener Klarheit und Deutlichkeit geschaut: — welcher von jenen beiden Fällen muss da eintreten? Die Antwort darauf ist leicht, wenn man sich das Wesen des Willens und sein Treiben in der Welt vergegenwärtigt.

Nicht aus der objektiven, bloss auf der Oberfläche der Welt verweilenden Betrachtung der Dinge, als bei welcher die Welt von der Erkenntniss aufgefasst und somit als aus der Erkenntniss entsprungen gedacht wird; sondern in unserem Inneren erfahren wir, was der Wille seiner Natur nach ist: ein von der Vorstellung toto genere Verschiedenes, ein Ursprüngliches, Unbedingtes, ein nicht etwa durch irgend eine Erkenntniss vom Werthe des Lebens geleiteter, sondern blinder und unbändiger Trieb aller Wesen, das Leben als solches, trotz aller Mühen und Qualen, die es mit sich bringt, möglichst lange zu erhalten.

Wenn man die unübersehbaren Anstalten betrachtet, welche das thierische Dasein erfordert, und den unglaublichen Aufwand von Kraft, Gewandtheit, Klugheit und Thätigkeit erwägt, den jedes Thier unaufhörlich zu machen hat, um sein Leben zu erhalten, „da kann man nicht umhin, sich umzusehen nach dem Lohne für alle diese Kunst und Mühe, nach dem Zweck, welchen vor Augen habend die Thiere so rastlos streben, kurzum zu fragen: was kommt dabei heraus?" „Und da ist nun nichts aufzuweisen, als die Befriedigung des Hungers und des Begattungstriebes und allenfalls noch ein wenig augenblickliches Behagen, wie es jedem thierischen Individuo, zwischen seiner endlosen Noth und Aufregung, dann und wann zu Theil wird." Die Einsicht muss sich aufdrängen, dass das „Leben ein Geschäft ist, dessen Ertrag bei weitem nicht die Kosten deckt". Noch augenscheinlicher wird die Unangemessenheit der Mittel zum Zweck und die Nichtigkeit und Vergeblichkeit der ganzen Erscheinung beim Anblick des ewigen Kampfes ums Dasein, der in der Thierwelt stattfindet, besonders in menschenleeren Gegenden, als wo die Thiere sich selbst überlassen sind. „Die Mannigfaltigkeit der Organisation, die Künstlichkeit der Mittel, wodurch jede ihrem Element und ihrem Raube angepasst ist, kontrastirt hier deutlich mit dem Mangel irgend eines haltbaren Endzwecks": beständiger Kampf aller gegen alle, „Jedes ein Jäger und Jedes gejagt, Gedränge, Mangel, Noth und Angst, Geschrei und Geheul", — und das geht so fort, Jahr aus Jahr ein, „in secula seculorum, oder bis einmal wieder die Rinde des Planeten bricht". Wozu all dieser Jammer? Für welche Verschuldung müssen die Thiere leiden? „Darauf ist die alleinige Antwort: so objektivirt sich der Wille zum Leben."

Nicht viel anders stellt sich das Leben des Menschengeschlechts dar: auch hier ist es ein „Pensum zum Abarbeiten", kein Geschenk zum Geniessen; auch hier, „im Grossen wie im Kleinen, allgemeine Noth, rastloses Mühen, beständiges Drängen, endloser Kampf, erzwungene Thätigkeit, mit äusserster Anstrengung aller Leibes- und Geisteskräfte. Viele Millionen, zu Völkern vereinigt, streben nach dem Gemeinwohl, jeder Einzelne seines eigenen wegen; aber viele Tausende fallen als Opfer für dasselbe. Bald unsinniger Wahn, bald grübelnde Politik, hetzt sie zu Kriegen aufeinander: dann muss Schweiss und Blut des grossen Haufens fliessen, die Einfälle Einzelner durchzusetzen, oder ihre Fehler abzubüssen. Im Frieden ist Industrie und Handel thätig, Erfindungen thun

Wunder, Meere werden durchschifft, Leckereien aus allen Enden der Welt zusammengeholt, — die Wellen verschlingen Tausende. Alles treibt, die einen sinnend, die anderen handelnd, der Tumult ist unbeschreiblich. Aber der letzte Zweck von dem allen, was ist er? Ephemere und geplagte Individuen eine kurze Spanne Zeit hindurch zu erhalten, im glücklichsten Fall mit erträglicher Noth und komparativer Schmerzlosigkeit, der aber auch sogleich die Langeweile aufpasst; sodann die Fortpflanzung dieses Geschlechts und seines Treibens. — Bei diesem offenbaren Missverhältniss zwischen der Mühe und dem Lohn, erscheint uns, von diesem Gesichtspunkt aus, der Wille zum Leben, objektiv genommen, als ein Thor, oder subjektiv, als ein Wahn, von welchem alles Lebende ergriffen, mit äusserster Anstrengung seiner Kräfte, auf etwas hinarbeitet, das keinen Werth hat. Allein bei genauerer Betrachtung werden wir auch hier finden, dass er vielmehr ein blinder Drang, ein völlig grundloser, unmotivirter Trieb ist."[1] Thiere und Menschen geberden sich nicht wie von vorne gezogen, sondern wie von hinten getrieben: „nicht das Leben lockt sie an, sondern die Noth drängt sie vorwärts." Darauf beruht, beiläufig gesagt, auch die komische, burleske, fratzenhafte Seite des Lebens: „denn wider Willen vorwärts getrieben, geberdet jeder sich, wie er eben kann, und das so entstehende Gedränge nimmt sich oft possirlich aus; so ernsthaft auch die Plage ist, welche darin steckt."[2]

Nur aus der Ursprünglichkeit und Unbedingtheit des Willens ist es erklärlich, dass der Mensch sein Jammerleben „gleichwie ein ihm bei schwerer Verantwortlichkeit anvertrautes theures Pfand" bewacht. Wie der Wille die Pflanzen wachsen macht; so macht er, als Lebenslust und Lebensmuth, dass die Menschen selbst das elendeste Leben dem Tode vorziehen. „Diesen Lebensmuth kann man vergleichen mit einem Seile, welches über dem Puppenspiel der Menschenwelt ausgespannt wäre und woran die Puppen mittelst unsichtbarer Fäden hingen, während sie bloss scheinbar von dem Boden unter ihnen (dem objektiven Werthe des Lebens) getragen würden. Wird jedoch dieses Seil einmal schwach, so senkt sich die Puppe; reisst es, so muss sie fallen, denn der Boden

---

[1] Welt a. W. II, 407. [2] Ebd. S. 410.

unter ihr trug sie nur scheinbar: d. h. das Schwachwerden jener Lebenslust zeigt sich als Hypochondrie, Spleen, Melancholie; ihr gänzliches Versinken als Hang zum Selbstmord, der alsdann bei dem geringfügigsten, ja, einem bloss eingebildeten Anlass eintritt, indem jetzt der Mensch gleichsam Händel mit sich selbst sucht, um sich todtzuschiessen, wie Mancher es, zu gleichem Zweck, mit einem anderen macht: — sogar wird, zur Noth, ohne allen besonderen Anlass zum Selbstmord gegriffen. Und wie mit dem Ausharren zum Leben, so ist es auch mit dem Treiben und der Bewegung desselben. Diese ist nicht etwas irgend frei Erwähltes, sondern, während jeder gern ruhen möchte, sind Noth und Langeweile die Peitschen, welche die Bewegung der Kreisel unterhalten. Daher trägt das Ganze und jedes Einzelne das Gepräge eines erzwungenen Zustandes, und jeder, indem er, innerlich träge, sich nach Ruhe sehnt, doch aber vorwärts muss, gleicht einem Planeten, der nur darum nicht auf die Sonne fällt, weil eine ihn vorwärts treibende Kraft ihn nicht dazu kommen lässt." — [1])

Auf die am Anfang dieses Abschnitts gestellte Frage: wofür entscheidet sich der Wille, nachdem er einmal die höchste Stufe der Selbsterkenntniss erreicht hat: für die Fortsetzung seines Treibens, also für die Bejahung seines Wesens; oder für die Verneinung desselben, für das Einschlagen eines neuen Weges? — auf diese Frage giebt es, nach alledem, was wir so eben gehört, offenbar nur Eine Antwort: der von der Erkenntniss erleuchtete Wille, ergriffen vom Gräuel des Lebens, in welchem er selbst verstrickt ist und sich selbst zerfleischt, wendet sich vom Leben ab und kehrt um, wie ein Wanderer umkehrt, der, mit einer Laterne in der Hand einen Weg verfolgend, sich plötzlich an einem Abgrund stehen sieht.[2]) Auf dieser letzten Stufe der Willensobjektivation vertauschen Wille und Intellekt ihre Rollen: während bis dahin der Intellekt der gehorchende Theil, der Sklave des Willens war, wird er nun zum Herrn. Die Erkenntniss ist der Erlöser des Willens, somit der Welt und der Menschheit; und

---

[1]) Welt a. W. II, 409 f. 398—411, vgl. I, § 29. [2]) Schop. Von ihm. Ueber ihn S. 152.

da das Subjekt der Erkenntniss nur der Mensch ist, so ist dieser als erkennender, der Welterlöser. Die Erkenntniss macht aus dem Willen zum Leben einen Willen zur Verneinung des Lebens, d. h. zur Verneinung seiner selbst. Ein solcher aus der Erkenntniss stammender Wille, für welchen alles das, was für den Willen zum Leben Anregung oder Motiv war, allen Werth und alle Anziehungskraft verloren hat und Quietiv geworden ist, ist Erkenntnisswille; und der Zustand oder der Charakter des Individuums, in welchem diese Wandlung des Willens, also die vollkommenste Befreiung nicht nur des Intellekts, sondern auch des Lebens vom Willen stattgefunden, ist Heiligkeit.

Zwischen diesem Zustande der absoluten Freiheit und dem der absoluten Knechtschaft, d. h. der völligen, besinnungslosen Hingebung an das Leben, giebt es Mittelstadien, unter denen das eigenthümlichste und bedeutendste dasjenige ist, welches man als die vorübergehende oder auch negative und passive Heiligkeit bezeichnen kann: der Zustand der reinen, willenlosen Anschauung oder Erkenntniss, der ästhetischen Betrachtung, Kontemplation. Das Subjekt des Erkenntnisswillens ist der Heilige; das Subjekt der willenlosen Erkenntniss — das Genie. Heilig ist das Genie, weil es willenlos, — negativ und passiv heilig aber, weil es nur Subjekt der Erkenntniss, nicht aber auch Subjekt des stets aktiven Erkenntnisswillens ist. Im Genie ist der Wille zum Leben nur beschwichtigt, im Heiligen dagegen gebrochen. Das Genie ist bloss receptiv, der Heilige zugleich produktiv. Was das Genie schaut und erkennt, das verwirklicht der Heilige im Leben. Das Genie ist theoretisch, die Heiligkeit praktisch. Das Objekt der reinen Erkenntniss sind die Ideen. Die Manifestationen des Willens, zu denen die Heiligkeit selbst gehört, sind die menschlichen Handlungen. Jene sind rein ästhetischer, diese ethischer Natur.

Die Ideenwelt ist das Reich des Schönen, und die Erkenntniss des Wesens desselben und seiner Offenbarungen in der Wirklichkeit ist Metaphysik des Schönen oder Aesthetik, welche die Mitte einnimmt zwischen der Naturphilosophie und der Ethik. Letztere bildet den naturgemässen Abschluss der Philosophie, indem sie uns den Weg zeigt, auf welchem wir dahin gelangen, wo der Mensch, im Besitz aller Erkenntniss, keiner Philosophie mehr bedarf.

2. Das willenlose Subjekt der Erkenntniss. — Das Wesen der Kunst. — Genie. — Wahnsinn.

Wie ist die Beschwichtigung des Willens aus der Anschauung der Ideen oder der Kontemplation zu erklären? Oder: wie kommt es, dass das Subjekt der reinen, ästhetischen Anschauung nothwendig auch willenloses Subjekt ist?

Wir wissen, dass wir, als Individuen, sowohl in unserem Handeln als in unserem Denken, dem Satze vom Grunde unterworfen sind, und dass die Ideenwelt von diesem Satze unabhängig ist. Offenbar muss also, wenn wir uns zu der Erkenntniss der Ideen erheben, eine dem Wechsel des Objekts analoge Veränderung in uns vorgehen. Als Individuen können wir unmöglich das schauen, was ausserhalb der Grenzen des individuellen Erkennens liegt, nämlich die Ideen. Geht also einmal diese Erkenntniss uns auf, so heisst dies, dass die Schranken der individuellen Erkenntniss durchbrochen sind, dass wir aufgehört haben, Individuum, mithin abhängig vom Satz vom Grunde zu sein. Die individuelle Erkenntniss ist ursprünglich dem Willen dienstbar; daher steht alles Denken, welches dem Satze vom Grunde nachgeht, auch das wissenschaftliche, immer in einer gewissen Beziehung zum Willen. Befreit sich nun, ausnahmsweise, unser Erkennen vom Satz vom Grunde, so reisst es sich dadurch auch vom Willen los. Und da die Erkenntniss, diese höchste Efflorescenz des Intellekts, als eine Objektivität des Willens, in letzter Linie doch der Wille selbst ist; so ist die Befreiung der Erkenntniss vom Willen zugleich eine Befreiung des Willens von sich selbst, d. h. vom Wollen, — ein kurzer Feierabend für den Willen, eine Beschwichtigung seines Dranges und Begehrens, eine Anticipation des Friedens und der Glückseligkeit, die des Allwesens am Ende aller Dinge harren.

Der Uebergang von der Erkenntniss einzelner Dinge zu der der Ideen geschieht plötzlich, und nur der Mensch vermag sich bis zu ihr zu erheben. Diese Eigenschaft des Menschen, diese höhere Kraft seines Geistes, die er vor allen lebenden Wesen voraus hat, ist schon äusserlich ausgedrückt durch das Verhältniss seines Kopfes zum Rumpf. Wie der Intellekt aus dem Willen und zu dessen Dienste, so entspriesst der Kopf, der Sitz des Intellekts, aus dem Rumpf, gleichsam ein Sinnbild der ursprünglichen Bestimmung des Intellekts, den Bedürfnissen des Leibes zu dienen. Während nun bei den Thieren (bei den unteren ganz besonders) der Kopf mit dem Rumpf noch verwachsen und immer zur Erde gerichtet ist, wo die Objekte des Willens liegen; erscheint er beim Menschen dem Leibe „frei aufgesetzt, nur von ihm getragen, nicht ihm dienend. Diesen menschlichen Vorzug stellt im höchsten Grade der Apoll von Belvedere dar: das weitumherblickende Haupt des Musengottes steht so frei auf den Schultern, dass es dem Leibe ganz entwunden, der Sorge für ihn nicht mehr unterthan erscheint."[1] — Wenn dieser freie menschliche Intellekt, durch die ihm inwohnende, wiewohl nicht immer thätige Kraft, die gewöhnliche Betrachtungsweise der Dinge fahren lässt, das Gängelband des Satzes vom Grunde abwirft, nicht mehr die Relationen der Dinge, (das Wo, Wann, Warum etc.) betrachtet, noch ihren Begriffen nachgeht, sondern sich ganz der Anschauung, dem Was der Dinge hingiebt, sich im Gegenstand verliert: dann wird er zum klaren Spiegel des Objekts, zum Weltauge, das die ewigen Formen oder Ideen reflektirt, zum Subjekt der Erkenntniss, dessen Bewusstsein von dem angeschauten Bilde so erfüllt ist, dass es sich selbst vergisst und aus aller Relation zum Willen tritt. Ein solches, die Welt vom Standpunkt der Ewigkeit und Unvergänglichkeit aus betrachtendes Individuum hat seine Individualität von sich abgestreift, ist nicht mehr Individuum, sondern „reines, willenloses, schmerzloses, zeitloses Subjekt der Erkenntniss", in dessen Bewusstsein die Welt als Vorstellung in ihrer ganzen Reinheit, als adäquate Objektität des Willens, sich darstellt. „Denn nur dann fasst man die Welt rein objektiv auf, wenn man nicht mehr weiss, dass man dazu gehört; und alle Dinge stellen sich um so schöner dar, je mehr man sich

---

[1] Welt a. W. I, 209.

bloss ihrer und je weniger man sich seiner selbst bewusst ist. —
Da nun alles Leiden aus dem Willen, der das eigentliche Selbst
ausmacht, hervorgeht; so ist, mit dem Zurücktreten dieser Seite
des Bewusstseins, zugleich alle Möglichkeit des Leidens aufgehoben, wodurch der Zustand der reinen Objektivität der Anschauung ein durchaus beglückender wird." [1])

Die Idee ist das Unvergängliche und Wesentliche in der
wechselnden und traumartigen Erscheinung. Wer diesen Unterschied beider gefasst hat, für den werden die Begebenheiten der
Natur und des menschlichen Lebens nur so weit Bedeutung haben,
als sie die Buchstaben sind, aus denen die Ideen der Natur und
des Menschen sich herauslesen lassen; er wird wissen, dass das
Gedränge der Ereignisse, der Wechsel der Zeiten und die vielgestalteten Formen des Menschenlebens nur flüchtige Erscheinungen und dem sich in ihnen darstellenden Ewigen so fremd
und gleichgültig sind, „wie den Wolken die Figuren, die sie darstellen, dem Bach die Gestalt seiner Strudel und Schaumgebilde,
dem Eise seine Bäume und Blumen." Er wird finden, „dass es
in der Welt ist, wie in den Dramen des Gozzi, in welchen allen
immer dieselben Personen auftreten, mit gleicher Absicht und
gleichem Schicksal: die Motive nnd Begebenheiten freilich sind
in jedem Stücke andere; aber der Geist der Begebenheiten ist
derselbe: die Personen des einen Stücks wissen auch nichts von
den Vorgängen im anderen, in welchem doch sie selbst agirten:
daher ist, nach allen Erfahrungen der früheren Stücke, doch Pantalone nicht behender oder freigebiger, Tartaglia nicht gewissenhafter, Brighella nicht beherzter und Colombine nicht sittsamer
geworden." — Gesetzt, der Erdgeist träte einmal hervor und gestattete uns einen deutlichen Blick „in das Reich der Möglichkeit und über alle Ketten der Ursachen und Wirkungen", zeigte
uns in einem Bilde all das Grosse und Herrliche in der Geschichte
des Menschengeschlechts, das der blindeste Zufall zerstört hat,
ehe es sich zur vollen Blüthe entfalten und seine Bestimmung
erfüllen konnte: — „sähen wir das Alles, wir würden schaudern
und wehklagen über die verlorenen Schätze ganzer Weltalter.

---

[1]) Welt a. W. II, 420 f. I, 210 f.

Aber der Erdgeist würde lächeln und sagen: die Quelle, aus der die Individuen und ihre Kräfte fliessen, ist unerschöpflich und unendlich wie Zeit und Raum, denn jene sind, eben wie diese Formen aller Erscheinung, doch auch nur Erscheinung, Sichtbarkeit des Willens. Jene unendliche Quelle kann kein endliches Maass erschöpfen, daher steht jeder im Keime erstickten Begebenheit, oder Werk, zur Wiederkehr noch immer die unverminderte Unendlichkeit offen. In dieser Welt der Erscheinungen ist so wenig wahrer Verlust, als wahrer Gewinn möglich. Der Wille allein ist: er, das Ding an sich, er, die Quelle aller jener Erscheinungen. Seine Selbsterkenntniss und darauf sich entscheidende Bejahung oder Verneinung ist die einzige Begebenheit an sich." [1]

Der gemeinsame Charakter aller Wissenschaften besteht, wie früher auseinandergesetzt, darin, dass sie in den Erscheinungen dem Satze vom Grunde nachgehen: „ihr Thema bleibt die Erscheinung, deren Gesetze, Zusammenhang und daraus entstehende Verhältnisse." Die Erkenntnissart aber, welche den wahren, keinem Wechsel unterworfenen, ewigen Gehalt der Erscheinungswelt, oder die Ideen, betrachtet, ist die Kunst. „Sie wiederholt die durch Kontemplation aufgefassten ewigen Ideen, und je nachdem der Stoff ist, in welchem sie wiederholt, ist sie bildende Kunst, Poesie oder Musik. Ihr einziger Ursprung ist die Erkenntniss der Ideen; ihr einziges Ziel Mittheilung dieser Erkenntniss." Wir können demnach die Kunst geradezu bezeichnen „als die Betrachtungsart der Dinge unabhängig vom Satze des Grundes." — Während die Wissenschaft und die Erfahrung das Werk der Vernunft ist, ist die Kunst das Werk des Genius. Die Wissenschaft „gleicht dem gewaltigen Sturm, der ohne Anfang und Ziel dahinfährt, Alles beugt, bewegt, mit sich fortreisst; die Kunst dem ruhigen Sonnenstrahl, der den Weg dieses Sturmes durchschneidet, von ihm ganz unbewegt. Die erstere gleicht den unzähligen, gewaltsam bewegten Tropfen des Wasserfalls, die stets wechselnd, keinen Augenblick rasten; die zweite dem auf diesem tobenden Gewühl stille ruhenden Regenbogen." [2]

Das Wesen des Genius besteht in der überwiegenden Fähig-

---

[1] Welt a. W. I, 216. 215 f. [2] Ebd. 218. 217 f.

keit, sich rein anschauend zu verhalten, sich dem Dienste des Willens zu entziehen, „sein Interesse, sein Wollen, seine Zwecke ganz aus den Augen zu lassen, sonach seiner Persönlichkeit sich auf eine Zeit völlig zu entäussern, um als rein erkennendes Subjekt, klares Weltauge, übrig zu bleiben: und dieses nicht auf Augenblicke, sondern so anhaltend und mit so viel Besonnenheit, als nöthig ist, um das Aufgefasste durch überlegte Kunst zu wiederholen und ‚was in schwankender Erscheinung schwebt zu befestigen in dauernden Gedanken‘." Der gewöhnliche Mensch, „diese Fabrikwaare der Natur", ist der Beschaulichkeit, der zwecklosen, uninteressirten Betrachtung nicht oder nicht anhaltend fähig; die Dinge fesseln seine Aufmerksamkeit nur, sofern sie in irgend einer Beziehung zu seinem Willen stehen. Nur die Relationen der Dinge, nicht die Dinge selbst gehen ihn an, daher sind ihm Begriffe, die zur Erkenntniss der Relationen nöthig sind, die Hauptsache. Bei der blossen Anschauung verweilt sein Blick nicht, und so wird er mit Allem gleich fertig, mit Kunst- und Naturobjekten und dem in allen seinen Erscheinungen stets bedeutsamen Leben. Von diesem nimmt er gleichsam „topographische Notizen", indem er nur seinen Weg im Leben sucht, und keine Zeit verliert mit der Betrachtung des Lebens als solchen. Das Genie dagegen macht es umgekehrt: über dem Anschauen der Idee vergisst es die Relationen der Dinge und vernachlässigt zu seinem persönlichen Nachtheil oft die Betrachtung seines eigenen Weges im Leben. „Während dem gewöhnlichen Menschen sein Erkenntnissvermögen die Laterne ist, die seinen Weg beleuchtet, ist es dem Genialen die Sonne, welche die Welt offenbar macht." Man könnte, um den Unterschied zwischen dem Genie und dem Normalmenschen recht fasslich zu machen, sagen: wenn der Normalmensch aus $2/3$ Wille und $1/3$ Intellekt besteht, so hat hingegen das Genie $2/3$ Intellekt und $1/3$ Wille. „Für den der fähig ist, etwas cum grano salis zu verstehen," liesse sich dieser Unterschied auch so ausdrücken: „ein Genie ist ein Mensch, der einen doppelten Intellekt hat; den einen für sich, zum Dienste seines Willens, und den anderen für die Welt, deren Spiegel er wird, indem er sie rein objektiv auffasst. Der Normalmensch hingegen hat den ersten Intellekt allein, welchen man den subjektiven nennen kann, wie den genialen den objektiven." Diese Monstrosität, dieser Ueberschuss der Gehirnthätigkeit, spricht sich aus eben in jenem wunderbaren, das Charakteristikon des Genies bildenden Vermögen der willenlosen Erkenntniss und reinen Intuition, worauf sich alle übrigen, den genialen Individuen gemeinsamen Eigenschaften zurückführen lassen.

Da die Anschauung ungleich rascher zum Ziele gelangt, als die mühsame und langsame Erkenntniss nach dem Satze vom Grunde, so ist die Abneigung des Genies gegen die letztere sehr erklärlich. Und da die geniale Anschauung in ihrem Objekt, den Ideen, das Wesen der Dinge, das wahre Sein, den eigentlichen Inhalt der Erscheinung, unmittelbar erfasst, so zeigt sich diese Abneigung ganz besonders in Hinsicht auf den Satz vom Grunde des Seins, als Abneigung gegen die Mathematik, als welche die blossen inhaltsleeren Formen des Seins betrachtet, also das Gegentheil der genialen Betrachtung ist. — Die Eigenthümlichkeit des Anschauungsvermögens genialer Menschen liegt nicht nur in seiner abnormen Stärke, sondern und vor allem darin, dass es nicht, wie die gewöhnliche Sinnesanschauung, an die Wirklichkeit oder reale Gegenwart gebunden ist. Das Genie wartet nicht, bis der Zufall ihm den Stoff seiner Anschauung herbeibringt, was selten zur rechten Zeit, in zweckmässiger Ordnung und in vollkommenen Exemplaren geschieht; sondern es besitzt die Gabe alle bedeutungsvollen Bilder des Lebens zu vervollständigen, zu ordnen, auszumalen, festzuhalten und beliebig zu wiederholen, je nachdem es die Zwecke einer tief eindringenden Erkenntniss und des bedeutungsvollen Werkes, dadurch sie mitgetheilt werden soll, erfordern." Diese Gabe heisst Phantasie. Sie „erweitert den Gesichtskreis des Genius über die seiner Person sich in der Wirklichkeit darbietenden Objekte, sowohl der Qualität, als der Quantität nach," und macht es möglich, dass das Genie „stets frische Nahrung aus der Urquelle aller Erkenntniss, dem Anschaulichen," schöpfe. „Der Phantasiebegabte vermag gleichsam Geister zu citiren, die ihm, zur rechten Zeit, die Wahrheiten offenbaren, welche die nackte Wirklichkeit der Dinge nur schwach, nur selten und dann meistens zur Unzeit darlegt. Zu ihm verhält sich daher der Phantasielose, wie zum freibeweglichen, ja geflügelten Thiere die an ihren Felsen gekittete Muschel, welche abwarten muss, was der Zufall ihr zuführt." Eine ungewöhnlich starke Phantasie ist die Begleiterin, ja Bedingung der Genialität: nicht aber ist umgekehrt diese stets die Begleiterin jener. Denn wie ein wirkliches Objekt, so kann auch ein Phantasma auf zweierlei entgegengesetzte Weisen, objektiv oder subjektiv, genial oder gemein, betrachtet werden. Im zweiten Fall wird das Phantasma verwendet, „Luftschlösser zu bauen, die der Selbstsucht und der eignen Laune zusagen, momentan täuschen und ergötzen; wobei von den so verknüpften Phantasmen eigentlich immer nur ihre Relationen erkannt werden. Der dieses Spiel Treibende ist ein Phantast: er wird leicht die Bilder, mit denen er sich einsam ergötzt, in die Wirklichkeit mischen und dadurch für diese untauglich werden; er wird die Gaukeleien seiner Phantasie vielleicht niederschreiben, wo sie die gewöhnlichen Romane aller Gattungen geben, die seines Gleichen und das grosse Publikum unterhalten, indem die Leser sich an die Stelle des Helden träumen und dann die Darstellung sehr ‚gemüthlich' finden". — Auf der übergrossen Objektivität des Genies, d. h. auf der Freiheit seines Intellekts vom Willen, beruht auch seine Besonnenheit, welche Jean Paul (Vorschule der Aesthet. §. 12) für die erste Erscheinung des Genius erklärt und, im Unterschiede von der gemeinen, ‚sündigen' Besonnenheit, die ‚göttliche' nennt. Das Genie ist besonnen in dem Sinne, dass es mitten im Strudel und Tumult des Lebens, dem es als wollendes Wesen angehört, dennoch, kraft seines vom Willen emancipirten Intellekts, gleichsam über dem Strudel schwebt und ihn von oben, oder so betrachtet, als ob er seine Person, d. h. seinen Willen, nicht anginge. Das Thier lebt zwar mit Bewusstsein, aber ohne Besonnenheit, da sein Bewusstsein stets subjektiv, also immanent bleibt. Aehnlich ist auch das Bewusstsein des gemeinen Menschenschlags: „es nimmt die Dinge in der Welt wahr, aber nicht die Welt; sein eigenes Thun und Leiden, aber nicht sich." Je mehr die Deutlichkeit des Bewusstseins sich steigert, um so mehr tritt auch die Besonnenheit zum Vorschein; in unendlichen Abstufungen kommt es endlich dahin, „dass bisweilen, wenn auch selten und dann wieder in höchst verschiedenen Graden der Deutlichkeit, es wie ein Blitz durch den Kopf fährt, mit ‚was ist das Alles?‘ oder auch mit ‚wie ist es eigentlich beschaffen?‘ Die erste Frage wird, wenn sie grosse Deutlichkeit und anhaltende Gegenwart erlangt, den Philosophen, und die andere, ebenso, den Künstler und den Dichter machen." Die Normalmenschen, deren an den Willen streng gebundener Intellekt nur mit der Aufnahme der Motive beschäftigt ist, sind wie Drahtpuppen, die auf dem Welttheater in Bewegung gesetzt werden. „Dagegen könnte man das Genie, mit seinem entfesselten Intellekt, einem unter den grossen Drahtpuppen des berühmten Mailändischen Puppentheaters mitspielenden, lebendigen Menschen vergleichen, der unter ihnen der Einzige wäre, welcher alles wahrnähme und daher gern sich von der Bühne auf eine Weile losmachte, um aus den Logen das Schauspiel zu geniessen — das ist die geniale Besonnenheit". Alles Pfuschen in der Kunst und der Philosophie entsteht daraus, dass der Intellekt noch zu sehr an den Willen gebunden ist, also aus Mangel an Besonnenheit. Die Pfuscher werden von persönlichen, absurden, sehr oft unredlichen, unlauteren Zwecken geleitet. Es fehlt ihnen der zur Hervorbringung grosser Werke nöthige Ernst, d. h. die Fähigkeit seine eigene Person zu vergessen, von ihr zu abstrahiren. Wird dennoch das Misslingen offenbar, so hoffen sie durch guten Willen diesen Ernst und die Besonnenheit zu ersetzen, wobei sie vergessen, dass der gute Wille in der Moral zwar Alles, in der Kunst hingegen, wo nur das Können gilt, gar nichts ist. Auf die Pfuscher in Kunst und Philosophie „passt daher ganz eigentlich die Redensart: sie stehen sich selbst im Lichte". „Wie ein bleiernes Anhängsel einen Körper immer wieder in die Lage zurückbringt, die sein durch dasselbe determinirter Schwerpunkt erfordert; so zieht der wahre Ernst des Menschen die Kraft und Aufmerksamkeit des Intellekts immer dahin zurück, wo er liegt: Alles Andere treibt der Mensch ohne wahren Ernst. Daher sind allein die höchst seltenen, abnormen Menschen, deren wahrer Ernst nicht im Persönlichen und Praktischen, sondern im Objektiven und Theoretischen liegt, im stande, das Wesentliche der Dinge und der Welt, also die höchsten Wahrheiten, aufzufassen und in irgend einer Art und Weise wiederzugeben. Denn ein solcher ausserhalb des Individui, in das Objektive fallender Ernst desselben ist etwas der menschlichen Natur Fremdes, etwas Unnatürliches, eigentlich Uebernatürliches: jedoch allein durch ihn ist ein Mensch gross, und demgemäss wird alsdann sein Schaffen einem von ihm verschiedenen Genius zugeschrieben, der ihn in Besitz nehme. Einem solchen Menschen ist sein Bilden, Dichten oder Denken Zweck, den Uebrigen ist es Mittel. Diese suchen dabei ihre Sache, und wissen in der Regel sie wohl zu fördern, da sie sich den Zeitgenossen anschmiegen, bereit, den Bedürfnissen und Launen derselben zu dienen: daher leben sie meistens in glücklichen Umständen; Jener oft in sehr elenden. Denn sein persönliches Wohl opfert er dem objektiven Zweck: er kann eben nicht anders, weil dort sein Ernst liegt. Sie halten es umgekehrt: darum sind sie klein; er aber gross. Demgemäss ist sein Werk für alle Zeiten, aber die Anerkennung desselben fängt meistens erst bei der Nachwelt an: sie leben und sterben mit ihrer Zeit. Gross überhaupt ist nur der, welcher bei seinem Wirken, dieses sei nun ein praktisches oder nur ein theoretisches, nicht seine Sache sucht, sondern allein einen objektiven Zweck verfolgt: er ist es aber selbst dann noch, wann, im Praktischen, dieser Zweck ein missverstandener, und sogar wenn er, in Folge davon, ein Verbrechen sein sollte. Dass er nicht sich und seine Sache sucht, dies macht ihn unter allen Umständen gross." „Das Genie ist sein eigener Lohn: denn das Beste, was einer ist, muss er nothwendig für sich selbst sein. Wenn wir zu einem grossen Mann der Vorzeit hinaufblicken, denken wir nicht: ‚Wie glücklich ist er, von uns allen noch jetzt so bewundert zu werden'; sondern: ‚Wie glücklich muss er gewesen sein, im unmittelbaren Genuss eines Geistes, an dessen zurückgelassenen Spuren Jahrhunderte sich erquicken.' Nicht im Ruhme, sondern in dem, wodurch man ihn erlangt, liegt der Werth, und in der Zeugung unsterblicher Kinder der Genuss." In letzterer Linie beruht auch das Glück des Genies auf dem Uebergewicht der Gehirnfunktion über den Willen. Das macht das Genie dem Kinde so ähnlich. Denn die Kindheit ist nur darum „die Zeit der Unschuld und des Glücks, das Paradies des Lebens, das verlorene Eden, auf welches wir, unseren ganzen übrigen Lebensweg hindurch, sehnsüchtig zurückblicken", weil der Wille und namentlich die „heillose Thätigkeit" des Genitalsystems noch schlummert. Wie das Kind, so schaut auch das Genie in die Welt hinein, wie „in ein Fremdes, ein Schauspiel, daher mit rein objektivem Interesse", und hat, so wenig wie das Kind, „jene trockene Ernsthaftigkeit der Gewöhnlichen, als welche, keines anderen als des subjektiven Interesses fähig, in den Dingen immer bloss Motive für ihr Thun suchen. Wer nicht zeitlebens gewissermaassen ein grosses Kind bleibt, sondern ein ernsthafter, nüchterner, durchweg gesetzter und vernünftiger Mann wird, kann ein sehr nützlicher und tüchtiger Bürger dieser Welt sein; nur nimmermehr ein Genie". Mit dem kindlichen Charakter des Genies hängt auch der rasche Wechsel seiner Laune unter vorherrschender Melancholie zusammen, und der Mangel an eigentlicher Klugheit, aus dem viele Nachtheile im praktischen Leben dem Genie erwachsen. Die allen genialen und selbst hochbegabten Menschen eigene Melancholie, ist die nothwendige Folge jenes Ueberschusses der Erkenntniss, auf dem das Genie beruht, und widerspricht keineswegs der aus derselben Quelle stammenden „gleichsam überirdischen Heiterkeit," die sich namentlich im Blick des vom Dienst des Willens Losgesprochenen ausdrückt. Denn „von je hellerem Intellekt der Wille zum Leben sich beleuchtet findet, desto deutlicher nimmt er das Elend seines Zustandes wahr." Dies ist der wahre Grund der genialen Melancholie, die ihr Sinnbild am Montblanc hat, dessen Gipfel meist bewölkt ist: „aber wann bisweilen, zumal früh Morgens, der Wolkenschleier reisst und nun der Berg vom Sonnenlichte roth, aus seiner Himmelshöhe über den Wolken auf Chamouni herabsieht; dann ist es ein Anblick, bei welchem jedem das Herz im tiefsten Grunde aufgeht. So zeigt auch das meistens melancholische Genie zwischendurch die nur ihm mögliche, aus der vollkommensten Objektivität des Geistes entspringende, eigenthümliche Heiterkeit, die wie ein Lichtglanz auf seiner hohen Stirne schwebt: in tristitia hilaris, in hilaritate tristis." —

Obwohl der Unterschied zwischen dem Genie und dem Normalkopfe allerdings nur ein quantitativer ist, so ist doch die Kluft, die beide trennt, so unermesslich, dass man geneigt ist, ihn für einen qualitativen anzusehen. Die Genies sind „die wahrhaft

Edeln, die eigentliche noblesse der Welt. Die anderen sind Leibeigene, glebae adscripti", — ein Unterschied der sich auch sowohl in der somatischen als physiognomischen Beschaffenheit beider ausdrückt. Die somatische Grundbedingung des Genies ist „ein abnormes Ueberwiegen der Sensibilität über die Irritabilität und Reproduktionskraft, und zwar auf einem männlichen Körper", da Weiber bedeutendes Talent, aber kein Genie haben können: denn sie bleiben stets subjektiv. Ferner „muss das Cerebralsystem vom Gangliensystem durch vollkommene Isolation rein geschieden sein," damit das Gehirn sein „Parasitenleben auf dem Organismus" recht unabhängig führe. Hauptsächlich aber muss das Gehirn ungewöhnlich entwickelt und gross, besonders breit und hoch, von äusserst feiner und vollendeter, aus der reinsten, zartesten und erregbarsten Nervensubstanz bestehender Struktur sein. Diese ganze Beschaffenheit des Gehirns und Nervensystems ist das Erbtheil von der Mutter. „Den Willen, kann man sagen, hat der Mensch sich selbst gegeben, denn der ist er selbst: aber der Intellekt ist eine Ausstattung, die er vom Himmel erhalten hat, d. h. vom ewigen, geheimnissvollen Schicksal und dessen Nothwendigkeit, deren blosses Werkzeug seine Mutter war." Das Erbtheil vom Vater ist das lebhafte, leidenschaftliche Temperament, das zum ersteren hinzukommen muss, um das Phänomen des Genies hervorzubringen.

So verschieden die Weise ist, in welcher das Genie und der Normalmensch in das Leben hineinschauen, so verschieden ist der geniale Blick von dem gewöhnlichen, dadurch aber auch die ganze Physiognomie des Genies von der des Alltagsmenschen. „Der Blick des Menschen, in welchem der Genius lebt und wirkt, zeichnet ihn leicht aus, indem er, lebhaft und fest zugleich, den Charakter der Beschaulichkeit, der Kontemplation trägt; hingegen wird im Blicke der anderen, wenn er nicht, wie meistens, stumpf oder nüchtern ist, leicht der wahre Gegensatz der Kontemplation sichtbar, das Spähen." Auch ist es nicht glaublich, dass, obgleich das Schielen durch rein physische Ursachen bedingt ist, ein Mensch von grossem Geiste je geschielt hätte. — Wie jener zweite, vom Willen unabhängige Intellekt selbst, so ist auch das, was durch ihn hervorgebracht wird, d. h. das Werk des Genies, von keinem praktischen Nutzen. Unnütz zu sein, gehört zum Charakter der Werke des Genies: es ist ihr Adelsbrief." Dies macht, dass sie nur von wenigen, auserwählten, kongenialen Geistern verstanden und gewürdigt werden. Ein Genie ist, „verdammt, in einer öden Welt zu leben, wo er nicht auf seines Gleichen trifft, wie auf einer Insel, die keine anderen Bewohner hat, als Affen und Papageien. Und dabei neckt ihn ewig die Täuschung, dass er von Weitem einen Affen für einen Menschen ansieht." Demnach ist es kein Wunder, dass das Genie meist ungesellig und abstossend erscheint; es ist es auch, nur nicht aus Mangel an Geselligkeit, sondern aus Mangel an Gesellschaft. „Sein Wandel durch diese Welt gleicht dem eines Spaziergängers an einem schönen, frühen Morgen, wo er, mit Entzücken die Natur betrachtet, in ihrer ganzen Frische und Pracht; jedoch an diese sich zu halten hat; denn Gesellschaft ist nicht zu finden; sondern höchstens Bauern, die, zur Erde gebückt, das Land bestellen. So kommt es denn oft, dass ein grosser Geist seinen Monolog vor den in der Welt zu haltenden Dialogen den Vorzug giebt; lässt er sich dennoch einmal zu einem solchen herbei, so kann es kommen, dass die Leere desselben ihn doch wieder in den Monolog zurückfallen lässt, indem er den Interlokutor vergisst, oder wenigstens unbekümmert, ob dieser ihn verstehe oder nicht, zu ihm redet, wie das Kind zur Puppe." — Und nicht nur in einer öden, sondern auch in einer anderen, von der unsrigen verschiedenen Welt lebt das Genie. Dies, wie jenen Hang zu Monologen, als wie den Mangel an kaltblütiger Vernünftigkeit oder Nüchternheit, das Verkennen oder Aus-dem-Auge-Lassen der Relationen der Dinge, die übermässig lebhafte Auffassung der Gegenwart: — dies Alles hat das Genie mit dem Wahnsinn gemein. Denn der Wahnsinn, wenn er nicht gerade von Fieberphantasien begleitet ist, verfälscht nicht die Anschauung, sondern nur die Gedanken, und trifft vor allem das Gedächtniss, zerreisst also den objektiven Zusammenhang der Vergangenheit mit der Gegenwart. Die Vergangenheit, die im Bewusstsein des Wahnsinnigen ist, ist eine falsche und verhindert darum den richtigen Gebrauch und das Verständniss der Gegenwart. Darum greift auch bei überschwänglich grossen geistigen Leiden, welche die Zeit nicht zu heilen vermochte, welche also aus dem Gedächtniss nicht verschwinden, die Natur oft zum Wahnsinn als zum letzten Rettungsmittel des Lebens; der gepeinigte Geist „zerreisst nun gleichsam den Faden seines Gedächtnisses, füllt die Lücken mit Fiktionen aus und flüchtet so sich von dem seine Kräfte übersteigenden Schmerz zum Wahnsinn." Ein Analagon dieses Ueberganges von Schmerz zum Wahnsinn ist, „dass wir Alle oft ein peinigendes Andenken, das uns plötzlich einfällt, wie mechanich, durch irgend eine laute Aeusserung oder Bewegung zu verscheuchen, uns selbst davon abzulenken, mit Gewalt uns zu zerstreuen suchen."[1])

3. Das ästhetische Wohlgefallen. — Das Schöne, Erhabene und Reizende.

Da jeder Mensch mehr oder weniger fähig ist, die Werke der Kunst oder die Schönheiten der Natur zu geniessen; so besitzt auch jeder das diesem Genuss zu Grunde liegende Vermögen, sich seiner Persönlichkeit zu entäussern und in den Dingen ihre Ideen zu erkennen. Das Genie hat nur den höheren Grad und die anhaltendere Dauer der ästhetischen Erkenntnissweise oder jeder „göttlichen" Besonnenheit vor allen anderen voraus, wodurch es im stande ist, wenn es das Technische der Kunst in seiner Gewalt hat, das Erkannte in Werke zu übersetzen und es dadurch der Welt mitzutheilen. Das Kunstwerk ist die sinnliche Darstellung oder Wiederholung der durch Kontemplation aufgefassten Idee. Dass wir diese in einem Kunstwerk leichter als in der Natur erkennen, beruht darauf, dass sie in jenem in ihrer vollen Reinheit, „ausgesondert aus der Wirklichkeit, mit Auslassung aller störenden Zufälligkeiten" uns entgegentritt. „Der Künstler lässt uns durch seine Augen in die Welt blicken. Dass er diese Augen hat, ist eben die Gabe: der Genius ist angeboren. Dass er aber imstande ist, auch uns diese Gabe zu leihen, uns seine Augen aufzusetzen: dies ist das Erworbene, das Technische der Kunst."[2])

Die ästhetische Betrachtung ist unzertrennlich vom ästhe-

---

[1]) Welt a. W. I, § 36. II, Kap. 31. Par. II, § 58. S. 85. Nachl. S. 352. 359. 408. [2]) Welt a. W. I, 229 f.

tischen Wohlgefallen: wo jene eintritt, stellt sich auch sogleich dieses ein, als deren unausbleibliche Konsequenz. Die beiden uns bekannten Bestandtheile der reinen Anschauung oder Erkenntniss, das willenlose Subjekt derselben und ihr Objekt, die Idee, sind die beiden Quellen des ästhetischen Wohlgefallens. Man kann nicht die Idee anschauen, ohne willenloses Subjekt der Erkenntniss zu sein, aber man ist auch, umgekehrt, dieses nur sofern, als man die Idee anschaut. Dennoch kann das ästhetische Wohlgefallen, je nach dem Gegenstand der Kontemplation, bald mehr aus der einen, bald mehr aus der anderen Quelle entspringen, d. h. bald überwiegend im Selbstbewusstsein des Erkennenden liegen, bald überwiegend durch das erkannte Objekt bedingt sein. Das Vorherrschen des subjektiven oder objektiven Bestandtheils des ästhetischen Genusses wird davon abhängen, ob die intuitiv aufgefasste Idee, gleichviel ob in der Wirklichkeit oder durch das Medium der Kunst, eine niedere oder höhere Stufe der Willensobjektivation ist. Im ersten Falle, wie beim Anschauen der anorganischen und vegetabilischen Natur, ist das anschauende Subjekt mehr auf sich angewiesen und geniesst hauptsächlich seinen Zustand der vollkommenen Geistesruhe und Seligkeit, den schon die Kontemplation als solche, ganz abgesehen von ihrem Objekt, hervorruft. Im anderen Falle, bei der Betrachtung der Thiere und Menschen, namentlich des menschlichen Lebens, als in welchem der Wille sich am vollkommensten objektivirt, tritt zu dem Wohlgefallen am Bewusstsein unserer Befreiung vom Dienste des Willens noch das an der **Bedeutsamkeit des Inhalts der angeschauten Idee** hinzu, wodurch der ästhetische Genuss gesteigert wird. Man begreift, dass dieser Unterschied das Princip abgiebt, nach welchem wir die Künste, in Hinsicht ihres Inhalts, in niedere und höhere eintheilen.[1]

Bevor wir das Wesen der einzelnen Künste näher betrachten, müssen wir den Begriff dessen feststellen, um was es sich in allen Künsten, oder in der Kunst überhaupt handelt, nämlich den Begriff des Schönen.

---

[1] Welt a. W. I, 230. 502 f.

Jeder Gegenstand, in welchem wir nicht das einzelne Ding, sondern eine Idee erkennen, dessen Anblick uns demnach objektiv oder willensfrei macht, ist schön. Und da jedes Ding, selbst das unbedeutendste, eine Erscheinung des Willens, also auch Ausdruck einer Idee ist, demnach rein ästhetisch betrachtet werden kann, so ist auch jedes Ding schön; und wenn wir die Schönheit eines Objekts nicht herausfinden, so ist es bloss unserem eigenen Mangel an Freiheit der Betrachtung, nicht aber der Natur jenes Objekts zuzuschreiben. Dass unbedeutende Gegenstände die reine Betrachtung zulassen, beweisen jene niederländischen Maler, die „ein dauerndes Denkmal ihrer Objektivität und Geistesruhe im Stillleben hinstellten, welches der ästhetische Beschauer nicht ohne Rührung betrachtet, da es ihm den ruhigen, stillen, willensfreien Gemüthszustand des Künstlers vergegenwärtigt, der nöthig war, um so unbedeutende Dinge so objektiv anzuschauen, so aufmerksam zu betrachten und diese Anschauung so besonnen zu wiederholen: und indem das Bild auch ihn zur Theilnahme an solchem Zustand auffordert, wird seine Rührung oft noch vermehrt durch den Gegensatz der eigenen, unruhigen, durch heftiges Wollen getrübten Gemüthsverfassung, in der er sich eben befindet."[1]) Schöner eins als das andere ist aber ein Objekt dadurch, dass es die reine, ästhetische Betrachtung erleichtert oder ihr entgegenkommt, indem es entweder die Idee seiner Gattung reiner, oder eine höhere Idee überhaupt ausdrückt. Darum ist der Mensch, als die höchste Objektivation des Willens auch vor allem schön und das bedeutendste Objekt der Kunst, in seiner Gestalt sowohl als in seinem Handeln. Dennoch hat jedes Ding seine eigenthümliche Schönheit, selbst jedes Artefakt, insofern der Stoff, das Material, aus dem es verfertigt ist, immer eine Idee versinnlicht. Nur so ist die Schönheit der Artefakten zu erklären, nicht aber als ob sie der Ausdruck der Idee des Artefakts selbst wäre. — Sowohl in diesem Punkt als auch in dem, dass er die Idee zum Vorbild der Kunst macht, weicht Schopenhauer in seiner Ideenlehre von Plato ab, der auch

---

[1]) Welt a. W. I, 232. 247 f.

Ideen von Artefakten annahm und den Vorwurf der Kunst in der Darstellung einzelner Dinge, nicht der Ideen, erblickte.¹) —
Wenn jeder rein aufgefasste Gegenstand in seiner Art schön ist und das ihn auf diese Weise auffassende Subjekt zum willenlosen Subjekt der Erkenntniss macht, so ist doch die Art, wie das Schöne an uns herantritt, und wie wir in den Zustand der reinen Erkenntniss versetzt werden, nicht immer der gleiche. Nicht immer nämlich gewinnt das reine Erkennen ohne Kampf die Oberhand über den Willen. Wenn die Objekte, die uns zur Kontemplation auffordern, in irgend einem feindlichen Verhältniss zum menschlichen Willen überhaupt stehen, seine Objektität, den Leib, bedrohen, oder durch ihre Grösse und Gewalt zu Nichts verkleinern, dann muss der Mensch, um dennoch diese Objekte rein ästhetisch auf sich wirken zu lassen, oder ihre Schönheit zu empfinden, offenbar jenes feindliche, seinem Willen sich entgegensetzende Moment in ihnen zuerst vergessen, sich darüber hinwegsetzen oder sich von seinem Willen gewaltsam, also mit Bewusstsein, losreissen; mit anderen Worten: er muss seine Geistesruhe oder die Bedingung, unter der allein die reine, willenlose Betrachtung möglich ist, erkämpfen, oder sich über seinen Willen und dessen Verhältnisse zu jenen Objekten durch eigene Kraft erheben. Ein solcher Sieg des Geistes über den Willen erfüllt den Menschen mit dem Gefühl des Erhabenen weshalb man auch den Gegenstand, der diesen Zustand der Erhebung, des Hinausgehobenseins des Individuums über seinen Willen, demnach über sich selbst und seine Misère hervorruft, einen erhabenen nennt. So lange aber jener Kampf nicht nöthig ist, so lange die Objekte uns leicht ansprechen und den Willen, nebst seinen Relationen, ohne Widerstand, unmerklich aus dem Bewusstsein entfernen, wonach die reine Erkenntniss allein übrig bleibt, — solange nennt man die Objekte einfach schön: das bloss Schöne ist immer ruhig und heiter, und wird auch ruhig und heiter vom anschauenden Subjekt aufgefasst.²)

Das Element, die erste Bedingung alles Schönen, die selbst

¹) Welt a. W. I, 247—50. ²) Ebd. 237f. 246.

unmittelbar ästhetisch auf uns wirkt, ist das Licht, das „Erfreulichste der Dinge", weshalb es auch in allen Religionen zum Symbol des Guten und Heilbringenden geworden ist. Das Beglückende, das in der Wirkung des Lichtes liegt, beruht darauf, dass das Sehen nicht, wie die übrigen Sinne, in unmittelbarer Verbindung mit dem Willen steht, und das Licht somit das Korrelat der vollkommensten anschaulichen, willensfreien Erkenntniss ist. Die Freude über das Licht als solches ist also nur die Freude über die objektive Möglichkeit einer solchen Erkenntniss, also auch des ästhetischen Genusses. Wie der Mensch Willens- und Erkenntnisssubjekt zugleich ist, so ist auch die Sonne zugleich Quelle der Wärme und des Lichtes, also der ersten Bedingung des Lebens und der ersten Bedingung des reinen Erkennens. Daher ist das Licht „der grösste Demant in der Krone der Schönheit und hat auf die Erkenntniss jedes schönen Gegenstandes den entschiedensten Einfluss." Daher wirkt aber auch das Licht ohne Wärme, das Mondlicht, ungleich wohlthätiger und besänftigender auf unser Gemüth als das Sonnenlicht. Der Mond ist ein Gegenstand der Anschauung und nie des Wollens; er ist „erhaben, d. h. stimmt uns erhaben, weil er ohne Beziehung auf uns, dem irdischen Treiben ewig fremd, dahinzieht und Alles sieht, aber an nichts Antheil nimmt. Bei seinem Anblick schwindet daher der Wille, mit seiner steten Noth, aus dem Bewusstsein und lässt es als ein rein erkennendes zurück. Vielleicht mischt sich auch noch ein Gefühl bei, dass wir diesen Anblick mit Millionen theilen, deren individuelle Verschiedenheit darin erlischt, so dass sie in diesem Anschauen Eines sind, welches ebenfalls den Eindruck des Erhabenen erhöht. Dieses wird endlich auch dadurch befördert, dass der Mond leuchtet, ohne zu wärmen; worin gewiss der Grund liegt, dass man ihn keusch genannt und mit der Diana identificirt hat. In Folge dieses ganzen wohlthätigen Eindruckes auf unser Gemüth wird der Mond allmälig der Freund unseres Busens, was hingegen die Sonne nie wird, welcher, wie einem überschwänglichen Wohlthäter, wir gar nicht ins Gesicht zu sehen vermögen."[1]

---

[1] Welt a. W. I, 235 f. 239. II, 428 f.

Man denkt bei diesen Worten unwillkürlich an das schöne Gedicht von Bürger, „Auch ein Lied an den lieben Mond".

Das Gegentheil des Schönen und Erhabenen ist das Reizende, das gar keine ästhetische Kategorie ist und hier nur erwähnt wird, weil man es oft für eine solche ansieht. Während das Schöne uns vom Willen losreisst und zur Kontemplation erhebt, zieht das Reizende den Beschauer aus der Kontemplation herab, indem es den Willen durch den dargestellten Gegenstand, oder vielmehr durch die Art seiner Darstellung aufreizt, entweder in positiver oder, als das Ekelhafte, in negativer Weise. Demnach ist das Reizende, als dem Wesen und dem Zweck der Kunst völlig widersprechend, in dieser überall zu vermeiden.[1]

4. Die einzelnen Künste.

A) Darstellung der niederen Ideen.

a) Baukunst.

Die Absicht der Baukunst, als schöne, nicht aber als nützliche Kunst genommen, ist keine andere, als die Ideen, die in den niedersten, schwächsten Objektivationen des Willens sich offenbaren, zur Darstellung zu bringen, oder anschaulich zu machen. Diese Ideen sind die der allgemeinsten Qualitäten der Materie, der untersten Naturstufen, der „Grundbasstöne der Natur": der Schwere, Kohäsion, Starrheit, Härte etc. — Vor allem ist es der Kampf zwischen Schwere und Starrheit, den die schöne Architektur auf mannigfaltige Weise deutlich hervortreten zu lassen sucht, indem sie jenen „unvertilgbaren Kräften den kürzesten Weg zu ihrer Befriedigung benimmt und sie durch einen Umweg hinhält", d. h. sie verlängert künstlich diesen Kampf, wodurch das Streben beider Kräfte sichtbar wird. Die Schwere drängt den Körper unablässig zum Erdboden hin; die Starrheit widersetzt sich diesem Streben. Dies veranschaulicht die Architektur durch die Verbindung von Last und Stütze, von Gebälk und Säule, — eine Verbindung, die zugleich jede einzelne Kraft

---

[1] Welt a. W. I, § 40.

vollkommen gesondert erscheinen lässt. Stütze und Last, und ihr richtiges Verhältniss zu einander sind „das einzige und beständige Thema" der Architektur. Dass die Wirkung architektonischer Kunstwerke nicht, wie manche annehmen, eine lediglich mathematische (geometrische), d. h. auf der Regelmässigkeit, Symmetrie und Proportion der Formen beruhende, sondern hauptsächlich eine dynamische ist, ersieht man schon daraus, dass hölzerne Gebäude, also aus einem Material verfertigte, in welchem jene Urkräfte der Natur viel schwächer sich offenbaren, kaum noch ästhetisch auf uns wirken. — Zu den Hauptbedingungen architektonischer Schönheit gehören auch Einfachheit und Zweckmässigkeit. So sind gewundene, überladene Säulen, oder Lasten ohne sichtbare Stütze etc. geschmacklos. Ein Beispiel der Geschmacklosigkeit letzter Art liefern die Erker: „man sieht nicht, was sie trägt: sie scheinen zu schweben und beunruhigen das Gemüth". Ueberhaupt soll die Baukunst im Geiste der überall zweckmässigen, ihre Absichten auf einfachstem und kürzestem Wege erreichenden Natur schaffen, so wenig sie auch die Formen derselben, wie Baumstämme und menschliche Gestalten nachzuahmen hat. Nur die Alten folgten in ihren Bauten diesem Prinzip, und selbst ihre Gefässe und Geräthe sind so geformt, dass wir fühlen, „wenn die Natur dergleichen Dinge hätte schaffen wollen, sie es in diesen Formen gethan haben würde".

Was den sogenannten gothischen Baustyl angeht, so ist vielleicht auch ihm „eine gewisse Schönheit in seiner Art nicht abzusprechen": man könnte ihn als den „negativen Pol" oder die „Molltonart" der Architektur gelten lassen; allein unser Wohlgefallen an Werken mittelalterlicher Baukunst „beruht ganz gewiss grössten Theils auf Gedankenassociationen und historischen Erinnerungen, also auf einem der Kunst fremden Gefühl". Wollten wir auch für den Grundgedanken des gothischen Baustyls eine Formel geben, welche der für den antiken analog wäre, so müssten wir sagen, dass hier nicht mehr der Kampf zwischen Schwere und Starrheit, sondern „die gänzliche Ueberwältigung und Besiegung der Schwere durch die Starrheit dargestellt werden soll." Dies wird versinnlicht durch das Vorwiegen der Vertikallinie, welche die der Starrheit ist, während in den antiken Bauten die

Linie der Schwere, die Horizontallinie, herrscht. Da aber die Ueberwindung der Schwere durch die Starrheit in der Natur nie stattfindet, sondern nur als Schein möglich ist; so setzt also die gothische Baukunst das Willkürliche an die Stelle des Rationellen und Natürlichen, wodurch jenes Hyperphysische und Mysteriöse entsteht, das an den mittelalterlichen Gebäuden, namentlich Kirchen, auffällt. Trotz aller Pracht und Phantastik der gothischen Architektur ist es eine „barbarische Vermessenheit", sie der klassischen als ebenbürtig gegenüberzustellen. „Wie wohlthätig wirkt doch auf unseren Geist, nach dem Anschauen solcher gothischer Herrlichkeiten, der Anblick eines regelrechten, im antiken Styl aufgeführten Gebäudes! Wir fühlen sogleich, dass dies das allein Rechte und Wahre ist. Könnte man einen alten Griechen vor unsere berühmtesten gothischen Kathedralen führen, was würde er wohl dazu sagen? — Βαρβαροι!" — „Im Interesse des guten Geschmacks muss ich wünschen, dass grosse Geldmittel dem objektiv, d. h. wirklich Guten und Rechten, dem an sich Schönen, zugewendet werden, nicht aber dem, dessen Werth bloss auf Ideenassociationen beruht. Wenn ich nun sehe, wie dieses ungläubige Zeitalter die vom gläubigen Mittelalter unvollendet gelassenen gothischen Kirchen so emsig ausbaut, kommt es mir vor, als wolle man das dahingeschiedene Christenthum einbalsamiren."[1])

b) Landschafts- und Thiermalerei.

Die Quelle des Genusses, den uns die Baukunst gewährt, liegt überwiegend im anschauenden Subjekt selbst. Auch bei der Architekturmalerei und dem Stillleben ist es nicht anders. Objektiver ist das ästhetische Wohlgefallen beim Anblick der Pflanzenwelt, also auch bei der Betrachtung der Kunstwerke, welche dieselbe zu ihrem Vorwurf machen, d. h. dem Genre der Landschaftsmalerei angehören. Die Pflanzenwelt fordert ganz besonders zur ästhetischen Betrachtung auf, ja drängt sich gleichsam dieser auf und man möchte sagen, — obgleich der Gedanke vielleicht an Schwärmerei grenzt — dies hänge damit zusammen,

---

[1]) Welt a. W. I, 252 ff. II, 468—77.

dass die Pflanzen keine Welt als Vorstellung haben und sich doch nach dem Eintritt in dieselbe aus ihrer Welt des blossen Wollens sehnen, weshalb sie der menschlichen Betrachtung entgegenkommen, um durch sie und in ihr, d. h. mittelbar Bewusstsein, Vorstellung, Erkenntniss zu erlangen.[1])

Eine viel höhere Stufe der Willensobjektivation offenbart die Kunstdarstellung des thierischen Leibes, die Thiermalerei und Thierbildhauerei, bei deren Betrachtung die objektive Seite des ästhetischen Wohlgefallens ein entschiedenes Uebergewicht über die subjektive hat. Es ist unser eigenes, aber gleichsam travestirtes, ins Groteske und Monstrose übersetztes, aber auch ganz naiv, ohne jede Vorstellung sich kundgebendes Wesen, nämlich das Wollen, das uns beim Anblick der Thiere fesselt. Während das Charakteristische der Gattung schon bei den Pflanzen hervortritt, spricht sich in der thierischen Gestalt nunmehr das Charakteristische der Art aus. — Die objektive Betrachtung der Pflanzen und besonders der Thiere, ihres Thuns und Treibens, im freien Naturzustande, ohne Vermittlung der Kunst, ist eine „lehrreiche Lektüre aus dem grossen Buche der Natur, ist eine Entzifferung der wahren Signatura verrum". Was wir daraus erkennen, lässt sich am besten durch jene Sanskrit-Formel ausdrücken, „die in den heiligen Büchern der Hindu so oft vorkommt und Mahavakya, d. h. das grosse Wort, genannt wird": ‚tat twam asi' — dies, dieses Lebende bist du.[2])

B) Darstellung der Idee des Menschen.

a) Skulptur.

Unter menschlicher Schönheit, welche darzustellen die Aufgabe der Skulptur ist, haben wir den objektiven Ausdruck der vollkommensten Willensobjektivation auf der höchsten Stufe seiner Erkennbarkeit, d. h. die „Idee des Menschen überhaupt vollständig ausgedrückt in der angeschauten Form", zu verstehen. Die hohe Bedeutsamkeit dieser Idee macht, dass das ästhetische Wohlgefallen bei ihrem Anblick auch überwiegend auf ihrer

---

[1]) Welt a. W. I, 237.   [2]) Ebd. 258 ff.

Seite liegt, d. h. überwiegend objektiv ist. Das Eigenthümliche der Idee der Menschheit ist die Vereinigung in ihr der Schönheit mit dem Charakteristischen, oder des Allgemeinen mit dem Individuellen, welches letztere vorzugsweise Charakter genannt wird; weshalb man sagen kann, dass jedes einzelne menschliche Individuum eine besondere Idee repräsentirt, oder, neben der Idee der Menschheit die „Dignität einer eigenen Idee" hat. Demnach wird auch die Aufgabe der bildenden Künste sein, beide Momente zugleich darzustellen, d. h. die Schönheit charakteristisch, das Charakteristische schön wiederzugeben. Das charakterlose Schöne ist bedeutungslos; das bloss Charaktervolle ohne Schönheit ist Karikatur. Ein schönes menschliches Individuum kann also nicht die Idee der Menschheit erschöpfen. Daher finden wir bei den Alten die menschliche Schönheit durch viele Gestalten ausgedrückt, die alle einen verschiedenen Charakter tragen und uns die Schönheit „gleichsam immer von einer anderen Seite" zeigen. — Die Schönheit als solche ist eine bloss räumliche Erscheinung des Willens oder der Idee, so wie sie uns in der Pflanze entgegentritt. Die Pflanze hat keine (wahrnehmbare) Bewegung, also auch keine (wahrnehmbare) Beziehung auf die Zeit. Im Thier und im Menschen aber offenbart sich der Wille zugleich in einer Reihe von Handlungen, also wahrnehmbaren, spontanen Bewegungen, die als solche eine unmittelbare Beziehung auf die Zeit haben. Wie nun die bloss räumliche Willensobjektivation vollkommen oder unvollkommen, schön oder hässlich sein kann, so kann auch die bloss zeitliche, also die Bewegung, vollkommen oder unvollkommen dem sich in ihr objektivirenden Willen entsprechen. „Die entsprechende Darstellung des Willens durch seine zeitliche Erscheinung" ist Grazie, die Thieren und Menschen allein eigen ist, und nur im figürlichen Sinne den Pflanzen beigelegt werden kann. Die Grazie schliesst alles Ueberflüssige, Zweckwidrige, Bedeutungslose in der Bewegung aus; aber eben so fremd ist ihr das Extrem des Ueberflüssigen, das Ermangelnde, alles Steife und Hölzerne. Es ist klar, dass leichte, anmuthige Bewegungen einen harmonischen Körperbau, als ihre Bedingung, voraussetzen; somit ist „Grazie nie ohne einen gewissen Grad der Schönheit des Körpers. Beide vollkommen und im Verein sind die deutlichste Erscheinung des Willens auf der obersten Stufe seiner Objektivation."

Schönheit und Grazie bleiben die Hauptsache in der Skulptur. In der Natur finden wir beide, in ihrer vollkommenen Reinheit, so wie sie der Künstler hätte brauchen können, nicht. Darum ist es eine „verkehrte und besinnungslose" Meinung, dass die Kunst die Natur nachahme, oder gar aus dem einzelnen, an viele Individuen vertheilten Schönen ein schönes Ganzes zusammensetze. Denn, erstens, woran soll der Künstler erkennen, dass die Formen, die er auswählt, die schönen sind? Und, zweitens, braucht man nur die nackten Figuren der alten deutschen Maler zu betrachten, um sich zu überzeugen, dass durch Nachahmung der Natur die Schönheit nicht zu stande kommt. Aus blosser Erfahrung ist die Erkenntniss des Schönen nicht möglich: „sie ist immer, wenigstens zum Theil, a priori, wiewohl von ganz anderer Art, als die a priori bewussten Gestaltungen des Satzes vom Grunde", betrifft nämlich nicht die allgemeinen Formen der Erscheinung, sondern deren Inhalt. Dass dieser, d. h. das Was der Erscheinung, von uns a priori erkannt wird, beruht darauf, dass wir selbst dieser Inhalt, d. h. der Wille, sind. Dadurch vermögen wir zu anticipiren, was die Natur darzustellen sich bemüht, welche Anticipation im echten Genius den hohen Grad erreicht, „dass er, indem er im einzelnen Dinge dessen Idee erkennt, gleichsam die Natur auf halbem Worte versteht und nun rein ausspricht, was sie nur stammelt, dass er die Schönheit der Form, welche ihr in tausend Versuchen misslingt, dem harten Marmor aufdrückt, sie der Natur gegenüberstellt, ihr gleichsam zurufend: ‚Das war es, was du sagen wolltest!' und ‚Ja, das war es!' hallt es aus dem Kenner wieder." — Die so a priori erkannte oder anticipirte Idee, die das in der Natur gegebene ergänzt und dadurch für die Kunst praktisch wird, ist das Ideal.[1]

b) Historienmalerei.

Diese Kunst beschränkt sich nicht auf die Darstellung des bloss äusseren Menschen, sondern hat zu ihrem Hauptzweck den

---

[1] Welt a. W. I, § 45.

eigentlichen Charakter des Geistes, der sich in Miene und Geberde zu erkennen giebt. Demnach ist die Idee der Menschheit in ihrem specifischen Unterschied von der aller übrigen Wesen der wahre Vorwurf der Historienmalerei. Da kein Individuum und keine Handlung ohne Bedeutung ist, insofern „als in allen und durch alle die Idee der Menschheit sich mehr oder weniger entfaltet," so „ist durchaus kein Vorgang des Menschenlebens von der Malerei auszuschliessen." Man verkennt, dass in der Kunst nur die innere, und nicht, wie in der Geschichte, die äussere Bedeutsamkeit gilt, wenn man z. B. biblische oder welthistorische Begebenheiten für einen der Kunst würdigeren Stoff hält als Scenen aus dem gewöhnlichen Leben, wie wir solche in Bildern der niederländischen Schule dargestellt sehen. Was für die Geschichte von grosser Bedeutung ist, kann, seiner inneren Bedeutsamkeit nach, alltäglich und gemein sein, und umgekehrt. Ebenso kann, bei verschiedener äusserer Bedeutsamkeit die innere die gleiche sein: so ist es z. B. gleich, „ob Minister über der Landkarte um Länder und Völker streiten, oder Bauern in der Schenke über Spielkarten und Würfel sich gegenseitig ihr Recht darthun wollen; wie es gleichviel ist, ob man mit goldenen oder mit hölzernen Figuren Schach spielt."

Ein grosser Fehler ist die Wahl solcher historischer Stoffe, bei denen die Hauptsache nicht darstellbar ist, sondern hinzugedacht werden muss, da das bei dem Bilde Gedachte die reine Anschauung stört. Sehr ungünstig für den Maler sind ferner geschichtliche Vorwürfe, welche ihn auf ein Feld beschränken, das willkürlich und nach der Kunst fremden Zwecken gewählt, und vollends wenn es an bedeutenden und malerischen Gegenständen arm ist, wie z. B. die biblische Geschichte. „Es ist überhaupt als ein grosses Unglück anzusehen, dass das Volk, dessen gewesene Kultur der unsrigen hauptsächlich zur Unterlage dienen sollte, nicht etwa die Jnder oder Griechen, oder auch nur die Römer waren, sondern gerade diese Juden," ein „kleines, abgesondertes, eigensinniges, hierarchisch, d. h. durch Wahn beherrschtes, von den gleichzeitigen grossen Völkern des Orients und Occidents verachtetes Winkelvolk." Besonders war es für die grossen italienischen Maler „ein schlimmer Stern", dass sie, in der Wahl ihrer Stoffe, an das Geschichtliche und Mythologische des Neuen Testaments und der Heiligenlegende gebunden waren, da beide von der äusseren Seite betrachtet, noch ärmer und unbedeutender sind als das Alte Testament. Sehr zu unterscheiden von diesen Darstellungen der äusseren Begebenheiten des Christenthums sind die Gemälde, aus denen der ethische Geist desselben uns entgegentritt, in Gestalten von Menschen, „welche dieses Geistes voll sind." Solche Kunstwerke sind in der That die höchsten und bewunderungswürdigsten Leistungen der Malerei, die aber auch nur den grössten Meistern derselben, besonders Raphael und Correggio, gelungen sind. Gemälde dieser Art gehören eigentlich nicht mehr der Historienmalerei an, sondern sind „blosse Zusammenstellungen von Heiligen, dem Erlöser selbst', oft noch als Kind, mit seiner Mutter, Engeln etc. In ihren Mienen, besonders den Augen, sehen wir den Ausdruck, den Wiederschein der vollkommensten Erkenntniss, derjenigen nämlich, welche nicht auf einzelne Dinge gerichtet ist, sondern die Ideen, also das ganze Wesen der Welt und des Lebens, vollkommen aufgefasst" und das Aufgeben alles Wollens bewirkt hat. „So sprachen jene ewig preiswürdigen Meister der Kunst durch ihre Werke die höchste Weisheit anschaulich aus."[1] —

Aus der Aufgabe der bildenden Künste: die (wesentlich anschaulichen und nicht durch den Begriff erfassbaren) Ideen unmittelbar anschaulich, nicht aber mittelst der Repräsentanten der Anschauung, der Begriffe, darzustellen, ergeben sich folgende zwei selbstverständliche Korollarien. Erstlich soll die bildende Kunst, Skulptur oder Malerei, nichts ausdrücken wollen, was bloss anschaulich nicht auszudrücken ist, und was also vor die Augen gebracht, durchaus unverständlich bleiben müsste; zweitens soll sie das Gebiet der blossen Anschauung, des Sichtbaren und unmittelbar Begreiflichen, nicht verlassen und auf das ihr fremde Gebiet der mittelbaren Erkenntniss oder der Begriffe überspringen.

Gegen das erste würde der bildende Künstler verstossen, wenn er z. B. durch eine menschliche Gestalt mit aufgerissenem

---

[1] Welt a. W. I, 271—75.

Munde das Schreien darstellen wollte. Offenbar würde eine solche Figur nur das Unschöne des Mundaufsperrens an sich haben, ohne den Grund desselben, das Schreien, irgendwie deutlich zu machen. Nicht darum schreit der Laokoon in der berühmten Laokoongruppe nicht, weil das Schreien als solches unästhetisch oder dem antiken Charakter unangemessen, sondern weil es in der bildenden Kunst nicht anders als durch etwas Hässliches und obendrein seinen Zweck Verfehlendes ausgedrückt werden müsste, nämlich durch ein in seiner Bedeutung für den Betrachtenden völlig räthselhaftes Loch im Munde. Der Anblick schreiender Figuren in Werken der Skulptur und Malerei ist jedesmal ein lächerlicher und „wirklich dem zu vergleichen, welchen sich ein Spassvogel verschaffte, indem er dem schlafenden Nachtwächter das Horn mit Wachs fest verstopfte, ihn dann mit Feuergeschrei weckte und sich an dessen fruchtlosen Anstrengungen zum Blasen ergötzte."[1] —

Das Verlassen des Gebiets der blossen Anschauung, oder das Ausgehen vom Begriff, findet in der Allegorie statt, d. h. in einem „Kunstwerk, welches etwas Anderes bedeutet, als es darstellt", dessen Zweck also die Mittheilung nicht des Dargestellten selbst, sondern des durch dieses bezeichneten Begriffs ist. Der Kunstwerth mancher allegorischen Bilder ist ganz unabhängig von dem, was sie als Allegorien leisten: „ein solches Kunstwerk dient zweien Zwecken zugleich, nämlich dem Ausdruck eines Begriffs und dem Ausdruck einer Idee: nur letztere kann Kunstzweck sein; der andere ist ein fremder Zweck, die spielende Ergötzlichkeit, ein Bild zugleich den Dienst einer Inschrift, als Hieroglyphe, leisten zu lassen, erfunden zu Gunsten derer, welche das eigentliche Wesen der Kunst nie ansprechen kann."[2] Zulässig und oft sogar von trefflicher Wirkung ist die Allegorie nur in der Poesie, weil in dieser das zur Hervorrufung des Anschaulichen unmittelbar gegebene Material selbst das Wort, also der Begriff ist, den man sehr wohl durch irgend einen tropischen Ausdruck, ein Gleichniss oder eine Allegorie verdeutlichen, fasslicher, anschaulicher machen kann, um den Zweck aller Kunst leichter zu erreichen.[3]

---

[1] Welt a. W. I, § 46. Vgl. II, 482 f. [2] Ebd. I, 279 ff. [3] Ebd. 285 f.

c) Poesie.

Die Poesie vermag die Idee der Menschheit nicht anders als mittelst abstrakter Begriffe zur Anschauung zu bringen. „Wie der Chemiker aus völlig klaren und durchsichtigen Flüssigkeiten, indem er sie vereinigt, feste Niederschläge erhält; so versteht der Dichter aus der abstrakten, durchsichtigen Allgemeinheit der Begriffe, durch die Art wie er sie verbindet, das Konkrete, Individuelle, die anschauliche Vorstellung, gleichsam zu fällen."

Wenn die bildenden Künste in der Darstellung der niederen Stufen der Willensobjektivation und des bloss äusseren Menschen die Poesie weit übertreffen, so gehört dieser ganz allein das ungleich weitere Gebiet der menschlichen Handlungen, Gedanken und Affekte.

Die Gattung der Poesie, in der das Darzustellende der Darstellende selbst ist, nennen wir Lyrik, deren ganze Leistung darin besteht, „die Stimmung des Augenblicks zu ergreifen und im Liede zu verkörpern." Der lyrische Gemüthszustand besteht in der Empfindung des Kontrastes zwischen dem rastlosen Wollen und der Ruhe des willenlosen Erkennens: „das reine Erkennen tritt zu uns heran, um uns vom Willen und seinem Drange zu erlösen; wir folgen, doch nur auf Augenblicke: immer von neuem entreisst das Wollen, die Erinnerung an unsere persönlichen Zwecke, uns der ruhigen Beschauung; aber auch immer wieder entlockt uns dem Wollen die nächste schöne Umgebung, in welcher sich die reine willenlose Erkenntniss uns darbietet." Im Grunde ist also das Lied gleichsam ein Zwiegespräch oder Duett des Subjekts des Willens mit dem Subjekt des Erkennens. Und da beide, wie wir wissen (S. 162), identisch sind; so lässt sich die poetische Wirkung des Liedes daraus erklären, dass sie die Wahrheit jenes Wunders $\varkappa\alpha\tau$' $\dot{\varepsilon}\xi o\chi\eta\nu$, der metaphysischen Identität der beiden Subjekte, des Wollens und des Erkennens, empirisch bestätigt.[1]

Während in der Lyrik das subjektive Element vorherrscht, so ist das Drama ganz und gar objektiv und darum die höchste Gattung der Dichtkunst, deren Gipfel, „sowohl in Hinsicht auf

---

[1] Welt a. W. I, 295 f.

die Grösse der Wirkung, als auf die Schwierigkeit der Leistung," die Tragödie ist.

Indem die Tragödie uns die Schrecknisse und den Jammer des menschlichen Lebens zeigt, erweckt sie in uns das Bewusstsein, dass das Leben nicht ‚der Güter höchstes' sei, und dass „für ein anderartiges Wollen es auch eine andere Art des Daseins geben müsse." Der Anblick der „unserem Willen geradezu widerstrebenden Beschaffenheit der Welt" reisst uns von der Welt, vom Willen zum Leben, los, oder erhebt uns über denselben. Auf diesem Gefühl der Freiheit von der Welt und dem Wollen, auf dem Bewusstsein, im Augenblick der tragischen Katastrophe mit dem Helden die Welt überwunden zu haben, also sich in einer Region zu befinden, wo das Schicksal einen nicht mehr zu erreichen vermag, beruht das Gefallen am Tragischen, das demnach nicht dem Gefühl des Schönen, sondern dem des Erhabenen angehört. „Was allem Tragischen, in welcher Gestalt es auch auftrete, den eigenthümlichen Schwung zur Erhebung giebt, ist das Aufgehen der Erkenntniss, dass die Welt, das Leben, kein wahres Genügen gewähren können, mithin unserer Anhänglichkeit nicht werth sei; darin besteht der tragische Geist: er leitet demnach zur Resignation hin." Dies und nicht die Erregung von Furcht und Mitleid, wie Aristoteles meinte, ist der letzte Zweck jeder Tragödie, und ist es auch da, „wo diese resignirte Erhebung des Geistes nicht am Helden selbst gezeigt, sondern bloss im Zuschauer angeregt wird, durch den Anblick grossen, unverschuldeten, ja selbst verschuldeten Leidens." Furcht und Mitleid können, als an sich unangenehme Empfindungen, niemals der Zweck eines Kunstwerks sein, sondern sind nur Mittel, welche die Abwendung des Willens vom Leben erleichtern.

Nur im Trauerspiel der Neueren tritt der Geist der Resignation direkt und ausgesprochen hervor. Die antike Tragödie führt uns zwar gelassenes Ertragen der unabänderlichen Uebel, williges Unterwerfen unter das Schicksal vor; das christliche Trauerspiel aber zeigt Entsagung, Aufgeben des ganzen Willens zum Leben, freudiges Verlassen der Welt im Bewusstsein ihrer Nichtigkeit und Sündhaftigkeit. Denn der tiefste, gleichsam esoterische Sinn der Tragödie ist, dass „was der Held abbüsst, nicht seine Partikularsünden sind, sondern die Erbsünde, d. h. die Schuld des Daseins selbst." Eine in diesem Sinne, im Geiste des Christenthums gehaltene Tragödie erfüllt stets die Forderung der sogenannten poetischen Gerechtigkeit, indem sie den Tod nicht anders als eine Erlösung und Abtragung jener Schuld auffasst. Eine poetische Gerechtigkeit hingegen im Sinne einer Vergeltung in diesem Leben vom Trauerspiel zu fordern, heisst das Wesen desselben und der Welt gänzlich verkennen.[1] —

Der Gegensatz des Trauerspiels ist das Lustspiel: jenes fordert zur Resignation und Verneinung des Willens zum Leben, dieses zur Bejahung desselben auf. Es zeigt uns das menschliche Leben von der heiteren Seite, und stellt seine Leiden und Widerwärtigkeiten als vorübergehend dar; „besagt also, im Resultat, dass das Leben im Ganzen recht gut und besonders durchweg kurzweilig ist. Freilich aber muss es sich beeilen, im Zeitpunkt der Freude den Vorhang fallen zu lassen, damit wir nicht sehen, was nachkommt; während das Trauerspiel in der Regel so schliesst, dass nichts nachkommen kann. Und überdies, wenn wir jene burleske Seite des Lebens einmal etwas ernst ins Auge fassen, so kann dem nachdenklichen Betrachter die Ueberzeugung werden, dass das Dasein und Treiben solcher Wesen nicht selbst Zweck sein kann, dass sie, im Gegentheil, nur auf einem Irrwege zum Dasein gelangen konnten, und dass was sich so darstellt etwas ist, das eigentlich besser nicht wäre".[2]

C) Musik.

Diese Kunst steht ganz abgesondert von allen anderen. Aus der Analogie mit den übrigen Künsten können wir schliessen, dass auch die Musik sich zur Welt verhält, wie die Darstellung zum Dargestellten; allein dieses Verhältniss ist nicht leicht herauszufinden. Denn eine Wiederholung oder Nachbildung irgend einer Weltidee erkennen wir in ihr nicht. Was macht sie also den übrigen Künsten gleichartig? Woher ihre Allgemeinverständlichkeit, ihre rasche und unfehlbare Wirkung? Was kann sie ausdrücken, wenn es nicht die Ideen sind? Offenbar nicht die ein-

---

[1] Welt a. W. I, 298 ff. II, 495 ff. [2] Ebd. II, 500 f.

zelnen, empirischen Dinge und ihre Relationen. Demnach muss es der Wille selbst, vor seiner Objektivation in den Ideen sein, der in der Musik seinen Ausdruck findet: die Musik ist das Abbild des Willens als des Dinges an sich. Sofern die Ideen, als Objektivationen des Willens, im Grunde der Wille selbst sind, sind die übrigen Künste, deren Wesen in der Darstellung der Ideen liegt, der Musik, die auch vom Willen spricht, durchaus gleichartig: sofern aber die Ideen doch immer Objektivationen, nicht das Ding an sich selbst sind, können ihre Darstellungen nicht mit der Unmittelbarkeit, Unfehlbarkeit, Verständlichkeit, Allgemeinheit und Macht wirken, wie die Musik, die vom Wesen und nicht vom Schatten redet, vom Wesen, welches wir selbst sind.

Das Material der Musik sind die Töne und ihre unerschöpflich mannigfaltigen Verbindungen. Ist nun die Musik der Ausdruck des Willens, so muss zwischen ihrem Material und der Objektivation des Willens in der Natur und der inneren Welt des Menschen wenn nicht eine unmittelbare Aehnlichkeit, so doch ein Parallelismus oder eine Analogie stattfinden. Diese müssen wir aufsuchen. Ferner werden wir uns erklären müssen, worauf die ästhetische Wirkung der Musik beruht. Denn man sollte vielmehr meinen, eine Darstellung des reinen, nicht durch die Idee oder Vorstellung hindurchgegangenen Willens, wie es die Musik ist, müsste einen der Kontemplation entgegengesetzten Gemüthszustand hervorrufen, d. h. uns an den Willen noch mehr fesseln, nicht aber von ihm befreien. — Wir betrachten zuerst jene Analogien und fügen noch gleich hinzu, dass Schopenhauer selbst seine ganze Metaphysik der Tonkunst zwar für einleuchtend jedem, der in den Geist der Musik eingedrungen ist, jedoch für unbeweisbar erklärt, aus dem Grunde, weil sie ein „Verhältniss der Musik als einer Vorstellung zu dem, was wesentlich nie Vorstellung sein kann (nämlich dem Willen als Ding an sich), annimmt und festsetzt, und die Musik als Nachbild eines Vorbildes, welches selbst nie unmittelbar vorgestellt werden kann, angesehen haben will."

Eine Analogie empfinden wir sofort: es ist die der dissonirenden Akkorde mit dem Wollen, mit dem Willensdrange, der konsonirenden mit der Befriedigung des Willens. Wie alle harmonischen Verbindungen sich auf die beiden Akkorde, den Septimenakkord und den Dreiklang, zurückführen lassen; so giebt es auch für den Willen eigentlich nur Unzufriedenheit und Befriedigung. Entweder ist die Grundstimmung unseres Gemüths Heiterkeit oder wenigstens Rüstigkeit, oder Betrübniss, Beklemmung; auch die Musik hat zwei Grundstimmungen, Dur und Moll, deren wesentlichen Unterschied jeder empfindet, wenn er auch sich keine Rechenschaft davon giebt. Die Unerschöpflichkeit der Natur an Verschiedenheit der Formen, Individualitäten, Lebensläufen etc. entspricht der Unerschöpflichkeit der musikalischen Kombinationen. Der Uebergang in eine neue Tonart, der den Zusammenhang mit dem Vorhergegangenen, nicht aber mit dem Ganzen aufhebt, „gleicht dem Tode, sofern in ihm das Individuum endet, aber der Wille, der in diesem erschien, nach wie vor lebt, in anderen Individuen erscheinend, deren Bewusstsein jedoch mit dem des ersteren keinen Zusammenhang hat." — Wie die oberen, vollkommeneren Willensobjektivationen die unorganische Natur, die Masse unseres Planeten, zur Voraussetzung haben; so ist der Grundbass die Stütze der oberen Stimmen und der Melodie, welche letztere ohne eine Bassstimme ebensowenig gedacht werden kann, wie die Erscheinung des Menschen ohne die unter ihm stehende Natur.

Die natürliche Harmonie ist die vierstimmige, auf welche der komplicirteste Satz zurückgeführt werden kann: jede der vier Stimmen hat ein Analogon in der Natur: repräsentirt der Bass das Unorganische, so entspricht dem Tenor die Pflanzenwelt, dem Alt die Thierwelt, und dem Sopran, dem die Melodie zukommt, die höchste Willensobjektivation, der Mensch. Wie der Mensch in der Natur, so ist die Melodie im Tonstück das Bedeutungsvollste und Wichtigste. In ihr, wie im menschlichen Leben allein, sehen wir einen absichtsvollen Zusammenhang vom Anfang bis zum Ende. Die Melodie „erzählt die Geschichte des von der Besonnenheit beleuchteten Willens, dessen Abdruck in der Wirklichkeit die Reihe seiner Thaten ist; aber sie sagt mehr, sie erzählt seine geheimste Geschichte, malt jede Regung, jedes Streben jede Bewegung des Willens, alles das, was die Vernunft unter den weiten und negativen Begriff Gefühl zusammenfasst und nicht weiter in ihre Abstraktionen aufnehmen kann. Daher auch hat es immer geheissen, die Musik sei die Sprache des Gefühls und der Leidenschaft, sowie Worte die Sprache der Vernunft." Weil aber die Musik das innere Wesen der Welt vor dessen Objektivationen ausspricht, so kann sie auch nur das Allgemeine, nie das Einzelne, Individuelle ausdrücken: nur den Schmerz, die Freude, die (Gemüths-) Ruhe, nicht aber diesen Schmerz, diese Freude, diese Ruhe. Auf dieser Allgemeinheit der Musik beruht ihre gänzliche „Indifferenz gegen alles Materielle der Vorgänge", von deren innerer Bedeutsamkeit allein sie uns erzählt. „Sie sieht, wie Gott, nur die Herzen. Sie assimilirt sich nie dem Stoffe." Daher ihre Schönheit, Reinheit und Erhabenheit, selbst da, wo sie, wie in der komischen Oper, das Lächerliche und Possenhafte begleitet, das ihrem Wesen durchaus heterogen ist.

Und doch sind Willensbewegungen der einzige Inhalt der Musik. Woher kommt es, dass sie auf unseren Willen beruhigend und nicht erregend wirkt? Daher, dass sie die Willensbewegungen oder Willenszustände, welche durch die rationalen und irrationalen Zahlenverhältnisse der Konsonanzen und Dissonanzen ausgedrückt werden, unmittelbar sinnlich vorführt, wodurch sie dieselben auf das Gebiet der blossen Vorstellung hinüberspielt und gleichsam in einem Bilde erscheinen lässt, zu dem dann ein rein erkennendes Verhalten möglich wird. Von der physischen Seite betrachtet, beruht ja die Musik auf jenen Zahlenverhältnissen, das Rationale und Irrationale von welchen die Arithmetik nur mittelst des Begriffs, die Musik dagegen ohne Hülfe desselben aufdeckt. So hatte Leibniz das Aeusserliche der Musik ganz richtig gedeutet, indem er sie ein unbewusstes Rechnen des Geistes nannte. Wir wissen, dass sie ausserdem noch eine tiefere Bedeutung hat: sie wiederholt in Tönen mit grösster Bestimmtheit und Wahrheit das Wesen der Welt. Was thut aber die Philosophie? Genau dasselbe und mit derselben Vollständigkeit, Bestimmtheit und Allgemeinheit, nur nicht in Tönen, sondern in Begriffen. Demnach ist die Musik nicht nur ein unbewusstes Rechnen, sondern auch ein unbewusstes Philosophiren des Geistes, so dass wir Leibniz' Worte: Musica est exercitium arithmeticae occultum nescientis se numerare animi, auf folgende Weise paraphrasiren können: Musica est exercitium metaphysices occultum nescientis se philosophari animi. Der erste Satz fasst das Wesen der Musik von der physischen, der zweite von der metaphysischen Seite auf. Aus der metaphysischen Auffassung folgt, dass „gesetzt, es gelänge eine vollkommen richtige, vollständige und in das Einzelne gehende Erklärung der Musik, also eine ausführliche Wiederholung dessen, was sie ausdrückt, in Begriffen zu geben, diese sofort auch eine genügende Wiederholung und Erklärung der Welt in Begriffen, oder einer solchen ganz gleichlautend, also die wahre Philosophie sein würde." Was ergiebt sich aber aus der Vereinigung unserer metaphysischen Ansicht der Musik mit der empirischen des Leibniz? Der Musik liegen Zahlenverhältnisse zu Grunde. Die Musik ist aber Abbild des Willens, des Wesens der Welt. Somit liegen Zahlenverhältnisse der Welt zu Grunde: auf sie lassen sich alle Erscheinungen der Welt zurückführen: der letzte Grund alles Seins ist die Zahl. Unter diesem Gesichtspunkt erscheint eine Zahlenphilosophie, wie sie von den Chinesen und Pythagoreern angestrebt wurde, als möglich (Vgl. oben S. 47 f.).[1])

5. Uebergang zur Ethik.

Wir haben das Phänomen der vorübergehenden Heiligkeit, den Zustand der willenlosen Erkenntniss kennen gelernt. Es bleibt uns die Betrachtung des Phänomens der wahren, echten, bleibenden Heiligkeit oder der Willensverneinung übrig. Bevor wir uns aber zu diesem wenden, müssen mehrere wichtige Vorfragen erledigt werden. Wir zählen sie auf.

Zur Selbstbejahung oder Selbstverneinung kann der Wille nicht gezwungen werden, weil er, wie wir wissen, an sich ein absolut freier ist. In der Erscheinung aber ist er, wie wir ebenfalls wissen, durch und durch bedingt, gleichviel ob seine Erscheinung eine Naturkraft, ein unorganisches Wesen, Pflanze, Thier oder Mensch ist. Dieses Verhältniss der Freiheit zur Nothwendigkeit, oder diese Verbindung beider in Einem Wesen, und

---

[1]) Welt a. W. I, 301—15. II, Kap. 39.

zwar in demjenigen, welches allein sich dieses Problems bewusst, demnach das allein moralische Wesen ist, im Menschen, haben wir bereits früher erklärt, und besprechen es hier noch einmal ausführlicher. — Was absolut frei ist, hat seinen Grund in sich, ist demnach unentstanden, also auch unzerstörbar, solange es sich selbst nicht zerstört oder aufhebt; alles Entstandene dagegen ist auch eo ipso vergänglich. Wie verhält sich die Unzerstörbarkeit des Willens an sich zur Vergänglichkeit seiner Erscheinungen? Dies ist das Problem der Unsterblichkeit, das, wie man sieht, im Grunde nur eine andere Wendung des Freiheitsproblems ist. — Das allmächtige, freie, unvergängliche Weltwesen will das Leben, und die Welt ist da und besteht solange als der Wille das Leben will. Wie ist das Leben, vor allem das menschliche, beschaffen? Aus welchen Phänomenen des menschlichen Lebens erkennen wir, dass der Wille sich bejaht? Sind diese Phänomene der Art, dass der im Menschen zur Erkenntniss gelangte Wille sich von ihnen mit Abscheu und Grausen wendet und seinem Wollen ein für allemal entsagt? Wenn ja, wie offenbart sich diese Entsagung in der Erscheinung? — Dies sind die Fragen, deren Beantwortung uns im letzten Theile der Metaphysik, der Ethik, beschäftigen wird.

III. Ethik.
(Welt a. W. u. V. I, Buch 4. — Die beiden Grundprobleme der Ethik.[1])

1. Das Problem der menschlichen Freiheit.

Die Freiheit, um die es sich in diesem Problem handelt, ist weder die physische noch die intellektuelle, sondern die moralische. — Physisch frei nennt man alles, was in seiner Bewegung oder seinem Thun und Wirken durch nichts Materielles gehemmt ist. Der Begriff der physischen Freiheit, unter den auch die politische Freiheit fällt, bezieht sich lediglich auf das Können: kann ein animalisches Wesen seinem Willen gemäss

---
[1] 2. Aufl. 1860.

handeln, so ist es physisch frei. Ob etwas auf den Willen selbst Einfluss hat oder nicht, darnach wird hier nicht gefragt. — Unter intellektueller Freiheit versteht man den normalen Zustand des Intellekts, in welchem die auf den Willen wirkenden Motive vom Individuum unverfälscht aufgefasst werden. Mit anderen Worten, es ist der Zustand der Zurechnungsfähigkeit.

Der Begriff der moralischen Freiheit oder des liberum arbitrium hingegen bezieht sich auf den menschlichen Willen. Unser Freiheitsproblem lautet demnach: ist der Wille oder das Wollen selbst frei? Es wird nicht gefragt: kannst du thun, was du willst; sondern: kannst du wollen, was du willst, nach Belieben wollen?

Um darüber zu entscheiden, muss man zuerst wissen, was freies Wollen besagt. Wenn man frei sein dem eigenen Willen gemäss sein definiren wollte, so würde man allerdings vom Willen sagen müssen, dass er frei sei, da er selbstverständlich stets sich selber gemäss ist. Man sieht aber, dass damit gar nichts gesagt ist, dass also der empirische Begriff der Freiheit keine Verbindung mit dem Willen eingeht. Auch kann die Frage: kannst du wollen, was du willst? nicht eigentlich und ein für allemal bejaht werden, da sie immer von neuem entsteht, indem sie immer höher hinaufgeschoben wird: kannst du wollen, was du wollen willst? und so ins Endlose. Wir müssen eine andere, abstraktere Definition der Freiheit suchen. Wir finden nur eine negative: Freiheit ist Abwesenheit aller Nothwendigkeit. Nothwendig ist aber, wie wir wissen, was aus einem gegebenen zureichenden Grunde folgt. Demnach ist ein freies Handeln oder Wollen ein grundloses, also zufälliges Handeln oder Wollen: Willensfreiheit ist das Vermögen, sich ohne jede Bestimmung von innen oder von aussen, für das eine oder das andere zu entscheiden, ein Vermögen, das mit dem technischen Ausdruck liberum arbitrium indifferentiae bezeichnet wird. Bei diesem Begriff geht uns offenbar das deutliche Denken aus, weil von uns verlangt wird, dass wir vom Satz vom Grunde, der doch die wesentliche Form unseres gesammten Erkenntnissvermögens ist, abstrahiren.

Diese Undenkbarkeit des Begriffs der Freiheit macht uns

schon die Freiheit selbst verdächtig. Vielleicht ist sie aber dennoch irgendwo in der Welt nachzuweisen. Wir haben sie zu suchen entweder in unserer inneren Welt oder in der äusseren Natur; d. h. entweder ist es das Selbstbewusstsein oder das Bewusstsein anderer Dinge (die objektive Erkenntniss), das über die Frage nach der Freiheit des menschlichen Willens entscheidet.

Wir wenden uns zuerst an das Selbstbewusstsein. Dieses, sollte man meinen, müsste doch nähere und ganz bestimmte Aufschlüsse über den Willen geben können, da es, wie wir uns erinnern, ausschliesslich mit dem Willen beschäftigt, ja, der Ort ist, wo wir zuerst den Willen entdeckten.

Wir fragen das Selbstbewusstsein: wird der Willensakt durch das Motiv mit Nothwendigkeit hervorgerufen? Der Willensakt als solcher ist allerdings zunächst nur Gegenstand des Selbstbewusstseins; das Motiv aber, das Objekt des Wollens, liegt in der Aussenwelt, von der das Selbstbewusstsein nichts weiss. Wie sollte es also etwas aussagen können über ein Kausalverhältniss, von dessen Gliedern das eine ausser seinem Bereiche liegt? Was das Selbstbewusstsein mit Sicherheit weiss, beschränkt sich darauf, dass wenn ich einmal etwas will, ich es thun kann. Nur von den Folgen des Willensaktes, von der That, vom Willen a parte post, nicht aber von der Abhängigkeit oder Unabhängigkeit des Eintritts des Willensaktes, vom Willen a parte ante, redet das Selbstbewusstsein und der auf diese Aussage sich berufende unbefangene, philosophisch rohe Mensch. Dies liegt daran, dass der Wille das Wesen des Menschen und den Grund seines Bewusstseins ausmacht, als ein schlechthin Gegebenes und Vorhandenes, über das er nicht hinaus kann. Der Mensch ist, wie er will, und will, wie er ist. „Daher ihn fragen, ob er auch anders wollen könne, als er will, heisst ihn fragen, ob er auch wohl ein Anderer sein könnte, als er selbst: und das weiss er nicht." Also nicht einmal ein Verständniss unserer Frage finden wir im Selbstbewusstsein, geschweige denn Data, die uns zur Bejahung der Willensfreiheit berechtigten. — Wir wenden uns an die zweite Behörde, die objektive Erkenntniss, den Kopf: dieser hat die Frage aufgeworfen, er muss sie auch beantworten.

Man hat die Annahme der Willensfreiheit von jeher durch die angeblichen Aussagen des Selbstbewusstseins begründen wollen. Wir sahen soeben seine gänzliche Inkompetenz in dieser Sache. Es mag sein, dass wir etwas übersehen haben, und dass das Selbstbewusstsein doch jene in ihm gesuchten Data, aus denen sich die Willensfreiheit beweisen liesse, enthält. Wenn nun aber die Entscheidung der objektiven Erkenntniss dahin ausfällt, dass ein liberum arbitrium überhaupt nicht existire, so werden wir vernünftigerweise auch die bis jetzt noch eingeräumte Möglichkeit, jene Data im Selbstbewusstsein zu finden, bestreiten müssen; denn was gar nicht existirt, noch existiren kann, kann sich auch nirgends kundgeben.[1]

Alle Veränderungen in der realen Aussenwelt stehen unter dem Gesetze der Kausalität, d. h. sie werden durch die eine oder die andere seiner drei Formen (Ursache, Reiz und Motiv) herbeigeführt. Dass die Ursachen im engsten Sinne und die Reize mit strengster Nothwendigkeit wirken, d. h. dass die Wirkung nie ausbleibt, wenn die Ursache oder der Reiz gegeben sind, daran zweifelt niemand: nie hat man von Freiheit in der unorganischen Natur und der Pflanzenwelt gesprochen. Nur die zwingende Macht der Motive, und zwar nur soweit diese den menschlichen Willen betreffen, glaubt man in Abrede stellen zu dürfen. Es gilt also noch einmal zu zeigen, was sich übrigens nach allem über die Kausalität und den Unterschied zwischen Ding an sich und Erscheinung bereits früher Gesagten von selbst versteht, dass in Rücksicht der Nothwendigkeit ihrer Wirkung die Motive sich nicht im mindesten von Ursachen und Reizen unterscheiden, dass demnach die Annahme einer empirischen Freiheit des Menschen eine grundlose ist.

Während der Wille des vernunftlosen Thieres dem Zwange der anschaulich gegenwärtigen Motive schlechthin unterworfen ist, ist der deliberationsfähige Mensch von diesem Zwange frei: er kann die an ihn herantretenden Motive in beliebiger Ordnung und wiederholt sich vergegenwärtigen und seinem Willen vorhalten, d. h. überlegen, nach Gedanken, nach abstrakten

---

[1] Grundpr. d. Eth. S. 3—25.

Motiven handeln. Diese relative Freiheit ändert allerdings die Art der Motivation, keineswegs aber hebt sie das in der Erscheinungswelt ausnahmslos gültige Gesetz der Kausalität auf, wonach die Wirkung, nach gegebener Ursache, deren blosse Modifikation das Motiv ist, nothwendig eintritt. Es ist aber leicht zu begreifen, dass der Schein, der Mensch handle absolut frei, entstehen konnte, wenn man nämlich bedenkt, dass im Motiv, welches die Handlungen des Menschen hervorruft, erstens die Heterogenität zwischen Ursache und Wirkung den höchsten Grad erreicht, zweitens die Ursache in der Regel eine immaterielle ist, daher scheinbar weniger als die Wirkung enthält. Hiezu kommt, dass der Mensch nicht nur vor anderen, sondern oft vor sich selbst die Motive seiner Handlungen verbirgt. So lässt sich der Mensch irre leiten und bezweifelt die strenge Nothwendigkeit seines Handelns, worin er noch durch das Bewusstsein seiner relativen Freiheit und durch das ganz richtige, aber, wie wir gesehen, nichts entscheidende Gefühl, dass er thun kann, was er will, unterstützt wird. Gewiss kann er thun, was er will; nur kann er die Handlung allein wollen, zu der das Motiv ihn bestimmt, und durch deren Vollziehung er zeigt, dass, unter allen objectiv möglichen Handlungen, gerade diese es ist, die er gewollt hat, d. h. auf deren Seite das stärkere, den Ausschlag gebende Motiv lag. Man denke, einen Menschen, der auf der Gasse steht und zu sich sagt: „Es ist 6 Uhr Abends, die Tagesarbeit ist beendigt. Ich kann jetzt einen Spaziergang machen; oder ich kann in den Club gehen; ich kann auch auf den Thurm steigen, die Sonne untergehen zu sehen; ich kann auch ins Theater gehen; ich kann auch diesen oder jenen Freund besuchen; ja, ich kann auch zum Thor hinauslaufen, in die weite Welt, und nie wiederkommen. Das alles steht allein bei mir, ich habe völlige Freiheit dazu; thue jedoch davon jetzt nichts, sondern gehe ebenso freiwillig nach Hause zu meiner Frau.' Das ist gerade so, als wenn das Wasser spräche: ‚Ich kann hohe Wellen schlagen (ja! nämlich im Meer und Sturm), ich kann reissend hinabeilen, (ja! nämlich im Bette des Stroms), ich kann schäumend und sprudelnd hinunterstürzen (ja! nämlich im Wasserfall), ich kann frei als Strahl in die Luft steigen (ja! nämlich im Springbrunnen), ich kann endlich gar verkochen und verschwinden (ja! bei 80° Wärme), thue jedoch von dem allen jetzt nichts, sondern bleibe freiwillig, ruhig und klar im spiegelnden Teiche.' Wie das Wasser jenes alles nur dann kann, wann die bestimmenden Ursachen zum Einen oder zum Anderen eintreten; ebenso kann jener Mensch was er zu können wähnt, nicht anders, als unter derselben Bedingung. Bis die Ursachen eintreten, ist es ihm unmöglich: dann aber muss er es, so gut wie das Wasser, sobald er in die entsprechenden Umstände versetzt ist." Der Wahn, dass man jede proponirte, bloss vorgestellte Handlung auch gleich vollziehen könne, beruht im Grunde darauf, dass in unserer Phantasie nur Ein Bild zur Zeit gegenwärtig sein kann, welches alle anderen Bilder ausschliesst. Stellt man sich das Motiv zu einer Handlung vor, so fühlt man dessen Wirkung auf den Willen, der dadurch angeregt wird; und da die anderen Motive in diesem Augenblick in der Vorstellung nicht gegenwärtig sind, so entsteht die Meinung, dass dieses Motiv stark genug sei, uns zur Ausführung der vorgestellten Handlung zu bewegen. Dass dies Täuschung ist, überzeugt man sich, sobald die entgegenstehenden Motive in der Erinnerung auftauchen und nun eine von der proponirten ganz verschiedene That erfolgt. Das vom Selbstbewusstsein stets wiederholte: ‚ich kann dies wollen', „ist in Wahrheit hypothetisch und führt den Beisatz mit, wenn ich nicht lieber jenes Andere wollte': der hebt aber jenes Wollenkönnen auf." — „Es ist durchaus weder Metapher noch Hyperbel, sondern ganz trockene und buchstäbliche Wahrheit, dass, so wenig eine Kugel auf dem Billard in Bewegung gerathen kann, ehe sie einen Stoss erhält, ebenso wenig ein Mensch von seinem Stuhle aufstehen kann, ehe ein Motiv ihn weg zieht oder treibt: dann aber ist sein Aufstehen so nothwendig und unausbleiblich, wie das Rollen der Kugel nach dem Stoss. Und zu erwarten, dass einer etwas thue, wozu ihn durchaus kein Interesse auffordert, ist wie erwarten, dass ein Stück Holz sich zu mir bewege, ohne einen Strick, der es zöge. Wer etwa dergleichen behauptend, in einer Gesellschaft hartnäckigen Widerspruch erführe, würde am kürzesten aus der Sache kommen, wenn er, durch einen Dritten, plötzlich mit lauter und ernster Stimme rufen liesse: das Gebälk stürzt ein! wodurch die

Widersprecher zu der Einsicht gelangen würden, dass ein Motiv ebenso mächtig ist, die Leute zum Hause hinaus zu werfen, wie die handfesteste mechanische Ursache."

Wie die Ursachen im engsten Sinne und die Reize, so rufen auch die Motive ihre Wirkung nicht aus nichts hervor. Die Wirkung ist immer eine Veränderung an einem bestimmten Wesen und zwar eine der Natur, oder der Beschaffenheit des Wesens gemässe Veränderung. Ohne diese zwei Faktoren: die äussere Ursache und die innere Beschaffenheit dessen, worauf gewirkt wird, kommt keine Wirkung zu stande. Jedes Wesen ist irgendwie beschaffen; also auch der **Wille**, auf den die **Motive** wirken. Die „speciell und individuell bestimmte Beschaffenheit des Willens, vermöge deren seine Reaktion auf dieselben Motive in jedem Menschen eine andere ist, macht das aus, was man dessen **Charakter** nennt und zwar, weil er nicht a priori, sondern nur durch Erfahrung bekannt wird, **empirischen Charakter**". Dieser liegt allen menschlichen Handlungen, d. h. den Wirkungen der Motive, so zu Grunde, „wie die allgemeinen Naturkräfte den durch Ursachen im engsten Sinne hervorgerufenen Wirkungen, und die Lebenskraft den Wirkungen der Reize. Und, wie die Naturkräfte, so ist auch er ursprünglich, unveränderlich, unerklärlich".

Die **individuelle** moralische Verschiedenheit der Menschen ist so gross, dass man annehmen kann, sie komme der der intellektuellen Fähigkeiten gleich. Deshalb muss man den Charakter des Menschen genau kennen, um aus der Kenntniss des Motivs dessen Wirkung, d. h. die That, vorherzusagen. Selbst unser eigener Charakter ist uns ein Geheimniss, das wir nur durch Erfahrung ergründen können. „Daher kann keiner wissen, wie ein Anderer, und auch nicht, wie er selbst in irgend einer bestimmten Lage handeln wird, ehe er darin gewesen: nur nach bestandener Probe ist er des Anderen und erst dann auch seiner selbst gewiss." „Erst die genaue Kenntniss seines eigenen empirischen Charakters giebt dem Menschen das, was man **erworbenen Charakter** nennt: derjenige besitzt ihn, der seine eigenen Eigenschaften, gute wie schlechte, genau kennt und dadurch sicher weiss, was er sich zutrauen und zumuthen darf, was aber nicht. Er spielt seine eigene Rolle, die er zuvor, vermöge seines empirischen Charakters, nur naturalisirte, jetzt kunstmässig und methodisch, mit Festigkeit und Anstand, ohne jemals, wie man sagt, aus dem Charakter zu fallen, was stets beweist, dass Einer, im einzelnen Fall, sich über sich selbst im Irrthum befand." — Dass der Mensch moralisch sich nie verändert, d. h. dass sein Charakter konstant ist, entnehmen wir aus der täglichen Erfahrung. Auf dieser Wahrheit beruht überhaupt „die Möglichkeit aller Menschenkenntniss und des festen Vertrauens auf die Geprüften, Erprobten, Bewährten." Auf ihr beruht es, dass wir, bei Beurtheilung des moralischen Werthes einer Handlung, zuerst nach ihrem Motiv fragen, „dann aber unser Lob oder Tadel nicht das Motiv trifft, sondern den Charakter, der sich durch ein solches Motiv bestimmen liess, als den zweiten und allein dem Menschen inhärirenden Faktor dieser That." Nur weil jeder die Gewissheit von der Unveränderlichkeit des Charakters hat, ist die einmal verlorene wahre Ehre („nicht die ritterliche oder Narren-Ehre") nie wieder herzustellen. Nur unter derselben Voraussetzung ist ferner die Thatsache möglich, dass, während die Irrthümer und die Thorheiten der Jugend, kurz alles was Sache der unvollkommenen Erkenntniss war, allmälig aus dem Gedächtniss schwinden und uns nicht mehr beschämen, die aus moralischen Mängeln entsprungenen Unthaten uns noch im späten Alter vom Gewissen vorgehalten werden. Denn unsere alte moralische Beschaffenheit haben wir nicht, wie unsere alte Erkenntniss, mit den Jugendkleidern abgelegt. „Ueberhaupt liegt allein in der Erkenntniss die Sphäre und der Bereich aller Besserung und Veredelung. Der Charakter ist unveränderlich, die Motive wirken mit Nothwendigkeit: aber sie haben durch die Erkenntniss hindurchzugehen, als welche das Medium der Motive ist. Diese aber ist der mannigfachsten Erweiterung, der immerwährenden Berichtigung in unzähligen Graden fähig: dahin arbeitet alle Erziehung. Die Ausbildung der Vernunft durch Kenntnisse und Einsichten jeder Art ist dadurch moralisch wichtig, dass sie Motiven, für welche ohne sie der Mensch verschlossen bliebe, den Zugang öffnet. Solange er diese nicht verstehen konnte, waren sie für seinen Willen nicht vorhanden.

Daher kann, unter gleichen äusseren Umständen, die Lage des Menschen das zweite Mal doch in der That eine ganz andere sein, als das erste Mal: wenn er nämlich erst in der Zwischenzeit fähig geworden ist, jene Umstände richtig und vollständig zu begreifen, wodurch jetzt Motive auf ihn wirken, denen er früher unzugänglich war. Weiter aber, als auf die Berichtigung der Erkenntniss, erstreckt sich keine moralische Einwirkung, und das Unternehmen, die Charakterfehler eines Menschen durch Reden und Moralisiren aufheben und so seinen Charakter selbst, seine eigene Moralität, umschaffen zu wollen, ist ganz gleich dem Vorhaben, Blei durch äussere Einwirkung in Gold zu verwandeln, oder eine Eiche durch sorgfältige Pflege dahin zu bringen, dass sie Aprikosen trüge."

Tugenden und Laster sind angeboren, weil der Charakter angeboren ist. Er ist das Werk der Natur selbst, nicht der Kunst oder der dem Zufall unterworfenen Umstände. Woraus wäre auch, unter Annahme der Willensfreiheit, der oft vorkommende Fall zu erklären, dass zwei in gleichen Verhältnissen geborene und aufgewachsene, gleich erzogene Menschen so ganz verschieden gerathen? — Behauptet man die Willensfreiheit, so muss man auch behaupten, dass der Charakter von Hause aus eine tabula rasa sei. Nun wird aber auch der entschiedenste Indeterminist die Grundverschiedenheit der individuellen Charaktere nicht leugnen können. Wie soll er beides vereinigen? Im Subjektiven wird er den Grund dieser Verschiedenheit nicht suchen, da doch, nach ihm, der Mensch ohne jede Charaktereigenschaft auf die Welt kommt. Noch weniger aber im Objektiven, denn dann wäre ja der Charakter von aussen bestimmt, und die behauptete Freiheit ganz und gar unmöglich. Es bliebe nur noch übrig, aus der Verschiedenheit der Erkenntniss die Verschiedenheit der Handlungsweisen zu erklären. Dann aber würde die Moral in Logik verwandelt, denn alles liefe auf richtige oder falsche Erkenntniss zurück. Endlich könnten die Vertheidiger des liberi arbitrii indifferentiae den Charakter für das Resultat der Umstände, Eindrücke, Beispiele, Lehren etc. erklären. Aber auf diese Weise müsste der Charakter sich sehr spät einstellen, und die Meisten würden sterben, ehe sie einen Charakter erlangt hätten; ferner würde unter einer solchen Voraussetzung die moralische Verantwortlichkeit für unsere Thaten wegfallen, da der Ursprung der Thaten, der Charakter, das Werk des Zufalls oder der Vorsehung wäre. Mit der Verantwortlichkeit ist aber auch jede Möglichkeit einer wahren Moral aufgehoben. Hieraus ergiebt sich, dass so sehr die Annahme der Willensfreiheit dem rohen Verstande zusagt, sie doch „im Grunde ebenso sehr mit unseren moralischen Ueberzeugungen im Widerspruch steht, als mit der obersten Grundregel unseres Verstandes", nämlich dem Gesetze der Kausalität. — „Die Frage nach der Willensfreiheit ist wirklich ein Probirstein, an welchem man die tiefdenkenden Geister von den oberflächlichen unterscheiden kann, oder ein Grenzstein, wo beide auseinander gehen, indem die ersteren sämmtlich das nothwendige Erfolgen der Handlungen, bei gegebenem Charakter und Motiv, behaupten, die letzteren hingegen, mit dem grossen Haufen, der Willensfreiheit anhängen." —

Das Ergebniss unserer Betrachtungen lässt sich in zwei Sätzen zusammenfassen: 1) einem gegebenen Menschen unter gegebenen Umständen ist nur Eine Handlung möglich; 2) der zurückgelegte Lebenslauf eines gegebenen Menschen konnte — angesehen, dass sein Charakter unveränderlich ist, und dass die Umstände, die auf ihn einwirkten, von äusseren Ursachen bis in's Kleinste nothwendig bestimmt wurden — nicht anders ausfallen, als er ausgefallen ist. Mit anderen Worten: „Alles was geschieht, vom Grössten bis zum Kleinsten, geschieht nothwendig." „Wer bei diesen Sätzen erschrickt, hat noch Einiges zu lernen und Anderes zu verlernen: danach aber wird er erkennen, dass sie die ergiebigste Quelle des Trostes und der Beruhigung sind." „Was würde aus dieser Welt werden, wenn nicht die Nothwendigkeit alle Dinge durchzöge und zusammenhielte, besonders aber der Zeugung der Individuen vorstände? Ein Monstrum, ein Schutthaufen, eine Fratze ohne Sinn und Bedeutung, — nämlich das Werk des wahren und eigentlichen Zufalls." — „Wünschen, dass irgend ein Vorfall nicht geschehen wäre, ist eine thörichte Selbstquälerei: denn es heisst etwas absolut Unmögliches wünschen, und ist so unvernünftig, wie der Wunsch, dass die Sonne im Westen aufginge. Wir sollen vielmehr die Begebenheiten, wie sie eintreten, mit eben dem Auge betrachten, wie das Gedruckte, welches wir lesen, wohl wissend, dass es da stand, ehe wir es lasen." [1])

Und doch spricht das deutliche Gefühl der Verantwortlichkeit für unsere Freiheit: es beruht „auf der unerschütterlichen Gewissheit, dass wir selbst die Thäter unserer Thaten", mithin frei sind. Trotz der Ueberzeugung von der durchgängigen Nothwendigkeit alles Geschehens im menschlichen Leben, sieht jeder sehr wohl ein, dass unter der Einwirkung der Motive, die ihn zu einer Handlung bestimmt haben, auch eine andere, entgegengesetzte möglich war „und hätte geschehen können, wenn nur Er ein anderer gewesen wäre: hieran allein hat es gelegen." Darum trifft, bei einer schlechten Handlung, der Tadel im Grunde immer den Menschen, d. h. seine Willensbeschaffenheit, seinen Charakter, nicht aber die Handlung: denn der Charakter hat die Schuld zu tragen, „deren er auf Anlass der Thaten bloss überführt worden."

Wo die Schuld liegt, da muss auch die Verantwortlichkeit mithin auch die Freiheit liegen. Und da der empirische Charakter, d. h. der menschliche Wille als Erscheinung, durch und durch necessitirt ist; so ist auch die Freiheit nicht in ihm, sondern allein im intelligiblen Charakter, oder im menschlichen Willen als Ding an sich, im wahren, eigentlichen Wesen, in der Essenz des Menschen anzutreffen. „Es ist ein Grundirrthum, ein ὕστερον πρότερον aller Zeiten gewesen, die Nothwendigkeit dem Esse (dem Sein, der Beschaffenheit) und die Freiheit dem Operari (dem Handeln) beizulegen. Umgekehrt, im Esse allein liegt die Freiheit; aber aus ihm und den Motiven folgt das Operari mit Nothwendigkeit: und an dem was wir thun, erkennen wir was wir sind. Hierauf, und nicht auf dem vermeinten libero arbitrio indifferentiae, beruht das Bewustssein und die moralische Tendenz des Lebens." Die Freiheit ist durch unsere Auffassung nicht aufgehoben, sondern nur in eine der Erkenntniss nicht so leicht zugängliche Region hinausgerückt; d. h. sie ist als transscendental erkannt. Und so lässt sich der

---

[1]) Grundpr. d. Eth. S. 26—62. Vgl. Welt a. W. I, § 55.

Erkenntnissgrund unserer Freiheit, das Gefühl der Verantwortlichkeit, „mit einem Zeiger vergleichen, der auf einen entfernteren Gegenstand hinweist, als der in derselben Richtung näher liegende ist, auf den er zu weisen scheint." [1])

2. Tod und Unsterblichkeit.

Wie gesagt, ist das Problem der Unsterblichkeit nichts als eine andere Wendung des Freiheitsproblems, und mit diesem eigentlich schon in der Hauptsache gelöst. Auch haben wir oben, bei Besprechung des transscendentalen Idealismus (S. 69 ff.), das Wesentliche der Schopenhauer'schen Lehre von der Unzerstörbarkeit unseres Wesens und der Vergänglichkeit der Erscheinung hervorgehoben. Wir wiederholen das Gesagte hier in einer anderen Fassung.

Die philosophische Betrachtung, als welche im Einzelnen oder in der Erscheinung das Allgemeine, die Idee, erblickt, lässt sich durch das Entstehen und Vergehen, durch Geburt und Tod der Individuen nicht beirren: sie weiss, dass der „innere Gehalt" der Welt der Wille, und das Leben dessen Erscheinung, die unmittelbare Folge seines Wollens ist; dass also, solange der Wille das Leben will, Welt und Leben auch da sind. Da auch unser Wesen Wille ist, so sind auch wir als Wesen unzerstörbar, und nur als Erscheinung, als Individuum vergänglich. Wer unser Einssein mit der Welt, die Identität des Mikrokosmos mit dem Makrokosmos, sich zum deutlichen Bewusstsein bringen könnte, „dem würde der Unterschied zwischen der Fortdauer der Aussenwelt, nachdem er gestorben, und seiner eigenen Fortdauer nach dem Tode verschwinden: Beides würde sich ihm als Eines und dasselbe darstellen, ja, er würde über den Wahn lachen, der sie trennen konnte." Man braucht sich nur in den Gedanken zu vertiefen, dass der Mensch, insofern er den Herrn der Welten (den Willen) in sich trägt, selbst „der Herr der Welten" ist und „Alles mit seinem Wesen erfüllt," um die Todesangst eines Individuums zu belächeln. Auch fürchten wir den Tod nicht soweit wir er-

---
[1]) Grundpr. d. Eth. S. 93—98.

kennende, sondern nur soweit wir (blind) wollende Wesen sind und als solche einzig und allein das Leben wollen, ja, nichts anderes wollen können, da der Wille eben Wille zum Leben ist. Die Todesfurcht ist somit „nur die Kehrseite des Willens zum Leben, welcher wir alle ja sind." Und wie dieser, so wird auch jene von allem, was geboren wird, schon mit auf die Welt gebracht. Weit entfernt ist hingegen die Erkenntniss, der Ursprung der Anhänglichkeit an das Leben zu sein: sie theilt sie nicht einmal; sie deckt vielmehr die Werthlosigkeit des Lebens auf und bekämpft hierdurch die Todesfurcht. Siegt die Erkenntniss, so haben wir das erhabene Schauspiel, dass der Mensch muthig und gelassen dem Tode entgegengeht. Dieser „Triumph der Erkenntniss über den blinden Willen" wird bewundert; die Verzweiflung beim herannahenden Tode, das Unterliegen der Erkenntniss in jenem Kampfe dagegen wird verachtet. Woher dies, da doch in der Liebe zum Leben sich nur das ursprüngliche Wesen der Natur und unseres Selbst ausspricht? Wie könnte, wäre das Leben „das mit Dank zu erkennende Geschenk gütiger Götter", die Anhänglichkeit an dasselbe von jeder Religion, als dieser unwürdig, und die Geringschätzung des Lebens als gross und edel betrachtet werden!

Auf dem Standpunkt der Erkenntniss ist es schlechterdings nicht abzusehen, inwiefern der Tod ein Uebel ist. Denn die Erkenntniss kann, wie die Natur selbst, den Untergang des Individuums nicht betrauern, und der Tod als Zerstörung des Wesens existirt für sie nicht. Dass der Tod, gleich seinem Gegensatz der Zeugung und der Geburt, zum Leben, d. h. zur Erscheinung gehört, überzeugt man sich leicht, wenn man bedenkt, dass beide nichts anderes sind, als „potenzirte Ausdrücke dessen, woraus auch das ganze übrige Leben besteht", nämlich des „steten Wechsels der Materie unter dem festen Beharren der Form: und eben das ist die Vergänglichkeit der Individuen, bei der Unvergänglichkeit der Gattung." Der beständige Ernährungsprocess und das stete Aushauchen und Abwerfen der Materie sind nur dem Grade nach von der Zeugung und dem Tode verschieden. „Wie wir allezeit zufrieden sind, die Form zu erhalten, ohne die abgeworfene Materie zu betrauern; so haben wir uns auf gleiche

Weise zu verhalten, wenn im Tode dasselbe in erhöhter Potenz und im Ganzen geschieht, was täglich und stündlich im Einzelnen bei der Exkretion vor sich geht: wie wir beim ersteren gleichgültig sind, sollten wir beim anderen nicht zurückbeben." Und was das individuelle Bewusstsein angeht, so wird es ja täglich durch den Schlaf unterbrochen, den wir nicht nur nicht fürchten, sondern herbeiwünschen. Der Tod in subjektiver Hinsicht, also derjenige, gegen den wir uns so sträuben, betrifft aber allein das Bewusstsein, dessen Schwinden nichts weniger als unangenehm ist, was jeder bestätigen wird, der eine Ohnmacht erlebt hat; und wie der Schlaf der Bruder des Todes, so ist, ohne Zweifel, die Ohnmacht sein Zwillingsbruder. Ebensowenig kann der gewaltsame Tod schmerzlich sein, da schwere Verwundungen in der Regel erst eine Weile nachher gefühlt werden. Im Grunde ist es also das qualvolle Leben, die Krankheit vor dem Tode, nicht dieser selbst, wovor wir zurückscheuen. Im hohen Alter aber ist die Zerstörung des Organismus von keinem Schmerz begleitet; darum wird auch das naturgemässe Sterben Euthanasie genannt: der Tod tritt unmerklich ein; der Hochbetagte verschwindet, verschwebt allmälig aus dem Dasein: „eines Tages ist dann sein Schlummer der letzte, und seine Träume sind — — Es sind die, nach welchen schon Hamlet frägt in dem berühmten Monolog. Ich glaube, wir träumen sie eben jetzt."

Die Unterhaltung des Lebensprocesses ist eine Anstrengung, welcher der Organismus jeden Abend unterliegt, und deren theilweises Aufhören im Schlafe wir als eine Wohlthat empfinden. „Daraus ist zu schliessen, dass das gänzliche Aufhören des Lebensprocesses für die treibende Kraft desselben eine wundersame Erleichterung sein muss: vielleicht hat diese Antheil an dem Ausdruck süsser Zufriedenheit auf dem Gesichte der meisten Todten. Ueberhaupt mag der Augenblick des Sterbens dem des Erwachens aus einem schweren, alpgedrückten Traum ähnlich sein." — Wir fürchten das Nichts, in welches das Individuum nach dem Tode hinabsinkt und doch ist es „unumstösslich gewiss", dass dieses Nichts „nicht verschieden sein kann von dem vor der Geburt, folglich auch nicht beklagenswerther." Ausserdem ist „nur mittelmässiger Scharfsinn" erfordert, um einzusehen, dass der Zustand nach dem Tode kein absolutes Nichts sein kann. Jede einzelne Erscheinung in der Natur ist das Werk „einer allgemeinen, in tausend gleichen Erscheinungen thätigen Kraft," und vom Verschwinden einer solchen Erscheinung auf das Verschwinden der unbekannten, in ihr thätig gewesenen Kraft zu schliessen, haben wir ebensowenig Anlass, als vom stillstehenden Spinnrade auf den Tod der Spinnerin zu schliessen. Wenn wir „den untersten Naturkräften Aeternität und Ubiquität unmittelbar zuerkennen, an welcher uns die Vergänglichkeit ihrer flüchtigen Erscheinungen keinen Augenblick irre macht"; so „darf es uns um so weniger in den Sinn kommen, das Aufhören des Lebens für die Vernichtung des belebenden Prinzips, mithin den Tod für den gänzlichen Untergang der Menschen zu halten. Weil der kräftige Arm, der vor dreitausend Jahren den Bogen des Odysseus spannte, nicht mehr ist, wird kein nachdenkender und wohlgeregelter Verstand die Kraft, welche in demselben so energisch wirkte, für gänzlich vernichtet halten, aber daher, bei fernerem Nachdenken auch nicht annehmen, dass die Kraft, welche heute den Bogen spannt, erst mit diesem Arm zu existiren angefangen habe. Viel näher liegt der Gedanke, dass die Kraft, welche früher ein nunmehr entwichenes Leben aktuirte, dieselbe sei, welche in dem jetzt blühenden thätig ist: ja, dieser ist fast unabweisbar." Vergänglich an der Erscheinung sind nur ihre Zustände und Formen, d. h. das, was in die Kausalkette fällt, nicht aber die Voraussetzungen derselben, nämlich die Materie und ihre Kräfte (Naturkräfte). Und zum mindesten als Naturkraft müssen wir doch das uns belebende Prinzip denken, demnach schon aus diesem Grunde es für unvergänglich erklären. Ferner ist der Mensch Materie und als solche, wie wir wissen, beharrlich. „Wie? wird man sagen, das Beharren des blossen Staubes, der rohen Materie, sollte als eine Fortdauer unseres Wesens angesehen werden? Oho, kennt ihr denn diesen Staub? Wisst ihr, was er ist und was er vermag? Lernt ihn kennen, ehe ihr ihn verachtet. Diese Materie, die jetzt als Staub und Asche daliegt, wird bald, im Wasser aufgelöst, als Krystall anschiessen, wird als Metall glänzen, wird dann elektrische Funken sprühen, wird mittelst ihrer galvanischen Spannung eine Kraft äussern, welche die festesten Verbindungen zersetzt, Erden zu Metallen reducirt; ja sie wird von selbst sich zu Pflanze und Thier gestalten und aus ihrem geheimnissvollen Schooss jenes Leben entwickeln, vor dessen Verlust ihr in eurer Beschränktheit ängstlich besorgt seid. Ist nun, als solche Materie fortzudauern, so ganz und gar nichts?" Selbst der rohe Materialismus sagt in seinen naiven, aber konsequenten Ansichten aus, dass das lebende Wesen, sofern es Materie ist, keine absolute Vernichtung erleidet, sondern in und mit dem Ganzen der Natur fortbesteht: Umsoweniger können wir daran zweifeln, die wir wissen, dass die Materie, „der unmittelbare Wiederschein, die Sichtbarkeit überhaupt des Dinges an sich, also des Willens ist; daher von ihr, unter den Bedingungen der Erfahrung, das gilt, was dem Willen an sich schlechthin zukommt, und sie seine wahre Ewigkeit unter dem Bilde der zeitlichen Unvergänglichkeit wiedergibt." -- Der Untergang des Lebens als solchen, des alle lebenden Wesen erhaltenden Prinzips, ist endlich darum ein unmöglicher Gedanke, weil die einzige Form des Lebens oder der Realität, der Erscheinung des Willens, die Gegenwart ist, nicht Zukunft noch Vergangenheit, als welche nur im Begriff, nur im Zusammenhang der Erkenntniss, nur für die Betrachtung nach dem Satze vom Grunde da sind. Wo also Leben ist, da ist auch die unverrückbar feststehende Gegenwart; und wo diese ist, da ist selbstverständlich ihr Inhalt, nämlich die Realität, die Erscheinung des Willens, also Leben. „Dem Willen ist das Leben, dem Leben die Gegenwart gewiss. Daher auch kann jeder sagen: ‚Ich bin ein für allemal Herr der Gegenwart, und durch alle Ewigkeit wird sie mich begleiten, wie mein Schatten: demnach wundere ich mich nicht, wo sie nur hergekommen sei, und wie es zugehe, dass sie gerade jetzt sei.'" Die Gegenwart ist das allein ewig Beharrende, das Nunc stans der Scholastiker; und wenn die Zeit mit einem „unaufhaltsamen Strom" zu vergleichen ist, so die Gegenwart mit einem „Felsen, an dem sich jener bricht, aber nicht ihn mit fortreisst." „Wir haben demnach nicht nach der Vergangenheit vor dem Leben, noch nach der Zukunft nach dem Tode zu forschen, vielmehr haben wir als die einzige Form, in welcher der Wille sich erscheint, die Gegenwart zu erkennen; sie wird ihm nicht entrinnen, aber er ihr wahrlich auch nicht. Wen daher das Leben, wie es ist, befriedigt, wer es auf alle Weise bejaht, der kann es mit Zuversicht als endlos betrachten und die Todesfurcht als eine Täuschung bannen, welche ihm die ungereimte Furcht eingiebt, er könne der Gegenwart je verlustig werden." Die Gegenwart ist gleich einem „immerwährenden Mittag, ohne kühlenden Abend; wie die wirkliche Sonne ohne Unterlass brennt, während sie nur scheinbar in den Schooss der Nacht sinkt: daher, wenn ein Mensch den Tod als seine Vernichtung fürchtet, es nicht anders ist, als wenn man dächte, die Sonne könne am Abend klagen: ‚Wehe mir! ich gehe unter in ewige Nacht‘. Hingegen auch umgekehrt: wen die Lasten des Lebens drücken, wer zwar wohl das Leben möchte und es bejaht, aber die Qualen desselben verabscheut, und besonders das harte Loos, das gerade ihm zugefallen ist, nicht länger tragen mag: ein solcher hat nicht vom Tode Befreiung zu hoffen und kann sich nicht durch Selbstmord retten; nur mit falschem Scheine lockt ihn der finstere, kühle Orkus als Hafen der Ruhe. Die Erde wälzt sich vom Tage in die Nacht; das Individuum stirbt: aber die Sonne brennt ohne Unterlass ewigen Mittag." — Hier erscheint uns also der Selbstmord als eine „vergebliche und darum thörichte Handlung"; später wird er sich uns noch in einem andern Lichte zeigen. —

Ebenso wenig wie der Wille, können auch die Ideen, in denen der von Hause aus blinde Wille, nunmehr als das ewige Weltauge, sich selbst schaut und erkennt, vergänglich sein. Die Natur, die nie lügt, spricht diese Wahrheit dadurch aus, dass sie sich um die Individuen nicht kümmert, wohl wissend, dass, „wenn sie fallen, sie in ihren Schooss zurückfallen, wo sie geborgen sind, daher ihr Fall nur ein Scherz ist." Dass gerade die vollkommensten Wesen, die lebenden mit ihren „unbegreiflichen kunstvollen" Organisationen, stets von Grund aus neu entstehen sollten, um nach einer Spanne Zeit vernichtet zu werden, während das Unorganische, das Niederste in der Natur, fortdauert, ist ein Gedanke von so augenscheinlicher Absurdität, dass er nimmermehr der wahren Ordnung der Dinge entsprechen kann. Auch sind es „nur die kleinen, beschränkten Köpfe, welche ganz ernstlich den Tod als ihre Vernichtung fürchten: aber vollends von den entschieden Bevorzugten bleiben solche Schrecken gänzlich fern." Der Mensch, wenngleich er das einzige den Tod kennende Wesen ist, lebt doch in der Regel unbesorgt und furchtlos vor der Vernichtung, was man nur daraus erklären kann, dass die Reflexion, die uns auf einzelne Augenblicke den Tod vergegenwärtigt, wenig vermag gegen die Stimme der ewigen Natur, die im Menschen ihrer Unvergänglichkeit bewusst ist. Und so lebt jeder, „als müsse er ewig leben; was soweit geht, dass sich sagen liesse, keiner habe eine eigentlich lebendige Überzeugung von der Gewissheit seines Todes, da sonst zwischen seiner Stimmung und der des verurtheilten Verbrechers kein so grosser Unterschied sein könnte; sondern jeder erkenne zwar jene Gewissheit in abstracto theoretisch an, lege sie jedoch, wie andere theoretische Wahrheiten, die aber auf die Praxis nicht anwendbar sind, bei Seite, ohne sie irgend in sein lebendiges Bewusstsein aufzunehmen." Die tiefe Überzeugung von der Unzerstörbarkeit unseres Wesens, wie auch die unausbleiblichen Gewissenssorgen bei Annäherung des Todes, hängen mit dem Bewusstsein unserer Ursprünglichkeit und Ewigkeit zusammen: denn, wie wir schon früher gesagt haben, lässt sich das Anfangslose allein auch als unvergänglich denken. „Wer die Geburt eines Menschen für dessen absoluten Anfang hält, dem muss der Tod das absolute Ende desselben sein. Denn beide sind was sie sind in gleichem Sinne: folglich kann Jeder sich nur insofern als un sterblich denken, als er sich auch als ungeboren denkt, und in gleichem Sinne. Was die Geburt ist, das ist, dem Wesen und der Bedeutung nach, auch der Tod; es ist dieselbe Linie in zwei Richtungen beschrieben." — Aber auch als ein nothwendiges, d. h. nicht nichtsein könnendes, müssen wir unser und aller Dasein denken. Denn in der unendlichen Zeit, die vor uns abgelaufen, ist auch eine Unendlichkeit von Veränderungen abgelaufen; also ist auch die ganze Möglichkeit aller Zustände erschöpft, die unser Dasein hätten aufheben können. Dass wir existiren, bürgt also dafür, dass unsere Existenz eine nothwendige ist: könnten wir jemals nicht sein, so wären wir schon jetzt nicht; und sind wir jetzt, so folgt, dass wir jederzeit dasein müssen. „Denn wir sind selbst das Wesen, welches die Zeit, um ihre Leere auszufüllen, in sich aufgenommen hat:

deshalb füllt es eben die ganze Zeit, Gegenwart, Vergangenheit und Zukunft auf gleiche Weise, und es ist uns so unmöglich aus dem Dasein, wie aus dem Raume hinauszufallen."

Wer, trotz solcher Betrachtungen, das alte Klagelied von der Vergänglichkeit des Daseins anstimmen wollte, dem wäre Folgendes zu sagen: „Bist Du nicht da? Hast Du sie nicht inne, die kostbare Gegenwart, nach der ihr, Kinder der Zeit, alle so gierig trachtet, jetzt inne, wirklich inne? Und verstehst Du, wie Du zu ihr gelangt bist? Kennst Du die Wege, die Dich zu ihr geführt haben, dass Du einsehen könntest, sie würden Dir durch den Tod versperrt? Ein Dasein Deines Selbst, nach der Zerstörung Deines Leibes, das ist seiner Möglichkeit nach unbegreiflich: aber kann es Dir unbegreiflicher sein, als Dir Dein jetziges Dasein ist, und wie Du dazu gelangtest? Warum solltest Du zweifeln, dass die geheimen Wege, die Dir zu dieser Gegenwart offen standen, Dir nicht auch zu jeder künftigen offen stehen werden?" —

Der Orkus ist, nach der tiefsinnigen Bezeichnung der Aegypter, „der Nehmende und Gebende"; er ist „der Quell, in den alles zurück- und aus dem Alles hervorgeht. Von diesem Gesichtspunkte aus wäre unser Leben anzusehen als ein vom Tode erhaltenes Darlehn: der Schlaf wäre dann der tägliche Zins dieses Darlehns. Der Tod giebt sich unverhohlen kund als das Ende des Individuums, aber in diesem Individuum liegt der Keim zu einem neuen Wesen. Demnach stirbt nichts von Allem, was da stirbt, für immer; aber auch keines, das geboren wird, empfängt ein von Grund aus neues Dasein. Das Sterbende geht unter, aber ein Keim bleibt übrig, aus welchem ein neues Wesen hervorgeht, welches jetzt ins Dasein tritt, ohne zu wissen, woher es kommt und weshalb es gerade ein solches ist, wie es ist." — Dies ist in kurzen Worten das Resumé der Schopenhauer'schen Unsterblichkeitslehre. Man sieht, welche exoterische, bildliche, mythische Deutung sie zulässt, oder welches religiöse Dogma ihr am nächsten steht: es ist die Seelenwanderung, von der wir wissen, dass Schopenhauer sie das „non plus ultra mythischer Darstellung" nennt. Freilich darf auch der bedeutende Unterschied zwischen jener uralten Lehre und der Schopenhauer'schen

Fassung derselben nicht vergessen werden: dass die erstere nämlich von der Wiedergeburt und dem Uebergang des gesammten erkennenden Prinzips (der Psyche, der Seele) in einen neuen Leib spricht, und die Zeit realistisch, als an sich seiend fasst; die zweite hingegen, mit vollem Bewusstsein, dass die Zeit blosse Form unseres Intellekts ist, nur das Beharren des Willens behauptet, der die Gestalt eines neuen Wesens annimmt, also auch einen neuen Intellekt erhält. Demnach lehrt Schopenhauer keine Metempsychose, sondern eine Palingenesie, d. h. Neubildung des zerstörten Individuums aus dem unzerstörbaren Willen. —

Wem die Fortdauer seiner Individualität am Herzen liegt, und die Möglichkeit einer solchen dennoch fraglich erscheint, der findet, wie wir sehen, keinen Trost, weder in der Natur, noch in der Philosophie. Diese giebt die Gründe an, warum das Individuum vergeht, ja, warum sein Untergang eine Denknothwendigkeit ist; jene bestätigt die Aussage der Philosophie täglich durch unzählige empirische Beweise. „Ich, ich, ich will dasein! Daran ist mir gelegen, und nicht an meinem Dasein, von welchem mir erst anräsonnirt werden muss, dass es das meinige sei." Einem so blind und rücksichtslos Fordernden giebt die Erkenntniss folgende Antwort: „Sieh Dich doch um! Was da ruft: ‚Ich, ich, ich will dasein‘, das bist Du nicht allein, sondern Alles, durchaus Alles, was nur eine Spur von Bewusstsein hat. Folglich ist dieser Wunsch in Dir gerade das, was nicht individuell ist, sondern allen, ohne Unterschied, gemein: er entspringt nicht aus der Individualität, sondern aus dem Dasein überhaupt, ist Jedem, das da ist, wesentlich, ja, ist das, wodurch er da ist, und wird demgemäss befriedigt durch das Dasein überhaupt, als auf welches allein er sich bezieht; nicht aber ausschliesslich durch irgend ein bestimmtes individuelles Dasein, da er auf ein solches gar nicht gerichtet ist, obgleich es jedesmal den Schein hiervon hat, weil er nicht anders als in einem individuellen Wesen zum Bewusstsein gelangen kann, und deshalb jedesmal auf dieses allein sich zu beziehen scheint. Dies ist jedoch ein blosser Schein, an welchem zwar die Befangenheit des Individuums klebt, den aber die Reflexion zerstören und uns davon befreien kann.

Was nämlich so ungestüm das Dasein verlangt, ist bloss mittelbar das Individuum, unmittelbar und eigentlich ist es der Wille zum Leben überhaupt, welcher in allen Einer und derselbe ist. Da nun das Dasein selbst sein freies Werk, ja, sein blosser Abglanz ist, so kann dasselbe ihm nicht entgehen: er aber wird durch das Dasein überhaupt vorläufig befriedigt, so weit nämlich, als er, der ewig Unzufriedene, befriedigt werden kann. Die Individualitäten sind ihm gleich: er redet eigentlich nicht von ihnen; obgleich er dem Individuum, welches unmittelbar ihn nur in sich vernimmt, davon zu reden scheint. Dadurch wird herbeigeführt, dass er dieses sein eigenes Dasein mit einer Sorgfalt bewacht, wie es ausserdem nicht geschehen würde, und eben dadurch die Erhaltung der Gattung sichert. Hieraus ergiebt sich, dass die Individualität keine Vollkommenheit, sondern eine Beschränkung ist; daher ist, sie los zu werden, kein Verlust, vielmehr ein Gewinn. Lass daher eine Sorge fahren, welche Dir wahrlich, wenn Du Dein eigenes Wesen ganz und bis auf den Grund erkenntest, nämlich als den universellen Willen zum Leben, der Du bist, — kindisch und überaus lächerlich erscheinen würde." [1])

Dem Willen zum Leben ist das Leben gewiss. Nur der stirbt wirklich, und nicht bloss scheinbar, der seinem Willen entsagt und schon so lebt, als wenn er gestorben wäre, d. h. in dessen Leben der Erkenntnisswille das bewirkt hat, was im Tode wider den Willen geschieht, nämlich das Aufgehen des Ich im Nicht-Ich, die Aufhebung des principii individuationis (Zeit und Raum), die Beseitigung der Schranken, welche das Einzeldasein vom Ganzen trennen. Der sich bejahende Wille ist nothwendig ein beschränkter, individueller, ausschliesslich auf sich gerichteter; demnach reduciren sich alle Phänomene der Bejahung des Willens auf das Eine: den Egoismus. Wille zum Leben, Einzelwille, Egoismus — dies sind Wechselbegriffe. Wir betrachten zunächst das menschliche Leben unter der Herrschaft des blinden egoistischen Willens.

---

[1]) Welt a. W. I, § 54. II, 528—81. Par. II, 284—99.

3. Der egoistische Wille und seine Phänomene.

A) Das Loos des Willens in der Welt.
(Die beiden Grundphänomene der Bejahung des Willens: Geschlechtstrieb und Egoismus.)

Jede Hemmung des Willens, jedes Hinderniss, welches sich zwischen ihn und sein jedesmaliges Ziel stellt, ist Leiden; das Erreichen des Zieles dagegen Befriedigung, Glück. Dass der Wille ewig strebt, ist ein Zeichen, dass er nie mit seinem Zustand zufrieden ist, also immer leidet. Je vollkommener das Bewusstsein, um so deutlicher die Empfindung des Leidens. Seinen höchsten Grad erreicht das Leiden im Leben des Menschen. Streben wir, so liegt der Schmerz in der Bedürftigkeit, im Mangel; fehlt es uns hingegen an Objekten des Wollens, so empfinden wir jene furchtbare Leere, die man Langeweile nennt und die „nichts weniger als ein gering zu achtendes Uebel" ist: „sie malt zuletzt wahre Verzweiflung auf das Gesicht". So schwingt unser Leben, „gleich einem Pendel hin und her, zwischen dem Schmerz und der Langenweile, welche beide in der That dessen letzte Bestandtheile sind." Denn die Befriedigung, das Glück, ist nicht positiver, sondern lediglich negativer Natur, darum nicht von Dauer: es besteht nur in der Befreiung des Willens von dem unmittelbar gegebenen Schmerz, d. h. Wunsch; wonach entweder das Wünschen gleich wieder beginnt, oder die Langeweile, diese Wunschlosigkeit im Zustande der Willensbejahung, gleichsam eine Parodie der willenlosen Erkenntniss und der Heiligkeit, eintritt.

So überzeugen wir uns schon gewissermassen a priori, „durch Untersuchung der ersten elementaren Grundzüge des Menschenlebens", dass dasselbe, „der ganzen Anlage nach, keiner wahren Glückseligkeit fähig, sondern wesentlich ein vielgestaltetes Leiden und ein durchweg unseliger Zustand ist". — „Und dieser Welt, diesem Tummelplatz gequälter und geängstigter Wesen, hat man das System des Optimismus anpassen und sie uns als die beste unter den möglichen andemonstriren wollen. Die Absurdität ist schreiend." Ja, der Optimismus ist sogar eine „ruchlose" und „verderbliche" Denkungsart, insofern sie im Grunde „das unberechtigte Selbstlob des eigentlichen Urhebers der Welt, des Willens zum Leben ist, der sich wohlgefällig in seinem Werke spiegelt", und uns das Leben als einen wünschenswerthen Zustand und das Glück als Zweck desselben darstellt. „Davon ausgehend glaubt dann Jeder den gerechtesten Anspruch auf Glück und Genuss zu haben: werden nun diese, wie es zu geschehen pflegt, ihm nicht zu Theil, so glaubt er, ihm geschehe Unrecht, ja, er verfehle den Zweck seines Daseins; — während es viel richtiger ist, Arbeit, Entbehrung, Noth und Leiden, gekrönt durch den Tod, als Zweck unseres Lebens zu betrachten (wie dies Brahmanismus und Buddhaismus, und auch das ächte Christenthum thun): weil diese es sind, die zur Verneinung des Willens zum Leben leiten."[1])

Welche sind nun die menschlichen Handlungsweisen, in denen die Bejahung des Willens ihren Ausdruck findet?

Sie lassen sich alle zurückführen auf die Befriedigung der vom Dasein des Leibes unzertrennlichen Bedürfnisse, deren Grundformen die Erhaltung des Individuums und Fortpflanzung der Gattung sind. Weil die Natur in ihrem Wesen nichts als Wille zum Leben ist, hat sie, um, dem Tode zum Trotz, das Leben ewig zu erhalten, das vergängliche Individuum mit einem Trieb ausgestattet, dessen Befriedigung zugleich Genuss gewährt und die Erhaltung der Gattung zur Folge hat; also zugleich den egoistischen Zwecken des Individuums und dem Zwecke des Ganzen dient.

Im Geschlechtstrieb drückt sich „das Bewusstsein aus, dass das Individuum nicht fortdauere und daher alles an die Erhaltung der Gattung zu setzen habe, als in welcher sein wahres Dasein liegt."[2]) Insofern also durch die Zeugung „das Leben über den Tod des Individui in eine unbestimmte Zeit hinaus bejaht wird", ist der Zeugungsakt die stärkste Bejahung des Willens, wie die Zeugungsorgane der „eigentliche Brennpunkt des Willens und folglich der entgegengesetzte Pol des Gehirns, des Repräsentanten der Erkenntniss" sind.[3])

Alle übrigen menschlichen Handlungen, soweit sie Ausdruck

---

[1]) Welt a. W. I, §§. 56—59. II, Kap. 46.   [2]) Ebd. II, 586.   [3]) Ebd. I, 390.

der Bejahung des Willens sind, entspringen aus dem blossen Egoismus. Dieser findet seine Erklärung in der phänomenalen Beschränktheit des an sich unbeschränkten Willens, oder in dem (durch die Formen der Erscheinungswelt bedingten) Gegensatz des Mikrokosmos und Makrokosmos.

Jedes Individuum findet nämlich, unmittelbar in seinem Inneren, den Einen, vom principio individuationis unabhängigen, ungetheilten Willen; was ausser ihm ist, dessen ist er sich nur als einer von seinem Wesen und Dasein abhängigen Vorstellung bewusst. Nur in sich erkennt es das Reale, nicht auch in allen übrigen Wesen, die doch nichts weiter sind, als das „zahllos wiederholte Bild" seines eigenen. So macht sich jedes Individuum zum Mittelpunkt der Welt, „seine eigene Existenz und Wohlsein vor allem anderen berücksichtigend, ja, auf dem natürlichen Standpunkte, alles Andere dieser aufzuopfern bereit, bereit, die Welt zu vernichten, um nur sein eigenes Selbst, diesen Tropfen im Meer, etwas länger zu erhalten. Diese Gesinnung ist der Egoismus, der jedem Dinge in der Natur wesentlich ist. Eben er aber ist es, wodurch der innere Widerstreit des Willens mit sich selbst zur fürchterlichen Offenbarung gelangt."[1])

Die blosse Selbsterhaltung und Bejahung des eigenen Leibes genügt dem Egoismus lange nicht: er geht weiter, bis zur Verneinung des fremden Willens, sogar bis zur Grausamkeit, welche sich am Anblick fremder Leiden weidet. Der „Einbruch in die Grenze fremder Willensbejahung" ist, was man Unrecht nennt. Das Mittel, das Ausüben des Unrechts und somit den Ausbruch des Kampfes Aller gegen Alle, wenn auch nicht unmöglich zu machen, so doch wenigstens zu erschweren, ist der Staat, der Repräsentant der „zeitlichen Gerechtigkeit."

B) Die zeitliche Gerechtigkeit.

Der vollendetste Ausdruck des Unrechts ist der Kannibalismus; nächst diesem aber der Mord, von welchem jede absichtliche Ver-

---

[1]) Welt a. W. I. 391 f. Vgl. Grundprobl. d. Eth. S. 196 ff.

letzung des fremden Leibes, ja jeder Schlag, sich nur dem Grade nach unterscheidet. Ferner stellt das Unrecht sich dar in der Unterjochung des fremden Individuums (Sklaverei); endlich im Angriff des fremden Eigenthums.

Da Eigenthum nur das sein kann, was das Individuum sich durch seine Arbeit, also durch seine Kraft oder seinen Leib, der eine Objektivität des Willens ist, erwirbt, so ist ein Angriff des Eigenthums ein Missbrauch fremder Kraft, ein Einbruch in eine fremde Willenssphäre, kann demnach nicht ohne Unrecht geschehen, und verhält sich zur Unterjochung eines Individuums, wie die blosse körperliche Verletzung zum Mord.

Das echte, d. h. moralische Eigenthumsrecht gründet sich einzig und allein auf Bearbeitung, und nicht, wie Kant erklärt, auf erste Besitzergreifung. Denn offenbar bedürfen, um geachtet zu werden, die Ansprüche auf Alleinbesitz einer Sache eines Rechtsgrundes, und dieser kann in nichts Anderem liegen, als in der „Besitzerwerbung der Sache, durch Verwendung ursprünglich eigener Kräfte auf sie." Daraus folgt: Erstens, dass blosser, wenn auch noch so langer Genuss einer Sache, ohne alle Bearbeitung und Sicherstellung derselben gegen Zerstörung, ebenso wenig Recht darauf giebt, wie die blosse Erklärung seines Willens zum Alleinbesitz; dass demnach das sogenannte Präokkupationsrecht moralisch ganz grundlos ist. „Dem sich bloss auf dieses Recht Stützenden könnte der neue Ankömmling mit viel besserem Rechte entgegnen: ‚Eben weil du schon so lange genossen hast, ist es Recht, dass jetzt auch andere geniessen.'" Zweitens, dass das moralisch begründete Eigenthumsrecht, durch Tausch oder Schenkung, Anderen übertragen werden kann, insofern es, seiner Natur nach, dem Besitzer eine ebenso uneingeschränkte Macht über die Sache giebt, als die ist, welche er über seinen eigenen Leib hat —

Die Ausübung des Unrechts geschieht entweder durch Gewalt oder physische Kausalität, oder durch List, d. h. mittelst der Motivation. Beides ist in moralischer Hinsicht einerlei. Die List erreicht ihre Zwecke, indem sie dem fremden Willen Scheinmotive vorschiebt, also ihn durch Verfälschung der Erkenntniss, d. h. durch Lüge bestimmt. Da die Lüge als solche allemal zum Zweck hat, „die Herrschaft meines Willens auf fremde Individuen auszudehnen, also meinen Willen durch Verneinung des ihrigen zu bejahen"; so ist sie in ihrem Wesen von der Gewalt nicht verschieden, und schon als solche Unrecht, mag sie aus Eigennutz, oder aus reiner Bosheit, oder Windbeutelei hervorgehen. „Das blosse verweigern einer Wahrheit, d. h. einer Aussage überhaupt, ist an sich kein Unrecht, wohl aber jedes Aufheften einer Lüge. Wer dem verirrten Wanderer den rechten Weg zu zeigen sich weigert, thut ihm kein Unrecht; wohl aber der, welcher ihn auf den falschen hinweist." — Die vollkommenste Lüge ist der gebrochene Vertrag.

Insofern Unrecht durch List den Ausüber als ein schwaches Wesen verräth, also in physischer und moralischer Rücksicht zugleich herabsetzt, ist es für ihn ungleich schimpflicher als Unrecht durch Gewalt. — „Der tiefe Abscheu, den Arglist, Treulosigkeit und Verrath überall erregen, beruht darauf, dass Treue und Redlichkeit das Band sind, welches den in die Vielheit der Individuen zersplitterten Willen doch von aussen wieder zur Einheit verbindet und dadurch den Folgen des aus jener Zersplitterung hervorgegangenen Egoismus Schranken setzt. Treulosigkeit und Verrath zerreissen dieses letzte, äussere Band, und geben dadurch den Folgen des Egoismus grenzenlosen Spielraum." —

Man würde nicht von Recht reden, gäbe es kein Unrecht. Dieser letzte Begriff ist demnach der ursprüngliche und positive, unter Recht hingegen ist nur die Negation des Unrechts zu verstehen: alle Handlungen, welche man ausüben kann, ohne andere zu verletzen, fallen unter den Begriff des Rechts.

Recht ist ferner jede Handlung, durch welche ein Unrecht abgewehrt wird, selbst dann, wenn sie, an sich, d. h. nicht in Beziehung auf die abzuwehrende Gewaltthätigkeit betrachtet, auch Unrecht wäre. Ich kann also, ohne Unrecht, den meinen Willen verneinenden fremden Willen entweder durch Gewalt zwingen, von dieser Verneinung abzustehen (Zwangsrecht), oder überlisten. In allen Fällen, wo ich ein Recht zur Gewalt habe, habe ich es auch zur Lüge. Aber das Recht zur Lüge geht weiter: es tritt ein bei jeder unbefugten Frage, als Nothwehr gegen unbefugte Neugier, deren Motiv meistens kein wohlwollendes ist.

Kants unbedingter Abscheu gegen die Lüge „beruht entweder auf Affektation oder Vorurtheil". Kant hätte besser gethan, seinen Eifer gegen die Schadenfreude loszulassen: „diese, nicht die Lüge, ist das eigentlich teuflische Laster." Dass nach dem Prinzip der ritterlichen oder Afterehre der Vorwurf der Lüge so schwer genommen wird, beruht darauf, dass die Anwendung der Lüge von Furcht zeugt, demnach dem Prinzip der ritterlichen Ehre, nach welchem der Muth und die Gewalt das Recht begründen, widerspricht. —

Unrecht und Recht sind bloss moralische Bestimmungen d. h. solche, welche nur in Beziehung auf das menschliche Handeln als solches und seine innere Bedeutung Gültigkeit haben. Diese kündigt sich im Bewusstsein des Unrechtausübenden als Gewissensangst, im Bewusstsein des Unrechtleidenden als schmerzliches Gefühl des fremden Eingriffs in seine Willenssphäre und der Ohnmacht, diesen Eingriff abzuwehren, unmittelbar an. — Insofern Unrecht und Recht schon für den Menschen als Menschen, also auch im Naturzustande, Bedeutung haben und keineswegs konventionell sind, machen sie die Grundlage und den Inhalt des sogenannten Naturrechts aus, welches demnach besser moralisches Recht hiesse. Da es im Naturzustande zwar von jedem abhängt, nicht Unrecht zu thun, keineswegs aber nicht Unrecht zu leiden; so ist die reine Rechtslehre „ein Kapitel der Moral und bezieht sich direkt bloss auf das Thun, nicht auf das Leiden. Denn nur jenes ist Aeusserung des Willens, und diesen allein betrachtet die Moral."

In der Vielheit egoistischer, sich bekämpfender Individuen, also in der Erfahrung, würde das Unrechtleiden der normale Zustand Aller sein, wenn der durch die Vernunft geleitete Egoismus selbst nicht die Nothwendigkeit eingesehen hätte, sich zu beschränken. Die Vernunft fand nämlich, dass der Schmerz im Unrechtleiden eines Individuums den Genuss des Unrechtthuns in einem anderen überwiege, und dass, da Alles dem Zufall überlassen blieb, jeder befürchten müsse, viel öfter jenen Schmerz als jenen Genuss zu erfahren. Hieraus erkannte sie, dass zur Minderung und gleichförmigen Vertheilung der Leiden, „das beste und einzige Mittel sei, Allen den Schmerz des Unrechtleidens zu ersparen, dadurch, dass auch Alle dem durch das Unrechtthun zu erlangenden Genuss entsagen." Dieses „von dem durch den Gebrauch der Vernunft methodisch verfahrenden und seinen einseitigen Standpunkt verlassenden Egoismus leicht ersonnene und allmälig vervollkommnete Mittel ist der Staatsvertrag oder das Gesetz." In keinem Lande kann der Staat einen anderen Ursprung gehabt haben, da erst diese Entstehungsart, dieser Zweck ihn zum Staat macht, wobei es einerlei ist, ob der ihm vorhergegangene Zustand Anarchie oder Despotie war. „In beiden Fällen war noch kein Staat da: erst durch jene Uebereinkunft entsteht er, und je nachdem diese Uebereinkunft mehr oder weniger untermischt ist mit Anarchie oder Despotie, ist auch der Staat vollkommener oder unvollkommener. Die Republiken tendiren zur Anarchie, die Monarchien zur Despotie, der deshalb ersonnene Mittelweg der konstitutionellen Monarchie tendirt zur Herrschaft der Faktionen. Um einen vollkommenen Staat zu gründen, muss man damit anfangen, Wesen zu schaffen, deren Natur es zulässt, dass sie durchgängig das eigene Wohl dem öffentlichen zum Opfer bringen. Bis dahin aber lässt sich schon etwas dadurch erreichen, dass es eine Familie giebt, deren Wohl von dem des Landes ganz unzertrennlich ist; so dass sie, wenigstens in Hauptsachen, nie das Eine ohne das Andere befördern kann. Hierauf beruht die Kraft und der Vorzug der erblichen Monarchie."

Während die Moral nur auf das Unrecht-Thun, geht die Staatslehre ausschliesslich auf das Unrecht-Leiden, und bekümmert sich um das Unrecht-Thun nur insofern als das Unrecht-Leiden sein nothwendiges Korrelat ist, dem sie entgegenarbeitet. Ferner ist in der Moral der Wille, die Gesinnung, der alleinige Gegenstand der Betrachtung; in der Staatslehre hingegen ist es die That allein. Der Staat bezweckt nicht, die böse Gesinnung zu vertilgen, sondern bloss „jedem möglichen Motiv zur Ausübung eines Unrechts immer ein überwiegendes Motiv zur Unterlassung desselben, in der unausbleiblichen Strafe, an die Seite zu stellen: demgemäss ist der Kriminalkodex ein möglichst vollständiges Register von Gegenmotiven zu sämmtlichen, als möglich präsumirten verbrecherischen Handlungen, — beides in abstracto, um vorkommenden Falles die Anwendung in concreto zu machen. Die Staatslehre borgt zu diesem Zweck von der Moral die Rechtslehre, aber einzig und allein, um deren „Kehrseite zu benutzen und alle die Grenzen, welche die Moral als unüberschreitbar, wenn man nicht Unrecht thun will, angiebt, von der anderen Seite zu betrachten, als die Grenzen, deren Ueberschrittenwerden vom Anderen man nicht dulden darf, wenn man nicht Unrecht leiden will, und von denen man also Andere zurückzutreiben ein Recht hat: daher diese Grenzen nun, von der möglicherweise passiven Seite aus, durch Gesetze verbollwerkt werden."

Der ursprünglich moralische Begriff des Unrechts und des Rechts wird somit juridisch „durch die Verlegung des Ausgangspunktes von der aktiven auf die passive Seite, also durch Umwendung." Dieses, nebst Kants Auffassung des Staates, als einer moralischen Nothwendigkeit, hat den Irrthum veranlasst, den Staat für eine gegen den Egoismus gerichtete Anstalt zur Bedingung der moralischen Freiheit, mithin der Moralität zu erklären. Wir wissen aber, dass der freie Wille, dem allein moralische Bestimmungen zukommen, weder von aussen modifizirbar ist, noch überhaupt in der Erscheinung, geschweige in menschlichen Einrichtungen, wie der Staat, liegt. Was aber die Annahme angeht, dass der Staat sich gegen den Egoismus richtet, so haben wir ja eben gesehen, dass er gerade aus dem (freilich „sich wohlverstehenden, methodisch verfahrenden") Egoismus hervorgeht und diesem dient. Der Staat wäre überflüssig, wenn Gerechtigkeit die allgemeine Tugend wäre; und erreichte der Staat seinen Zweck vollkommen, d. h. gelänge es ihm, jeden Bürger vor dem Egoismus des anderen zu schützen, so brächte er den äusserlichen Zustand hervor, als wenn vollkommene Gerechtigkeit der Gesinnung allgemein herrschte. Weiter aber als bis zu diesem Punkt kann es der Staat nicht bringen: er kann also nur das Negative, das Recht, nicht aber das Positive, die Menschenliebe, erzwingen. Das Gesetz ist gleichsam der Maulkorb, durch den das Raubthier Mensch unschädlich wie ein grasfressendes Thier gemacht wird.

Der Staat ist nur dann ein rechtlicher Verein, eine moralisch zulässige Anstalt, d. h. Staat im eigentlichen Sinne, wenn seine Gesetzgebung „im Wesentlichen durchgängig nach Anleitung der reinen Rechtslehre bestimmt ist", oder wenn für jedes seiner Gesetze „ein Grund in der reinen Rechtslehre (demnach in der Moral) sich nachweisen lässt." Widrigenfalls ist die Gesetzgebung „Begründung eines positiven Unrechts, ist selbst ein öffentlich zugestandenes erzwungenes Unrecht"; wie z. B. jede Despotie, Leibeigenschaft, Frohn etc.

Das positive Gesetz allein begründet das Recht zu strafen: also giebt es ausserhalb des Staates, im Naturzustande kein Strafrecht. Da dieses „als von allen Bürgern des Staates sanktionirt und anerkannt", also als ein Vertrag anzusehen ist, so ist die Duldung der Strafe mit Recht erzwingbar. Der einzige Zweck des Gesetzes ist „Abschreckung von Beeinträchtigung fremder Rechte"; demnach ist die Vollziehung der Strafe „wesentlich auf die Zukunft, nicht auf die Vergangenheit" gerichtet. „Dies unterscheidet Strafe von Rache, welche letztere lediglich durch das Geschehene, also das Vergangene als solches, motivirt ist", und als Vergeltung des Bösen mit Bösem, ohne irgend einen vernünftigen Grund, als Bosheit und Grausamkeit, weder moralisch noch juridisch gerechtfertigt werden kann; woraus folgt, dass das Aufstellen des jus talionis (Wiedervergeltungsrecht) als eines selbständigen letzten Princips des Strafrechts sinnleer ist. Denn „kein Mensch hat die Befugniss sich zum rein moralischen Richter und Vergelter aufzuwerfen und die Missethaten des Anderen durch Schmerzen, welche er ihm zufügt, heimzusuchen, ihm also Busse dafür aufzulegen. Vielmehr wäre dies eine höchst vermessene Anmaassung; daher eben das biblische: ‚Mein ist die Rache, spricht der Herr, und ich will vergelten'."

Wenn die Kantianer einwenden, man dürfe den Menschen nur als Zweck, nie als (Abschreckungs-) Mittel behandeln; so ist dies zwar ein bedeutend klingender, im Grunde aber ein höchst vager und noch dazu problematischer Satz. Der zum Tode verurtheilte Mörder kann gar nicht anders denn als blosses Mittel gebraucht werden. „Denn die öffentliche Sicherheit, der Hauptzweck des Staates, ist durch ihn zerstört, ja sie ist aufgehoben, wenn das Gesetz unerfüllt bleibt: er, sein Leben, seine Person muss jetzt das Mittel zur Erfüllung des Gesetzes und dadurch zur Wiederherstellung der öffentlichen Sicherheit sein, und wird zu solchem gemacht mit allem Recht, zur Vollziehung des Staatsvertrages, der auch von ihm, sofern er Staatsbürger war, eingegangen war, und demzufolge er, um Sicherheit für sein Leben, seine Freiheit und sein Eigenthum zu geniessen, auch der Sicherheit Aller sein Leben, seine Freiheit und sein Eigenthum zum Pfande gesetzt hatte, welches Pfand jetzt verfallen ist."[1])

C) Die ewige Gerechtigkeit.

Der Staat oder die zeitliche Gerechtigkeit straft nicht den bösen Willen als solchen, sondern bloss die Thaten, in denen sich der böse Wille ausdrückt. Gäbe es keine andere Gerechtigkeit neben dieser, so ginge das Böse selbst, d. h. der Wille, die Gesinnung, unbestraft aus, und jede Möglichkeit der Läuterung und der Erlösung wäre von vornherein abgeschnitten. Denn wie sollte der Mensch erfahren, dass sein egoistisches Wollen an sich schon unrecht ist, wenn diesem, so gut wie dem egoistischen Thun, nicht die Strafe nachfolgte? Die zeitliche Gerechtigkeit schreckt durch Androhung von Leiden vom bösen Thun ab. Die Gerechtigkeit, welche den Willen selbst trifft, muss uns also vom Wollen abschrecken, was offenbar nur geschehen kann, wenn Strafe und Vergehen nicht zeitlich von einander getrennt sind, sondern so in Eins zusammenfallen, dass das Vergehen selbst auch schon die Strafe ist; d. h. der Wille kann nur durch das Leiden, die Qual des Wollens selbst bestraft werden. Wir wissen, dass die Welt gerade so beschaffen ist, wie der in ihr erscheinende freie Wille sie will. Alles Dasein ist Ausdruck des Willens, und alles Dasein ist Leiden; mithin ist das Subjekt alles Leidens der Wille selbst: der Wille wird durch das Wollen, welches die Welt ist, ohne Verzug gerichtet. Oder: die Welt richtet sich selbst. Diese Gerechtigkeit ist ewig, wie der Willensakt, der die Welt hervorrief: ewige Gerechtigkeit. „Als Spiegel der Bejahung des Willens steht die Welt da, mit unzähligen Individuen in endloser Zeit und endlosem Raum, und endlosem Leiden, zwischen Zeugung und Tod ohne Ende. Es ist hierüber

---

[1]) Welt a. W. I, § 62. Grundpr. d. Eth. S. 216f. 222ff.

jedoch von keiner Seite weiter eine Klage zu erheben: denn der Wille führt das grosse Trauer- und Lustspiel auf eigene Kosten auf und ist auch sein eigener Zuschauer."[1] „Mit dem strengsten Rechte trägt jedes Wesen das Dasein überhaupt, sodann das Dasein seiner Art und seiner eigenthümlichen Individualität, ganz wie sie ist und unter Umgebungen wie sie sind, in einer Welt so wie sie ist, vom Zufall und vom Irrthum beherrscht, zeitlich, vergänglich, stets leidend: und in allem, was ihm widerfährt, ja nur widerfahren kann, geschieht ihm immer Recht. Denn sein ist der Wille, und wie der Wille ist, so ist die Welt." „Will man wissen, was die Menschen, moralisch betrachtet, im Ganzen und Allgemeinen werth sind; so betrachte man ihr Schicksal, im Ganzen und Allgemeinen. Dieses ist Mangel, Elend, Jammer, Qual und Tod. Die ewige Gerechtigkeit waltet: wären sie nicht, im Ganzen genommen, nichtswürdig; so würde ihr Schicksal, im Ganzen genommen, nicht so traurig sein. In diesem Sinne können wir sagen: die Welt selbst ist das Weltgericht. Könnte man allen Jammer der Welt in eine Wagschale legen und alle Schuld der Welt in die andere, so würde gewiss die Zunge einstehen."

Wessen Blick der „Schleier der Maja" trübt, d. h. wer, noch befangen im principio individuationis, nur die einzelnen Erscheinungen, und nicht das in allen identische Eine Wesen an sich erkennt, der kann freilich auch das Walten der ewigen Gerechtigkeit nicht einsehen. „Da erscheint ihm die Wollust als Eines, und die Qual als ein ganz Anderes, dieser Mensch als Peiniger und Mörder, jener als Dulder und Opfer, das Böse als Eines und das Uebel als ein Anderes. Er sieht den Einen in Freuden, Ueberfluss und Wollüsten leben und zugleich vor dessen Thüre den Anderen durch Mangel und Kälte qualvoll sterben. Dann frägt er: wo bleibt die Vergeltung? Und er selbst, im heftigen Willensdrange, der sein Ursprung und sein Wesen ist, ergreift die Wollüste und Genüsse des Lebens, hält sie umklammert fest, und weiss nicht, dass er durch eben diesen Akt seines Willens alle die Schmerzen und Qualen des Lebens, vor deren Anblick er schaudert, ergreift und fest an sich drückt." Nur derjenige wird

---

[1] Welt a. W. I, 390.

dies begreifen, der sich von der gemeinen, am Leitfaden des Satzes vom Grunde fortschreitenden Erkenntniss zu der der Ideen erhebt und das principium individuationis durchschaut. Er wird dann inne, dass die Verschiedenheit zwischen dem Leidenden und dem das Leiden Verursachenden nur Phänomen ist und den in beiden lebenden Willen an sich nicht trifft, der hier, „durch die an seinen Dienst gebundene Erkenntniss getäuscht, sich selbst verkennt, in einer seiner Erscheinungen gesteigertes Wohlsein suchend, in der anderen grosses Leiden hervorbringt und so, im heftigen Drange, die Zähne in sein eigenes Fleisch schlägt." „Der Quäler und der Gequälte sind Eines. Jener irrt, indem er sich der Qual, dieser, indem er sich der Schuld nicht theilhaft glaubt. Gingen ihnen beiden die Augen auf, so würde der das Leid verhängt erkennen, dass er in Allem lebt, was auf der weiten Welt Qual leidet und, wenn mit Vernunft begabt, vergeblich nachsinnt, warum er zu so grossem Leiden, dessen Verschuldung er nicht einsieht, ins Dasein gerufen ward; und der Gequälte würde einsehen, dass alles Böse, das auf der Welt verübt wird, oder je ward, aus jenem Willen fliesst, der auch sein Wesen ausmacht, auch in ihm erscheint und er durch diese Erscheinung und ihre Bejahung alle Leiden auf sich genommen hat, die aus solchem Willen hervorgehen und sie mit Recht erduldet, so lange er dieser Wille ist. — Aus dieser Erkenntniss spricht der ahnungsvolle Dichter Calderon im ‚Leben ein Traum‘:

> Denn die grösste Schuld des Menschen
> Ist, dass er geboren ward.

Wie sollte es nicht eine Schuld sein, da nach einem ewigen Gesetze der Tod darauf steht."[1]

4. **Die Erkenntniss der ewigen Gerechtigkeit und ihre Folgen. — Das Mitleid. — Die Tugend der Gerechtigkeit und der Menschenliebe.**

Das Befangensein im principio individuationis, oder, was dasselbe ist, das Verkennen der ewigen Gerechtigkeit, ist der

---

[1] Welt a. W. I, 419. 414 ff.

Grund des Egoismus, welcher wieder der Grund aller antimoralischen Handlungen oder des moralischen Uebels ist. Denn auch die eigentliche, sich oft bis zur Grausamkeit steigernde Bosheit, die Schopenhauer[1]), neben dem Egoismus, als die zweite Grundtriebfeder antimoralischer Handlungen bezeichnet, muss, näher betrachtet, auf den Egoismus zurückgeführt werden, insofern sie im Anblick fremder Leiden nur Linderung ihres eigenen, bis aufs äusserste potenzirten Willensdranges und der jeder bösen That nachfolgenden Gewissensqualen sucht.[2])

Sobald die Erkenntniss der ewigen Gerechtigkeit in einem Individuo aufgeht, hört der Egoismus auf, die Triebfeder unserer Handlungen zu sein. Nichtegoistische, uneigennützige Handlungen sind, dem oben Gesagten zufolge, moralische oder tugendhafte. „Die Abwesenheit aller egoistischen Motive ist also das Kriterium einer Handlung von moralischem Werth." Welche ist nun ihre Triebfeder? Oder was ist es, das den Menschen zu Handlungen dieser Art bewegen kann?

Was den egoistischen Willen unmittelbar bewegt, ist einzig und allein das eigene Wohl und Wehe. Mit der Aufhebung des Egoismus fällt dieses Motiv aller Handlungen weg. Dasjenige, welches an seine Stelle tritt, wird kein anderes sein, als das fremde Wohl und Wehe. Dieses kann offenbar nur in dem Falle letzter Zweck meines Willens sein, wenn ich das fremde Wehe gerade so fühle, wie sonst nur mein eigenes, und deshalb das fremde Wohl unmittelbar will; mit anderen Worten, wenn ich beim Leiden des anderen mitleide. Dies erfordert aber, dass ich in seinem Wesen das meinige, d. h. die metaphysische Identität beider unmittelbar wiedererkenne, und so jenen gänzlichen Unterschied zwischen mir und jedem Anderen, auf welchem mein Egoismus beruht, vermittelst der Erkenntniss, wenigstens zum Theil aufhebe. Dieser Vorgang „ist kein erträumter oder aus der Luft gegriffener, sondern ein ganz wirklicher, ja keineswegs seltener: es ist das alltägliche Phänomen des Mitleids, d. h. der ganz unmittelbaren, von allen anderweitigen Rücksichten unabhängigen Theilnahme zunächst am

---

[1]) Grundpr. d. Eth. S. 210. [2]) Welt a. W. I, 429 ff.

Leiden eines Anderen und dadurch an der Verhinderung oder Aufhebung dieses Leidens, als worin zuletzt alle Befriedigung und alles Wohlsein und Glück besteht. Dieses Mitleid ganz allein ist die wirkliche Basis aller freien Gerechtigkeit und aller ächten Menschenliebe. Nur sofern eine Handlung aus ihm entsprungen ist, hat sie moralischen Werth: und jede aus irgend welchen anderen Motiven hervorgehende hat keinen."[1])

Die Maxime aller moralischen, d. h. aus dem Mitleid hervorgegangenen Handlungen, ist das alte: Neminem laede, imo omnes, quantum potes, juva (schade Niemandem; vielmehr hilf Allen, so viel Du vermagst). Diese Regel enthält, wie man sieht, zwei Sätze oder Regeln: eine negative (schade nicht) und eine positive (hilf überall). Und so zerfallen die moralischen oder tugendhaften Handlungen von selbst in zwei Klassen; d. h. es sind zwei Arten von Tugend zu unterscheiden: die negative und die positive Tugend. Jene ist die (freie) Gerechtigkeit, diese die allumfassende selbstlose Liebe ($\overset{\text{'}}{\alpha}\gamma\acute{\alpha}\pi\eta$, caritas, das Gegentheil der selbstsüchtigen Liebe $\overset{\text{'}}{\varepsilon}\varrho\omega\varsigma$).

Die freie Gerechtigkeit, welche Schopenhauer die göttliche ($\delta\iota\varkappa\alpha\iota o\sigma\acute{\nu}\nu\eta$ $o\dot{\upsilon}\varrho\alpha\nu\acute{\iota}\alpha$) nennt, im Unterschied zur erzwungenen oder auf blosser Klugheit beruhenden gemeinen Gerechtigkeit (δ. $\pi\acute{\alpha}\nu\delta\eta\mu o\varsigma$)[2]), ist „die erste und grundwesentliche Kardinaltugend", deren höchster Grad, welcher aber immer schon mit der eigentlichen, d. h. positiven Güte gepaart ist, so weit geht, „dass man seine Rechte auf ererbtes Eigenthum in Zweifel zieht, den Leib nur durch die eigenen Kräfte, geistige oder körperliche, erhalten will, jede fremde Dienstleistung, jeden Luxus als einen Vorwurf empfindet und zuletzt zur freiwilligen Armuth greift."[3])

Die zweite und letzte Stufe des Mitleids, oder die gänzliche Durchschauung des principii individuationis, die vollkommene lebendige Erkenntniss der göttlichen Gerechtigkeit, ist die Liebe — $\overset{\text{'}}{\alpha}\gamma\acute{\alpha}\pi\eta$, die absolut reine und objektive, auf alle lebenden Wesen ohne Ausnahme sich erstreckende Liebe, „welche ge-

---

[1]) Grundprobl. d. Eth. S. 208f. 229. [2]) Ebd. S. 216. [3]) Welt a. W. 1, 435. 437. Grundpr. d. Eth. S. 212. 226.

predigt zu haben, das grosse, auszeichnende Verdienst des Christenthums ist."

Wie die Gewissenspein die unausbleibliche Folge jeder boshaften und egoistischen Handlung ist, so entspringt aus einer wahrhaft guten, d. h. uneigennützigen That stets moralische Befriedigung, die man gutes Gewissen nennt. Denn das unmittelbare Wiedererkennen unseres eigenen Wesens an sich in der fremden Erscheinung giebt uns wiederum die Beglaubigung der Erkenntniss, dass unser wahres Selbst nicht blos in der eigenen Person da ist, sondern in Allem was lebt. „Dadurch fühlt sich das Herz erweitert, wie durch den Egoismus zusammengezogen." „Der Egoist fühlt sich von fremden und feindlichen Erscheinungen umgeben, und alle seine Hoffnung ruht auf dem eigenen Wohl. Der Gute lebt in einer Welt befreundeter Erscheinungen: das Wohl einer jeden derselben ist sein eigenes. Wenn daher gleich die Erkenntniss des Menschenlooses überhaupt seine Stimmung nicht zu einer fröhlichen macht, so giebt die bleibende Erkenntniss seines eigenen Wesens in allem Lebenden ihm doch eine gewisse Gleichmässigkeit und selbst Heiterkeit der Stimmung. Denn der über unzählige Erscheinungen verbreitete Antheil kann nicht so beängstigen, wie der auf eine koncentrirte. Die Zufälle, welche die Gesammtheit der Individuen treffen, gleichen sich aus, während die dem Einzelnen begegnenden Glück oder Unglück herbeiführen."[1])

Als die alleinige echt moralische Triebfeder, also als das Fundament der Moral, bewährt sich das Mitleid unter anderem auch dadurch, „dass sie auch die Thiere in ihren Schutz nimmt, für welche in den anderen europäischen Moralsystemen so unverantwortlich schlecht gesorgt ist. Die vermeinte Rechtlosigkeit der Thiere, der Wahn, dass unser Handeln gegen sie ohne moralische Bedeutung sei, oder, wie es in der Sprache jener Moral heisst, dass es gegen Thiere keine Pflichten gebe, ist geradezu eine empörende Rohheit und Barbarei des Occidents, deren Quelle im Judenthum liegt. In der Philosophie beruht sie auf der aller Evidenz zum Trotz angenommenen gänzlichen

---

[1]) Welt a. W. I, 441 f. Grundpr. d. Eth. S. 226 f.

Verschiedenheit zwischen Mensch und Thier." „Man muss wahrlich an allen Sinnen blind, oder vom foetor Judaicus total chloroformirt sein", um nicht zu erkennen, dass dieser Unterschied nicht im Wesentlichen, dem Willen, sondern allein im Sekundären, dem Intellekt liegt, und zwar auch nur, wie wir wissen, im Grade der Erkenntnisskraft. „Dass die Moral des Christenthums die Thiere nicht berücksichtigt, ist ein Mangel derselben, den es besser ist einzugestehen, als zu perpetuiren", und der nur daraus zu erklären ist, dass das Christenthum, das ohne Zweifel indischen Ursprungs, „ein Abglanz indischer Weisheit" ist, „leider auf jüdischen Boden fiel". „Mitleid mit Thieren hängt mit der Güte des Charakters so genau zusammen, dass man zuverlässig behaupten darf, wer gegen Thiere grausam ist, könne kein guter Mensch sein". „Dass übrigens das Mitleid mit Thieren nicht soweit führen muss, dass wir, wie die Brahmanen, uns der thierischen Nahrung zu enthalten hätten, beruht darauf, dass in der Natur die Fähigkeit zum Leiden gleichen Schritt hält mit der Intelligenz; weshalb der Mensch durch Entbehrung der thierischen Nahrung, zumal im Norden, mehr leiden würde, als das Thier durch einen schnellen und stets unvorhergesehenen Tod, welchen man jedoch mittelst Chloroform noch mehr erleichtern sollte. Ohne thierische Nahrung hingegen würde das Menschengeschlecht im Norden nicht einmal bestehen können. Nach demselben Maassstabe lässt der Mensch das Thier auch für sich arbeiten, und nur das Uebermaass der aufgelegten Anstrengung wird zur Grausamkeit."[1] —

Wie ein Anderer, so kann auch das eigene Selbst Gegenstand des Mitleids sein. „Mitleid mit sich selbst, oder das auf seinen Ausgangspunkt zurückgeworfene Mitleid" äussert sich im Weinen, welches, wie das Lachen (s. oben S. 149 ff.), zu den specifischen Eigenheiten der menschlichen Natur gehört. Man weint „nie unmittelbar über den empfundenen Schmerz, sondern immer nur über dessen Wiederholung in der Reflexion", oder in der Vorstellung, welche den eigenen Zustand so bemitleidenswerth erscheinen lässt, dass man aufrichtig überzeugt ist,

---

[1] Grundpr. d. Eth. S. 238—45.

wäre der Dulder ein Anderer, man ihm voller Mitleid und Liebe helfen würde: „mit der hülfreichsten Gesinnung ist man selbst der Hülfsbedürftige, fühlt, dass man mehr duldet, als man einen Anderen dulden sehen könnte, und in dieser sonderbar verflochtenen Stimmung, wo das unmittelbar gefühlte Leid erst auf einem doppelten Umwege wieder zur Perzeption kommt, als fremdes vorgestellt, als solches mitgefühlt und dann plötzlich wieder als unmittelbar eigenes wahrgenommen wird, schafft sich die Natur durch jenen sonderbaren körperlichen Kampf (das Weinen) Erleichterung." Da die Wiederholung des Leidens in der blossen Vorstellung nur mittelst der Phantasie geschehen kann, so werden phantasielose Menschen, ebenso wie hartherzige, nicht leicht zum Weinen geneigt sein.[1]

Das Mitleid ist „die Quelle, aus welcher alle Güte, Liebe, Tugend und Edelmuth entspringt"; als solche ist sie „der festeste und sicherste Bürge für das sittliche Wohlverhalten und bedarf keiner Kasuistik". „Der Geschmack ist verschieden; aber ich weiss mir kein schöneres Gebet, als das, womit die alt-indischen Schauspiele (wie in früheren Zeiten die englischen mit dem für den König) schliessen. Es lautet: ‚Mögen alle lebende Wesen von Schmerzen frei bleiben'."[2] Diesem Gebet liegt die klare Erkenntniss der schon erwähnten Formel des Weda: ‚Tat twam asi!' (dieses bist du) zu Grunde, welche den, der sie auf alle Wesen zu beziehen und mit fester Ueberzeugung zu sich selber auszusprechen vermag, auf geradem Wege zur Erlösung führt.[3]

5. Die Erlösung.

Die vollkommenste Erkenntniss der ewigen Gerechtigkeit ist zugleich die vollkommenste Erkenntniss des Grundes aller Leiden der Welt. Dieser Grund ist der Wille zum Leben. Ihn aufgeben, heisst allen Qualen und mit ihnen der Welt selbst ein Ende machen. Den im principio individuationis Befangenen ziehen Welt und Leben an; den Erkennenden hingegen stossen sie von

---

[1] Welt a. W. I, 444. [2] Grundprobl. d. Eth. S. 236. [3] Welt a. W. I, 442.

sich ab. Jener wird durch sie zum Wollen, dieser zum Nichtwollen bestimmt. Im ersten Falle wirken Welt und Leben auf den Willen als Motiv, im zweiten als Quietiv. Alles, worauf der egoistische Wille gerichtet ist, erfüllt den von der höchsten Erkenntniss erleuchteten Willen mit Abscheu. Dieses Alles aber ist das eigene Wesen des sich bejahenden Willens, welches sich in der Erscheinung spiegelt; von sich selbst also wendet sich der Wille ab und verneint sein Wesen. „Vergleichen wir das Leben einer Kreisbahn aus glühenden Kohlen, mit einigen kühlen Stellen, welche Bahn wir unablässig zu durchlaufen hätten; so tröstet den im Wahn Befangenen die kühle Stelle, auf der er jetzt eben steht, oder die er nahe vor sich sieht, und er fährt fort die Bahn zu durchlaufen. Jener aber, der, das principium individuationis durchschauend, das Wesen der Dinge an sich und dadurch das Ganze erkennt, ist solchen Trostes nicht mehr empfänglich: er sieht sich an allen Stellen zugleich und tritt heraus."

Auf der höchsten Stufe der Erkenntniss tritt also das allumfassende Mitleid oder die Liebe begleitet von der Verneinung des Willens zum Leben auf, deren selbstverständliche Folge die Askesis oder die Verleugnung seines eigenen Leibes ist, als derjenigen Erscheinung, in welcher Jedem sein Wille zum Leben sich unmittelbar kund giebt. Der Asket straft durch sein Thun seine Erscheinung Lügen, „tritt in offenen Widerspruch mit derselben. Wesentlich nichts anderes, als Erscheinung des Willens, hört er auf, irgend etwas zu wollen, hütet sich seinen Willen an irgend etwas zu hängen, sucht die grösste Gleichgültigkeit gegen alle Dinge in sich zu befestigen."

Der erste Schritt in der Askese ist „freiwillige, vollkommene Keuschheit", durch welche der Wille über das individuelle Leben hinaus verneint und somit die gänzliche Aufhebung der Erscheinungswelt vorbereitet wird. Denn mit dem Aussterben des Menschengeschlechts, das die nothwendige Folge der zur allgemeinen Maxime gewordenen Keuschheit sein müsste, würde auch die mit der höchsten Willenserscheinung (dem Menschen) metaphysisch zusammenhängende niedere Willenserscheinung, die Thierheit, wegfallen, „wie mit dem vollen Lichte auch die Halbschatten verschwinden." Mit der Thierheit (also dem Verstande) schwände aber auch die Bedingung der Welt als Vorstellung, somit diese Welt selbst: die Fesseln, in welchen das Weltwesen schmachtet, wären gesprengt und die Erlösung vollbracht.

Auf die Welterlösung durch den Menschen bezieht sich, nach Schopenhauer, folgende Stelle im Weda: ‚Wie in dieser Welt hungrige Kinder sich um ihre Mutter drängen, so harren alle Wesen des heiligen Opfers': „Opfer bedeutet Resignation überhaupt, und die übrige Natur hat ihre Erlösung vom Menschen zu erwarten, welcher Priester und Opfer zugleich ist." Denselben Gedanken finden wir ausgedrückt in dem Vers des Angelus Silesius:

‚Mensch! Alles liebet dich; um dich ist sehr Gedränge:
Es läuft dir Alles zu, dass es zu Gott gelange.'¹) —

Neben der Keuschheit gehört zur Askesis die freiwillige und absichtliche Armuth, „die nicht nur per accidens entsteht, indem das Eigenthum weggegeben wird, um fremde Leiden zu mildern, sondern hier schon Zweck an sich ist, dienen soll als stete Mortifikation des Willens, damit nicht die Befriedigung der Wünsche, die Süsse des Lebens, den Willen wieder aufrege, gegen welchen die Selbsterkenntniss Abscheu gefasst hat." Eine solche Armuth, im weitesten Sinne des Wortes, schliesst offenbar alles ein, was dazu dienen soll, den Leib, diese Objektivität des Willens, zu ertödten: Entbehrungen jeder Art, Fasten, ja Kasteiung und Selbstpeinigung. Der zu dem Punkt der freien Verneinung seiner selbst Gelangte hat schon im Leben sein Wesen bis auf einen schwachen Rest aufgehoben, und empfängt den Tod, der das letzte mürbe Band zerreisst, das den Asketen oder Heiligen noch mit der Welt verbindet, freudig als ersehnte Erlösung,: „für den welcher so endet, hat zugleich die Welt geendigt." ²)

Das hier Geschilderte „ist nicht etwa ein selbsterfundenes philosophisches Märchen und nur von heute: nein, es war das beneidenswerthe Leben gar vieler Heiligen und schöner Seelen unter den Christen und noch mehr unter den Hindus und Buddhaisten, auch unter anderen Glaubensgenossen. So sehr verschiedene Dogmen auch ihrer Vernunft eingeprägt waren, sprach dennoch sich die innere, unmittelbare, intuitive Erkenntniss, von welcher

---

¹) Welt a. W. I, 447—50. ²) Ebd. 451 f.

allein alle Tugend und Heiligkeit ausgehen kann, auf die gleiche und nämliche Weise durch den Lebenswandel aus."¹)

Von der allmäligen Ertödtung des Leibes durch Askese, deren höchster Grad sogar der freiwillig gewählte Hungertod ist, unterscheidet nichts sich mehr als der Selbstmord, insofern er ein Phänomen starker Bejahung des Willens ist. Der Selbstmörder zerstört seine Erscheinung nicht, weil er, wie der Asket, sie verachtet, sondern weil das Leben ihm die Befriedigung und die Genüsse versagt, die er sucht: er wendet sich nicht vom Leben, sondern nur von seinen Leiden ab: d. h. er flieht nur die Hemnisse und Widerwärtigkeiten, die sein Wille im Leben erfährt, was eigentlich soviel heisst, dass er, anstatt seinen Willen zu verneinen, die Verneinung desselben verneint, mithin seinen Willen bejaht. „Wie das einzelne Ding zur Idee, so verhält sich der Selbstmord zur Verneinung des Willens: der Selbstmörder verneint blos das Individuum, nicht die Species", und „gleicht in dieser Hinsicht einem Kranken, der eine schmerzhafte Operation, die ihn vom Grunde aus heilen könnte, nachdem sie angefangen, nicht vollenden lässt, sondern lieber die Krankheit behält. Das Leiden naht sich und eröffnet als solches die Möglichkeit zur Verneinung des Willens: aber er weist es von sich, indem er die Erscheinung des Willens, den Leib zerstört, damit der Wille ungebrochen bleibe. — Dies ist der Grund, warum beinahe alle Ethiken, sowohl philosophische als religiöse, den Selbstmord verdammen: obgleich sie selbst hierzu keine andere, als seltsame sophistische Gründe angeben können. Sollte aber je ein Mensch aus rein moralischem Antriebe sich vom Selbstmord zurückgehalten haben, so war der innerste Sinn dieser Selbstüberwindung (in was für Begriffe ihn seine Vernunft auch kleidete) dieser: ‚Ich will mich dem Leiden nicht entziehen, damit es den Willen zum Leben, dessen Erscheinung so jammervoll ist, aufzuheben beitragen könne, indem es die mir schon jetzt aufgehende Erkenntniss vom eigentlichen Wesen der Welt dahin verstärke, dass sie zum endlichen Quietiv meines Willens werde und mich auf immer erlöse'." „Denn, wenn Wille zum Leben da ist, so kann ihn, als

---

¹) Welt a. W. I, 452.

das einzige Metaphysische oder das Ding an sich, „keine Gewalt brechen, sondern sie kann blos seine Erscheinung an diesem Ort zu dieser Zeit zerstören. Er selbst kann durch nichts aufgehoben werden als durch Erkenntniss. Daher ist der einzige Weg des Heils dieser, dass der Wille ungehindert erscheine, um in dieser Erscheinung sein eigenes Wesen erkennen zu können. Nur in Folge dieser Erkenntniss kann der Wille sich selbst aufheben und damit auch das Leiden, welches von seiner Erscheinung unzertrennlich ist, endigen: nicht aber ist das durch physische Gewalt, wie Zerstörung des Keims, oder Tödtung des Neugeborenen, oder Selbstmord möglich. Die Natur führt eben den Willen zum Lichte, weil er nur am Lichte seine Erlösung finden kann. Daher sind die Zwecke der Natur auf alle Weise zu befördern, sobald der Wille zum Leben, der ihr inneres Wesen ist, sich entschieden hat."[1]) —

Die Askese und deren Centralpunkt, das Cölibat, eliminiren, wie es der Protestantismus gethan hat, heisst eigentlich vom Christenthum, dessen Geist wesentlich asketisch ist, abfallen. Dies zeigt der platte Rationalismus unserer Tage, in den das Christenthum allmälig übergegangen ist, und der „hinausläuft auf eine Lehre vom liebenden Vater, der die Welt gemacht hat, damit es hübsch vergnügt darauf zugehe, und der, wenn man nur in gewissen Stücken sich seinem Willen anbequemt, auch nachher für eine noch hübschere Welt sorgen wird. Das mag eine gute Religion für komfortable, verheirathete und aufgeklärte protestantische Pastoren sein: aber das ist kein Christenthum. Das Christenthum ist die Lehre von der tiefen Verschuldung des Menschengeschlechts durch sein Dasein selbst und dem Drange des Herzens nach Erlösung daraus, welche jedoch nur durch die schwersten Opfer und durch die Verleugnung des eigenen Selbst, also durch eine gänzliche Umkehrung der menschlichen Natur erlangt werden kann. Luther mochte, vom praktischen Standpunkte aus, d. h. in Beziehung auf die Kirchengräuel seiner Zeit, die er abstellen wollte, ganz Recht haben; nicht aber ebenso vom theoretischen Standpunkte aus. Je erhabener eine Lehre ist, desto

---

[1]) Welt a. W. 1, 471 ff.

mehr steht sie der im Ganzen niedrig und schlecht gesinnten Menschennatur gegenüber, dem Missbrauch offen: darum sind im Katholicismus der Missbräuche so sehr viel mehr und grössere, als im Protestantismus. So z. B. ist das Mönchsthum, diese methodische und zu gegenseitiger Ermuthigung gemeinsam betriebene Vereinigung des Willens, eine Anstalt erhabener Art, die aber ebendarum meistens ihrem Geiste untreu wird. Die empörenden Missbräuche der Kirche riefen im redlichen Geiste Luthers eine hohe Indignation hervor. Aber in Folge derselben kam er dahin, vom Christenthum möglichst viel abdingen zu wollen, zu welchem Zwecke er zunächst es auf die Worte der Bibel beschränkte, dann aber auch im wohlgemeinten Eifer zu weit ging, indem er, im asketischen Prinzip, das Herz desselben angriff. Denn nach dem Austreten des asketischen Prinzips trat nothwendig bald das optimistische an seine Stelle. Aber Optimismus ist in der Religion, wie in der Philosophie ein Grundirrthum, der aller Wahrheit den Weg vertritt. Nach dem Allen scheint mir der Katholizismus ein schmählich missbrauchtes, der Protestantismus aber ein ausgeartetes Christenthum zu sein, das Christenthum überhaupt also das Schicksal gehabt zu haben, dem alles Edle, Erhabene und Grosse anheimfällt, sobald es unter Menschen bestehen soll." [1] —

So lange der Leib lebt, ist die Möglichkeit noch immer da, dass der ganze Wille zum Leben mit seiner ganzen Gluth von Neuem entbrenne. Daher finden wir im Leben der Heiligen die Ruhe und Seligkeit „nur als die Blüthe, welche hervorgeht aus der steten Ueberwindung des Willens." Daher die Sorgsamkeit für die Erhaltung des errungenen Heils, die Gewissensskrupel bei jedem unschuldigen Genuss, bei jeder Regung der Eitelkeit, dieser „unzerstörbarsten, thätigsten und thörichsten" aller menschlichen Neigungen; daher die vorsätzliche Brechung des Willens, das freiwillige Leiden oder die Askesis.[2]

Aber auch das Leiden überhaupt, wie es vom Schicksal verhängt wird, führt oft, namentlich bei der Nähe des Todes, jene

---

[1] Welt a. W. II, 718 f. [2] Ebd. I, 463.

„katholische (d. h. allgemeine), transscendentale" Veränderung oder Läuterung des Willens herbei; darum nennt Schopenhauer das Leiden den „zweiten Weg (δεύτερος πλοῦς)" zur Verneinung des Willens. Und man darf annehmen, dass die Meisten nur auf diesem natürlichen Wege, durch eigene, überschwängliche Schmerzen, und nicht durch blosse Erkenntniss, zum Heil gelangen. Ein „vollkommenes Musterbild" dieser Art der Läuterung giebt Goethe in der Leidensgeschichte Gretchens.[1]) —

Mit der vollkommenen Selbsterkenntniss, deren Phänomen die Heiligkeit ist, erlangt das Weltwesen, der Wille an sich, seine ursprüngliche Freiheit wieder. Die Heiligkeit ist also eigentlich nicht mehr Objektivation des Willens zum Leben, sondern des Erkenntnisswillens, der Ausdruck der intelligiblen, transscendentalen Freiheit, die hier zum ersten und letzten Mal in die Erscheinung tritt, um die Erscheinung überhaupt aufzuheben. Die intelligible, in der Ideenwelt stattfindende Erkenntniss ist der letzte Grund der Verneinung, Wandlung oder Wendung des Willens; daher kann diese nicht durch Vorsatz erzwungen werden, sondern kommt, als Wirkung der Freiheit, „plötzlich und wie von aussen angeflogen." Diese plötzliche Erleuchtung und deren Folge, jene katholische, radikale Veränderung unseres Wesens, ist das, was die Kirche Gnadenwirkung und Wiedergeburt nennt.[2])

Als Erscheinung der Freiheit ist der Heilige oder Wiedergeborene schon im Leben erlöst. Sein Zustand, so arm, freudelos und voll Entbehrung von aussen gesehen, ist „voll innerer Freudigkeit und wahrer Himmelsruhe", ein Zustand, „zu dem wir, wenn er uns vor die Augen oder die Einbildungskraft gebracht wird, nicht ohne die grösste Sehnsucht blicken können, indem wir ihn sogleich als das allein Rechte, alles Andere unendlich Ueberwiegende anerkennen, zu welchem unserer besserer Geist uns das grosse sapere aude zuruft. Wir fühlen dann wohl, dass jede der Welt abgewonnene Erfüllung unserer Wünsche doch nur dem Almosen gleicht, welches den Bettler heute am Leben erhält, damit

---

[1]) Welt a. W. I, 463 f. [2]) Ebd. 476 ff.

er morgen wieder hungere; die Resignation dagegen dem ererbten Landgut: es entnimmt dem Besitzer alle Sorgen auf immer."[1])

Der Tod eines Erlösten ist der Eingang in jenen Zustand, den wir, Kinder der Welt und Sklaven des Willens, so sehr fürchten und uns nicht anders als absolute Vernichtung denken können. Für den umgekehrten Standpunkt, den der Verneinung des Willens aber, ist dieses Nichts vielmehr das **wahre Sein**, insofern es die **Negation des wahren Nichts**, die Aufhebung der in ihrer Nichtigkeit durchschauten, traumhaften Welt bedeutet.[2])

---

[1]) Welt a. W. I, 461. [2]) Ebd. § 71.

Berichtigung.

S. 29, Z. 1 u. 2 v. u. lies: aber **dass etwas so sei**,! erklärt nicht das **Warum** der Sache.

www.ingramcontent.com/pod-product-compliance
Lightning Source LLC
Chambersburg PA
CBHW030735230426
43667CB00007B/719